教育部人文社会科学重点研究基地四川大学南亚研究所
教育部国别和区域研究培育基地四川大学南亚研究所
"南亚智库概览"系列丛书

南亚智库研究 第一辑

A Study on Think Tanks in South Asia (Volume I)

四川大学南亚研究所课题组 编著

时事出版社
北京

图书在版编目（CIP）数据

南亚智库研究. 第一辑/四川大学南亚研究所课题组编著. —北京：时事出版社，2018.6
ISBN 978-7-5195-0176-1

Ⅰ.①南… Ⅱ.①四… Ⅲ.①咨询机构—研究—南亚 Ⅳ.①C932.835

中国版本图书馆 CIP 数据核字（2017）第 310418 号

出版发行：时事出版社
地　　　址：北京市海淀区万寿寺甲 2 号
邮　　　编：100081
发 行 热 线：(010) 88547590　88547591
读者服务部：(010) 88547595
传　　　真：(010) 88547592
电 子 邮 箱：shishichubanshe@sina.com
网　　　址：www.shishishe.com
印　　　刷：北京朝阳印刷厂有限责任公司

开本：787×1092　1/16　印张：19.25　字数：360 千字
2018 年 6 月第 1 版　2018 年 6 月第 1 次印刷
定价：108.00 元

（如有印装质量问题，请与本社发行部联系调换）

总　序

2015年1月20日，中共中央办公厅和国务院办公厅联合印发《关于加强中国特色新型智库建设的意见》，明确指出"智力资源是一个国家、一个民族最宝贵的资源"，充分肯定"智库是国家软实力的重要载体，越来越成为国际竞争力的重要因素"，认为"纵观世界各国现代化发展历程，智库在国家治理中发挥着越来越重要的作用，日益成为国家治理体系中不可或缺的组成部分，是国家治理能力的重要体现"。这一定位高度肯定了智库的内外作用，不仅为中国特色新型智库建设指明了道路，也为开展世界各国智库发展历程和经验教训的比较研究提供了重要指导。

南亚地区紧邻中国，具有发展加速、动荡加剧、舆论活跃三大特点，再加上区内普遍存在的善思好辩民族传统，以及相对宽松的政治模式，由此成为智库发展的一方乐土。南亚各国普遍设立了各种形式的智库，粗略说来可分为官方智库、民间智库、外来智库和半官方智库四大类，其中前三类智库与官方的关系相对清楚。官方智库包括隶属于各政府部门（外交部、内政部、国防部、商工部等）和其他官方部门特别是武装部队的智库，它们的经费由官方提供，工作由官方安排，研究成果向官方汇报。这方面的典型有印度的国防分析研究所、印度三军研究所，巴基斯坦的伊斯兰堡世界事务委员会、战略研究所，斯里兰卡的卡迪加马国际关系与战略研究所，阿富汗的外交部战略研究中心等。民间智库与官方关系较为疏离，虽与其有各种形式的合作，但并无隶属关系，如印度的观察家研究基金会、巴基斯坦政策研究所等都属典型的民间智库。近年来，一些西方知名智库开始在南亚国家建立地区分支机构，呈异军突起之势，引起国际学界越来越大的关注，由著名学者拉贾·莫汉（C. Raja Mohan）领衔的卡内基国际和平基金会印度中心，以及布鲁金斯学会印度中心等都是较为突出的代表。

在这四类智库中，半官方智库是情况最复杂的。半官方智库不具有官方身份，一般不直接接受官方拨款（可接受项目委托），研究成果也不直接向官方负责（个别委托项目除外），看起来似乎很超脱。但实际上，半官方智库始终与当局保持各种直接间接、或明或暗的密切联系。例如，近年来炙手可热的辩喜国际基金会前后两任主任分别由前印度情报局长和前陆军参谋长担任，基金会主任在莫迪当选总理后直接出任国家安全顾问，基金会执委会成员米什拉（Nripendra Misra）任总理首席秘书，从莫迪政府退休的副国家安全顾问又返回基金会担任主任。在这种情况下，如果非要说基金会与官方关系不大，显然是极为荒谬的。又比如，印度基金会的负责人由印度人民党总书记马达夫（Ram Madhav）出任，其不仅积极向莫迪政府献计献策，甚至还直接为莫迪助选，如在2014年大选之前专门为莫迪组织了与主要公司企业的见面活动。[①] 对这种支持，莫迪政府也投桃报李，如最近就派遣其外交部长赴斯里兰卡参加基金会组织的印度洋会议。再举一个例子，阿富汗冲突与和平研究中心自称"独立"智库，形式上不隶属于政府或任何政党。然而中心创立人和首任主任希克马特·卡尔扎伊（Hekmat Khalil Karzai）为时任阿富汗总统哈米德·卡尔扎伊的侄子，现为阿富汗外交部副部长（负责政治事务）。他任副外长后仍与中心保持密切联系，经常就政策问题咨询中心意见，委托中心就外交与安全问题准备文献资料。由于这种密切关系，该中心在阿富汗的政府决策过程中获得了极为特殊的影响力。

以上简短论述说明，对南亚智库的基本情况展开研究，对其主要研究进行调研，无疑是深入了解南亚局势的重要路径，对中国的智库建设也不无可资借鉴参考之处。然而，要开展相关研究又有不小的难度，这在很大程度上是由智库本身的特点所决定的。一方面，智库是一种研究机构，必须遵循研究活动的规律，保障其客观性与学术性，以严谨可靠的学术研究来剖析问题，提出建议。另一方面，智库按其本性就必须设法扩大对政策的影响，这就要求其与当局积极建立联系，献计献策，而这又可能影响其独立性与学术性，从而削弱研究的客观性。客观地说，这对矛盾是始终存

---

① Sreenivasan Jain, "Truth vs Hype: The RSS'Mission Modi," NDTV website, April 6, 2014, http://www.ndtv.com/elections-news/truth-vs-hype-the-rss-mission-modi-556333.

在的，也是难以化解的，各家智库只能设法兼顾，其结果很多时候并不令人满意：过度融合的情况有之，相互脱节的情况亦有之。作为官方智库代表的印度国防分析研究所所长阿尔文·古普塔（Arvind Gupta）的表态有助于我们一窥究竟。他批评印度的政策制定与智库的关系并不理想，一方面由于政府继续奉行僵化的保密文化，研究人员难以获得必要的研究资料；另一方面智库又不了解政府的决策过程和决策制度，无从得知决策者的需要，经常是闭门造车。[①] 尽管如此，在公开宣传上，除了少数官方智库，大多数智库特别是半官方智库都选择凸显及至渲染自身的独立性，多自称"独立""自主""自治""无党派""非政府"等。这为客观分析评估带来了很大困扰。

另一个问题是，由于当局的决策参考内情一般来说处于高度保密状态，并不对外披露，这就导致智库的实际政策影响往往处于晦暗不明的状态，外界要一窥究竟是非常困难的，相关评估也往往沦为一种猜测。当然，除了政府披露相关信息（可能性微乎其微）之外，要评估智库影响也不是毫无办法，比如通过经费投入和人员规模可评估其研究实力和开展其他活动的条件，通过领导层和主力研究人员的构成特别是其官方背景可间接评估其与政府的联系，通过其承担的政府委托项目可评估其决策咨询重点，通过对比公开发表的成果与政府实际推出政策的异同可评估其政策建议的实际效果。然而，这些评估均属于间接评估，比起直接评估毕竟隔了一层。更麻烦的是，各家智库的信息披露情况差异很大，有些披露的信息充分而及时，有些披露的信息则寥若晨星，令研究者无从下手。

第三个困难是，智库的关注领域往往相当广泛，有些经费充沛、人员充足的智库的研究更是包罗万象，比如印度观察家研究基金会的研究内容涵盖了政治、经济、军事、文化、网络与信息安全等领域。很多智库历史悠久，成果极为丰硕，甚至大致浏览一遍也变得越来越困难，最突出的如印度三军研究所建所已近150年，相对年轻一些的如巴基斯坦政策研究所也有近40年的历史。在这种情况下，要集中关注一家智库已属不易，要跟踪多家智库并较深入全面地剖析其最新研究更是难上加难，仅凭少数学者恐怕很难完成这一工作。

[①] 阿尔文·古普塔补充指出，国防分析研究所的情况要好很多，因为其历任所长都有政府工作经历，研究人员也有很多是现役军官，更为了解政府的思维方式和当务之急。Arvind Gupta, "IDSA's Interface with Policy," *Strategic Analysis*, 2015（No. 5, Vol. 39）, p. 569。

尽管存在这些客观困难，我们仍然认为，很有必要尽快开展南亚智库问题的相关研究，因为参照前引《关于加强中国特色新型智库建设的意见》的精神，可以认为南亚智库是南亚国家"最宝贵的资源"，是"其软实力的重要载体"，是"国家治理能力的重要体现"。教育部人文社会科学重点研究基地四川大学南亚研究所是中国南亚研究和相关高层次人才培养的重要基地，长期关注南亚政治、经济、文化、社会领域的现实问题，组织团队从事这一研究不仅是其学术探索的有益尝试，在某种意义上更是一种社会责任。在长期的教研实践中，我们发现由研究人员牵头，组织、监督研究生参与课题研究，是一种可行的创新教研模式。此次尝试编撰国内首套南亚智库研究系列丛书就采用了这种模式，由南亚研究所科研人员、研究生和外部合作伙伴共同组成的研究团队，联合撰写书稿。时事出版社编辑部主任谢琳女士为本系列丛书的策划和提纲拟定提出了非常宝贵的意见和支持，时事出版社以非常高效的工作支持了课题研究，对课题组也有很大帮助。

我们的初步想法是，首先撰写两部《南亚智库研究》，对南亚几个国家若干较有代表性的智库的机构概况、主要研究等做一介绍并进行评价，以此作为整套系列丛书的某种引论。然后陆续推出《印度智库研究》《巴基斯坦智库研究》和《南亚的中国研究智库》（具体书目待定）等续作，一方面补充更多的智库情况，另一方面考虑采用专题研究为主的篇章结构，重点突出各机构对重要问题的代表性成果和观点，如有必要也可直接按照具体问题推出著作。最后，也可考虑推出针对极少数重点智库的研究专著。上述系列成果不能说毫无交叉之处，但我们尽量做到互补而不是简单重复。通过以上三阶段或两阶段的工作，我们希望推出一套覆盖面相对较广，有自身特点，足兹研究人员参考之用的"南亚智库概览"系列丛书。

项目自2017年启动以来，我们较为迅速地组建了丛书课题组，从7月正式提笔，到10月底截稿。截稿之际的2017年10月中旬，课题组部分成员在黄海之滨、崂山之畔的山东青岛即墨参加中国南亚学会年会。撰写总序之际，不禁由与崂山相关的名篇"崂山道士"和"香玉"而联想到《聊斋志异》中另一则有趣故事。该书的《西僧》记一西域僧人卓锡山东泰山，自言历十八寒暑，离西域时有十二人，"至中国仅存其二"，言"西土传中国名山四……相传山上遍地皆黄金，观音、文殊犹生。能至其处，则身便是佛，长生不死"。作者的评价是"听其所言状，亦犹世人之慕西土也。倘有西游人，与东渡者中途相值，各述所有，当必相视失笑，两免跋涉矣"。这则有趣故事与笔者前文所述的中印双方研究人员均羡慕对方智库得到政府重视，抱怨本国智库有志难申的情形是何其相似尔。或许，中国和南亚各国的智库都有必要放下或正面或负面的成见，客观冷静地研究对方的真实情况和各自短长。既然智库归根到底是一种（特殊的）研究机构，那就只有从"实事"之中才能"求是"，只有"求是"才能有效建言献策，服务时代。我们热切期待在后续研究中得到南亚各国智库的支持与合作，大家一起将智库研究做得更好，为中国和南亚各国的专家学者提供有价值的研究参考，为两者的相互沟通和相互理解贡献力量。同时，我们也希望学界朋友和广大读者不吝赐教，帮助我们做好研究。

四川大学南亚研究所课题组
2017 年 10 月 28 日

目　录

前言	···001
FOREWORD	···003
国防分析研究所	···007
印度三军研究所	···047
国家海洋基金会	···062
和平与冲突研究所	···077
梵门阁	···093
观察家研究基金会	···104
辩喜国际基金会	···131
印度基金会	···143
政策研究中心	···156
发展中国家研究与信息中心	···166
印度国际经济关系研究委员会	···185
中国研究所	···202
巴基斯坦政策研究所	···212
伊斯兰堡政策研究所	···232
孟加拉国和平与安全研究所	···247
尼泊尔中国研究中心	···260
卡迪加马国际关系与战略研究所	···270
附录一　智库信息汇总	···285
附录二　孟中印缅经济走廊及国际影响力：基于国外文献视角	···289

Contents

Foreword (Chinese)	···001
Foreword (English)	···003
Institute for Defence Studies and Analyses	···007
United Service Institution of India	···047
National Maritime Foundation	···062
Institute of Peace and Conflict Studies	···077
Gateway House: Indian Council on Global Relations	···093
Observer Research Foundation	···104
Vivikananda International Foundation	···131
Indian Foundation	···143
Centre for Policy Research	···156
Research & Information System for Developing Countries	···166
Indian Council for Research on International Economic Relations	···185
Institute of Chinese Studies	···202
Institute of Policy Studies	···212
Islamabad Policy Research Institute	···232
Bangladesh Institute of Peace and Security Studies	···247
China Study Center	···260
Lakshman Kadirgamar Institute of International Relations and Strategic Studies	···270
Appendix 1　Information of Think Tanks	···285
Appendix 2　International Studies on BCIM: A Literature Review	···289

前　言

《南亚智库研究（第一辑）》是"南亚智库概览"系列丛书的首期成果，集中介绍了南亚国家17家较为重要的官方、半官方和民间智库，其中印度智库12家，巴基斯坦智库2家，孟加拉国、尼泊尔、斯里兰卡智库各1家。印度和巴基斯坦的智库最多，故两国智库靠前排列，孟加拉国、尼泊尔和斯里兰卡智库则按国名字母顺序排列。印度各家智库基本按照战略—外交类、综合类、经济类的顺序排列。

本书正文按各家智库分为17部分，各部分体例基本一致，分机构概况、主要研究和特色研究三大板块，但涉及两家中国研究智库的文稿将第二和第三板块合二为一。机构概况部分主要介绍其基本情况，资料主要来自该机构的官方网站，以及其赠送的年度报告、机构介绍等文字资料。这些资料大都可通过智库官网获取，故书中对这一部分的资料来源一般不再单独注释。

本书各部分虽遵循统一的撰写大纲，但由于各机构信息披露差异很大，各章详略程度和侧重点差异较为明显。特别是大多数机构均未披露其财务资料或对此语焉不详，对课题组的咨询也少有回馈，故大多数章节对这一问题的研究不够理想。对于这些瑕疵，课题组力争在未来工作中以各种方式予以弥补。

本书各部分独立成稿，文字风格差异较大，体例也不完全一致，部分初稿由统稿人进行了一定修改。书稿虽经撰稿人两次修改，统稿人两次审读订正、一次校对，但仍有不一致、不周全之处，望广大读者辨识并指正。

由于种种原因，南亚各家智库多自称"独立""自主""自治""非党派""非政府"等。本书对这些限定词在有些地方做了必要探讨，但很多地方一仍其旧。"主要研究"和"特色研究"部分的内容是对智库研究成果的归纳总结，转述归纳的时候做了必要的文字处理，但由于内容过多，可能仍有未周之处。此外，南亚很多智库均或明或暗地表示允许或鼓励学者独立思考，独立研究，对很多问题号称并无本机构的统一意见。我们在研究中也的确注意到南亚各智库内部往往存在不同程度的意见差异。不过要直接由此得出各智库并无机构意见甚至也没有主流观点的结论，恐怕仍然是不确切的。本书在列出各智库观点的时候虽对不同观点的影响力大小做了一些辨析，但仍然未能充分厘清这些极为复杂的问题。我们也敬请读者充分辨析。

本书还收录了两个附录。附录一汇总本书研究智库的全名、简称、网址等基本信息，方便读者查考并做进一步了解，由曾祥裕汇编。附录二是课题组合作伙伴国家图书馆王雅馆员撰写的"孟中印缅经济走廊及国际影响力：基于国外文献视角"一文。这种以专题而非机构为主题的撰写方式也是课题组设想的工作方向之一，所以我们将此文编入本书附录，也希望得到读者的初步反馈，以决定将来的工作模式。

本书是教育部人文社会科学重点研究基地四川大学南亚研究所的集体成果，由南亚研究所副研究员曾祥裕主持项目并与国家图书馆馆员王雅和南亚所 2015 级、2016 级部分研究生共同撰写。具体分工是：曾祥裕负责制定提纲、统稿并撰写"前言"和"国防分析研究所"相关内容，邹正鑫撰写"印度三军研究所"，解斐斐撰写"国家海洋基金会"，陈枫撰写"和平与冲突研究所"，高翔撰写"梵门阁"，周惠芳撰写"观察家研究基金会"，张梦雅撰写"辩喜国际基金会"，罗华婷撰写"印度基金会"，任倩撰写"政策研究中心"，孔娇撰写"发展中国家研究与信息中心"，张婷撰写"印度国际经济关系研究委员会"，宋佳梦撰写"中国研究所"，李书凯撰写"巴基斯坦政策研究所"，杨霞撰写"伊斯兰堡政策研究所"，周禹朋撰写"孟加拉国和平与安全研究所"，贺兴宇撰写"尼泊尔中国研究中心"，王腾飞撰写"卡迪加马国际关系与战略研究所"，曾祥裕汇编附录一，王雅撰写附录二。本丛书的总序也由曾祥裕执笔。本书的出版经费由四川大学南亚研究所文富德教授以其承担的科研项目慷慨资助，特郑重致谢。

四川大学南亚研究所课题组

2017 年 10 月 28 日

FOREWORD

The Institute of South Asian Studies (ISAS) at Sichuan University is a leading research center on South Asian affairs in Chinese universities. As a Key Research Center for Humanities and Social Sciences as well as a member of Association for University Think-Tanks, ISAS is working intensively on almost every front of contemporary South Asian studies. As the first outcome of a long-term project for extensive/intensive exploration of think tanks located in South Asian countries, *A Study on Think Tanks in South Asia* (*Volume I*) attempts to offer a brief introduction of 17 leading think tanks in South Asia, covering 12 think tanks from India, 2 from Pakistan and 1 each from Bangladesh, Nepal and Sri Lanka. We would like to offer a very brief introduction of the said think tanks in the following 3 pages in order to somewhat familiarize the readers with such organizations before they proceed into each chapter for more details.

Institute for Defence Studies and Analyses (IDSA) is a leading government think tank devoted to strategic & defense studies in India. Being perceived as an "exo-brain" for the Government of India, IDSA enjoys a strong policy influence, thanks to its comprehensive studies covering regional studies (East/South Asia in particular) and security & strategic studies (military affairs, non-conventional security, internal security, etc). Its flagship journal *Strategic Analyses* offers an active platform for the discussion on strategic/defense/foreign affairs.

The United Services Institute of India (USI) is a military think tank devoted to military & strategic studies. USI at present organizes its research work along its

3 subordinated centers on defense strategy, military force history and peace keeping. Its research on regional hot issues and foreign strategy of China deserve special attention.

National Maritime Foundation (NMF) is a major and possibly most important maritime think tank in India. As an instrument to enhance India's involvement with maritime affairs in general and Indian Ocean affairs in specific, NMF has devoted to a number of major works such as convention of annual naval power conference, publication of *Maritime Affairs* and other online comments in addition to organization of dialogues and seminars.

Institute of Peace and Conflict Studies (IPCS) was founded in 1996 in New Delhi. The Institute has established itself as a major security & foreign policy think tank thanks to its intensive work in the recent 2 decades.

Gateway House: Indian Council on Global Relations is an independent foreign policy think tank based in Mumbai, India. Founded in 2009, the Gateway House aspires to engage India's leading corporations and individuals in debate and scholarship on India's foreign policy and its role in global affairs. Its scholarship is focused on 8 different fields such as geopolitics, geoeconomics, foreign policy analysis, etc.

Observer Research Foundation (ORF) is a New-Delhi-headquartered comprehensive think tank founded in September 1990. As a think tank with special interests over research works on policy and diplomatic affairs, ORF is very active on its research programs covering climate, energy, resources, space, cyber security and media. ORF is at present being regarded as a major player for "Track-2" diplomacy of India.

Vivekananda International Foundation (VIF) is a major think tank with a very strong inter-linkage with the Bharatiya Janata Party (BJP) of India. VIF executes its active research work on national security and strategic studies, international relations and diplomatic studies, as well as economic studies along with its 8 centers.

Indian Foundation (IN) is a major comprehensive policy research center which has a very strong inter-linkage with Bharatiya Janata Party (BJP). The Foundation has a special interest over the problems/challenges to and opportunities for India and tries to enhance the understanding of Indian civilization and its

FOREWORD

relevance to contemporary world.

Centre for Policy Research (CPR) is a leading public think tank in India. CPR works intensively to influence the policy making on domestic/foreign affairs in India and make policy recommendations based on its research on economic policy, environmental governance, international relations & security, law and governance in addition to urbanization.

Research & Information System for Developing Countries (RIS) is a major think tank under Indian Ministry of External Affairs. As a major research organization specialized in the studies of economy, trade, investment, technology and development affairs on developing countries, RIS is very active to offer its insights on connectivity & regional cooperation, economic affairs and South-South Cooperation, technological development, trade/investment and economic cooperation. Its research on South-South cooperation, traditional Indian medicine and IORA is of unique importance.

Indian Council for Research on International Economic Relations (ICRIER) is a not-for-profit and autonomous policy research center founded in August 1981 in New Delhi, India. Putting research work on Indian and global economy as its focus, the ICRIER has worked very hard to make recommendation to policy makers in order to help India's participation to global economy and effective response to the challenges associated with globalization.

Institute of Chinese Studies (ICS) is a major China/East Asia studies center in India. The Institute is working actively to execute interdisciplinary studies on China and other countries in East Asia covering domestic politics, international relations, economy, history, health care, education and border issues. Its flagship journal *China Report* is reputed as a leading journal on China Studies.

Institute for Policy Studies (IPS) is a policy research center based on Islamabad. As one of the most important think tanks in Pakistan, IPS offered a comprehensive studies on international development, domestic/international economy as well as Islamic affairs.

The Islamabad Policy Research Institute (IPRI) is a mainstream think tank in Pakistan. Dedicated to research, analysis and evaluation of strategic and emerging issues as well as events of regional and international importance that have relevance to Pakistan's national interests and policies, IPRI has managed to develop itself into a major policy research center with a renowned international reputation.

Bangladesh Institute of Peace and Security Studies (BIPSS) is a major policy research institute in Bangladesh. As an autonomous think tank, BIPSS offers an active platform for discussions on policy affairs among civil servants, diplomats, strategic thinkers, scholars and media-persons.

China Study Center (CSC) is a Kathmandu-based research organization working for the promotion of China-Nepal friendship and for the enhancement of comprehensive & intensive studies of China. As the first organization of such kind in Nepal, the China Study Center is of significance for cultivating China studies interest in this Himalayan republic.

Officially founded in 2006, the Lakshman Kadirgamar Institute of International Relations and Strategic Studies (LKI or LKIIRSS) is an energetic think-tank affiliated with the Sri Lankan Ministry of Foreign Affairs. The Institute organize its research work based on two clusters on "global governance" and "global economy." Its research on climate change, foreign policy and China-Sri Lanka economic ties is of big relevance to policy discussion in Sri Lanka.

国防分析研究所

印度是中国最重要邻国之一,其崛起态势得到广泛承认。在印度防务、战略与对外政策研究界,国防分析研究所(Institute for Defense Studies and Analyses,简称 IDSA)可以说是无人不知,无人不晓。这家智库被广泛视为印度政府在防务与战略领域的"外脑",与政府及印军高层关系极为密切:研究所主席由印度国防部长担任,研究所年度报告呈交议会,其领导出入政府要害部门(原所长出任印度副国家安全顾问),其活动总能得到印度高官(副总统、外长、国防部长、国家安全顾问等)捧场。2005 年 11 月 11 日建所 40 周年之际,印度总理曼莫汉·辛格甚至亲临国防分析研究所发表演讲,致辞祝贺。[1] 因此,观察这一机构的成长发展与主要工作,已成为探索印度战略走向的一条必要路径,各国战略学界对此均高度关注。

一、机构概况

国防分析研究所是印度最重要的研究防务与战略问题的政府智库。1962 年中印边界冲突之后,印度政府痛感在防务和国家安全领域需要外部专家的意见,遂于 1965 年 11 月 11 日注册成立了国防分析研究所,其任务是对国家安全与国际安全形势提供客观评估,长期从事防务与安全领域各

---

[1] "40th Anniversary of IDSA-PM Delivers Foundation Day Lecture," Public Information Bureau, Government of India, November 11, 2005, http://www.pib.nic.in/newsite/erelcontent.aspx? relid = 13232.

方面的情况研究和政策研究。① 国防分析研究所的拨款全部来自印度国防部（每年约1.4亿印度卢比），② 号称独立开展工作，研究人员由学术界、武装部队和文官部门三方人士组成。经过50多年的发展，该研究所已成为设施先进、人员充沛、在印度国内外得到广泛认可的著名智库。该研究所在全球和印度国内智库中的基本排名情况可参见表1。

表1 国防分析研究所在《2016年全球智库排名报告》中的排行情况

类　　别	全球排名	国内排名
全球智库排行	54	1
全球智库排行（不含美国）	30	1
中印日韩智库排行	7	2
最佳政府智库	22	1
2017年最值得关注的智库	13	1
外交政策与国际事务智库	118	5
防务与国家安全智库	37	1
最佳管理智库	71	2
最善于使用媒体智库	31	1
最佳跨学科研究智库	67	3
最佳外部关系/公共接触项目智库	53	3

资料来源：James, G, McGann, *2016 Global Go to Think Tank Index Report*, Philadelphia PA USA: University of Pennsylvania, 2017, pp. 42, 47, 60, 72, 86, 106, 111, 124, 130, 134, 137.

国防分析研究所在新德里先后有5个地址，分别是人民路（Janpath）10号（时为前总理夏斯特里故居，现为国大党总部、国大党主席索尼亚·甘地官邸）、拉杰帕特纳加尔（Lajpat Nagar）、夏普罗大厦（Sapru House，1969年初迁入）、尼赫鲁大学老校区1号楼和3号楼（1997年3月迁入）以及现址（2009年迁入，建筑施工由印度国防研究与发展组织直接监

---

① 2015年12月30日印度邮政为该所建立50周年发行纪念邮票。
② Prashant Jha, "India's Most Influential Think-tanks," *Hindustan Times*, August 16, 2015, http://www.hindustantimes.com/india/india-s-most-influential-think-tanks/story-emb0db2lmqltL8pKeYuZiL.html.

督)。① 现办公地址位于印度首都新德里南郊外环线南侧（Rao Tula Ram Marg, Development Enclave），距离机场不远，毗邻印度三军研究所（USI），周围军事部门密布，是著名的防务部门集中区。研究所有独立办公大楼一座、大规模图书馆一个，配备有会议室、研讨室等，另有研究人员公寓。研究所有175座的会议室一个，70座的研讨厅两个，经常举办大型学术活动。为提高资产的利用效率，研究所规定会议室可出租用于高端活动、专业团体的小型活动及艺术展，但不允许用于商业活动或私人活动。曾租用研究所会议室开展活动的有印度国防部、印度工业联合会、印军各军种、全印医学院、外国大使馆等。②

该所的图书馆为两层楼独栋建筑，藏书达5.6万册，涵盖国家安全、防务战略、军事、核问题、战略技术、地区研究、国际关系、冲突与和平管理、恐怖主义和相关问题等。图书馆还藏有各种报告、数据库，以及1.5万册以上的期刊合订本；订阅印刷版和电子版期刊350种、报纸32种；有12间学习室。③ 印度大学师生和研究人员经提前联系并出示介绍信，可阅读图书馆藏书并付费复印，但不得外借。

研究所管理机构为执委会，由各界杰出人士组成，任期两年，每年开全会一次并选举部分成员，由主席（President）领导，至今已有13任主席。执委会下设各委员会，包括人力资源与财务委员会、会员委员会和园区发展委员会。④ 执委会主席由印度国防或外交部长担任（包括后来任总理的拉奥、古吉拉尔等人），⑤ 现主席是印度国防部长西塔拉曼（Nirmala Sitharaman），成员包括政策研究中心主席和首席执行官，前副联合国防参谋长、退役空军上将，前内政部秘书，前印度国防学院院长、国家安全委员会秘书处军事顾问兼秘书，副总统秘书、前驻联合国日内瓦机构常任代表，前东部舰队司令、退役海军中将，法定成员包括外交秘书苏杰生（S. Jaishankar）、国防秘书库玛尔（G. Mohan Kumar）、所长、副所长以及一名职工代表。⑥ 国防部长公务繁忙，不可能过多地管理具体事项，但仍

---

① K. Subrahmanyam, "IDSA in Retrospect," *Strategic Analysis*, 2011 (No. 4, Vol. 35), p. 736.
② http://idsa.in/conferencefacility.
③ http://idsa.in/library.
④ http://idsa.in/aboutidsa.
⑤ http://idsa.in/formerpresidents.
⑥ http://idsa.in/executivecouncil.

然要审定招收人员名单、批准研究人员出国活动，该所的受重视程度由此可见一斑。

研究所的日常管理工作由所长（Director General）负责，至今已有10任。历任所长或来自军方，或来自外交界，或者是外交与防务背景深厚的公务人员或资深学者。第一任所长是国防学院院长杜特少将（D. Som Dutt，实际任职1年多），第二任所长是著名战略专家K·苏布拉马尼亚姆，近年来不少所长人选出自国家安全委员会。[①] 苏布拉马尼亚姆（现印度外秘苏杰生之父）是国防分析研究所的灵魂人物，他在1968—1975年、1980—1987年两度出任所长，在15年任期内大刀阔斧地推动研究所建设，使其成长为印度最重要、最有影响的防务与战略问题智库。空军准将贾斯吉特·辛格在苏布拉马尼亚姆1987年退任之后出任所长达14年，是另一位影响很大的机构领导者。以上两人加在一起的任职时间将近30年，在研究所打上了很深的烙印。历任所长简况可参见表2。

表2 国防分析研究所历任所长简况

姓名	任期	备注
D. Som Dutt	1966—1968	陆军少将，曾任国防参谋学院院长，在伦敦国际战略研究所（IISS）访学一年回国后任所长
K. Subrahmanyam	1968—1975	知名战略专家，1950年加入印度文官系统，先后在泰米尔纳杜邦政府和印度国防部工作，1966年赴伦敦经济学院进修战略研究，回国后任代所长、所长
P. R. Chari	1975—1980	1971—1975年在印度国防部任职，在哈佛大学、伊利诺伊大学等任访问学者
K. Subrahmanyam	1980—1987	1975年后任泰米尔纳杜邦政府内政部秘书、印度政府联合情报委员会主席和内阁秘书处辅秘、国防部国防生产秘书等职。1980—1987年再度担任国防分析研究所所长。1987年退职后赴剑桥大学圣约翰学院任客座教授和尼赫鲁讲座研究员，1999年起任印度国家安全顾问委员会召集人长达4年。领导卡吉尔冲突评估委员会并推动了印度安全管理架构的变革，2005—2006年领导美印关系研究小组

---

① http：//idsa.in/formerdirectors.

国防分析研究所

续表

姓名	任期	备注
Jasjit Singh	1987—2001	空军准将,前空军作战部长,写作或编撰著作20余部,2001年受托创建印度空中力量研究中心并任主任,2006年获印度公民第三级荣誉奖"莲花装"勋章(Padma Bhushan)
K. Santhanam	2001—2004	印度外交部科学顾问、国家安全顾问委员会顾问,以印度国防研发组织首席技术顾问职务退休,因博克兰核试验立功获"莲花装"勋章
C. Uday Bhaskar	2004—2005	海军准将,知名战略专家,曾在印度国防学院、国防参谋学院任教,在哈佛大学奥林研究所、哥伦比亚大学、芝加哥大学讲学,印度三军研究所终身成员,1996—2004年任国防分析研究所副所长,2004—2005年任所长,2007年退役,2009年7月—2011年7月任国家海洋基金会主任
N. S. Sisodia	2005—2011	前印度国防部国防生产与供应部秘书,曾在印度国家安全委员会秘书处任辅秘,2005年从印度财政部秘书任上退休
Arvind Gupta	2012—2014	资深外交官,1999—2007年任国家安全委员会秘书处联合秘书,参与卡吉尔冲突评估委员会工作,2008—2011年在国防分析研究所任夏斯特里讲席教授,2014年任副国家安全顾问,2017年10月任辩喜国际基金会主任
Jayant Prasad	2014—	资深外交官,历任驻阿富汗、阿尔及利亚、尼泊尔和联合国裁军会议大使,外交部美洲国家与多边经济司司长

资料来源:国防分析研究所官网对历任所长的介绍,http://idsa.in/formerdirectors。

最近两任所长分别是阿尔文·古普塔(Arvind Gupta)和贾扬·普拉萨德(Jayant Prasad)。阿尔文·古普塔于2012年1月5日至2014年8月7日任所长。他早年从德里大学获物理学硕士学位,在尼赫鲁大学获国际关系博士学位。曾在塔塔基础研究所任访问学者,在石油与天然气委员会和印度国家银行工作。1979年进入印度外交系统工作,先后被派驻到莫斯科、伦敦、安卡拉等地。1999—2007任印度国家安全委员会秘书处(NSCS)联合秘书(Joint Secretary),参与卡吉尔冲突评估委员会。2008—2011年在国防分析研究所任夏斯特里讲席教授,2012年任所长。他在所长任上亲自领导该所南亚中心和国际安全中心,兼任期刊《战略分析》(*Strategic Analyses*)的主编,研究领域包括国际安全、印度外交、能源安全、气候变化、技术发展与国际安全等,有著作3部,编著若干,包括

《空间安全呼唤全球治理》《变动的全球核秩序中的印度》《安全与外交重要文献选编》等。曾参加空间安全、气候变化、网络安全、核裁军等问题的工作小组。[①] 他 2014 年离任后回到国家安全委员会工作,任副国家安全顾问并领导国家安全委员会秘书处。2017 年 10 月退休后出任另一重要智库辩喜国际基金会(VIF)主任。现任所长兼《战略分析》主编贾扬·普拉萨德早年毕业于尼赫鲁大学,曾在德里大学圣斯蒂芬学院任历史学教师,加入印度外交系统后历任驻阿富汗、阿尔及利亚、尼泊尔和联合国裁军会议大使,外交部美洲国家与多边经济司司长。[②] 现任副所长阿罗克·德布(Alok Deb)系退役陆军少将,获两个防务与战略研究副博士学位,1977 年参军,曾指挥炮兵师,在各种作战环境下执行任务,参加过卡吉尔战役,曾被派驻境外参加联合国维和行动。现任《防务研究》期刊主编,主管军事中心。该所现在还设有助理所长一人,负责日常行政工作,由印军退役上校阿达什·库玛尔·楚格(Adarsh Kumar Chugh)担任。楚格早年在马德拉斯大学获战略研究硕士学位,在(班加罗尔)印度理学院获工程硕士学位,1982 年参军并在陆军服役 30 年。

国防分析研究所研究实力强大,人员配备充足,现有工作人员 81 人,包括所长、副所长、助理所长、财务、网管等行政人员 9 人。[③] 研究人员由学术界人士、武装部队人员和文官部门人员三部分组成。武装部队和文官部门的人员可长期调入,也可以短期进修,需由相关人员向各自单位申请,获同意后进行面试筛选并经研究所主席(国防部长)正式批准方可录用,聘期一般是两年。非政府专家则根据工作合同招募,设立副研、正研和高级研究员等岗位,另有杰出研究员、客座研究员、咨询专家、研究助理等岗位。[④] 国防分析研究所还利用实习生计划补充一般性工作人员。实习生计划一般招募高校研究生(硕士以上或在读硕士最后一年),实习期一般不短于 6 个月,在双方同意的情况下可延长到 1 年。实习生一般从事项目管理、撰写总结、编辑文件、网络管理以及其他辅助性工作。研究所为实习生提供办公空间、互联网和其他便利条件,前两个月无报酬,试用合格者从第三个月起每月领取 1 万印度卢比补助(仅限印度国民)。外国

[①] http://idsa.in/profile/agupta.
[②] http://idsa.in/profile/jprasad.
[③] http://idsa.in/staff.
[④] http://idsa.in/jobs.

公民也可申请实习生资格，但需持研究签证。①

值得注意的是，国防分析研究所人员流动性相当大，连续工作多年的研究人员数量很少，这是军政官员进修制和实习生制度的必然结果，非政府专家的合同聘任制也鼓励人员高度流动。这种格局有利有弊。从积极方面来说，人员高度流动有三大好处。首先是高度灵活，按需用人。研究所可根据研究规划或具体的研究项目，定向招募或聘用所需人员，项目完成合同到期后聘用关系自然解除，腾出来的名额可供新项目聘用人员。这种能进能出的用人方式保证了研究所能"因事用人"而不是"因人设事"。其次是鼓励新思想、新观点。由于人员流动性强，研究人员受既有思维定势影响较小，容易形成新观点、新思路。人员流动削弱了论资排辈的现象，对年轻研究人员的自由发挥起到了较大激励作用。灵活的用人制度令研究所得以从各领域聘用人员，客观上促进了学术交流与观点碰撞，有利于学术创新。其三是为各界培养了大量优秀的研究人员。国防分析研究所很少长期聘用研究人员，其培育的研究骨干大部分进入其他机构：有的返回部队或政府继续服务，有些转到其他智库继续从事研究工作，还有部分人员进入高校并培养更多研究人员。现在，新德里很多智库的研究人员均有在国防分析研究所的工作经历，由此建立的人脉网络不仅是他们个人的财富，也对该所扩大影响有积极作用。从这一角度来说，国防分析研究所不仅是研究机构，实际上也是高级研究人才的孵化器，对印度战略与国际问题研究整体水平的稳步提升、团队的持续扩大，均发挥了不可替代的重要作用。比如第三任所长在20世纪90年代与人合作创立了和平与冲突研究所，第五任所长贾斯吉特·辛格离任后受命牵头创建了印度空军智囊机构空中力量研究中心（Center for Air Power Studies, CAPS）并任首任主任，另一名所长乌代·巴斯卡尔2007年出任海军智库国家海洋基金会（National Maritime Foundation, NMF）第三任主任，前任所长阿尔文·古普塔现任辩喜国际基金会主任，尼赫鲁大学国际关系学院东亚研究中心谢刚教授（Srikanth Kondapalli，两度任中心主任）、尼赫鲁大学研究中印关系和军控问题的著名学者斯瓦兰·辛格教授（Swaran Singh）、国家海洋基金会前主任萨胡贾博士（Vijay Sakhuja）和执行主任库拉纳博士（Gurpreet Singh Khurana）等都曾在国防分析研究所工作，现

---

① http://idsa.in/InternshipProgramme.

在都在各自的领域独当一面。还要指出的是，国防分析研究所在建所初期还非正式地主持了中国研究小组（China Study Group，20世纪90年代初发展为中国研究所）的活动，当时是隔周三下班后会晤一次，这也说明了该所在中国问题研究方面的深厚渊源。[1]

不过这一制度也有两大严重弊端。首先是难以保持稳定的研究队伍，难以积累研究经验。社科研究包括国际问题研究既需要理论素养，更需要经验积累和实地调研，这些都要花不少时间。而国防分析研究所的实际情况是"铁打的营盘流水的兵"，很多研究人员工作三四年之后就会离开，同时也带走了相关的经验积累和知识储备。这些经验与知识只能成为他们的个人财富，凝结在刊发的研究成果之中，却难以进行代际传递。新进入的研究人员不得不靠个人积累来重新获取很多原本已有的经验和知识，等他们较为成熟的时候，就又应该离开了。其次是研究工作自主性削弱，很大程度上受制于领导层的眼界、水平与个人偏好。由于研究所采取"因事用人"的思路，研究项目的总体规划就变得特别重要，而这一总体规划又更多地取决于研究所领导层的判断。如果所长本人水平高、能力强，就能够制定出高水平的规划并为其分配必要人力资源。反之，全所的发展就会受到很大影响。

该所的主要工作分为研究、交流、社会服务和政策建言四部分。研究所在综合规划和现实需求的指导下组织研究工作。综合规划分为区域研究和主题研究两大板块。区域研究涵盖了世界各地，包括南亚、东亚、中亚—俄罗斯、西亚、非洲和南北美洲等；主题研究则关注军事、大规模杀伤性武器和核问题、非军事威胁等议题。巴基斯坦研究是研究所的一大重点，相关的研究规划也极为详细，具体包括巴军在治国理政中的作用、巴军伊斯兰化的程度、宗教极端主义的影响、联邦直辖部落区（特别是瓦济里斯坦）的安全局势、巴基斯坦选举与选后局势、巴控克什米尔局势、恐怖主义、"吉哈德"团体、印巴关系和印巴和平进程、影响巴方印度政策的各利益相关方、美巴关系、中巴关系等。中国是另一关注焦点，相关研究重点包括中国的社会问题与政治问题、中国共产党研究、中国崛起及其对亚洲地缘政治的影响、中国的军事现代化/军备建设/防务开支、中国在网络战和信息战领域的进展、中国海权、能源战略、对东南亚/南亚/海

---

[1] K. Subrahmanyam, "IDSA in Retrospect," *Strategic Analysis*, 2011 (No. 4, Vol. 35), p. 728.

湾/中亚地区的外交政策、中印关系、中美关系、海峡两岸关系、"昆明倡议"对印度的影响等。对美研究侧重印美关系、印美民用核合作、全球反恐战争及其对印影响、印美防务合作、在美印裔、美国大选、美国内部支持印度的利益相关方等问题。军事领域的研究侧重防务问题和海洋安全,具体包括全球军事趋势、主要大国的防务开支、中巴印的防务开支、军事革命与印度、防务管理机制改革、应对低烈度冲突的策略、非对称作战及对策、国家安全战略、信息战、综合国力发展战略、外层空间政策、世界信息安全发展趋势、网络空间的恐怖主义及其对印影响、印度加入导弹及其技术控制制度(MTCR)和核供应国集团(NSG)等问题,对国际恐怖主义、国内安全、环境安全和能源安全的研究也是一大重点。[1]

与上述总体规划相一致的是,研究所设了东亚、西亚、南亚、东南亚与大洋洲、北美、欧洲与欧亚、非洲/拉美/加勒比与联合国等区域研究中心,以及军事、国内安全、战略技术、非传统安全、核与军控、防务经济与工业等专题研究中心。[2] 各中心简况如下。

东亚中心现有研究人员7人,主要研究东亚各国的内外政策,以及印度与东亚国家的关系。东亚中心对华研究的重点之一是中国的外交政策特别是对美政策、对俄政策、中亚政策和亚太政策,之二是中国的国内政治、经济、军事、西藏自治区和印度对华关系的方方面面,此外对台湾问题、两岸关系、印台关系、香港问题也都有涉及。韩国、日本、亚太地区和朝鲜半岛的地缘政治也是中心的研究工作。中心的主要活动包括编撰双月刊《东亚观察》(*East Asia Monitor*),编撰《中国年鉴》(*China Yearbook*),出版相关图书(已出41种)。《中国年鉴》是中心的旗舰出版物。此书前3版(2011年、2012年、2013年)体例基本一致,大体分外交和内政两大板块,各章分别讨论中国和美国、日本、印度、东盟、东亚、南亚、中亚、西亚、上海合作组织的关系,以及中国政治、经济、军事和媒体等方面的情况。2014年版做出调整,重划为内政、中国与大国、中国与全球治理、中国与地区、中国与南亚等5部分,2015年版分为政治与安全、经济与改革、外交政策与外交战略、与大国的关系、地区外交5部分。不难看出,该书始终高度关注中国外交政策,相关内容总是占据一半篇

---

[1] http://idsa.in/system/files/IDSA_Research_Agenda_0.pdf.
[2] http://idsa.in/researchcentres.

幅。① 中心协调员潘达博士（Jagnath P. Panda）主要研究中印关系、中国外交、亚太均势、东南亚安全与跨喜马拉雅政治，著有《中印关系：多极世界中的资源政治、身份与权威》一书（2017年，Routledge出版社）。维尔玛上校（Adarsha Verma）2016年8月入所工作，是一名炮兵军官，反叛乱作战经验丰富，曾赴联合国驻南苏丹特派团工作一年，并承担过"网络中心式作战"等研究课题，现从事"印日安全合作：地区背景下的动因与前景"研究。

南亚中心现有研究人员11人，关注印度周边的南亚地区局势发展，重点关注巴基斯坦问题。中心现有两个重点项目，分别是巴基斯坦局势研究和巴控克什米尔局势研究。中心协调员贝胡里亚博士（Ashok K. Behuria）早年获尼赫鲁大学国际关系博士学位，2003年入所工作，长期密切关注南亚特别是巴基斯坦国内政治、阿巴地区的战略环境、地区宗教话语的极端化、印度的邻国外交、地区安全和国际合作等，因其在巴基斯坦研究领域的杰出工作，在2009年获"苏布拉马尼亚姆奖"。②

西亚中心现有研究人员7人。目前从事的研究项目主要有：南亚西亚交通与能源合作、阿拉伯世界的政治转型及其对印影响、海湾阿拉伯国家合作委员会、伊朗内外政策、印阿关系、印伊（朗）关系等。③ 中心协调员罗易博士（Meena Singh Roy）1999年入所工作，主要研究中亚、俄罗斯、伊朗、南部非洲和武器转让问题，现承担"在新战略环境下重塑印度—中亚关系"的研究项目。拉希德博士（Adil Rasheed）2016年8月入所工作，此前在阿联酋和印度的多家国际智库和媒体工作17年，2014—2016年在印度三军研究所工作，著有《"伊斯兰国"：奔向末日决战》（*ISIS: Race to Armageddon*）一书，与他人合作编撰《印度洋地区的新兴战略合作、竞争与冲突》（*Indian Ocean Region: Emerging Strategic Cooperation, Competition and Conflict Scenarios*）一书，关注中印在印度洋地区的竞争。谢卡瓦特上校（S. S. Shekhawat）2016年7月入所工作，是印度陆军现役军官，在北部和东北部的反恐与反叛乱行动方面经验丰富，曾在刚果民主共和国任联合国军事观察员，他在国防分析研究所承担的研究课题是"'伊斯兰国'的兴起及其对印影响"。

---

① http://idsa.in/chinasouth-eastasia.
② http://idsa.in/southasia.
③ http://idsa.in/westasia.

东南亚和大洋洲中心现有研究人员2人，关注东盟10国、东帝汶和大洋洲研究，侧重印度与这些国家的双边与多边关系研究，致力于助推印度的"东向"政策。中心研究印度与本地区的防务合作（包括海洋问题）以及非传统安全合作，关注地区国家的内部发展特别是政治转型及军方的作用，探讨其对印度的影响，为此积极推动第二轨道的机制联系，编撰有资料性的《东南亚洞见》。[1] 中心协调员是辛格博士（Udai Bhanu Singh），主要研究缅甸政治与外交、印缅边界管理、东南亚军事、印越战略关系、印度"东向"政策、印度与东南亚在多边层面的互动、印度的亚太政策等，著有《东盟地区论坛与亚太安全》一书，曾负责筹备外交部主办的（印度—东南亚）国际会议第六次（2014）、第七次（2015）和第八次（2016）德里对话。

欧洲与欧亚研究中心现有研究人员3人，研究范围包括欧洲、俄罗斯和前苏联加盟共和国（包括中亚）。[2] 中心负责人斯托布丹（Phunchok Stobdan）为前驻吉尔吉斯斯坦大使，曾在国家安全委员会秘书处工作，系查谟和克什米尔战略研究中心主任、拉达克国际中心首任主席。北美中心现有研究人员1人，主要关注美国的内外政策、美国的亚洲外交、印美伙伴关系和印美双边经济关系。[3] 该中心的巴拉钱德拉博士（G. Balachandran）从威斯康辛大学获经济学与计算机科学博士学位，主要研究经济与技术问题。

非洲/拉美/加勒比与联合国研究中心现有研究人员5人，主要关注非洲地区特别是热点国家如埃及、利比亚、尼日利亚、索马里、苏丹以及印度洋地区等，也关注印度和非洲国家的双边、地区与多边互动，特别是在印度—巴西—南非机制和金砖合作机制中的互动。中心还开展印度与联合国相关问题的研究。[4] 中心协调员贝里博士（Ruchita Beri）曾编撰出版《非洲与能源安全》（2009）、《印度与非洲增强相互接触》（2013）和《印度与非洲：未来十年的共同安全挑战》（2016），联合主编《联合国安理会改革：视角与前景》（2014）等。

军事中心现有研究人员10人，均系印军军官和文职专家。中心的研究

---

[1] http：//idsa.in/SouthEastAsiaandOceaniaCentre.
[2] http：//idsa.in/europeandeurasia.
[3] http：//idsa.in/NorthAmericanCentre.
[4] http：//idsa.in/russiacentralasiawestasiaafrica.

重点是影响印度国家安全和印军能力建设的各种问题，包括战争领域的新兴挑战、防务合作、海洋安全、军事训练等，中心工作还涉及中巴两国与印度安全相关的方面。[①] 中心负责人阿罗克·德布（Alok Deb）为研究所副所长、《防务研究》期刊主编、退役陆军少将，参加过卡吉尔战役，曾被派驻境外参加联合国维和行动。扎达上校（Vivek Chadha）在印军服役22年，退役后于2011年11月入所工作，其研究领域包括反游击战、反恐和恐怖主义资金问题，有"印度在米佐拉姆的反叛乱行动"等研究成果。

国内安全中心现有研究人员4人，分别来自文职部门、军方和警察部队。中心关注印度的各种国内安全问题，包括东北部和克什米尔的分离主义运动、左翼极端武装、恐怖袭击、渗透活动、非法移民、武器走私和毒品走私等，跟踪恐怖主义在全球和印度本国的发展趋势、印度国际边界的管理、印度的海岸安全等。中心现有研究项目包括：东北地区的区域自治理事会研究，部落因素对解决那加人游击运动的影响，印度毛派活动的领导、官僚机制、媒体与民间社团因素等。中心还承担内政部和国家安全委员会秘书处关于国内安全的各种项目，与边境安全部队的边界管理与战略研究所签订有双边协议。[②] 中心协调员达斯博士（Pushpita Das）主要研究边境安全与管理、海岸安全、毒品走私、移民以及印度的东北部问题，现集中关注印度对国际边界的管理，曾作为专家顾问与国家安全委员会秘书处和内政部合作从事海岸安全方面的项目研究。宋卡尔上校（Pradeep Singh Chhonkar）2016年8月入所工作，系现役步兵军官，在研究所主要从事国内安全问题研究，特别是东北地区和其他新兴威胁的研究工作。拉玛纳博士（P. V. Ramana）主要研究印度纳萨尔武装运动，编撰了《纳萨尔运动的挑战》，著有《了解印度毛派：文献选读》一书。

非传统安全中心现有研究人员3人，主要关注能源、水、环境和气候安全。2008年提交了环境变化对印度安全影响的报告，涉及可再生能源、环境变化、军事因素在环境问题中的作用等。现从事水安全研究，也关注世界贸易组织、能源、环境变化、气候变化地缘政治问题等。[③] 中心协调员达瓦尔博士（Shebonti Ray Dadwal）曾任国家安全委员会秘书处副秘书和《金融快报》高级编辑，主要研究能源安全，成果包括《美国能源独立的地缘政治影

---

① http://idsa.in/militaryaffairs.
② http://idsa.in/terrorisminternalsecurity.
③ http://idsa.in/nonmilitarythreatsenergyeconomicsecurity.

响：对中国、印度和全球能源市场的影响》《天然气的地缘政治学：共同的问题、不同的答案》。辛哈博士（Uttam Kumar Sinha）主要研究跨界水问题、气候变化和北极问题，任《战略研究》期刊执行主编，现为（加德满都）南亚水治理项目技术顾问委员会成员，主持（美国）国防大学战略研究网络水争端解决机制工作小组，系亚太安全合作理事会（CSCAP）水资源安全工作小组的印方代表。

战略技术中心现有研究人员4人，关注对国家安全有潜在影响的战略技术，特别是关键技术和空间技术，追踪空间安全与网络安全的发展，研究生物与化学武器方面的战略技术，研究大规模杀伤性武器扩散问题以及恐怖主义，负责编辑出版《生物与化学武器杂志》。[1] 中心协调员阿贾伊·利利上校（Ajey Lele），在印度空军服役多年，撰写、编撰著作各6部，2013年因在战略和安全领域的杰出研究获"苏布拉马尼亚姆奖"。中心主力研究人员塞缪尔（Cherian Samuel）主要研究网络安全问题，曾任国防分析研究所网络安全课题组协调员。

核与军控中心现有研究人员2人，从事涉及全球核裁军、核不扩散、核能、全球核治理、地区核动态、武器贸易条约、化学与生物武器公约等问题的研究。[2] 协调员纳杨博士（Rajiv Nayan）1993年入所工作，主要从事大规模杀伤性武器、军控、不扩散问题和出口控制的研究，现负责"出口控制的全球政治学之变革"和"全球核治理与印度"等两个项目。

防务经济与工业中心现有研究人员4人，任务是促进对印度国防经济领域的研究。中心成立于2006年，与国防部、各军种和工业部门保持经常性联系，主要研究领域包括防务采购（改进组织架构和程序），国防工业（增强国防生产自主性、提升国防生产部门效率、提升私人部门对国防生产的参与水平），防务研发和国防预算等。[3] 中心协调员柯西什（Amit Cowshish）系国防分析研究所杰出研究员，在国防财会部工作超过35年，2012年退役，派驻国防部期间负责防务规划、预算与采购，参与起草《防务采购手册》（2009）及《补充文件》（2010），参加对授予各军种财权的评估工作，2009年任国防开支评估委员会成员。

为了推动特定问题的研究，研究所还设立了三个跨中心的研究项目。

---

[1] http：//idsa.in/strategictechnologiesmodellingnetassessment.
[2] http：//idsa.in/nuclearandarmscontrol.
[3] http：//idsa.in/defenceeconomicsindustry.

"本土历史知识"研究项目主要研究《政事论》（Arthashastra）的外交与战略思想，从2012年前后开始开展工作，具体包括举办讲座、小型研讨会等13次，全国性会议3次，国际会议2次。项目引起了较大的国际反响，先后有德国海德堡大学南亚研究所、新加坡国立大学南亚研究所加入合作。2016年2月在新加坡召开"印度现代国家的由来：侨底利耶、马基雅维利、尼扎姆·穆尔克、巴拉尼与孙子之比较"国际研讨会。该所的项目已经刊发了若干专题论文和评论，在2014、2015和2016年出版了3册论文集（分别收录3次大型会议的论文），另有4本相关专著问世。①

巴基斯坦项目于2009年设立，项目团队2009年3月开始开展工作，其成果包括编撰《巴基斯坦新闻摘编》和《巴基斯坦项目每周简报》，以及不定期的《项目报告》（包括2010年名为《巴基斯坦日渐不稳及其对印度的影响》的首份报告、2012年题为《巴基斯坦局势不稳》的第二份报告），从2016年6月开始编撰《巴基斯坦形势双周报告》，举行多次研讨活动，包括2016年3月围绕巴基斯坦乌尔都语媒体对印报道、2013年9月围绕巴基斯坦陆军参谋长基亚尼的前途、与塔利班的和谈以及巴基斯坦经济状况的讨论，2010年10月围绕本月在杜兰线沿线的打击活动对巴美关系的影响，2010年7月围绕印巴外长会谈也组织了专题研讨。②

鉴于核问题的极端重要性，国防分析研究所还设立了核历史研究项目，搜罗汇编了一批有关核问题的历史文献，包括印度政府对议会上院关于中国核武器项目的质询答复、关于印度核能项目的质询答复、关于印度核武器政策和核武器项目的质询答复、关于不扩散和裁军问题的质询答复、关于和平核爆炸的质询答复，以及关于《不扩散核武器条约》的文件、原子能机构相关文件、原子能部文件、国际合作文件、项目计划文件、关于霍米·巴巴博士的文件、塔塔基础研究所文件等。③

为了吸收所外专家灵活参加本所研究工作，弥补本所研究人员的不足，国防分析研究所还开展项目外包工作，既可接受所外研究人员自主投标，也主动邀请合适的专家承担项目。外包项目按成果形式分为图书、专著、不定期论文三种，资助经费分5阶段拨付：签约拨付20%，提交详细项目框架后拨付20%，提交初稿供匿名评审后再拨付20%，提交修订稿后

---

① http：//www.idsa.in/history.
② http：//www.idsa.in/pakistanproject.
③ http：//www.idsa.in/npihp.

拨付25%，出版或刊用后拨付最后的15%。这种方式非常有效，较好地保障了该所研究工作始终居领先水平。项目的具体要求和资助金额参见表3。

表3　国防分析研究所项目外包简况

类别	英文单词数	完成时限	资助经费（印度卢比）
图书	8万—10万	18个月	30万
专著	4万	12个月	5万
不定期论文	2万—2.5万	6个月	2.5万

资料来源：国防分析研究所网站关于项目外包的介绍，https://idsa.in/OutsourcedResearchProjectApplication。

国防分析研究所高度重视各种形式的交流工作。研究所的官网经常刊登该所对各种安全与战略问题的研究成果，开通了优兔和推特平台，若干重要活动提供音频视频在线发布，经常举办全国性会议和国际会议，不定期举行各种圆桌讨论和研讨会。每周五举办的研究员研讨会（Fellows' Seminar）邀请所内外专家、在职或退休政府官员参加活动，最近几场互动的主题包括：印度与以色列的战略安全合作、尼泊尔和平进程、印度与联合国安理会改革、防务技术转移、印度在印度洋地区的地位、憍底利耶的《政事论》及其科学思维、网络战等。[1] 研讨会的开放程度各异，有些完全公开，有些仅限受邀请人员参加，有些要事先申请（外国媒体和外国外交官参加往往需所长事先审批）。研究所还根据不同的主题组织各种系列讲座，主要有国家战略系列、国内安全系列、名人系列、恰范纪念讲座、特别讲座等。恰范纪念讲座是为纪念国防分析研究所首任主席、印度前国防部长、资深政治家恰范而设立的，从2010年起每年举行一次，规格很高。

国防分析研究所定期不定期召开各种会议，2016年举行国际会议6次，组织圆桌讨论12次，双边互动或对话13次。[2] 重要的年度会议包括亚洲安全会议、南亚会议和西亚会议三个系列。亚洲安全会议是国防分析研究所的最主要定期活动，每年初春举行，规格极高，印度国防部长每年都会参会致辞。1999年举行首次亚洲安全会议，至今已举办19次，成为亚洲安全议题的重要讨论平台。历届亚洲安全会议的主题分别是：21世纪

---

[1] http://idsa.in/fellowseminar.
[2] *Annual Report 2016 - 17*, Ministry of Defense, Government of India, pp. 180 - 182.

的亚洲（第一届），亚洲的新黎明及和平与安全面临的挑战（第二届），重塑亚洲安全（第三届），不确定时期的亚洲安全战略（第四届），2000—2010年间的亚洲安全与中国（第五届），联合国、多边主义与国际安全（第六届），东亚变动之中的安全动态：聚焦日本（第七届），后"9·11"时代东亚安全动态的变革（第八届），东南亚安全动态：新兴威胁与回应（第九届），21世纪的亚洲安全（第十届），冲突形态的变革与亚洲的战略（第十一届），2030年的亚洲安全：趋势、情景与替代方案（第十二届），走向新的亚洲秩序（第十三届），非传统安全挑战：现在与将来（第十四届），西亚新趋势：地区与全球影响（第十五届），亚洲的新战略趋势及印度的回应（第十六届），亚洲安全及印度的策略（第十七届），维护网络空间安全：亚洲与国际的视角（第十八届），打击恐怖主义：亚洲的回应（第十九届，2017年3月举行），从第四届起的会议论文均集结出版，供学界参考。近几年还对会议进行网上直播。会议的主要发言嘉宾有印度副总统（2007年）、国防部长、国家安全顾问、副国家安全顾问、联合国防参谋长、海军参谋长、西孟加拉邦邦长等，特邀嘉宾有荷兰前首相、蒙古国防部长、阿富汗国家安全顾问等。[1]

  南亚会议也是国防分析研究所的年度活动，至今已举办10次，一般在10—11月份举行，但第十届会议推迟到2017年3月举行。历届会议分别是：经济合作促进南亚安全与发展，印度周边的政治变动及安全与地区合作的前景，南亚2020：趋于合作还是冲突，南亚反恐的共同挑战和安全合作前景，南亚的合作性安全框架，南亚稳定与增长前景，印度与南亚：探索地区概念，媒体对促进南亚地区谅解的作用，南亚地区合作中的文化因素。第十届会议的主题是增强南亚互联互通，于2017年3月28—29日举行。历年来有印度国防部长、外长、外秘、前陆军参谋长等致辞发言，最高级别的发言嘉宾是2008年应邀发表主旨演讲的印度副总统。会议论文同样集结出版。[2] 2014年9月举行首次西亚会议，外交国务部长发表主旨演讲。2016年1月举行第二次西亚会议，主题是西亚的意识形态、政治与安全挑战，印度副总统发表主旨演讲。[3]

  国防分析研究所还与全球各地的重要研究机构定期轮流举行对话活

---

[1] http：//idsa.in/event/asc/aboutasc.

[2] http：//idsa.in/event/sac.

[3] http：//idsa.in/event/wac.

动,合作伙伴包括兰德公司(RAND)、圣彼得堡国立大学(SPBU)、中国国际问题研究基金会(CFIS)、中国现代国际关系研究院(CICIR)、上海国际问题研究院(SIIS)、中国台湾的政治大学(NCCU)、(巴基斯坦)战略研究所(ISS)、(斯里兰卡)班达拉奈克国际问题研究中心(BCIS)、孟加拉国际与战略研究所(BIISS)、塔吉克斯坦战略研究中心(SRCT)、哈萨克斯坦国际问题研究所(KazISS)、(阿联酋)酋长国战略研究中心(ECSSR)、(阿联酋)海湾研究中心(GRC)、(伊朗)政治与国际问题研究所(IPIS)、(以色列)贝京—萨达特战略研究中心(BESA)、缅甸战略与国际问题研究所(MISIS)、(越南)防务战略研究所(IDS)、韩国国防分析研究所(KIDA)、(日本)防卫研究所(NIDS)、日本国际问题研究所(JIIA)、(蒙古)战略研究所(ISS)、(英国)皇家三军研究所(RUSI)、德国全球与区域研究所(GIGA)、(德国)阿登纳基金会(KAS)、(挪威)国际和平研究所(PRIO)、挪威防务研究所(IFS)、瑞典防务研究所(FOI)、(巴西)瓦加斯基金会(FGV)、南非国际事务研究所(SAIIA)等。[①]

为加强国际交流,研究所还设立访问学者项目,接受外国学者围绕国际安全与地区问题进行驻所研究,具体分为国际访问学者和亚非访问学者两大项目。国际访问学者项目的申请条件是,就职于知名国际智库、政策研究机构或大学,有3年及以上工作经历,具有博士学位。访学为期3—6个月,特殊情况可延长,从事地区研究(南亚、东亚、西亚、俄罗斯、美国、非洲)者可优先考虑,从事恐怖主义、核问题、大规模杀伤性武器、非传统威胁、能源安全、防务经济与管理及国防工业研究者也可优先考虑。访问学者需为研究所撰写评论供网站发表。研究所可提供住宿、办公空间和信息服务,入选者应持研究签证。[②] 此外,南亚(印度除外)和亚非其他发展中国家的研究人员、政府官员和知名人士可选择申请亚非访问学者资格,访学期不超过9个月。该项目同样要求申请人有3年及以上工作经验。有相关政策经验或曾在知名刊物或出版社刊发实质性成果者可免除学术要求。入选者须全职在国防分析研究所从事研究,需撰写原创性研究论文一篇(4000—6000词)并在研讨会上讨论,评审后可刊发于《战略研究》期刊。亚非访问学者应撰写评论供研究所网站发表,应积极参加学术讨论、研讨会、讲座和其他学术交

[①] http://idsa.in/internationalinteractions.
[②] http://idsa.in/visitinginternationalfellow.

流活动。研究所向项目入选者提供免费住宿、办公空间、互联网和其他便利条件,每月支付5万卢比津贴。① 多年以来,国防分析研究所已接待各类访问学者114人,包括来自中国的中国现代国际关系研究院楼春豪博士、中国社科院亚太所杨晓萍博士、中国台湾"国防"大学沈明石博士和中兴大学陈牧民博士。目前研究所有访问学者4人,分别是美国克莱蒙—麦凯恩学院研究员辛哈(Aseema Sinha)、新加坡国立大学在读博士朱尔卡(Amit Julka)、巴西战略与国际关系研究中心(NERINT)助理研究员罗贝洛(Erik Herejk Ribeiro)博士等。②

为了有效执行研究所承担的生产并传播防务与安全知识,增进印度国家安全和国际安全的目标任务,③ 国防分析研究所高度关注学术出版工作,大体可分为期刊、简报和图书系列。《战略分析》(Strategic Analysis)是国防分析研究所最重要的刊物,刊发印度国内外稿件,主要关注印度与国际上的安全事务及政策问题,双月刊,由英国泰勒与弗朗西斯集团下属的劳特里奇出版公司出版发行。《战略分析》于1977年4月创刊,本为刊发时事评论的月刊,1987年初开始刊登研究论文和对国际局势的评论,2002年改为季刊,2007年1月改为双月刊并由劳特里奇出版社出版发行,现任主编为所长普拉萨德,执行编辑(Managing Editor)乌塔姆·库玛尔·辛哈(Uttam Kumar Sinha),另设副主编一人。④

《防务研究》(Journal of Defence Studies)于2007年创刊,为季刊,专注于防务研究,刊发研究论文、散论、专题评论、观点和书评,每期均刊发与印度武装部队相关的论文,涉及新型安全威胁、军民关系、高层防务规划、作战原则、组织架构、指挥与控制机制、后勤保障与可持续性、预算程序与操作以及与防务和国家安全相关的其他问题。刊物也关注涉及防务政策、防务领域改革和国防经济的相关问题。2017年第2期主要关注印度对国际军演的看法、防务领域军事研究机构(MRO)的公私伙伴关系、印度在技术转移领域的可能获益,以及在国内安全行动中使用空中支援的观点和4篇书评。刊物设读者来信专栏。现任主编是副所长德布少将。⑤

① http://idsa.in/VisitingFellowshipsforAsiaAfricaCountries.
② http://idsa.in/visitingfellowships.
③ http://idsa.in/vision.
④ http://idsa.in/strategicanalysis.
⑤ http://idsa.in/journalofdefencestudies.

《化学与生物武器杂志》（*CBW Magazine*）是印度首个同类刊物，2007年创刊，本为季刊，2011年改为半年刊，每年出版冬夏两期。每期均包括封面报道、国家简况或书评、专题论文，另有生化领域新闻板块，按主题排列，涵盖军控、裁军、国家与非国家行为体等，专注生化武器问题。①《非洲趋势》（*Africa Trends*）于2012年创刊，本为双月刊，2014年改为季刊。刊物专注非洲问题，刊发各种评论和时事分析，书评和新闻涵盖了最近3个月的重要情况。2016年第3期内容包括印度总理访非、欧盟—利比亚移民协议、2016年7月危机之后的南苏丹和平局势等内容。②

研究所还编撰多种信息简报，包括《巴基斯坦项目电子周报》（*Pakistan Project: Weekly E-bulletin*）、《巴控克什米尔新闻摘编》（*PoK News Digest*）、《巴基斯坦新闻摘编》（*Pakistan News Digest*）、《东亚观察》（*East Asia Monitor*）、《东南亚洞见》（*Insight Southeast Asia*）等。《巴基斯坦项目电子周报》由研究所的巴基斯坦研究项目和南亚中心主办，关注巴基斯坦局势的最新进展。每期先对前一周最主要情况进行评论，然后提供政治、经济、安全方面的新信息。《巴控克什米尔新闻摘编》每月编撰涉及巴控克什米尔的新闻摘要、媒体报道和重要声明，分为政治、经济、国际、其他四大类及综述。《巴基斯坦新闻摘编》也由巴基斯坦研究项目每月编撰，全面关注巴基斯坦战略问题，摘编巴基斯坦的媒体信息和分析评论，提供便利参考。《东亚观察》为双月刊，关注中国、日本和朝鲜半岛，致力于捕捉本地区外交政策、安全局势和经济发展方面的重要进展，具体内容包括专家采访、评论、新闻趋势分析、政府数据等。《东南亚洞见》为双月新闻简报，由东南亚和大洋洲中心编撰。具体内容包括国别简况、评论、书评、新闻追踪等。新闻追踪包括重要新闻的总结，涉及东南亚11国和大洋洲（包括澳新两国）。③《战略文摘》（*Strategic Digest*）系月刊，收录从各种公开或非公开渠道收集的重要讲座、政府文件与声明、新闻摘要等，1971年1月创刊，从2015年11月起不再印刷纸版，仅发行电子版，由副主编辛哈（Uttam Kumar Sinha）负责。《印度洋观察》（*Indian Ocean Watch*）每月编撰1期，系新闻简报，追踪印度洋地区各国在海洋安全、经济合作、环境问题/灾害管理领域的最新发展。

---

① http://idsa.in/cbwmagazine.
② http://idsa.in/africatrends.
③ http://idsa.in/newsdigests.

研究所刊发各种在线分析文章，分为不定期论文（Occasional Papers）、评论（Commentary）、事件简报（Issue Brief）、政策简报（Policy Brief）、专论（Special Feature）和背景资料（Backgrounder）六大类。[1] 研究所出版的图书大部分可从其网站上查询，目前能查询到161本，多提供电子版下载。[2] 可查询的专论有70部，同样多提供电子版下载。

研究所的网站极为活跃。与很多机构主要刊发工作信息和宣传资料的做法不同，国防分析研究所网站的主要职能是传播观点，评论板块是网站的核心内容，就热点问题刊登的评论非常及时，数量不少，品质较高。由于研究所人手有限，很多重磅评论都是邀请所外资深学者、退休外交官或退役将领撰写的专稿。实际上，研究所网站本身就相当于一份很有分量的热点评论电子刊物，而且使用非常方便，可以搜索，也可按作者或关键词浏览。从2005年1月至今已发表评论等2800篇以上，平均每年发表220篇左右，不足两天就发表一篇。此外，研究所还有专人负责协调媒体采访本所专家。研究所专家在所外刊物或报纸上发表文章的消息也总会第一时间由研究所网站发布并提供阅读链接。

研究所的社会服务工作包括4个方面，首先是每年均针对军民官员举行培训活动，主要由所内外研究人员授课。比如，国防分析研究所长期承担印度外交学院的防务与国家安全课程，后者曾派遣其第2013期学员在研究所接受培训5天，具体课程包括印度的亚洲政策、水问题、资源竞争问题、东亚安全架构、侨底利耶思想在外交中的应用、印度面临的网络安全挑战等。[3] 又比如，研究所在2016年2月29日至3月11日为印度空军开展培训项目，3月29—31日为海军情报专业学员开设防务与安全课程模块，10月17—21日为边境安全部队开设防务与安全课程模块等。[4] 实际上，研究所对这些培训工作是高度重视的，第九任所长阿尔文·古普塔甚至建议建立附属于研究所的培训机构，专门负责国家安全领域的教育培训。[5]

---

[1] http://idsa.in/papersbriefs.
[2] http://idsa.in/books.
[3] http://meafsi.gov.in/?2820?000.
[4] *Annual Report 2016−17*, Ministry of Defense, Government of India, p. 182.
[5] Arvind Gupta, "IDSA's Interface with Policy," *Strategic Analysis*, 2015（No. 5, Vol. 39）, p. 570.

其次是定期颁奖,鼓励对安全与战略问题的研究。研究所设立"苏布拉马尼亚姆奖"(K. Subrahmanyam Award),授予对战略与安全研究做出杰出贡献的印度学者、记者或分析人员,优先考虑50岁以下人选,获奖人在研究所指定的名人小组提名人选之中确定。此奖每年仅授予一人,在每年的建所日(11月11日)颁发,奖金10万卢比,颁发纪念铜盘(citation)。该奖2015年得主为《印度斯坦时报》执行主编古普塔(Shri Shishir Gupta),2014年为印度社科研究理事会高级研究员、空中力量研究中心研究员塞提(Manpreet Sethi),2013年为国防分析研究所研究员阿贾伊·利利(Ajey Lele),2012年为新加坡国立大学李光耀公共政策学院访问教授巴吉帕伊(Kanti Bajpai),2011年为政策研究中心拉加万(Srinath Raghavan),2010年为尼赫鲁大学国际关系学院东亚研究中心谢刚教授(Srikanth Kondapalli),2009年为国王科学与安全研究中心的潘特(Harsh V Pant),2008年为国防分析研究所的贝胡里亚研究员(Ashok K. Behuria),2007年为国防分析研究所的马哈林加研究员(Sudha Mahalingam)。[①]

第三项社会服务工作是国防分析研究所的开放会员制(membership),这一事宜受执委会的会员委员会领导。按规定,从事防务、战略和安全研究或对其感兴趣的印度国民个人和机构均可申请会员资格。会员资格有效期与印度财年重合,为每年4月1日至次年3月31日。会员一般应每财年缴纳会费,也可一次性缴纳5—10年的会费并享受5%的减免优惠。会员分5种,分别是终身会员、普通会员、合作会员(Associate Membership)、集体会员(Corporate Membership)和特别订阅人。所有会员均可使用图书馆,押金2000卢比(执委会成员除外)。终身会员一次性缴纳会费6000卢比,普通会员每年缴纳会费750卢比,都可获赠《战略分析》刊物,有权参加研究所的研讨会。合作会员每年缴纳会费300卢比,可获赠《战略研究》刊物。特别集体会员每年缴纳600卢比,可获赠《战略研究》刊物;集体合作会员资格对印度武装部队各军事单位开放,每年支付400卢比,可获赠《战略研究》刊物。特别订阅人仅限现役军官申请,每年会费300卢比,可获赠《战略分析》刊物,有权参加研讨会。据统计,国防分析研究所至2017年6月30日有终身会员99人、普通会员165人,至2016年12月31日有合作会员701人。[②]

---

① http://idsa.in/KSubrahmanyamAward.
② http://idsa.in/membership.

第四是类似于群众教育活动的"专家答疑"工作。国防分析研究所在网站开设了"专家答疑"板块，专门安排专家解答读者提出的热点问题。这些回答观点集中且较为权威，大大拉近了研究所和普通大众的距离，不仅以通俗易懂的方式有效传播了专家的观点，而且使用起来极为方便（所有问答内容均可在"专家答疑"板块浏览或检索），可视为研究所一项出色的"公众教育"工作。

建言献策是国防分析研究所的另一重要工作，这一工作与研究工作是相互交叉的。由于建言献策对智库特别重要，这里将其单独论述。必须承认，智库的政策影响是个非常重要但又很难评估的问题。外界一般认为国防分析研究所的政策影响力很大，但研究所历任所长却往往抱怨政府方面对研究所不信任，支持不够，苏布拉马尼亚姆曾绘声绘色地回忆过早年一些颇为不快的经历。[①] 同时，研究所和历任所长又反复强调研究所能够独立开展研究，不受政府干扰，阿尔文·古普塔就曾公开表示，政府并不干预研究工作，学者可以畅所欲言，甚至所长也不会干预学者的研究工作。[②] 这种矛盾现象说明对相关说法应详加辨析，不能简单采信。

观察国防分析研究所的研究成果和政府政策就会发现，二者的兴趣点

[①] 据苏布拉马尼亚姆追忆，研究所建立之后很长一段时间都未能与政府特别是军方协调好关系。矛盾之一在于军方不信任研究所，不愿令现役军人与研究所接触过多遑论加入研究所了（参谋长委员会还为此发布了正式禁令）[K. Subrahmanyam, "IDSA in Retrospect," *Strategic Analysis*, 2011 (No. 4, Vol. 35), p. 720.]，这就造成研究所长期人力资源不足，研究工作开展困难。矛盾之二在于研究所发表的很多观点与政府及军方的立场并不完全一致，多次令军政高官感到不快。这实际上涉及研究所的科研自主地位，以及研究所能否保持较为自由的宣传口径。矛盾长期积累引发了不少大大小小的纠纷，最大的风波有三次。1969年初，苏布拉马尼亚姆关于中印边界战争中西山口作战的言论引起陆军参谋长强烈不满，后者直接致信国防秘书，要求罢免苏所长职务。1971年，苏关于1962年中印边界冲突情报问题的书评又引起另一位陆军参谋长马内克肖（Maneckshaw）的强烈反感，后者同样写信给国防秘书，要求将苏调离 [K. Subrahmanyam, "IDSA in Retrospect," *Strategic Analysis*, 2011 (No. 4, Vol. 35), p. 730.]。1971年7月3日，国防分析研究所和印度世界事务委员会就东巴基斯坦（孟加拉）局势联合举办内部研讨会，但《泰晤士报》记者设法获得苏的内部交流文稿并公开发表。此事再次引发轩然大波，国防秘书召见苏布拉马尼亚姆，批评此事令政府处境尴尬。苏表示自己可从印度文官体系退职以便以非公务人员的身份在国防分析研究所专职工作；如政府决定将其从研究所免职，他也会服从决定。不过国防部最后仍决定保下研究所和苏布拉马尼亚姆本人，此事后来无果而终 [K. Subrahmanyam, "IDSA in Retrospect," *Strategic Analysis*, 2011 (No. 4, Vol. 35), p. 732.]。

[②] Arvind Gupta, "IDSA's Interface with Policy," *Strategic Analysis*, 2015 (No. 5, Vol. 39), p. 570.

和关注点始终高度重合。这种现象主观上的原因在于研究所的定位本来就是研究防务与安全等典型的政府事务，而且研究所从领导到研究人员都与军政部门保持密切的人员流动关系；客观上的原因则在于研究所大量承担政府各部门（首先是国防部、外交部和内政部这三个要害部门）的委托任务，尽管政府并不披露其详情。[①] 不过，国防分析研究所具体研究成果（特别是公开成果）的政策主张的确经常与已有政策存在不小甚至比较大的差异。当年苏布拉马尼亚姆三次几乎丢掉所长职务的生动故事虽然比较极端，但所反映的研究所与政府的观点差异乃至冲突却是实情。实际上，除了以上三次经历，苏布拉马尼亚姆和该所大批研究人员在核问题上的主张也长期与印度政府存在重大差异，然而最后做出改变的是印度政府而不是国防分析研究所：印度政府在20世纪八九十年代改变政策，明显向苏布拉马尼亚姆的主张靠拢，这是不可否认的事实。国防分析研究所早在20世纪60年代末就提出建立国家安全委员会的设想，虽然长期没有得到政府方面的积极反馈，但90年代初和90年代末先后建立的国家安全委员会基本采纳了该所20多年前的设想，本质上也是向国防分析研究所的立场靠拢。

以上事例似可说明，印度政府智库的研究与政府政策之间的关系极为复杂，不可一概而论。一般说来，研究所就政府部门委托或布置的专项任务开展的研究最容易得到政府采纳，因为这本来就是应政府的要求而做的专题调研，很多问题是政府本来就不清楚而需要弄清楚，或者自己觉得原有政策有问题而打算做出改变的，比如关于防务采购流程、防务部门薪酬制度的调研都是如此。对宏观问题展开的战略研究则不太容易得到政府的直接采纳，因为宏观问题不一定契合政府短期政策上的当务之急，而且这种研究往往会打破已有的政策框架，但这种变革未必是其他部门所乐见的。尽管如此，长远来看，由国防分析研究所做出的中长期战略研究仍有相当大的可能性在未来得到政府采纳，这条道路虽然曲折，但相对其他单位而言机会仍然要大上很多倍，核政策的变革和国家安全委员会的最终设立就是两个鲜明的例子。

出现这种情况有好几个原因，首先是研究所的人员与军政人员存在一定程度的相互交叉与流动。军政人员进入国防分析研究所后比较容易接受其观点，他们再返回军政部门就会把这些观点带入军政部门。国防分析研

---

① *Annual Report 2016-17*, Ministry of Defense, Government of India, p. 179.

究所开展的培训工作也可向各部门的受训者有效灌输其政策主张。第二是新德里有影响的智库研究人员一般都与国防分析研究所存在密切关系,甚至很多就是从国防分析研究所调动过去的,这种情况会在无形中行成有利于国防分析研究所的舆论氛围,其政策主张的影响力也会随之加大。第三是国防分析研究所多年来已经建立了非常有影响力的传播平台,包括顶级期刊、富有活力的网站、多媒体平台、标志性的年度会议、频繁的对话活动与研讨活动等,有力推动其观点在社会大众、学界圈子和中层政府官员中尽快扩散,通过他们逐步传达到高层,间接影响政府部门。[1] 实际上,观察研究所多年来的智库建议与政府政策的相互关系可以发现,上述方式虽然路径曲折,成效却很明显,难怪苏布拉马尼亚姆也将此视为研究所影响政府决策的一大手段。最后,作为政府智库的国防分析研究所直接对口国防部、外交部和内政部等三个最有影响的政府部门,向议会提交报告,其观点有最大的机会进入尽可能多的决策者的视野,这是非政府智库甚至只与归口管理部门对接工作的政府智库所无法比拟的。当然,上述渠道要发挥作用都有赖于国防分析研究所拿出高水平、前瞻性的研究成果,而该所的研究能力和外部资源大体上是可以保障做到这一点的。

二、主要研究

众所周知,国防分析研究所是一家防务与战略问题智库,主要研究防务、安全、外交等问题,对其他领域如经济、文化或科技等虽有所涉及,但视角上均侧重其与防务与战略问题的关联性。比如在经济领域,该所主要关注防务经济、国防预算等问题;在文化领域,该所研究印度传统战略文化及其当代影响;在科技领域,该所重点关注空间技术、核开发等安全相关领域的最新发展及其对印影响。这种做法的好处是重点突出,不足之处是由于对具体问题的经济社会背景了解不够深入,对其战略影响的探讨容易流于表面。比如,该所对"一带一路"的各种研究就始终存在大而化之的问题,在深入研讨"一带一路"具体内涵之前就匆忙过渡到对其战略意义及对印影响的讨论,得出的结论就很容易成为直接套用理论模型和刻板印象的一般性议论。大体而言,该所现在的研究重点有国内安全问题、

---

[1] K. Subrahmanyam, "IDSA in Retrospect," *Strategic Analysis*, 2011 (No. 4, Vol. 35), p. 736.

周边局势、全球及印度军事建设、与国家安全问题相关的科技前沿等几大板块。篇幅所限，这里主要从历史贡献、国内安全、周边局势等3个方面予以简介。

（一）历史贡献

国防分析研究所历史上做了一系列很有分量的工作：一是关于印度核政策的研究，二是关于应对东巴基斯坦（孟加拉）危机的对策研究，三是冷战期间和冷战结束初期分别推动印苏特殊关系和印美伙伴关系的发展，四是安全对话工作。[1] 在核能力问题上，国防分析研究所的主流长期坚持印度应一面推动全球核裁军，一面行使核选择权，二者应并行不悖。该所主张"不首先使用核武器"的核原则，强调核反击能力。研究所所长苏布拉马尼亚姆是上述观点最有力的主张者。另外，该所从20世纪70年代起就长期关注巴基斯坦的核开发活动并提出所谓中巴核扩散问题，[2] 这既是印度核政策的一大关注焦点，也是其为推动本国核开发活动而公开宣传的所谓"理由"。

1971年的东巴基斯坦（孟加拉）危机期间，该所再次大展身手，推动了打击巴基斯坦乃至发起战争的一系列建议，包括支持孟加拉民兵武装、支持在印度领土成立孟加拉国流亡政府、以解决难民问题为由发动对巴军事打击、进一步提升印苏战略伙伴关系以便应对中美巴关系等。这些建议后来在不同程度上成为印度政府的官方政策，按理说是功劳一件。不过这些观点往往在得到政府采纳之前就以不同形式泄露出去（比如关于印度应积极支持孟加拉民族主义者的说法立即被当时的巴基斯坦大使报回国内），有些观点有悖于政府主张，也引起了当局的不满。苏布拉马尼亚姆更为激进的建议，如攻占西巴大片领土也未得到采纳。[3] 无论如何，这一时段是国防分析研究所最为繁忙并取得重大突破的"黄金时段"：1971年4月1日至12月12日的8个月间，研究所工作人员撰写了150篇文章，参加了21场会议或座谈，参加广播电视节目47次，该所的第一本著作《孟加拉

---

[1] Arvind Gupta, "K. Subrahmanyam and the IDSA," *Strategic Analysis*, 2011 (No. 4, Vol. 35).

[2] K. Subrahmanyam, "IDSA in Retrospect," *Strategic Analysis*, 2011 (No. 4, Vol. 35), pp. 735 – 756.

[3] K. Subrahmanyam, "IDSA in Retrospect," *Strategic Analysis*, 2011 (No. 4, Vol. 35), pp. 734 – 735.

国的解放》也得以出版。①

研究所在印度与美苏两超的关系方面也颇有一些"先知先觉"的政策主张。印度在冷战初期与苏联建立较和睦的关系，与西方特别是美国的关系波折不少但总体也不差，然而苏布拉马尼亚姆在1967年就撰文认为中美关系在70年代可能大幅改善，建议印度与苏联建立更密切的关系，借此与中美巴关系相抗衡。不过印度当时的政府高层否定了这一观点，外交部不同意发表此文。1970年，苏再次公开表达这一观点。一年多以后，他对苏印关系的建议成为新的官方政策，这就是人们所称的印苏特殊关系。冷战最后阶段的地缘环境推动美印同时大幅调整相互关系，但印度的需求显然更为迫切。印度政府在1990年12月安排国防分析研究所与美方高层迅速开展对话，讨论的议题包括大规模杀伤性武器、中国、巴基斯坦、恐怖主义、伊朗、非国家行为体和印度洋问题等。② 国防分析研究所及时提出密切发展美印关系的有关建议，推动了美印关系转型。由此可见，不论是塑造印苏特殊关系，还是推动印美战略关系发展，国防分析研究所都发挥了类似于拓荒者与探路石的重要作用。

国防分析研究所还有一个职能，就是受政府委托与外界从事"一点五轨"或"二轨"对话。上举美印对话就是一例。另一个非常典型的例子是，印度在1998年核试验之后遭受国际孤立，与多国政府的官方交往一时陷于停滞，进行核政策的官方对话更是无从谈起。在此背景下，印度政府决定派遣专家迅速赴各国解释印度立场，国防分析研究所在职研究人员和不少前雇员均参与了这一工作。不仅如此，国防分析研究所还密集举行研讨会和座谈活动，凝聚国内共识，1998年底出版首部综合性的核问题专著即《核印度》(Nuclear India)。③ 1999年初，国防分析研究所首次召开亚洲安全会议，从亚洲各国邀请了大批安全问题专家研讨对话，为缓解印度在核试验之后面临的严峻挑战发挥了非常积极的作用。

(二) 国内安全

在讨论了上述历史贡献之后，我们现在来讨论国防分析研究所的现实

---

① K. Subrahmanyam, "IDSA in Retrospect," *Strategic Analysis*, 2011 (No. 4, Vol. 35), p. 734.
② C. Uday Bhaskar, "IDSA Years: A Personal Recollection," *Strategic Analysis*, 2015 (No. 5, Vol. 39), p. 557.
③ K. Subrahmanyam, "IDSA in Retrospect," *Strategic Analysis*, 2011 (No. 4, Vol. 35), p. 737.

研究与影响。由于这一领域覆盖面很宽，此处只能择其要者而言之。国内安全问题是该所的重要工作，国内安全中心专门追踪相关问题，非传统安全中心、南亚中心等其他各机构的工作也与国内安全问题密切相关。概括言之，这方面的研究主要关注克什米尔问题，东北局势，左翼反政府武装，恐怖主义，以及边界管理相关问题（如陆海边境管理、非法移民、跨境武器走私与毒品走私等）五个具体方面，国内安全策略的国际比较也是其重要工作。

研究所高度关注克什米尔问题。2016年夏季以来，克什米尔局势出现新一轮大幅恶化，不少研究都悲观地认为近两年的局势是1989年以来最糟糕的。不过也有反其道而行之者，认为这两年的爆炸性局势可能属于"黎明前的黑暗"，是局势大幅改善的转折点。有研究直接将这一浪潮称为"垂死挣扎"，认为武装分子的袭击频度越高、打击范围越大，与克什米尔民众的关系就会越发疏离，最终会引发民众因自身安全毫无保障而反对武装分子，其情形可能类似于旁遮普局势在20世纪八九十年代的变化轨迹。[①] 当然，这种评估目前并不占据主流。

印方研究克什米尔问题的主流思路倾向于将这一问题与巴基斯坦及"恐怖主义"问题相互关联，频频指责巴基斯坦，将大多数乃至一切区内局势动荡都归因于巴方的"代理人战争策略"或"恐怖分子"的破坏活动，国防分析研究所也大体遵循这种思路。不过，最近也出现一种值得注意的动向。印军上校撰写的"克什米尔安全变局及其前路"一文指出克什米尔问题具有"内""外"两个层面，认为印度应将两方面相互分离而非相互结合，甚至直言应将克什米尔问题与巴基斯坦脱钩，因为将二者挂钩有利于巴方"渲染"克什米尔问题的国际性，从而牵制印度的精力，令问题迟迟难以解决。据此，作者一方面承认印度当局对克什米尔问题的看法与当地民众的看法存在差异，另一方面强调印度应优先处理"内"的方面即促进克什米尔发展、解决内部政治争议、减轻青年的疏离感等。[②] 还有

[①] Vivek Chadha, "Are We Witnessing the Last Gasp of Terrorism in Kashmir?" *IDSA Comment*, July 11, 2017, https://idsa.in/idsacomments/are-we-witnessing-the-last-gasp-of-terrorism-in-kashmir_vchadha_110717.

[②] Abdul Hameed Khan, *Changed Security Situation in Jammu and Kashmir: The Road Ahead*, IDSA Monograph Series No. 61, May 2017, pp. 7-10, 66-80. https://idsa.in/system/files/monograph/monograph61.pdf.

一些研究呼吁保持对话势头，并不主张一味强硬。①

与西北部的克什米尔相对应的是，印度东北部长期存在另一股强大的分离主义势力，武装活动频繁，这一领域也成为研究所的工作重点，其2010年即专门收录东北问题的相关文献并公开出版。② 近年来，印度东北部的分离主义问题趋于缓解，特别是印度政府2015年8月与活跃在那加兰的那加兰民族社会主义运动（NSCN-IM）签署框架协议，进一步缓和了局势。不过仍有若干相关问题有待解决，包括那加人团体所要求的合并曼尼普尔、阿萨姆、伪"阿邦"的那加人聚居区，在东那加兰建立新邦等问题。③ 不过仅仅一年之后的2016年12月，曼尼普尔邦就以便利行政管理为由宣布在邦内新建7个县。该邦各那加人组织的协调机构那加联合委员会（United Naga Council）认为此举的目的是进一步削弱那加人，且未与各部落机构事先磋商，对此提出强烈抗议，从11月起就对该邦的交通要道第2号国道和第37号国道发起无限期封锁行动，阻断通往邦首府英帕尔的交通，直到2017年3月19日午夜才结束封锁，④ 但局势仍不平静。

东北地区的另一件大事是2017年6月发生并持续数月的大吉岭和噶伦堡骚乱事件。2017年5月16日，两地所属的西孟邦宣布将在全境推行强制性的三语（英语、印地语、孟加拉语）教育，廓尔喀民族解放阵线（Gorkha Janamukti Morcha）将此视为削弱廓尔喀民族文化认同并剥夺其经济社会利益的阴谋，并退出了自治性的廓尔喀地区管理机构，令其处于瘫痪状态。廓尔喀民族解放阵线还积极鼓动两地说尼泊尔语的廓尔喀人积极反抗邦政府的决定，更进一步重提在两地单独建立廓尔喀兰邦（The State

---

① Gautam Sen, "Need for Persevering with the Dialogue Process in Jammu & Kashmir," *IDSA Comment*, November 1, 2016, https：//idsa.in/idsacomments/need-for-persevering-with-dialogue-process-kammu-kashmir_gsen_011116.

② Jaideep Saikia, *Documents on North East India*, Shipra Publications, 2010.

③ Pradeep Singh Chhonkar, "Naga 'Framework Agreement' and Its Aftermath," *IDSA Comment*, September 1, 2016, https：//idsa.in/idsacomments/naga-framework-agreementand-its-aftermath_pschhonkar_010916.

④ Sushil Kumar Sharma, "How Nagas Perceive the Creation of Seven Additional Districts in Manipur," *Issue Brief*, March 15, 2017, https：//idsa.in/issuebrief/how-nagas-perceive-creation-of-seven-additional-districts-in-manipur_sksharma_150317. Esha Roy, "After 139 days, Naga Council Lifts Economic Blockade on Manipur," *Indian Express*, March 20, 2017, http：//indianexpress.com/article/india/after-139-days-naga-council-lifts-economic-blockade-on-manipur-4576717/.

of Gorkhaland)，甚至要求所有中央所属安全部队撤出。"廓尔喀兰问题的出路"一文认为，印度政府目前与西孟邦政府较为一致，因为印度政府要考虑廓尔喀兰靠近中印边界、对东北地区的示范效应（在阿萨姆和特里普拉已有某些组织积极声援廓尔喀民族解放阵线）等复杂因素。不过，作者认为廓尔喀兰虽难以单独建邦，但印度政府仍可考虑扩大该地的自治权，关注当地的发展问题，争取稳妥地解决问题。① 遗憾的是，此事后来并没有朝着作者设想的积极方向前进，最终酿成一场严重的动荡。耐人寻味的是，对这一牵动印度国家安全的重大政治事件，国防分析研究所公布的研究成果却寥寥无几，仅有"廓尔喀兰问题的出路"一篇文献。这种异乎寻常的沉默态度并非偶然，应该说是反映了印度当局和精英阶层对这一问题讳莫如深但总体趋于强硬的态度。

值得注意的是，该所对东北局势的研究特别关注其与伊斯兰极端主义合流或相互利用的可能性，原因在于东北局势与来自孟加拉国的非法移民问题息息相关，外来移民加剧了东北部本土居民的不满情况，而这些移民又多系穆斯林（近期的缅甸罗兴亚难民也类似），客观上存在激化宗教情绪的可能。

值得一提的是，该所高度关注南亚地区的反政府武装。2011年就对区内各国的非国家武装团体按照民族型、左翼型、宗教型三大类进行了梳理。其后又于2014年对南亚各国的武装团体进行了全面梳理。② 这些研究的一个重点是南亚特别是印度的左翼反政府武装。研究所已经编撰了左翼反政府武装的文献汇编，具体内容涉及其组织架构，对最高层领导（总书记、中央委员会发言人、政治局委员等）的采访，第九次党代会各项决议，中央委员会声明及政治声明，针对袭击行动的声明，针对其他组织机构的声明等几大部分。③

该所密切关注发生在国内的各种恐怖袭击，对海德拉巴、喀拉拉、阿

---

① Gautam Sen, "Way Forward on the Gorkhaland Issue," *IDSA Comment*, June 29, 2017, https://idsa.in/idsacomments/way-forward-on-the-gorkhaland-issue_ gsen_ 290617.

② Arpita Anant, *Non-State Armed Groups in South Asia*, Pentagon Press, 2011. Anshuman Behera & Surinder Kumar Sharma, *Militant Groups in South Asia*, Pentagon Press, 2014, https://idsa.in/system/files/book/book_ militantgroups.pdf.

③ P. V. Ramana, *Understanding India's Maoists: Select Documents*, Pentagon Press, 2014, https://idsa.in/system/files/book/book_ UnderstandingIndiasMaoist.pdf.

赫默达巴德、班加罗尔、阿萨姆、孟买、北方邦等地的恐怖袭击均及时跟进，密切关注其背景与影响，高度关注各地的反恐形势。除了这种动态研究，比较值得关注的是其对恐怖活动具体运作特别是涉恐资金问题的研究，具体包括资金来源、运转机制以及具体运用三方面的研究。①

（三）周边局势

印度周边局势是研究所的关注焦点。最近十多年来，国防分析研究所特别关注斯里兰卡内战与战后重建、尼泊尔内战与国内政治和解、巴基斯坦局势的发展变化、马尔代夫政治体制变革等，而对缅甸问题的关注也明显增加，中国政治更是其关注对象。值得一提的是，这种关注一方面着眼于国际关系，另一方面又特别注重跨境问题，与印度的内部安全问题息息相关。比如，对巴基斯坦的研究非常关注所谓"越界渗透"问题、巴方对克什米尔局势的"干预"，另外还关注印度北部喜马拉雅山区的反政府武装与不丹边界管理、来自孟加拉国的非法移民与印度东北地区安定、东北地区反政府武装在印缅边界两侧的越界活动等，其对策建议与印度政府的决策在很大程度上保持一致。

这里仅以尼泊尔局势研究为例来说明其对周边局势的研究。尼泊尔位于中尼之间，国土面积虽不大但战略地位重要，印度近代以来一直将其视为所谓"喜马拉雅边疆"的重要组成部分。2005 年，尼泊尔国王解散政府，亲自接管政权，由此触发了尼局势后续的一系列重大变化。当时外界有些势力主张向尼施压要求"恢复民主制"，有些则建议默认现状。国防分析研究所的观点则与众不同，"另辟蹊径"地建议印方支持尼泊尔南方特莱平原的马德西人，并越俎代庖地抱怨马德西人受到了不公正对待，具体包括在政府中的代表性不足、选区划分对其不利、马德西语言与文化受到压制、几百万马德西人未取得尼国籍等，认为马德西人更为亲印，改造尼泊尔政体并保障马德西人在政府和军队中占据"相称"的比例能确保尼政府采取亲印态度。② 可以说，从印度政府后来的一系列表现特别是近期在尼泊尔制宪问题上或明或暗的各种活动，以及尼国内引起争议的省份划

---

① Vivek Chadha, *Lifeblood of Terrorism: Countering Terrorism Finance*, Pentagon Press, 2015, https://idsa.in/system/files/book/Book_LifebloodofTerrorism.pdf.

② Alok Bansal, "India and the Crisis in Nepal The Madhesi Option," *IDSA Comment*, November 19, 2005.

分难题、国籍问题等方面，都可发现上述主张的影子。印方对中方于2015年提出的中印尼经济走廊倡议态度消极，反观国防分析研究所2013年针对尼方提出的中尼印三边合作倡议而进行的政策讨论有助于我们了解其原因。《战略研究》当时组织了5篇专题讨论短文，其中有4篇不赞成三边合作；后出任副国家安全顾问（当时是国防分析研究所所长）的阿尔文·古普塔提了四大问题，包括三边合作倡议的细节不清、是否已得到尼各党派一致支持、这是否意味着尼希望终止尼印特殊关系、尼是否已掂量清楚"介入"中印关系可能带来的不利后果。① 阿尔文·古普塔的表述还算相对克制，更多的文章则直接表示，三边合作将削弱印度的地区影响，削弱尼印特殊关系，削弱印度打"西藏牌"的便利条件，帮助中国取得南亚地区身份甚至加入南盟，所以绝不可取。②

三、特色研究

中国研究是国防分析研究所的特色研究。比如，该所的重点期刊《战略研究》近年来基本每期都会刊发一篇甚至两篇研究中国的论文，偶尔还会就中国问题组织若干专题讨论文章集中刊发，比如2013年第5期就"中尼（泊尔）印（度）三方合作"组织了5篇短文集中刊发，此前还就中国加入南盟的可能性与潜在影响组织过专题稿件。另一个例证是，该所网站2005年到2017年8月末的各类信息中，以中国（China）为标签的有43页420多项（包括评论、论文、座谈等）；与此形成对照的是，以印度最主要对手巴基斯坦（Pakistan）为标签的内容只有30页290项左右，甚至以唯一超级大国美国（US）为标签的信息也只有22页210多项。数量上唯一超过中国的是以印度（India）本国为标签的信息，有74页730多项。以上信息虽然粗略，但足以大致表明中国研究在该所的重要地位。另一颇有说服力的例子是，《中国年鉴》是该所唯一连续出版的国别年鉴，被称为研究所的"旗舰出版物"。实际上，研究所这种色彩在其诞生之初甚至更加明显。该所1967年初制定的重点研究工作共4项，分别是：中国的政策、意图和能力，亚洲军备

---

① Arvind Gupta, "More Questions than Answers," *Strategic Analysis*, September 2013 (No. 5, Vol. 37), pp. 640–641.

② Abanti Bhattacharya, "A Compromise with India's Sphere of Influence," *Strategic Analysis*, September 2013 (No. 5, Vol. 37), pp. 644–645.

竞赛的本质及中国核武装的政治、军事与安全影响，发展中国家叛乱活动中的技术问题，印度战略中的核威慑因素及其对武装部队规模与组织架构的影响。到1968年，研究所共发表5篇论文，分别是"中国的政策、意图与能力""亚洲的均势""印度应对核对手的可信姿态""核不扩散条约""五年来的印度国防建设"。[①] 除了直接的对华研究，凡是涉及亚洲问题、核问题的研究（中国在1964年10月进行首次核试验），都会较多涉及中国。从以上规划和实际工作都可看出中国研究的分量很重。

这种重视有一系列原因。首先，国防分析研究所集中研究防务与安全问题，而中国长期被印度很多人视为主要挑战之一，对华研究自然成为一大重点。其次，该所高度关注印度自身所在的亚洲地区，典型表现是为亚洲设立了东亚、南亚、西亚、东南亚4个中心共25人，而北美只有一个美国中心且只有1人（当然这并不意味着研究所只有1人做美国研究，因为大多数国际问题特别是军控问题都会涉及美国）。中国不仅是东亚大国，也是整个亚洲最重要、最有影响力的国家，几乎一切亚洲事务都会直接间接涉及中国，研究中国也就成为了解亚洲战略问题的一大关键。最后，中国日渐成为全方位大国，在军事现代化、核不扩散与军控、外层空间探索、极地问题、非传统安全、海洋问题等领域发挥的影响越来越大。由于这些问题也是国防分析研究所的工作重点，对华研究自然也会得到更大重视。国防分析研究所内部的对华研究分两大板块：一是东亚中心负责的日常信息收集和长期追踪，二是研究人员根据各自专长进行的对华专题研究。

东亚中心编撰的双月刊《东亚观察》收集关于中国的新闻报道，是一种资料汇编。编撰的《中国年鉴》关注中国内政外交的新情况，兼具资料性和研究性，是中心的主要定期出版物。中心现有研究人员7人，其中4人主要从事中国问题研究。中心协调员潘达博士（Jagannath P. Panda）主要研究中印关系、中国外交、亚太局势、东北亚安全和跨喜马拉雅政治等，曾在中国大陆（上海国际问题研究院）、中国台湾、美国、瑞典等地访学，在《亚洲公共政策》《亚非研究》《亚洲透视》《当代中国》《乔治敦亚洲事务》《战略分析》《中国述评》《印度外交》和《葡萄牙国际事务》等期刊上发表论文多篇，同时负责中心的学术与行政活动，包括与中

[①] K. Subrahmanyam, "IDSA in Retrospect," *Strategic Analysis*, 2011 (No. 4, Vol. 35), p. 721.

日韩智库和研究机构的"二轨"或"一点五轨"对话。辛格（Prashant Kumar Singh）和普拉提巴（M. S. Prathibha）两名副研究员主要研究中国的战略事务和国内事务，关注中国社会与政治、中国与核秩序、中国军事战略、战略力量现代化、台湾社会与政治、中国与世界、中美关系、东亚安全局势等。研究助理阿伦（Swati Arun）主要研究中印关系、中国外交、国际安全与战略问题等。

东亚中心的工作只是该所中国问题研究的一部分，研究所其他研究人员均可从本专业角度出发进行研究。比如，军事中心对中国军事现代化，网络战甚至"三战"（心理战、舆论战、法律战）政策进行研究；非传统安全中心对青藏高原水资源和气候变化的影响进行研究等。可以说，中国问题研究处于区域研究和问题研究纵横交叉的全面覆盖之下，所以涉及的面必然相当广，概言之，主要是中国内政、中国军事现代化、与主要大国特别是美国的关系、中巴关系、中印关系的方方面面等。列一份简要清单可以发现，该所的研究既包括中国的宏观问题如基础设施建设、外层空间政策、核政策、海洋政策、网络政策、中美关系、中欧关系、中亚政策、中日关系、中巴关系、中印关系等，也包括中美领导人互访、中印领导人互访等中观问题，甚至还包括"辽宁"号航母入列、谷歌退出中国等具体而微的问题。要在有限的篇幅内全面探讨国防分析研究所的中国问题研究并不现实，下面仅集中介绍比较典型的几个方面。由于国防分析研究所网站只提供2006年以来的信息数据，以下讨论也只能集中于近十来年。

（一）"一带一路"倡议

印度对"一带一路"倡议态度纠结，与很多国家包括印度的众多邻国积极对接的姿态形成鲜明对照。印方边界问题特别代表于2014年2月拒绝对"一带一路"做任何评价，副总统安萨里2014年6月底访华的时候同样未做表态。同年10月刊发于国防分析研究所刊物《防务研究》上的一篇文章将印度对"21世纪海上丝绸之路"的看法分为好几类：地缘政治派将其视为中美地缘政治博弈的产物，认为印度应同时加入中美的地缘政治布局，从中渔利；外交政策传统派和新现实主义者认为它会削弱印度在南亚和印度洋地区的影响，对"21世纪海上丝绸之路"持审慎态度；马汉主义者认为"21世纪海上丝绸之路"有助于印度利用中方在海上通道方面的脆弱性，但中国军事力量若随之进入印度洋，就会对印度构成战略挑战；

新自由主义者将"21世纪海上丝绸之路"视为地缘经济的必然趋势，一方面认为印度应抓住机会，另一方面又认为印度自身能力不足已制约了其从中获益的能力。①

作为印度最主要的政府智库，国防分析研究所对"一带一路"的跟踪研究表现出一种反复纠结的态度，可概括为怀疑、反对、区别对待、有条件支持四派。

持反对态度和怀疑态度的观点兹不赘述，持中一些的观点认为"一带一路"各具体项目的对印影响并非铁板一块，印度也应该区别对待。有研究指出印度对"孟中印缅经济走廊"和"中巴经济走廊"态度迥然不同：中孟经济关系虽然引起了印度的关切，但孟加拉国的经济发展有助于化解其向印度非法移民的问题，也有助于消解极端主义兴起的土壤，孟加拉国政府对印友好，所以印度可以接受"孟中印缅经济走廊"，而"中巴经济走廊"印度是无法接受的。②

持积极态度的观点以前外交官萨瓦尔（Mukul Sanwal）为代表。他在国防分析研究所发表的评论认为，"一带一路"是中国提出的全球治理新模式，也是对美国"重返亚洲"政策的一种应对。尽管印度在2000年就提出了建设从印度经伊朗和俄罗斯联通欧洲的"南北经济走廊"设想，但一直无力予以实质性推动，反观中方倡议在三年内已取得显著成果。在他看来，中国应对风险的做法有三：一是组织政府间峰会来寻求共识，二是组织技术性研讨活动来推动投资并与多边机制开展合作，三是以资金投入来解决安全问题。作者积极主张印度参与"一带一路"建设，认为印度应主动提出在"一带一路"之中增加"数字亚洲"的内容，因为印度在这一领域具有比较优势；主张印度提出亚洲的互联互通应设定中印两大节点，这也更为符合历史。③ 他认为印度应以创新的方式提出其关切而不应置身

---

① Zorawar Daulet Singh, "Indian Perceptions of China's Maritime Silk Road Idea," *Journal of Defence Studies*, October 2014（No. 4, Vol. 8），http：//idsa.in/system/files/jds/jds_8_4_2014_zorawardauletsingh.pdf.

② Anand Kumar, "China's Belt and Road Initiative：Should India be Concerned?" IPCS website, December 14, 2016, http：//www.ipcs.org/article/india/should-india-be-concerned-about-the-chinasbelt-and-road-5204.html.

③ Mukul Sanwal, "China's One-Road-One Belt Initiative：A New Model of Global Governance," *IDSA Comment*, September 29, 2016, http：//idsa.in/idsacomments/china-one-road-one-belt-initiative_msanwal_290916.

事外，设想印度可与中方合作将喀什—瓜达尔港的通道延伸到伊朗的恰巴哈尔港（距瓜达尔港72公里），印度也应同时采取"东向行动"，并与东南亚和非洲加强互联互通。①

前大使斯托布丹（P. Stobdan）也认为印度不应置身事外，主张印度既要积极利用"一带一路"倡议提供的机遇，又要积极与中国"讨价还价"，更可提出自己的类似倡议并与中方对接。作者甚至表示，印度也可考虑加入"中巴经济走廊"，其好处是印度将得以进入巴基斯坦乃至中亚，还可借此抵消中巴"轴心"的影响；不仅如此，加入"一带一路"倡议还有利于印度在其他问题上促使中方"让步"。作者进一步建议印度向中方提议建设一条从印度某海港出发并直抵中印边界的"中印经济走廊"（CIEC），认为此举对印方的好处是可吸引中国投资、收取数以10亿计的过境费、增强中国的对印依赖并以此削弱中国采取"冒险行动"的可能，对中方的好处是可获得一条远比"中巴经济走廊"更为安全可靠的经济走廊。②他的基本看法是，印度需要调整心态，在不牺牲自己利益的前提下与中国协调，设法从中国的财富、技术与市场之中获益。③

（二）军事现代化建设

国防分析研究所本是防务与战略问题智库，研究中国军事现代化建设自然是其对华研究的重中之重。这方面的主要关注点包括军事战略与原则（包括对中国国防白皮书、国防预算等的分析）、对外军事合作（包括军事外交和联合军演）、解放军的内部机制建设、海空军建设、中印关系中的军事因素等，网络战、空间技术等也得到很大重视。

1. 军事战略、原则及国防白皮书

国防分析研究所高度关注解放军军事战略与原则的演变，特别关注协同作战及组织架构变革，在这方面，中国历年发布的国防白皮书、国防预

---

① Mukul Sanwal, "A New Equilibrium with China: Near Simultaneous Rise of Neighbours is not Unprecedented in Asia," *IDSA Comment*, August 25, 2017, http://idsa.in/idsacomments/a-new-equilibrium-with-china_msanwal_250817.

② P. Stobdan, "Benefitting from China's Belt and Road Initiative," *IDSA Comment*, November 22, 2016, http://idsa.in/idsacomments/benefitting-from-chinas-belt-and-road-initiative_pstobdan_221116.

③ P. Stobdan, "To Deal with China, India Needs to Return to Strategic Fundamentals," *IDSA Comment*, March 21, 2017, http://idsa.in/idsacomments/deal-with-china-india-needs-to-return-to-strategic-fundamentals_pstobdan_210317.

算等均受到极大关注。中国从 1998 年开始每两年发布一份国防白皮书,这一文件得到了印方的高度关注,国防分析研究所对其进行了长期跟踪研究。该所研究人员贝哈拉(Laxman K Behera)通过对 2006 年中国国防白皮书的集中研究指出,中国的国防现代化特别强调机械化和信息化。①"中国国防白皮书 2010"一文注意到,这一版本的国防白皮书首次将网络空间安全作为中国国防的一大任务,首次单列"军事信心建设"并专门提到了与印度的军事协议,认为国防白皮书表明中国对自己的经济军事实力更为自信,"维护世界和平稳定"等提法表明中国愿意在全球问题上发挥领导作用,该文还专门提到了"军事法律体系"建设,说明军事法制建设地位提高。

2013 版国防白皮书是十八大之后中国公布的首份军事战略文件,相比以往各版受到了更大关注。所长阿尔文·古普塔亲自撰写了"中国国防白皮书 2013 及对印启示"一文。阿尔文·古普塔认为,新版国防白皮书反映了新领导层的观点,表明中方在主权问题上不会妥协,中国的军事现代化会继续,"党指挥枪"的原则会毫不动摇地得到执行。

印方还注意到中方 2015 年 5 月发布的《中国的军事战略》国防白皮书显示,为了回应国家战略利益日渐提升的要求,武装部队将积极参加地区和国际安全合作,有效维护中国的海外利益。研究认为,这就要求解放军将近海防御与远海护卫相结合,表明中国海军正从"近海"转向"远海"。② 前驻华武官德威韦蒂也强调中国 2015 年国防白皮书的要点是"积极防御",目的是赢得"现代技术条件下的局部战争",海军战略已从"海岸防御"演变为"近海防御和远海护卫相结合"。③ 海军准将辛格(Abhay Kumar Singh)注意到,中国在 2017 年 1 月发布的首部《中国的亚太安全合作政策》白皮书将印度列为区内四大国之一,对印度的论述也颇为正面积极,但又认为中

---

① Laxman K Behera, "China's Defence White Paper: Can India Draw Some Lessons?" *IDSA Comment*, January 31, 2007, http://idsa.in/idsastrategiccomments/ChinasDefenceWhitePaper_LKBehera_310107. 作者还认为印度应仿效中国定期发布国防白皮书。

② Mandip Singh, "Port de Djibouti: China's First Permanent Naval Base in the Indian Ocean," *Issue Brief*, February 22, 2016, http://idsa.in/issuebrief/port-de-djibouti-chinas-first-permanent-naval-base-in-the-indian-ocean_msingh_220216.

③ G G Dwivedi, "The People's Liberation Army at Ninety-Poised for a 'Great Leap'," *IDSA Comment*, August 7, 2017, http://idsa.in/idsacomments/people-liberation-army-at-ninety-great-leap_ggdwivedi_070817.

国在核供应国集团扩容等问题上与印度分歧较大，两国关系还难以明显改善。①

2. 国防预算及对外军事合作

众所周知，军事建设总是国家安全领域最不透明的部门，相关信息受到严格管控，要直接分析一国的军事建设是非常困难的，分析防务预算由此成为估算一国军力发展的有效手段。国防分析研究所对主要军事大国的防务预算进行跟踪分析，对中国防务预算也是每年跟踪，重点分析预算的数量增长与结构变化等内容。

在中印举行首次陆军联合演习之际，国防分析研究所刊文指出，中国的对外联合军演是军事外交的实现形式，有助于中方人员熟悉外军，还可推动中国军方自身的三军协同。②"解放军在外交前沿：2009"一文指出中国海军首次在海外开展护航行动具有历史性意义，表明中国强烈希望展现对国际非传统安全合作的积极参与态度；2009年的建国五十周年阅兵既向国内外传达了中国军队有能力捍卫国家利益的信息，也是一次成功的军事外交行动；外界同样渴望了解中国军方，具体例证是每周都有外国高级军事代表团访华，中国国防部网站上线后单日点击量超过1300万次，网站上线的第一个月遭受的黑客攻击数高达230万次也说明了其受关注程度；中国还积极参与联合国维和行动，到2009年11月总共派遣1.465万人次参加18场联合国维和行动，有1956人正在执行9场维和行动或在联合国维和行动部工作。③"2009年解放军军演的双重目的"一文认为，中国2009年的18次军演既有提高军事斗争能力的务实考虑，也有增强军事透明度、巩固与外军协作关系的目的。作者注意到"胜利—2009""前锋—2009A"和"和平使命—2009"演习都邀请了外国观察员，既宣传了中国军力，又吸引了友好国家。作者分析指出，2009年的中国对外联合演习频繁，态度非常积极，具体包括中方与俄军举行的"和平使命—2009"演习，在亚丁

---

① Abhay Kumar Singh, "China's White Paper on Asia Pacific Security Cooperation: An Assessment," *Issue Brief*, January 19, 2017, http：//idsa. in/issuebrief/china-asia-pacific-security-cooperation_aksingh_190117.

② Jagannath P. Panda, "The Intent behind the PLA's 'Joint-Military Exercises'," *IDSA Comment*, November 30, 2007, http：//idsa. in/idsastrategiccomments/TheintentbehindthePLAsJointMilitaryExercises_JPPanda_301107.

③ Prashant Kumar Singh, "The PLA on Diplomatic Front in 2009," *IDSA Comment*, January 6, 2010, http：//idsa. in/idsacomments/ThePLAonDiplomaticFrontin2009_pksingh_060110.

湾举行的联合海军演习，参加在巴基斯坦举行的"和平—09"多国联合演习，与蒙古国举行"维和使命—2009"联合演习（系中方首次与外军举行维和联合演习），与加蓬举行"和平天使—2009"联合演习（首次举行人道主义医疗救护行动联合演习），与新加坡举行"合作—2009"联合演习等。作者称，这些实兵演习具有不可替代的重要意义，有助于提升跨军兵种的协同性、军警民协同性、部队的机动性等。[1] 更系统的研究认为，解放军参加联合国维和行动是中国军事外交的有力工具，通过各种形式服务于中国的外交政策。[2] "解放军所关注的 2012 年十大军事演习"一文以中国《解放军报》对"2012 年世界十大军事演习"的报道为切入口，分析了中国军方对外国军事演习的关注点，指出中方在区域上注重周边安全，在国家上关注美俄日，特别关注波斯湾和美日韩同盟，关注俄罗斯北极军演说明中方对北极问题兴趣浓厚，在涉华演习中只将中俄演习列入十大演习表明中方特别关注中俄关系，列出美国在内华达举行的航天司令部"施里弗—2012"演习则说明中方同样关注空间安全与网络安全。据分析，"十大演习"的排序说明中方高度重视海洋安全（关注的前 4 位都是海上安全），不过中方自己经常举行陆上军演，说明中国同样高度关注陆上安全。文章称，中方没有专门提到印度，只提到了印度参加的"环太平洋—2012"军事演习，对印度在孟加拉湾和阿拉伯海的演习兴趣不大，表明中方尚不具备影响印度洋地区海上局势的能力。[3]

3. 内部机制建设

该所研究人员分析了解放军在 2013 年的两次晋衔活动，指出中国的军事变革现在更为强调专业化、年轻化、技术化，专业性而非年限资历将受到更大重视。同时中国也高度重视军队的思想政治，晋升了大批政治军官

---

[1] Prashant Kumar Singh, "Twin Purpose Military Exercises of the Chinese PLA in 2009," *IDSA Comment*, December 22, 2009, http：//idsa.in/idsacomments/TwinPurposeMilitaryExercisesoftheChinesePLAin2009_pksingh_221209.

[2] Prashant Kumar Singh, "China's 'Military Diplomacy'：Investigating PLA's Participation in UN Peacekeeping Operations," *Strategic Analysis*, September 2011 (No. 5, Vol. 35), http：//idsa.in/strategicanalysis/35_5/chinasmilitarydiplomacy_pksingh.

[3] Mandip Singh "PLA's Top Exercises in 2012：An Nalysis," *IDSA Comment*, April 21, 2013, http：//idsa.in/idsacomments/PLAsTop10Exercisesin2012_msingh_210313.

来保障军队的忠诚。① 绝大多数研究结果都认为，人民解放军"党指挥枪"的基本原则绝不会动摇，不过也有研究对中国党和军队的关系做了很多揣测，② 虽然语多不实之处，仍然从侧面说明了印度对中国党军关系和军队领导层变革的高度关注。

小结

2017年11月11日是国防分析研究所建所53周年，这一知名智库未来会如何发展，引起了印度国内外的广泛关注。2014年离任的第九任所长阿尔文·古普塔提出了国防分析研究所有待解决的七大挑战，或许有助于我们认识该所的现有问题和未来发展方向。他所说的七大挑战首先是与变革同步，即设法筹措资金，招聘更多人才（他认为研究所未来5年内应扩大至少1倍）；第二是与国内智库竞争；第三是继续维持其自主地位；第四是持续提升研究质量，包括采用新方法等；第五是提升国内国外交流能力，包括与大学、智库、议员、科学机构和商界增强联系；第六是招募更多技术专家以深入研究科学技术与国家安全和国际安全的相互关系；第七是解决多语种能力不足的问题（他认为这一问题尚未找到解决方案）。③

尽管阿尔文·古普塔对国防分析研究所的不足毫不讳言，但他可能恰恰忽略了宏观层面的最重要问题，即"大战略观"和真正的客观性。国防分析研究所对自身的定位是"战略与防务智库"，在研究工作中也往往是"言必称战略"。然而真正的战略绝不是小处锱铢必较、大处浑浑噩噩的所谓"精明"。从战略高度来看待国家安全与国家利益，一是要分清国家的根本利益、长远利益，将其与具体利益、短期利益做出必要的区分；二是要明确国家在长中短期的可用资源；三是要对资源与利益进行最优组合，从而设定长中短期内的最优、次优和最低目标。脱离资源谈利益、脱离长

---

① Bijoy Das, "Xi Jinping Carries Out First General Rank Promotions in PLA," *IDSA Comment*, September 25, 2013, http://idsa.in/idsacomments/XiJinpingCarriesPLA_bdas_250913.

② Mandip Singh, "Assertiveness in The People's Liberation Army: Pressure on The Party?" *IDSA Comment*, October 1, 2012, http://idsa.in/idsacomments/AssertivenessinThePeoplesLiberationArmyPressureonTheParty_MandipSingh_011012.

③ Arvind Gupta, "IDSA's Interface with Policy," *Strategic Analysis*, 2015 (No.5, Vol.39), pp.569-571.

远利益谈短期利益、长中短期目标眉毛胡子一把抓、最优目标和最低目标混为一谈，都是缺乏正确"战略观"的典型表现。遗憾的是，这种现象在国防分析研究所的日常工作中并不罕见。比如，研究所对中国"一带一路"倡议的研究就始终存在大而化之的问题，不断纠结于"一带一路"背后的所谓"战略谋划"，却不肯花力气来弄清其具体内涵和社会经济影响；宁可错失发展经济提升国力的机遇，也要对中国的影响力"严防死守"。又比如，研究所在水资源领域提了很多"防范"、牵制中巴等邻国的政策建议，但往往过高估计了印度的战略资源与能力，过低估计了邻国所能采取的应对措施，所提的很多所谓"建议"其实并不可行，对印度的根本性国家利益也谈不上有多大积极作用。还有些研究对印方在某些问题表面上的"有利"条件沾沾自喜，却对中印关系稳定的战略重要性视而不见，其实也是一叶障目。由此可见，"大战略观"虽然人人都可以挂在嘴上，却不是能够轻易做到的。国防分析研究所一直骄傲地表示自己坚决致力于维护独立性，但与组织上的独立性相比，研究上的客观性或许是更为重要、也更为困难的。

众所周知，中印关系复杂而敏感，但这一关系对两国和亚洲乃至世界的重要意义是谁也无法忽视的。作为印度的顶级战略与安全问题智库，国防分析研究所其实最有条件率先跳出一些转了几十年仍未转出的思维陷阱。我们期待也相信国防分析研究所能以其独立性与创新思维，为中印关系的健康发展贡献真正的积极思路。

在即将到来的21世纪第三个十年，人类将面临日渐严峻、越发复杂的各种挑战，包括中印同时崛起、大国关系复杂化、大陆级的互联互通进一步改善、全球化与反全球化冲突、核扩散前景不明、军备开发竞争加剧、恐怖主义与反恐呈现新形态、气候变化加剧、能源资源枯竭与新能源开发并存、极地开发加速、大洋与海底开发加快、太空军事化、技术进步加速等极端复杂的问题。包括国防分析研究所在内的印度智库对这些问题的独到思考虽未必完全可取，但仍可为国际学界提供有价值的参考，理应继续得到各国学界包括中国研究人员的高度关注。

印度三军研究所

印度三军研究所（The United Service Institution of India，英文简称USI）是印度从事军事战略和国家安全研究的军方智库，与印度各国防机构关系非常密切。三军研究所在其140多年的历史中网罗了大批陆、海、空三军退役将领和现役军官，奠定了其在印度军方研究机构中的领先地位。新世纪以来，研究所陆续成立了三大研究中心，分别研究印度国防战略、武装部队历史及联合国维和等，同时加强对地区热点问题和中国对外战略的研究，研究所的影响力进一步提升。

一、机构概况

（一）发展沿革

印度三军研究所是一所相对独立的研究机构，由英印政府军需官查尔斯·麦克格雷格（Charles MacGregor）将军于1870年组建，是印度专门从事国家安全和国防研究的重要智库，宗旨是"增进防务、科学与相关文献的兴趣与知识"。

该所起初设于喜马拉雅山麓西姆拉的旧市政厅，后搬至当时的陆军总部。1908年耗资2.6万卢比在西姆拉附近的康伯米尔邮局（Cumbermere Post Office）旁边修建了新办公区。在印巴分治的特殊时期，该所刊物的1948年1月、4月、7月和10月刊曾一度以印巴三军研究所为名出版，封面同印两国国旗，但研究所的实体始终只有印度一支。印度独立后，三军研究所以1.8万卢比变卖其在西姆拉的资产，于1953年迁至德里的克什米尔官邸（Kashmir House），直到1996年再次迁至新德里机场附近的新址并沿用至今。

三军研究所是一所相对独立的研究机构，但与印度国防部、各军种的司令部和国防院校保持密切联系。该所自称没有得到国防部或其他机构的任何资助，所有经费开支均自行独立承担，主要经费来源为会员注册费、为三军提供的人才培训收费、出版物收入等。由于经费紧张，研究所1996年迁至新址以来所有建筑和设备均未翻新，只有联合国维持和平中心在2014年遭火灾后进行过修整。

2000年，印度外交部、陆军总部和三军研究所联合建立联合国维持和平中心（Centre for United Nations Peace Keeping，CUNPK）。中心与联合国和平行动高级别独立小组积极互动，在维持和平方面建立了广泛的国际联系。同年12月，三军研究所理事会与印度三军总部协商设立武装部队历史研究中心（Centre for Armed Forces Historical Research，CAFHR），旨在客观研究印度武装部队的历史，具体包括战略、战术、后勤、组织、社会经济政策及其实施等。2005年1月1日，三军研究所理事会经参谋长委员会批准又成立了战略研究及模拟中心（Centre for Strategic Studies and Simulation，CS3）。新中心继承了1995年建立的原研究中心资源，旨在对涉及国家安全和国际安全的问题进行全面调查研究，对战略情景进行模拟，为更广泛的讨论和研究奠定基础。

（二）组织架构

研究所决策机构是由24人组成的理事会，包括10名当然委员和14名任期3年的选任委员；执行委员会由理事会选出的主席（Chairman）和至少7名成员组成，负责执行理事会制定的政策方针，现任主席是联合国防参谋部（IDS）部长萨提斯·杜瓦中将（Satish Dua）；陆、海、空三军的参谋长比平·拉瓦特上将（Bipin Rawat）、苏尼尔·兰巴上将（Sunil Lanba）和比兰德·辛格·达诺阿中将（BS Dhanoa）是该研究机构的副赞助人；现任所长为陆军中将比克拉姆·辛格（PK Singh），是研究所的行政长官兼理事会和执委会秘书；副所长分别是三军的副参谋长。1996年至2016年底，三军研究所会员由3500名增长到14111名，其中包括大量的终身会员、普通会员、准会员和课程会员。

该所研究人员大多来自海、陆、空三军退役与现役军官，具有系统的军事理论知识和丰富的军事实践经验。其中战略研究及模拟中心的研究人员较为集中，承担的研究课题最多，主力研究人员有中心主任夏尔玛少将

（BK Sharma）、杰出研究员纳拉亚南（Rajiv Narayanan）和巴达里亚少将（RPS Bhadauria），以及高级研究员和研究员若干。武装部队历史研究中心的主要研究人员有将级研究人员库玛尔（Bharat Kumar）、曼·辛格（Gurbir Mansingh）、德瓦（Yashwant Deva）、兰迪尔·辛格（Randhir Singh）、齐玛（Amar Cheema）和校级军官若干，另有多名学者，研究成果丰硕。联合国维持和平中心的主要研究人员有科塔克（PC Katoch）、萨克西纳（VK Saxena）、PK·辛格（PK Singh）、普拉卡什（Chander Prakash）、戈哈（Abhijit Guha）、梅塔（RK Mehta），以及拉金德尔·辛格中将（Rajender Singh）和夏尔玛少将（BK Sharma）等多名将官，承担印度有关联合国维和项目的研究，参与有关维和的国际研讨，部分学者有在联合国维和部门工作的经历。

三军研究所设备齐全，拥有大中型会议室和研讨室4间，配有餐厅、宴会厅和宾馆。拉尔上校（Pyara Lal）纪念图书馆现有藏书超过6.5万册，包括部分16—17世纪的档案与古籍资料，内容涉及国防安全、非传统威胁、外交与国际问题、历史研究、传记回忆录等。作为信息服务的重要组成部分，图书馆网站每天从《印度斯坦时报》（Hindustan Times）、《印度快报》（Indian Express）、《政治家报》（Statesman）、《亚洲年代》（Asian Age）等主流媒体上转载国内外重大新闻事件，方便读者选读。印度各大主流媒体也经常转载该所研究人员对区域安全、国际关系和国际热点问题的分析评论。

《三军研究所期刊》（USI Journal）是亚洲历史最长的防务期刊，可追溯至1872年，每期印刷1.25万份，读者约3万人，内容包括研究印度国内外安全问题特别是印度武装部队的文章，也刊登对国内外最新图书的书评。《三军研究所文摘》（USI Digest）创刊于1998年8月，每年出版2期，主要转载国内外期刊的重要文章，旨在帮助读者扩大视野，及时了解最新的战略、战术和技术发展。该所不定期发表长篇论文，2016年共发表8篇，其中4篇涉及"中巴经济走廊"、上海合作组织、南海问题和中国军改，另有关于核问题、信息战和印度参与联合国维和行动的研究。自1972年以来，研究所已出版专著、文集、演讲和研讨记录222部（多为2000年后出版），内容涉及印度国防与军事安全、印度武装部队发展史、世界军事力量和军事科技、多边军事安全问题和联合国维持和平行动等。

（三）研究项目与国际合作

三军研究所下设三个中心，研究领域各有侧重。战略研究及模拟中心侧重于定性研究和战略模拟、学术研讨和书籍出版，2011 年至今已完成研究项目 35 项（包括 8 部特别研究报告）。中心 2015 年以来承担小组研讨课题 5 项，内容涉及区域政治经济安全；学术研讨课题 14 项；与班加罗尔基督大学、德里大学、金德尔全球大学的合作实习课题 3 项；模拟东北部叛乱、西亚和非洲地区的战略竞争，以及代号"Sampoorna Drishti""Koot Niti"的战略模拟 8 项。正在进行的重大科研项目有 9 项，涉及印度对外政策、印巴战略核武器、中国海洋战略与南亚地缘政治格局等。

武装部队历史研究中心 2014 年承接了为期 4 年的百年纪念项目"印度与第一次世界大战"。项目正在进行之中，有来自英国、澳大利亚、比利时和葡萄牙的专家学者参与研究，已出版部分研究成果。2016 年 7 月 14 日，研究中心与英联邦战争公墓委员会和班加罗尔荣誉基金会启动名为"印度记忆"的历史项目，缅怀在 1947 年前后的军事行动中丧生的印军人员，筹划出版专著《勇者无畏》（*Bravest of the Brave*）。中心目前有在研项目 19 项，涉及印度各军种发展史、战争史和军事科技发展等。

为从战略和政策高度研究维和行动，印度陆军总部于 2015 年 4 月通知三军研究所，决定让联合国维持和平行动中心脱离三军研究所，然而至今未果。该中心着力加强与联合国和平行动高级别独立小组（HIPPO）的互动，努力推进"和平行动挑战论坛""国家保护责任"（R2P）进程，与其他 8 国（巴西、中国、埃及、印度尼西亚、挪威、俄罗斯、南非、土耳其）努力构建"和平能力网"（PCN），承担"崛起大国与和平建设"项目，旨在对崛起大国的和平倡议的价值观、内容和影响进行批判性分析。

三军研究所通过举办讲座、研讨会和国际会议，提升其研究能力和国际影响力，同时积极拓宽与国际研究机构的联系，参与国际安全问题研讨，加快国际交流合作的步伐。2015 年以来，该所举办专题讲座和国家安全研讨会 8 次，多篇文章入选年度"金牌论文竞赛"和"梅雷兹（SL Menezes）中将纪念论文竞赛"，出版书目和书评 10 篇。文章内容涉及印度军事战略、国防机制建设和军事力量发展、巴基斯坦战略核武器发展、中印边界问题、中印巴关系、印太地区战略平衡与安全挑战等。该所自 1957 年开始定期为部队官兵开展有偿培训课程，协助其晋升或到印度国防参谋学院、科技院校深造，为印军培养了大量军事人才。

研究所与日本国际事务研究所（JIIA）、印度军史研究协会（IMHS）、（澳大利亚）新南威尔士皇家联合研究协会（RUSI）等机构建立了双边联系机制，定期筹办研讨会和国际会议，相互交流信息。研究所积极拓展双边与多边国际交流，与中国国际战略学会（CIISS）、中国的四川大学（SCU）、英国国际战略研究所（IISS）、美国亚洲研究局（NBR）、美国国际战略研究中心（CSIS）、韩国国防大学（KNDU）、越南国防与国际关系研究所（IDIR），以及吉尔吉斯斯坦、阿富汗、阿曼等国的知名智库、科研机构多次举行双边会谈，与日美建立了三边对话机制。同时与斯德哥尔摩国际和平研究所（SIPRI）、中国四川大学、孟加拉和平与安全研究所（BIPSS）、斯里兰卡探路者基金会（PF）、阿富汗军事研究与监测中心（CMRM）、英联邦战争公墓委员会（CWGC）等机构签署了双边谅解备忘录，进一步发展伙伴关系。2015年以来，三军研究所参加36场国际研讨会和国际论坛，同与会代表就世界形势和国际热点问题进行讨论。①

二、主要研究

三军研究所是专门从事国防安全问题研究的军方智库，其行政领导人员均系各军种和国防部高层，研究人员大多来自海、陆、空三军退役或现役军官，具有较强的军事理论知识和军事实践技能，研究所成立140多年以来已构建起完善的组织体系和研究体系，与世界各国众多研究机构和国际组织建立了联系，在世界舞台上有效传递了"印度声音"。

2014年上台执政的印度总理莫迪从现实主义立场出发，聚焦"全球领导大国"的战略目标，全力塑造印度在南亚的强势主导地位，力图彰显印度在印太地区和国际层面的影响力。②顺应国际形势发展和印度的大国战略诉求，三军研究所也力图立足印度的国家安全环境，着重研究印度的国防战略、区域安全、军事历史、军事科技发展和联合国维和等课题，主要研究特长与重点有以下四个方面。

---

① 以上信息来自印度三军研究所官网，http：//usiofindia.org/；有关联合国维持和平中心（CUNPK）的部分资料来自联合国训练研究所官网，http://www.unitar.org/。
② 王晓文："印度莫迪政府的大国战略评析"，《现代国际关系》2017年第5期，第33—41页。

(一) 印度军事战略研究

战略研究及模拟中心 (CS3) 主要承担这一研究。该中心研究人员最为集中，承担研究课题最多，研究成果最为丰硕，研究核心议题是军事与安全问题，以南亚和印太地区为主要研究区域，主要活动包括举办讲座、论坛、研讨会，发表评论和论文，出版年鉴、报告、专著等，研究内容主要包括军事模拟、印度军事战略和区域安全。

该中心通过军事仿真建模，预设战略情境和可能危机，建立虚拟实践平台，评估印度综合安全环境和危机应对能力。代号为"Sampoorna Drishti"和"Koot Niti"的军事模拟演练军校生的高级指挥课程，每年在印度陆军军事学院举行。[1] 这一模拟设置特定主题和情景，成立观摩指导组，帮助学生评估影响印度国家安全的地缘政治环境和可能危机，制定适当的军事反制措施维护国家利益，如2017年"Koot Niti"模拟活动的预设科目是日益密切的中巴军事战略联系对印度的影响。[2] 此外，研究所每年在印度国防大学举行两次为期4天的战略模拟演习，2016年的模拟演习以印度北部可能发生的暴乱和西亚与阿富巴地区（Af-Pak）的战略竞争为背景，为印度政府和军方提供政策支持。[3]

印度军事战略是该中心最为核心的研究课题，具体包括印度防务力量建设和国家安全问题。近年来，印度大力增加国防预算开支，加快军队现代化建设，维持南亚地区常规军事力量平衡。[4] 该中心有学者指出，防卫力量、防务程序和结构转型是印度新国防战略的核心。[5] 印度已是核国家，但在复杂的国际环境下，冲突形式愈加向低烈度非常规战争转变，非传统

---

[1] The United Service Institution of India: *Annual Report of the President of the Council – 2015*, p. 14, http://usiofindia.org/About/AnualReports/pdf.

[2] USI Blog, "Exercise Kootneeti-Strategic Gaming Exercise for 46th Higher Command Course at Army War College Mhow: 20 – 21 July 2017," http://usiblog.in/2017/07/exercise-kootneeti-strategic-gaming-exercise-for-46th-higher-command-course-at-army-war-college-mhow – 20 – 21 – july – 2017/.

[3] The United Service Institution of India: *Annual Report of the President of the Council – 2016*, p. 17, http://usiofindia.org/About/AnualReports/pdf.

[4] Walter C. Ladwig III, "Indian Military Modernization and Conventional Deterrence in South Asia," *Strategic Studies*, 11 May 2015, pp. 729 – 734.

[5] A K Lal, *Transformation of the Indian Armed Forces 2025 – Enhancing India's Defence*, India: Vij Multimedia, 2012.

安全问题日益凸显，这就要求印度发展特种部队，实现国防和军队现代化。中心重视研究国家综合安全，涉及国土安全、海洋安全、空间安全、能源安全、信息安全、核安全等各方面；探索解决与中国和巴基斯坦的边界领土争端的路径，打造主导印度洋的"海洋战略构想"，为印度在能源资源、信息安全和外层空间等领域维护利益，增强战略核威慑能力建言献策。

遵循主导南亚并提升在亚太地区的影响力的印度大国战略，中心极为重视印度与周边主要国家之间的战略分析与军事平衡。印度与北部、西部邻国即中国和巴基斯坦均存在领土争端，二者由此成为其研究重点。印巴分治后，两国因克什米尔等问题多次发生冲突，三军研究所也认识到历史积怨使问题短期内难以解决，呼吁政府、军方和其他利益相关方寻求局势长期稳定以至问题最终解决。[1] 不过中心也有研究指责巴方毫不掩饰其动用核力量削弱印度常规军力优势的企图，称巴新近发展的海上战术核武器可能突破其陆上困境，对印度构成威胁。[2] 研究所积极研究阿富汗境内的"塔利班"、"基地"组织和"伊斯兰国"的发展及其对印影响。[3] 在印度"东向"政策的实施过程中，研究所近年也加强了对海洋安全问题的研究，表明印度逐渐开始重视太平洋特别是南海在其海洋战略中的地位。

（二）印度武装部队历史研究

武装部队历史研究中心主要从事印度建国前后的历史研究、相关数据库建设及印度武装部队发展史研究，内容涉及战略、战术、后勤、组织、经济政策及其实施等问题。随着印度军事力量不断发展，中心的研究范围也进一步扩大，目前主要研究内容有口述档案和手稿档案的研究整理、数据库建设、协助制定防务机构记录的管理政策、为国防部编写官方战史等。

---

[1] DS Hooda, "The Situation in Jammu and Kashmir: the way forward," *USI Journal*, Vol. CXLVII, No. 607, Jan. – Mar. 2017, pp. 11 – 17.

[2] Roshan Khanijo, "Pakistan's Sea-base Nuclear Deterence: Implications for India," *USI Journal*, Vol. CXLV II, No. 607, Jan. – Mar. 2017, p18 – 25.

[3] Shri EN Rammohan, *The Implacable Taliban*, *Repeating History in Afghanistan*, Vij Books, 2010. Shri SK Datta, "Inside ISI: The Story and Involvement of the ISI in Afghan Jihad, Taliban, Al-Qaeda, 9/11, Osama Bin Laden, 26/11 and the Future of Al-Qaeda," Vij Books, 2014.

印度在 20 世纪初参加了第一次世界大战并付出了巨大牺牲，"印巴分治"后围绕克什米尔等问题与巴基斯坦多次发生冲突甚至战争，1962 年又与中国在喜马拉雅边界地区发生冲突。战争史研究自然成为该中心的主要课题。印度在一战时仍处于英国的殖民统治之下，但的确投入了大量人力物力并帮助英帝国分担了防务重担。有鉴于此，研究中心专门设立了"印度与一战"世纪纪念项目，成立专题网站，收集整理参战士兵的照片、轶事和纪念品等，研究分析著名战例，以此缅怀印方士兵。① 克什米尔问题一直是印度安全研究的重点课题，中心除对冲突历史进行研究外，也从政治军事视角比较研究印巴冲突的"内生性"和中印巴三边博弈的"外延性"。② 中国崛起并不断与周边国家发展关系，中印边界问题逐步演变，中国因素也由此成为印度地缘战略设计的重要参考因素，相关研究内容下文将集中论述。

中心特别关注印度陆、海、空三军及特种部队的发展史，力图传承弘扬不怕牺牲的奉献精神。中心研究人员骄傲地指出，印度已建设了一只大规模的现代化武装力量，2012 年陆海空现役总兵力达 133 万人，③ 是捍卫印度国家利益、实现大国目标的武力后盾。中心受命为印军编写战地指南，方便官兵在陌生地域环境下的训练与作战，同时还受委托为印度国防部编写官方军事史。除历史研究外，中心还出版了一系列人物传记，介绍重要将领及其军旅生涯，分析研究其战略战术和军事思想，记载他们对印度国家安全的贡献。

总之，武装部队历史研究中心着眼于历史，重在进行自英国殖民起到印度独立建国后印度军事力量发展的研究，设立战争纪念研究项目，缅怀为印度牺牲的官兵。同时拓展研究面，追踪涉及领土争端的克什米尔和中印边界问题的最新动态，将历史研究与现实研究紧密结合，注重实证研究，建立军事档案数据库，编写军事指南和指导手册，积极围绕印度防务力量发展进行理论与政策研究。

---

① 参见"印度与大战"专题网站：India and the Great War, http：//indiaww1. in/index. aspx.
② Brig Amar Cheema, *The Crimson Chinar：The Kashmir Conflict：A Politico Military Perspective*, New Delh：Lancer Publishers, 2015.
③ 任佳等主编：《列国志：印度》，社会科学文献出版社 2016 年版，第 208 页。

(三) 联合国维持和平行动研究

三军研究所重视加强与世界各国的联系，联合国维持和平行动中心是其与联合国交流沟通的重要部门。该中心区别于另外两个中心，更加重视实践而非理论，积极探讨联合国维和行动的进展及印度的角色，谋求以国际机制维护国际和平与安全，支持国内安全部门的改革，希望推动印度加入联合国安理会常任理事国之列。

中心部分研究人员有在联合国工作的经历，成为中心工作骨干。如印度前驻联合国代表指出，安理会成员和工作模式已不适应时代发展的要求，应增加安理会决策的代表性，改进联合国维和效率。[1] 印度积极谋求安理会常任理事国席位，认为自身具备天然优势并完全符合联合国的各项要求，进而将"入常"视为印度崛起的重要标志。上文所谓"增加代表性"的所指无疑是清楚的。

三军研究所及其联合国维和行动中心积极参与联合国举办的"和平行动挑战"论坛、"国家保护责任"等活动，在三军研究所组织会议，讨论联合国各项维和决议及其实施，就如何提高维和人员应对非传统安全威胁、保护维和人员安全并增强后勤保障能力、维和能力建设的国际合作等议题贡献"印度方案"。2015年，该所与来自中国、南非、印度尼西亚等国的相关智库建立了"和平能力网"和"新兴大国与和平建设"项目，全力加强正在崛起的新兴大国在维护国际和平与安全方面的能力建设。

研究中心关注联合国领导下的各国安全部门改革。研究人员指出，应在联合国及成员国的领导下，秉承尊重人权和法律的原则，帮助重建公正、高效的安全部门，保证国家和人民的安全，该项改革应首先在非洲实施，以解决战争、政局不稳、饥荒等问题；认为印度积极响应了联合国号召，正加紧国内安全部门改革，已取得初步成效，但也面临军费和军备采购、左翼极端主义以及政府压力等挑战。[2]

除在联合国框架下参与维持和平与建设和平活动外，研究所也积极参与地区层面的和平建设，研究印度在南亚区域安全中的角色。印度作为南

---

[1] Kumar Mukerji, "Maintaining International Peace and Security through United Nations Peacekeeping," *USI Journal*, Vol. CXLVII, No. 608, Apr. – Jun. 2017, pp. 151 – 157.

[2] Asoke Mukerji, "India and United Nations Peace Operations: Security Section Reform," *USI Occasion Paper*, No. 3, 2016, http://usiofindia.org/Publications/OccasionalPapers/.

亚地区的主要大国,在阿富汗问题上扮演着重要角色,该所专门设立了"崛起中的印度在阿富汗重建中的作用"研究项目,关注美国在阿反恐战略转变的背景下印度应如何参与阿富汗战后和平建设。① 可见,该所研究人员一方面研究联合国维和行动的若干事宜,另一方面积极参与具体的活动与议程,与其他国家一起讨论维和行动所面临的问题并提供解决方案,这些研究与行动的最终目的是提升印度的大国形象和国际影响力,为其早日"入常"奠定基础。

(四) 地区热点研究

三军研究所在国防研究和历史研究的基础上,高度重视国际热点问题的研究,主要关注印太地区的热点,特别是与印度的核心利益直接相关的问题,也关注影响地区安全和国际局势长期发展的重大热点问题。中心通过举办研讨会、发表著述等形式跟踪热点问题发展,分析其产生的背景和原因,研究对印度的可能影响,研判问题的发展趋势,并就问题解决提供对策方案。这一领域的关注重点包括克什米尔冲突、巴基斯坦核武发展、阿富汗恐怖主义、中国研究等。

半个多世纪以来,克什米尔问题一直是印度国家安全研究的重要部分。克什米尔地区宗教、语言、民族、文化多样,加剧了该地局势紧张和问题的复杂性。印巴两国围绕克什米尔问题斗争多年而未有结果,"实控线"附近流血冲突频繁,两国认识和利益诉求各异,导致问题长期难以解决。前克什米尔大学中亚研究中心主任近期在三军研究所官网撰文称,身份认同至关重要,应在平等自愿的基础上,根据联合国和印度相关法案,按照族群划分为不同的平等民族团体,保障其享受公正平等的权利和待遇。② 这是一种值得关注的思路。

中印巴三国都是实际拥核国,而印巴之间、中印之间都存在领土争端,边界局势也长期不稳,对峙事件多发。研究所指出,巴基斯坦毫不隐讳其在必要时动用核力量打击印度常规军事进攻的意图;印度陆基核武对巴占据优势,但近期巴基斯坦海基核武的发展引起印度的广泛关注,认为

---

① The United Service Institution of India, *Annual Report of the President of the Council – 2016*, http: //usiofindia. org/About/AnualReports/pdf.

② Kashinath Pandit, "Revisiting Kashmir Demographic Complexion," Jun. 29, 2017, http: //usiofindia. org/Article/? pub = Strategic%20Perspective&pubno = 52&ano = 2939.

这会打破印巴核力量平衡。印度对中巴关系颇为"担忧",认为南亚地区核力量平衡已成为印度亟需研究的一大课题。另有研究关注中国"一带一路"倡议和"中巴经济走廊"的深层"战略意图"及中国在印度洋区域的动态,认为随着海外经济利益的扩张,中国谋求扩大在印度洋地区的影响力,挑战印度的地缘战略优势,对印度的生存环境构成"威胁"。① 这种看法显然是错误的,但在三军研究所内部却并不罕见。

研究所报告认为,由于阿富汗政府的国家治理能力虚弱和美国反恐战略失误,阿富汗沦为恐怖主义的重灾区,恐怖主义呈愈演愈烈之势。② 恐怖势力具有很强的流动性,而印度国内的安全环境可能会为恐怖主义滋生提供沃土,印度担心"塔利班""伊斯兰国"等恐怖势力利用印度国内民族、宗教问题渗透进南亚次大陆,危害印度国内安全环境和地区稳定。该所学者在研究各恐怖组织发展历程的基础上,特别关注发生在阿富汗的恐怖袭击,提议支持阿富汗基础设施建设,为阿国民军提供培训和支持。③ 随着阿富汗局势发展和美国在阿战略的转变,美国正在积极拉拢印度更多地介入阿富汗问题,这可能成为该所将来的重点研究课题之一。

三军研究所对南亚以外的热点问题涉猎不多,但朝核问题因其复杂性受到该所的广泛关注。朝核问题由来已久,近期朝鲜多次试射导弹,半岛局势再次紧张,三军研究所也就半岛局势及其对地区安全影响进行了较多研究。研究所的主流看法是,朝鲜发展核力量的目的是巩固政权,防止入侵,迈进国际"核俱乐部",提升国际影响力;这一举措可能引发区域军备竞赛,为其他国家提供不良示范。④ 还有研究人员指出,半岛局势继续恶化可能造成地区动荡甚至核灾难,唯有中美等多边力量参与协商,采取可行方案,才能和平解决危机。⑤

---

① Shishir Upadhyaya, "Expansion of Chinese maritime power in the Indian Ocean: implications for India," *Defence Studies*, Vol. 17, No. 1, pp. 63 – 83.

② 马勇等:"阿富汗的恐怖主义及其国际治理",《东南亚南亚研究》2015 年第 4 期,第 43—47 页。

③ Alok Deb, "Prospects for Stability in Afghanistan," Nov. 24, 2015, http://usiofindia.org/Article/? pub = Strategic%20Perspective&pubno = 46&ano = 2824.

④ Hoang Ky Lan, "North Korea's Nuclear Weapon Program and Its Impact on Region Security," *USI Journal*, Vol. CXLVII, No. 607, Jan. – Mar. 2017, pp. 35 – 42.

⑤ GG Dwivedi, "Korean Peninsula-prevailing Imbroglio: Quest for Strategic Equilibrium," *USI Journal*, Vol. CXLVII, No. 608, Apr. – Jun. 2017, pp. 195 – 201.

可以看到，该所学者关注的热点问题都是具有历史根源且呈愈演愈烈之势的热点问题，研究的出发点是问题本身，即其缘起、原因、进展及解决对策等，但落脚点都是其可能的对印影响。恐怖主义和核问题等国际热点问题存在于世界范围内，印度试图寻找成功的国际治理药方，然后应用到印度身上。总之，三军研究所的一切研究都服务于印度国家安全和国防，这也是该研究所的宗旨所在。

三、特色研究

中国的崛起已成为 21 世纪最令人瞩目的历史现象，对世界经济和国际政治结构产生了广泛而深刻的影响，中国也由此成为印度研究和讨论的主要对象。近年来，三军研究所以战略研究及模拟中心为主要研究机构，招募大量中国问题专家，大力加强中国问题研究。

该所主要研究中国军事力量发展、地缘战略和对外关系等问题，设有"中国海洋战略""中印区域战略平衡""中印空间能力比较"等研究项目，形成了以卡普尔（CK Kapur）、夏尔玛（BK Sharma）、特里帕蒂（NK Tripathi）、汉达（Akshaya Handa）、PK·辛格（PK Singh）、拉杰什（MH Rajesh）、特瓦利（S Tewari）等为主力的研究团队。该所常召集中印两国官员、军方代表和专家学者，就中国政治、经济、军事、核问题、能源、环境、科技等举办讲座、研讨会和学术会议等，探讨对印度可能产生的影响，研究成果在其官方网站公布，并以报告、论文、书籍等形式公开出版。综合来看，三军研究所近年的中国问题研究集中于中国国防现代化、中国地缘战略与国际关系等领域。

（一）中国国防现代化建设

三军研究所的研究人员大多具有军方背景，长期关注安全和军事问题，在中国问题研究中自然也特别重视中国军事力量的现代化。研究所普遍认为，随着经济实力不断增强，中国必将加快军事现代化步伐，这会对国际战略环境和地区安全结构产生重大影响，迫使邻国重新修订国防现代化方案和作战原则，重新考虑与中国、区域大国及美国的关系。[1] 该所积

---

[1] Nagender SP Bisht, *PLA Modernisation and Likely Force Structure 2025*, Vij Books India, 2015.

极关注中国军事改革，认为军委改革、战区结构重组、建立火箭军和战略支援部队等新军兵种等是中国历代军事战略的继承和发展，是为适应国内、国际环境做出的战略调整，目的是更好地应对中国在海上面临的一系列争议。① 研究所关注中国国防现代化和军事战略调整还有一个目的，就是借鉴中国的成功经验，壮大印度军事实力，同时积极了解中国西部战区的军力发展，为印度在北部和西部的军事部署提供参考。

该所研究人员指出，中国"军委管总、战区主战、军种主建"的改革思想使得解放军的机制性改革取得出乎预料的成效：改革涉及到军队高层的机构设置，更加突出党对军队的绝对领导，更加突出多兵种联合行动的要求，不仅是军队编制的调整，也反映出军事理念的变革，更是中国应对当前战略环境采取的实际行动。② 鉴于中印之间的历史纠葛尚未解决，两国又在亚太区域面临某种"安全困境"，中国的军事力量发展将长期成为包括三军研究所在内的印方智库长期关注的重要话题。

（二）"一带一路"

中国提出的"一带一路"倡议得到了国际社会的广泛支持，但印度国内对"一带一路"持强烈的不同意见。③ 研究所学者一方面承认该倡议有助于非洲、拉美国家的经济增长，另一方面又指责其中潜藏着加剧受援国政权不稳的风险。④ 不难发现，该所研究人员主要是从现实主义立场出发，遵循"国强必霸"的逻辑来审视"一带一路"，体现出强烈的对华战略不信任。但战略与模拟研究中心主任夏尔玛少将（BK Sharma）等三军研究所学者在其与中国四川大学学者合著的《中国的"一带一路"：倡议、挑战与前景》一书中也表达了另一种观点，认为"一带一路"不仅密切了东西方的贸易联系，而且增进了不同大陆之间的文化和社会交往，旨在整合"大陆"与"海洋"等多模式的交通运输，促进物流，针对该倡议的争论

---

① BK Sharma, Brigadier Sandeep Jai, Roshan Khanijo, "Analysis of China's Military Reorganisation," *USI Occasion Paper*, No. 2, 2016, http：//usiofindia. org/Publications/OccasionalPapers/.

② Brigadier Iqbal Singh Samyal, "Linking The PLA's Military Region Reorganisation with Chinese Military Writings," http：//usiofindia. org/Article/? ano =2919%20&pubno =606%20&pub = Journal.

③ 林民旺：《印度对'一带一路'的认知及中国的政策选择》，《世界经济与政治》，2015年第5期，第42—57页。

④ SB Asthana, "The Undeclared Power Play behind Belt and Road Forum：May 2017," *USI Journal*, Vol. CXLVII, No. 608, Apr. – Jun. 2017, pp. 176 – 184.

主要是沿线参与国与中国之间的政策协调问题。①

与更为宏观的"一带一路"相比，印度更关心的是所谓牵涉印度主权与安全利益的"中巴经济走廊"，称"走廊"穿越巴控克什米尔，担忧中国插手印巴冲突，扶持巴基斯坦遏制并包围印度。实际上，中国历来对克什米尔争端持公正立场，强调通过对话协商解决问题，"中巴经济走廊"建设不影响中国在克什米尔问题上的立场，印度作为地区大国应理性看待，客观分析中国的"一带一路"倡议，促进地区共同发展。

（三）地缘战略

三军研究所对中国的地缘战略展开研究，特别关注中国与中亚、东南亚、中东等南亚毗邻国家的互动，以及中国影响力进入印度洋的问题。中亚、西亚能源资源丰富，与印度有悠久的历史文化联系，在"东向"政策指引下，印度与东南亚国家发展了密切的战略、经济、文化和军事联系。②印度特别重视这些地区与中国关系的发展变化。研究所密切关注中亚国家对"一带一路"倡议的反应，其研究人员称，"一带一路"为中亚国家带来了现实的经济利益而受到中亚国家的积极响应与欢迎，中国正加强与这些国家的相互联系，未来中国在这一地区的政治经济影响力可能超过俄罗斯，中亚可能成为中俄博弈的战略要地。③东南亚在中印两国对外战略中均扮演着重要角色，又是"21世纪海上丝绸之路"的重要节点，东盟已经崛起为亚太地区的一极，中国与东盟的战略合作自然受到印方的高度关注。

印度一向致力于谋求印度洋地区的战略领导地位，本能地试图排除域外势力涉足这一地区。中国的经济实力不断发展，与印度洋国家的联系不断加强，中国在印度洋地区的存在早已成为印方众多研究的热门话题。研究所为此设立了专项课题，研究中国在印度洋地区的海洋战略及其对印影响。需指出的是，印度洋是"21世纪海上丝绸之路"南下的必由之路，也

---

① B K Sharma, Nivedita Das Kundu, *China's One Belt One Road: Initiative, Challenges and Prospects*, Vij Books India, 2016.

② Ministry of Defence, Government of India, *Annual Report 2016 - 17*, pp. 2 - 4, http://mod.nic.in/documents/annual-report.

③ Raj Kumar Sharma, "Central Asia Warily Welcomes China's OBOR," Jun. 29, 2017, http://usiofindia.org/article/? pub = Strategic% 20Perspective&pubno = 52&ano = 2940.

是中国能源运输的重要通道，中国在印度洋地区极为有限的军事存在是要保护中国的海外利益，维护海上安全环境，中印两国应加强海洋方面合作，共享经济发展成果，共同维护地区安全。

小结

应该说，三军研究所注重从地缘安全视角分析涉华问题且对华立场偏于强硬，其中既有立场原因，也有认知原因。与很多印度智库相类似的是，三军研究所虽号称重视对华研究，但其对华了解其实是很不够的，其研究人员的判断往往出于现实主义的一般原理和自身国家利益的需求，与中国智库尤其是军方智库的互动交流相当薄弱。在新形势下，两国军方智库似乎也应发挥更大主观能动性，在机制建设和政策理念上加强交流，从而更好地增信释疑，为中印关系的健康发展发挥积极作用。

国家海洋基金会

人类社会的发展与海洋活动密切相关。人类的海洋活动主要有三个维度：安全、战略和经济。在这三个维度下，人们进行海上贸易、开发海洋资源、保护海洋环境并进行海岸建设。海洋管理活动是一个独特的过程，同时也是一个动态、持续、协商、不断反复的过程。当各种海洋活动在世界范围内如火如荼开展的时候，印度需要建立有效的机构来深入研究当代海洋领域的各种问题。印度研究海洋问题的主要智库——国家海洋基金会正是在这一背景下创建的。

一、机构概况

印度国家海洋基金会（National Maritime Foundation，英文简称 NMF，本部分简称为基金会）是印度最重要的海洋问题智库，虽然自称"非政府"组织，却具有深厚的官方背景特别是海军背景。基金会 2005 年由印度时任国防部长穆克吉（Pranab Mukherjee）揭幕成立，印度海军为其初期的设立与运转提供了支持。国家海洋基金会致力于在整合政府各部门资源的基础上全面审视海洋问题；为政府、公私部门、学术界、非政府组织、社会团体等多种利益相关者提供相互沟通的渠道；开展政策辩论和讨论，以期提出最优建议和政策倡议。

基金会在其《愿景声明》中指出，它的创立纠正了印度长期忽视海洋安全的历史，在全国范围内为所有与海洋问题有关的机构、组织、学科提供了共同交流的平台，由此填补了相关领域的知识空白。根据设想，国家海洋基金会将为海洋机构之间的专业讨论提供一个开放的论坛；基金会还致力于提升印度政策制定者、知识精英甚至普通民众的海洋意识。为实现这些目标，基金会的第一要务是就海洋安全的所有问题、以及印度政府和海军等决策者的政策选项，展开自由对话和充分讨论；其次，在对印度海洋安全利益至关重要的问题上，努力塑造公众舆论并力图影响政治精英；第三，努力培养并促进海洋资源、海洋法、海洋史、海洋环境保护和海洋救灾等各种海洋问题的研究、学术探讨和交流；第四，与有共同兴趣的外国机构积极接触，与其交流观点，增进各方在海洋领域的相互理解与合作。

国家海洋基金会的会员包括准会员、会员、终身会员和机构会员。会员资格向所有对海洋和安全事务感兴趣的个人和组织开放，但只有印度公民才有资格加入基金会。具有3年准会员资格的成员可成为会员；具有10年以上会员资格的印度公民将被理事会授予终身会员资格；对海洋事务和海上安全研究感兴趣的机构、公司、国防部门可成为国家海洋基金会的机构会员。基金会会员来自海洋及相关领域，主要是印度海军、海岸警卫队、海洋商贸局的现役及退休人员、陆空军军官、警察、其他军事部队的军官，学者、外交官、商人、航运业成员以及其他有海洋事务背景的人员和对海洋安全感兴趣的人员。基金会会员人数限制在100人以内，会员拥有投票权。

国家海洋基金会的组织结构分为管理委员会、执行委员会和行政机构。管委会由印度海军参谋长、海军上将苏尼尔·兰巴（Sunil Lanba）主持，成员包括：国家海洋基金会主席、退役海军上将多万（R. K. Dhowan），前外秘拉斯戈特拉大使（MK Rasgotra），退役海军中将纳亚尔（KK Nayyar），海军副参谋长、海军中将卡兰比尔·辛格（Karambir Singh），海岸警卫队总监拉金德拉·辛格（Rajendra Singh），前三军财政顾问莫汉迪（Shri SS Mohanty），海军人事部长、海军中将查罗（AK Chawla），退役海军中将AK.辛格（AK Singh），前国立航空实验室主任纳拉辛哈博士（Roddam Narasimha），国家海洋基金会主任、海军中将乔罕（Pradeep Chauhan）。基金会执行主任、海军上校库拉纳（Gurpreet S Khurana）和基金会副主任、海军中校斯里哈尔萨（Sriharsha）也列席管委会会议。执委会由退役海军上将多万、前外秘拉斯戈特拉大使、海军中将查罗、海军中将乔罕、海军上校库拉纳5人组成。行政机构则由主席（Chairman）、主任（Director）、执行主任（Executive Director）和副主任（Deputy Director）4人组成，具体人员前文已述。基金会的主要研究人员包括：资深研究员巴斯卡尔（C. Uday Bhaskar）、拉贾·梅农（K Raja Menon）；研究员亚达夫（Dinesh Yadav）、米什拉（S Misra）、戈帕尔（Prakash Gopal）、斯里哈尔萨（Sriharsha）；助理研究员坦卡彻（Shahana Thankachan）、帕特里克（Anjelina Patrick）、瓦苏达·查罗（Vasudha Chawla）、克莱尔（Richa Kliar）、乔希（Amrita Jash）、巴加瓦提（Jyotishman Bhagawati）、穆德吉尔（Surbhi Moudgil）等。

基金会的研究领域主要划分为安全研究和海事研究两大板块。安全研究包括海岸安全、核安全、能源安全、区域研究（印度洋地区、南亚、东南亚、西亚、中国）和印度洋航线安全等；海事研究包括海洋史、海洋法、环境问题（气候变化、海洋污染）、海上贸易（航运、港口与基础设施、造船、海上旅游）、海洋资源（渔业、海底资源、能源）和救援行动（灾害管理、搜索与营救、海上救助）等。

国家海洋基金会的活动范围广泛，活动形式多样。基金会积极与对海洋问题感兴趣的组织机构开展合作，如举办联合研讨会和研究学习等。基金会与印度海军、海岸警卫队、全国船主协会、印度港口协会、海军战争学院、观察家研究基金会、陆战研究中心、空中力量研究中心、印度国防部、印度外交部、加拿大达尔豪西大学对外政策研究中心、印度尼赫鲁大学国际关系学院、卡里库特大学海洋史系、印度旁遮普大学、新加坡国立大学拉贾拉特南国际关系学院、迪拜海湾研究中心、斯里兰卡卡迪加马国际关系与战略研究所、印度国防分析研究所、三军研究所、印度联合作战研究中心（Centre for Joint Warfare Studies，CENJOWS）、美国海军分析中心、美国海军战争学院开展各种合作。

国家海洋基金会还就某些海洋问题频繁举办研讨会，以便形成具体的政策建议。国家海洋基金会每年2月举办海权会议，和其他智库联合举办两年一次的国际研讨会：如2006年举办的"印斯海上安全合作"研讨会；2008年与印度海军联合举办印度洋海军论坛，主题为"当前的跨国挑战：国际海洋的连通性"；2013年举办"中美印三方互动"闭门圆桌讨论会和"未来二十年印太地区的地缘政治"年度研讨会；2015年举办"海上保护与海洋安全"的环印度洋联盟专家会议；2016年举办"为安全的海洋未来而共同合作"国际海洋会议和"印太地区的印美中海上三角：理解印度的政策困境"会议等。

国家海洋基金会还设立"海洋成就奖"和"海洋卓越奖"等两个专门奖项，表彰在海洋领域做出突出贡献的人员。基金会设立查特吉海军上将奖学金，面向海军军官和年轻学者，鼓励青年就海洋利益从事原创性研究。

国家海洋基金会的旗舰刊物《海洋事务》（Maritime Affairs）（半年刊）主要刊登世界各地的专业研究人员关于当代海洋问题的稿件，从2014年起每年推出年度报告《海洋透视》（Maritime Perspectives），辑录本年度出现的重要网络文献。基金会还出版专著20多本，主要有《地缘政治、战略与海洋术语及概念》（Porthole: Geopolitical, Strategic and Maritime Terms and Concepts，库拉纳著）、《印度与中国：构建和平的印太秩序》（India and China: Constructing a Peaceful Order in the Indo-Pacific，库拉纳、AG·辛格主编）、《印度洋海权的崛起：动态与转型》（Growth of Naval Power in the Indian Ocean: Dynamics and Transformation）、《中国海军的战略方向》（Strategic Direction of the Chinese Navy）、《印太地区的地缘政治》（Geopolitics of the Indo-Pacific，普拉迪普·考什瓦、阿普希吉特·辛格主编）、《印度洋沿岸的安全挑战：印度和美国的视角》（Security Challenges along the Indian Ocean Littoral: Indian and US Perspective，巴斯卡尔、阿耆尼霍奇主编）。[1]

二、主要研究

国家海洋基金会研究范围广泛，涵盖安全研究、地区研究和海洋事务，重点研究美国、日本、中国及印度洋地区的安全问题，尤其是与此相关的海洋问题。这里重点分析基金会围绕美国海洋战略、美印安全合作特别是海洋合作、印日安全合作以及印度洋地区的安全问题展开的研究。

（一）美国研究

美国是国家海洋基金会重点关注的国家，其研究人员多关注宏观的美国国家战略（尤其是海洋战略）和美印关系，以及具体的美印海洋战略对接、美印海上合作前景等。基金会研究人员多认为冷战结束后的国际局势已发生重大变化：西方相对衰落，东方相对崛起，这一世界格局中的美国

---

[1] 以上信息主要参考基金会官方网站（http://www.maritimeindia.org/），以及各相关论文特别是石志宏、冯梁："印度洋海上安全研究综述"，《印度洋经济体研究》2016年第2期，第94页。

依然是首屈一指的超级大国；尽管印度近年来发展迅速，但美国的各项政策在可预见的将来依然会对印度产生重大影响。

基金会研究员米什拉（Raghavendra Mishra）在"美国'再平衡'战略的海洋军事背景：战略基础和前景"一文中剖析了美国"亚太再平衡"战略的海洋军事环境，揭示了该战略对于国际、地区及印度战略的影响。米什拉称，新世纪以来，国际地缘战略格局发生了根本性重组，其明显特征是西方的相对衰落和东方的日益崛起，与此相伴的是国际社会的失序、混乱与战略对冲。美国在这一背景下出台了"亚太再平衡"战略，深刻地反映了美国以海洋为重心的大战略方向。这项战略主要是要应对三大挑战，即对美国全球优势构成挑战的潜在竞争者、核武器的扩散、威胁美国国家利益的跨国恐怖主义。这是美国全面结合地理、地缘政治、地缘战略与国际形势的一大努力。尽管亚太地区地理范围过大、盟友之间观念不和以及推行该战略的财政支持不足这三大要素增加了"亚太再平衡"战略的复杂性和不确定性，但是美国以海洋为重心的战略倾向必然会使竞争常态化，而印度因其独特的地理位置会不可避免地牵涉其中。印度需制定连贯的战略来管理这些难以避免的矛盾。[①]

基金会执行主任库拉纳在"优化印美海洋战略的衔接"一文中指出印美在冷战结束后就出现了利益的交融，利益交汇这一巨大的力量不仅推动了美印关系的发展，还帮助印度摆脱了"核贱民"的地位，而中国的崛起则是推动印美战略衔接的重要因素。尽管当前印美关系的趋势令人鼓舞，但是美印需要通过优化双方的共同海洋利益来维持这一趋势。在印太地区，印美双方可在地缘政治及军事战略方面开展实质行动。库拉纳主要分析了印美战略衔接中的四大关键因素：印度"战略自主"外交政策的"限制性"与"包容性"；[②] 印美海军超越"联合演习"并走向"联合行动"的迫切需求；印美共同努力维护已有的国际法准则及规范（海洋航行自由），同时承认双方在法律解释方面的细微差异；印美有促进国防贸易并

[①] Raghavendra Mishra, "Maritime Military Context of the US Rebalance: Strategic Basis and Prognosis," *Maritime Affairs*, Vol. 10, No. 2, Winter 2014.

[②] 一方面，"战略自主"具有主动性和包容性，使印度能够更加积极地与世界大国构建战略伙伴关系；另一方面，"战略自主"的概念也对新德里的外交政策形成制约，这促使印度与其他大国保持"等距离"。虽然这种"等距离"是一种理想状态，但这并不总是可行的，也并不总是符合印度的国家利益。

在国防工业领域开展合作的愿望。为了优化印美之间的战略衔接，印度需要摆脱各种外来因素的制约，同时从超越领土范围的更广阔空间来进行海洋战略布局；而美国则需要强化美印之间的海上协调机制并帮助印度发展国防科技。[1]

基金会副研究员拉尼（Sudesh Rani）的"印美海上合作：挑战与前景"一文考察了印美海上关系尤其是后冷战时期的海上关系。冷战结束之后，国际局势的深刻变化以及印度海洋思维的转变使得美印迅速调整政策，两国关系因此更加密切。美国希望印度能够成为印度洋地区的"经济之锚"并协助维护地区安全。在海洋领域，美印进行了"马拉巴尔"系列海军演习，签署了防务协定和海洋安全框架协定，进行了防务贸易、海军联合行动及战略对话。美印共同的利益使得两国在冷战后迅速接近，这些共同利益包括三方面：维护印度洋地区安全环境稳定的共同意愿、维持海上贸易线畅通的共同意愿、维持亚洲稳定的共同目标。文章最后指出，在印度更加审慎地处理伊朗问题而美国对印技术转让增加的前提下，印美海上合作前景极为广阔。印度在印美海上合作领域的更大目标是"能力建设"和"能力共享"，这在很大程度上需要美国的技术、经济和军事援助；相应地，美国也将由此获得巨大的战略和经济收益。[2]

尽管冷战后美印之间的共同利益日益增多、美印关系日益密切且多数研究人员对此持乐观态度，但米什拉还是独具慧眼地指出了美印利益之间存在的广泛差异。在"从'联通'到'联合'：衡量美印在战略扩展中的利益一致性"一文中，米什拉指出在21世纪复杂的国际环境中，美印双方都明确了自身在印太地区的战略外延。米什拉从政治外交、经济和军事安全三个维度通过"利益一致性"范式探讨了印度"东向"政策和美国"亚太再平衡"之间的一致性、对应性和差异性。文章指出，尽管美印之间的"利益"存在共通之处，但在各自地缘政治、地缘经济和地缘战略的驱使下，美印具体情境下的路径和制度架构是不同的。譬如从军事战略的角度看，美印都寻求一种公平、稳定的大国均衡关系。但在具体操作层面，美国希望通过同盟体系来实现这一目标，而崛起中的印度则希望获得更大的战略

---

[1] Gurpreet S. Khurana, "Optimising India-US Maritime-Strategic Convergence," *Strategic Analysis*, Vol. 41, No. 5, 2017.

[2] Sudesh Rani, "Indo-US Maritime Cooperation: Challenges and Prospects," *Maritime Affairs*, Vol. 8, No. 2, Winter 2012.

空间。总之，印美关系中新出现的积极因素将继续包含竞争与合作两个方面。在专注共同利益的同时努力弥合两国之间实际存在的差距，美印战略扩展将会取得更加丰硕的成果。①

（二）日本研究

在全球层面，国家海洋基金会的研究人员较为关注美国；在地区层面，基金会学者则较为关注日本和中国，这里主要讨论日本研究，中国问题研究留待下文详述。基金会的研究指出，世界格局的不稳定性在亚洲表现得尤为明显：1999—2008年间，东亚和东南亚的军事开支增长了56%，南亚增加了41%，而同时期的欧洲军事开支仅增长14%。② 作为安全提供者的美国在亚洲影响力下降以及中印两国同时在亚洲的崛起，共同推动新的大国均衡在亚洲逐步成型。在这种情形下，多数学者认为美国是否能继续维护亚洲安全具有很大的不确定性，而印日战略关系对维护地区稳定可发挥明显的积极作用。

国家海洋基金会副研究员保罗（Joshy M. Paul）认为，同在亚洲的日本和印度是天然的盟友；印日关系的演变对亚太地区有重大战略意义；共同利益使印度和日本走到了一起：印日双方的战略利益没有冲突、都以地区安全稳定为目标、都寻求在亚洲建立机制化的安全秩序。保罗认为更为重要的是，密切且稳定的印日关系是避免在亚洲出现中美冷战、遏制中国在亚洲建立霸权的重要因素。③

保罗认为，印日关系的发展不仅有助于维护地区安全结构稳定，更能维护海上航线安全。无论对于印度还是日本，海上贸易线安全均极端重要，可以说海上航线就是印日两国的生命线。岛国日本的能源及食品供应在极大程度上依赖进口，其92%的石油及能源进口来自西亚和非洲；而印度的国际贸易97%都要通过海洋进行，且70%以上的能源都从海路进口（预计到2025

---

① Raghavendra Mishra, "From 'Bridges' to 'United': Measuring Indo-US Interest Contiguity in Strategic Outreaches," *Maritime Affairs*, Vol. 11, No. 2, Winter 2015.

② Joshy M. Paul, "India-Japan Security Cooperation: A New Era of Partnership in Asia," *Maritime Affairs*, Vol. 8, No. 1, Summer 2012, p. 33.

③ Joshy M. Paul, "India-Japan Security Cooperation: A New Era of Partnership in Asia," *Maritime Affairs*, Vol. 8, No. 1, Summer 2012, p. 33.

年这一比重将继续上升到85%）。① 由此，确保原油和天然气通道的安全就成为印度和日本安全战略的重要组成部分。这也是印度和日本进行海上安全合作的重要依据。随着亚洲经济一体化的发展及印度在世界格局中的重要性日益凸显，印日之间的战略一致性也将愈加凸显，这将为两国进一步开展海上合作提供广阔前景。②

（三）印度洋地区的安全问题

国家海洋基金会研究人员极为重视印度洋地区的安全问题，因为这与印度自身的安全休戚相关。印度"海权之父"潘尼迦曾精辟地指出："对别的国家而言，印度洋仅仅是许多重要海域中的一个；但对印度说来，印度洋却是最重要的海域。印度的生命线集中在这里，印度的自由依赖于这片海域的自由。假若印度的海岸安全得不到保障，那么印度的工业发展、商业繁荣以及政治稳定都是空谈。印度来日的伟大在于海洋。"③ 在印度洋地区，学者们重点关注印度的能源安全、海洋安全、印度洋地区的安全结构及印太地区的安全。

有研究人员称，预计到2040年，印度将成为世界第三大经济体。④ 随着印度经济的高速增长，能源安全已成为印度国家安全政策的重要组成部分。印度国内能源需求和能源生产之间的鸿沟日益扩大，使得确保能源运输渠道的安全变得愈加重要。在"印度能源安全的海洋维度"一文中，库拉纳指出无论是国内能源供应还是海外能源进口，海洋都是印度的能源"后勤"保障基地：印度一半以上的原油、天然气都来自沙特阿拉伯、伊朗、科威特等海湾国家，还要从一些非洲国家进口油气资源。这些能源大都需要通过海洋来运输（上文已有叙述），而各种各样的海洋威胁（海盗及海上恐怖主义的威胁、地区国家之间的军事冲突）以及印度海军能力的不足这两大因素严重威胁着印度的能源安全。库拉纳进一步指出，要应对

---

① Gurpreet S. Khurana, "Security of Sea Lines: Prospects for India-Japan Cooperation," *Strategic Analysis*, Vol. 31, No. 1, Jan. – Feb. 2007, p. 140.

② Gurpreet S. Khurana, "Security of Sea Lines: Prospects for India-Japan Cooperation," *Strategic Analysis*, Vol. 31, No. 1, Jan. – Feb. 2007.

③ Don Berlin: "The Rise of India and the Indian Ocean," *Journal of the Indian Ocean Region*, Vol. 7, No. 1, June 2011, p. 3.

④ Gurpreet S. Khurana, "The Maritime Dimension of India's Energy Security," *Strategic Analysis*, Vol. 31, No. 4, July 2007, p. 583.

这些挑战，印度就必须大力发展自己的海上力量以确保海洋航线及海外能源资产的安全，同时要增强港口的能力建设，更好地管控海区。①

"印度的海洋战略：背景及潜在含义"一文认为，在未来几年内，印度海军将在塑造印太地区地缘政治、经济和安全环境方面发挥愈加重要的作用。在对比分析印度海军颁布的两份海洋文件——《自由地使用海洋：印度的海洋军事战略》(2007) 与《确保海洋安全：印度的海洋安全战略》(2015) 的基础上，库拉纳深入分析了印度海洋战略中的4个关键因素：历史社会、海洋地理、政治地理及管辖，以及中国因素。库拉纳认为，与之前的文件相比，新颁布的海洋战略文件体现出印度海洋安全战略的新特点，包括海洋利益区的扩展②、强调印度是"净安全"的提供者、更加重视传统军事威胁以及强调遵守国际法和海洋法。库拉纳进一步指出，印度的海洋战略环境与西方有根本不同：一方面，印度的"海洋安全"概念包括传统的军事威胁，另一方面，印度不会加入成本巨大的军事联盟。他认为，印度在印度洋地区占据有利的地理位置，但这种地缘政治环境也加剧了其脆弱性，极大地限制了印度海军的能力。③

连接太平洋和大西洋的印度洋海上航道的重要性日益凸显，亚洲经济蓬勃发展导致其能源需求日益增长，印度洋地区也随之成为国际安全中的热点。全世界四分之三的海上贸易都要通过印度洋，40%的近海石油产自印度洋。④ 然而印度洋地区的不稳定性日益明显。保罗 (Joshy M. Paul) 在《印度洋呈现出的安全架构：印度的政策选择》中指出，与美国在亚洲的军事影响力下降相伴生的是中国日益崛起为一个亚洲大国，这可能导致中国在亚洲海域的扩张。印度洋地区缺乏一个主导性的地区大国，美国可能从该地区撤退，这些都会导致其他大国为争夺主导地位而展开竞争。保罗

---

① Gurpreet S. Khurana, "The Maritime Dimension of India's Energy Security," *Strategic Analysis*, Vol. 31, No. 4, July 2007.

② 在2015年颁布的文件中，印度的海洋利益区大为扩展。原来的一些次要利益区成为首要利益区（非洲东海岸以及澳大利亚西北部）；而原来利益区范围之外的区域也成为印度新扩展的次要利益区（非洲西海岸、地中海、澳大利亚沿岸及西太平洋地区）。详见 Gurpreet S. Khurana, "India's Maritime Strategy: Context and Subtext," *Maritime Affairs*, Vol. 13, No. 1, 2017, p. 15。

③ Gurpreet S. Khurana, "India's Maritime Strategy: Context and Subtext," *Maritime Affairs*, Vol. 13, No. 1, 2017.

④ Joshy M. Paul, "Emerging Security Architecture in the Indian Ocean Region: Policy Options for India," *Maritime Affairs*, Vol. 7, No. 1, Summer 2011, p. 30.

进而指出，这一情形下印度的作用显得尤为重要。为了避免在印度洋地区出现任何形式的大国对抗，确保印度洋航线的安全与地区和平稳定，印度必须成为本地区值得信赖的大国，通过增强各种类型的多边架构、进行地区安全合作来成为印度洋地区安全机制的推动力量。①

与保罗强调印度的重要性不同，米什拉更多地强调印度洋地区的安全机制，譬如"环印度洋联盟"和"印度洋海军论坛"。米什拉认为印度洋地区的安全环境有其独特性和动态性。地理条件、社会文化规范、经济—商业动态、管理模式及认知方面的差异加剧了地区安全环境的复杂性。要在该地区形成"双赢"局面，各方就必须摆脱"零和"思维，在现有安全结构的基础上应对各方面挑战。② 戈帕尔（Prakash Gopal）则把目光投向了范围更加宽广的印太地区。在"印太地区的海洋安全：美国及其盟国的作用"一文中，戈帕尔指出，美国及其盟国（日本、澳大利亚）在印太地区的安全供给方面发挥了重要的作用，但在当前阶段，这种以美国为中心的同盟体系应超越意识形态因素，演化成拥有共同利益及共同安全关切的地区性集团。③

三、特色研究

一直以来，与中国有关的各个方面特别是中国的海洋战略、印度洋战略、"珍珠链战略"、"21世纪海上丝绸之路"、解放军海军现代化及海外护航行动、中国海军的远洋投射能力、中国能源安全等问题都得到国家海洋基金会的重点关注。通过对中国的政策进行全方位的考察，基金会研究人员试图勾勒中国战略的完整画卷并揭示其对印影响。

（一）中国海军现代化及其战略目标

国家海洋基金会中国组研究员阿耆尼霍奇（Kamlesh Kumar Agnihotri）

---

① Joshy M. Paul, "Emerging Security Architecture in the Indian Ocean Region: Policy Options for India," *Maritime Affairs*, Vol. 7, No. 1, Summer 2011.

② Raghavendra Mishra, "Managing Strategic Security Transactions in the Indian Ocean Region: Moving Away From Zero-Sum Lens," *Maritime Affairs*, Vol. 10, No. 1, Summer 2014.

③ Prakash Gopal, "Maritime Security in the Indo-Pacific: The Role of the US and its Allies," *Maritime Affairs*, Vol. 13, No. 1, 2017.

对中国海军现代化的动因、中国海军的战略目标、中国海军对印度洋地区稳定的影响做了详尽分析。他的"中国海军现代化、在印度洋地区的战略扩展及其对地区稳定的可能影响"一文认为，中国在过去十多年一直积极进行海军能力建设，中国海军的目标是增强其战略延伸能力及海上防卫能力，为此需实现海军硬件及基础设施的现代化、更新作战理论及战术与作战流程、建立与之相匹配的人才队伍。中国庞大的国防预算强有力地支撑了其海军现代化，中国经济持续多年的两位数增长为中国的国防事业提供了巨大的资金支持。2010 年中国官方公布的国防预算为 779 亿美元，比上一年增长 7.5 个百分点，占 GDP 的 1.4%。从 1990 年起，中国官方公布的国防预算一直保持两位数增长，仅 2010 年例外。1996 年的中印国防预算大致持平，但到 2010 年中国国防预算已大致相当于印度的 2.2 倍。[①] 阿耆尼霍奇认为推动中国海军现代化进程的 3 个重要因素是：台湾海峡可能发生冲突；应对在太平洋地区优势显著的美国海军日益加大的威胁；希望建设"蓝水舰队"以保卫中国通过印度洋和南海的海上交通线。最后这一要素驱使中国海军寻求在印度洋地区的永久性存在。中国海军的现有能力可能还无法实现这一抱负，但中国正迅速获得这一能力，从而对印度洋地区的未来稳定构成挑战。作者称，对这一即将到来的事态保持清醒的认知，有助于维护更大层面的国际社会的利益。[②]

阿耆尼霍奇在"中国海军的战略方向：能力和意图评估"一文中又指出，中国的"积极防御"军事战略和"新时期积极防御的战略方针"的重点是加强军事能力，应对多种安全威胁，完成多样化的军事任务。为实现这一目标，中国海军一直寻求提升其战略影响力并实现真正的"力量投射"。中国海军正致力于从传统的近海防御力量转变成"蓝水海军"。在不久的将来，中国海军将建设航母战斗群以发展远洋投送能力，接受"反介入概念"（anti-access）以应对美国对台湾事务的干预，更多地强调军事行动而非战争。为此，印度必须充分了解中国海军的面貌、将来的意图以及

[①] Kamlesh Kumar Agnihotri, "Strategic Direction of the PLA Navy: Capability and Intent Assessment," *Maritime Affairs*, Vol. 6, No. 1, Summer 2010, p. 81.

[②] Kamlesh Kumar Agnihotri, "Modernisation of the Chinese Navy, its Strategic Expansion into the Indian Ocean Region and Likely Impact on the Regional Stability," *Maritime Affairs*, Vol. 7, No. 1, Summer 2011.

在印度洋地区的战略关切，据此制定相应计划。[①]

作者认为中国海军制定了"三步走"的战略目标：第一步是在2010年为海军的发展奠定坚实基础，这一阶段的目标是在太平洋"第一岛链"内（黄海、东海、南海）建立一支"蓝水海军"；第二步预计在2020年取得重大进展，目标是在本世纪20年代中叶冲破"第二岛链"；第三步是在本世纪中叶实现打赢"信息化"条件下战争的战略目标，建立一支真正意义上的"蓝水海军"，冲破"第三岛链"。为实现这一目标，中国海军努力提升近海联合行动、战略威慑和战略反击能力，逐步发展国际远洋合作以应对非传统安全挑战。

阿耆尼霍奇认为，中国海军为发展远洋投射能力正大力推进航母建设计划，这为中国海军航空兵的发展提供了新的机遇。他认为，在现有技术能力及海上基础设施条件下，中国海军有能力在2020年之前实现在南海和东海的兵力投送；但在尚无完备的军事基地，不能提供必要的后勤保障及飞机、船舶维护的情况下，中国海军要通过航母来实现兵力投送仍然是很困难的。中国至少要到2030年才能在印度洋地区实现远洋兵力投送。[②]

可以说，国家海洋基金会对中国海军现代化的研究虽不无启发，但仍有很多偏颇甚至错误之处，信息不足、立场缰化等因素都大大削弱了这些研究的可信度。

（二）中国的能源安全

《海洋事务》杂志2010年第2期刊登的"能源安全在中国外交政策中所扮演的角色：一种海洋视角"一文，分析了能源安全对中国外交政策的影响。该文认为能源（特别是石油和天然气）正日益成为中国外交和安全政策的战略组成部分。中国在2010年的石油对外依赖程度为50%，到2030年将上升到78%，而中国石油进口的80%都来自西亚和非洲。[③] 中国的能源通道经过马六甲海峡和印度洋地区，中方由此面临日益严峻的安全

[①] Kamlesh Kumar Agnihotri, "Strategic Direction of the PLA Navy: Capability and Intent Assessment," *Maritime Affairs*, Vol. 6, No. 1, Summer 2010.

[②] Kamlesh Kumar Agnihotri, "China's Naval Aviation and its Prospective Role in Blue Water Capabilities of the PLA Navy," *Maritime Affairs*, Vol. 6, No. 2, Winter 2010.

[③] Gurpreet S. Khurana, "China's Maritime Strategy and India: Consonance and Discord," *Maritime Affairs*, Vol. 7, No. 2, Winter 2011, p. 53.

问题。在霍尔木兹海峡、马六甲海峡、非洲之角，中国均面临种种安全困境。为此中国高度重视海上运输线的安全，采取外交和军事相结合的手段来实现这一安全目标。[1]

（三）中国的海洋战略

基金会执行主任库拉纳全面分析了中国的海洋战略及其对印度洋的影响。"作为印度洋大国的中国：趋势及影响"一文指出，近年来中国在印度洋地区的政治外交、经济接触日益明显，中国海军在该地区的活动也愈加频繁。该文对中国在印度洋的活动进行了全面评估，不仅分析了中国成为印度洋大国的趋势，还分析了形成这一趋势的内在要素。[2] 库拉纳认为，这些要素包括中国的经济、战略与地缘政治目标以及国家战略（包括海洋军事战略），并指出中国成为印度洋大国的战略目标的两大驱动要素是经济和地缘政治。这种经济必要性根源于中国坚定不移地增强其综合国力的努力。然而，中国在地理上的劣势限制了这一目标的实现。第一，中国大部分地区位于内陆，离经济活跃的海洋较远。第二，尽管中国的海岸线漫长，但这些海岸远离世界资源要地即西亚和非洲。更糟糕的是，中国通往资源要地的海上航线要经过极不安定的印度洋海上战略要冲；印度洋地区的新兴市场也远离中国的港口。这种地理劣势由此成为中国的战略弱点。中国在印度洋地区的地缘政治必要性与经济必要性密切相关，因为经济上的巨大利益能带来地缘政治上的影响力。与此同时，美国的"亚太再平衡"战略加剧了中国的地缘劣势。美国从经济、地缘政治、军事战略三个维度遏制中国，作为对美国"亚太再平衡"战略的回应，中国开始推行其"西进"战略。

库拉纳认为中国国家战略的主要内容是：通过缅甸、巴基斯坦的油气管道项目以及"孟中印缅经济走廊"寻求进入北印度洋的出海口；通过"21世纪海上丝绸之路"倡议增强与印度洋地区国家的经济及战略联系；通过向印度洋地区国家出口国防军事装备来巩固与地区国家的军事安全联系；通过在印度洋地区推行包容性的安全多边主义来提升自身影响力；通

---

[1] Joshy M. Paul, "The Role of Energy Security in China's Foreign Policy: A Maritime Perspective," *Maritime Affairs*, Vol. 6, No. 2, Winter 2010.

[2] Gurpreet S. Khurana, "China as an Indian Ocean Power: Trends And Implications," *Maritime Affairs*, Vol. 12, No. 1, Summer 2016.

过"管理"自身与印度洋其他域外大国的关系来实现国家战略目标。[1] 他认为，中国在印度洋地区的海洋军事战略令人困惑：一方面，中方宣称在该地区没有海洋（军事）战略，"海丝路"倡议也没有提及海洋安全问题；另一方面，中国海军实际上又在开展各种远洋行动以维护对其至关重要的海上交通线安全。就更具体的中国海洋军事战略而言，库拉纳认为其主要内容是：运用"非战争军事行动"（MOOTW）来保护"战略性的海上交通线"；从强调近海防御到强调海洋控制和力量投射以保护中国的海外利益；试图通过"战略前置"（strategic prepositioning，在印度洋地区建立军事基地）来提升中国海军的补给能力。[2]

据库拉纳分析，中国为实现上述战略目标将采取以下措施：中方极有可能向印度洋水域派遣核潜艇以推行其"惩戒威慑"战略，可能建立印度洋舰队，可能在印度洋地区发展一种混合模式的基地。[3] 尽管中国显示出了促进印度洋地区安全和稳定的意愿与能力，但其国家战略目标日益扩展，必然与其他大多数强国产生分歧。这将对印度洋地区的安全稳定产生不利影响。这里要指出的是，尽管作者力图全面分析问题，也不乏值得重视的观点，但仍然难以采取分清是非曲直的态度来看待中国的海权发展，这是令人遗憾的。

小结

上文的梳理表明，基金会研究人员普遍高度关注中国海军在印度洋地区的战略存在，即便在论述印美关系和印日关系之时，也会不自觉地关注这种双边关系对中国的制衡作用。由此不难推断，对中国急遽增长的军事力量的所谓"忧虑"在印度学界是较为普遍的。这种想法在一定程度上倒也不足为奇：印度既是中国的邻国，又与中国存在领土纠纷，对中国庞大的经济体量、坚定的军事现代化决心以及中国海军进入印度洋的意图感到焦虑，其实并不令人感到意外。更何况，对印方很多研究人员来说，与守

---

[1] Gurpreet S. Khurana, "China as an Indian Ocean Power: Trends And Implications," *Maritime Affairs*, Vol. 12, No. 1, Summer 2016, pp. 14–16.

[2] Gurpreet S. Khurana, "China as an Indian Ocean Power: Trends And Implications," *Maritime Affairs*, Vol. 12, No. 1, Summer 2016, pp. 17–18.

[3] 这种基地是和平时期的访问设施和海上基地，而非一种完全成熟的军事基地。

成大国美国相比，新崛起的中国的战略意图更不确定，更加令其"忧心忡忡"。印度关注中国这一主要邻国的经济增速、国防开支乃至军事现代化本身倒也无可厚非，但隔着喜马拉雅山并代入强烈主观情绪的观察，难免有雾里看花之嫌。要判断一国的行为，不仅要关注其能力，也要关注其意图。尽管准确判断一国的意图相当困难，但对力图准确了解外国行为的专业研究人员来说，这是一条舍此无他的必由之路。以国家海洋基金会为代表的印度海洋问题研究人员，在这方面恐怕还有很长的路要走。

和平与冲突研究所

和平与冲突研究所（Institute of Peace and Conflict Studies，英文简称 IPCS）成立于 1996 年，20 多年来以其独立的研究和分析形成了独特的研究风格和突出特点，成为印度安全与外交领域的重要智库。

一、机构概况

和平与冲突研究所成立于 1996 年，由印度高级文官 P. R. 查利（P. R. Chari）和原印军少将班纳吉（Dipankar Banerjee）联合创立。和平与冲突研究所不隶属任何机构，坚持以独立自由的分析态度进行和平与安全方面的研究。

和平与冲突研究所成立后一直是南亚地区的主要智库，在对外政策、国家安全等领域影响力颇大。研究所重点关注国家安全、核问题和地区冲突等，涉及与南亚有关的各种传统与非传统安全问题，包括核与核扩散、大规模杀伤性武器、恐怖主义、安全部门改革、地区武装冲突与和平进程等。研究所特别关注印度国内安全，集中体现在对克什米尔问题和"纳萨尔运动"的研究之上，在对外政策方面则集中研究中印关系、印度同南亚其他国家的关系以及印度与东南亚国家的关系。

研究所与其他机构以及前军政官员、外交界人士、战略规划者、学者、媒体人士等密切互动。2016 年 8 月，和平与冲突研究所在建所 20 周年系列活动中邀请阿富汗前总统哈米德·卡尔扎伊（Hamid Karzai）做"区域大国博弈和阿富汗极端主义势力的增长"专题讲座，获得广泛关注。

研究所人员包括理事会成员 8 人，主力研究人员 13 人，访问研究员

24人，另有数量不等的访问教授、专栏作者等。研究人员不仅在本所的学术平台发表观点，还积极利用印度国内外主流媒体发声，在战略界影响较大。理事会由主席（President）阿尔文·辛格·兰巴（Arvinder Singh Lamba）领衔。兰巴曾任印度陆军副参谋长，对国内外安全环境有全面认知，在战略规划和构想方面经验丰富，曾参与1971年第三次印巴战争及多起紧急情况的处理。理事会成员还有查图尔维迪（Atul Chaturvedi）、班纳吉（Rana Banerji）、杜拉特（AS Dulat）、杰弗里·哈默（Jeffrey Hammer）、哈斯奈（Syed Ata Hasnain）、雷努卡·穆图（Renuka Muttoo）、阮瑞山（TCA Rangachari）、瓦伦·萨尼（Varun Sahni）、萨曼塔（KPD Samanta）等，均系在学术界有较高声誉的安全与外交专家。退休大使萨尔曼·海德尔（Salman Haidar）是和平与冲突研究所的赞助人（Patron）。海德尔曾任印度外交秘书、驻英国高级专员、驻华大使等职，退休后主要从事印度与南亚国家和英联邦国家的外交关系研究，其活动大大提高了研究所的声誉。

正式研究人员以所长（Director）鲁希·纽埃格（Ruhee Neog）为首，分为访问教授（Visiting Professor）、高级研究员（Senior Fellow）、研究员（Research Fellow）、助理研究员（Assistant Research Fellow）和实习生（ResearchIntern）等。鲁希·纽埃格是研究所所长，同时也是核安全研究项目组主任（Programme Director），主要研究核政治和核战略，特别是有关中国、印度、伊朗、巴基斯坦和朝鲜的核问题研究。研究所主要成员还包括研究所副所长兼内部安全与地区安全研究中心主任拉杰什瓦尔·克里希纳穆尔蒂（Rajeshwari Krishnamurthy）、高级研究员普拉莫德·贾斯瓦尔（Pramod Jaiswal）、高级研究员密特拉（Abhijit Iyer-Mitra）、东南亚研究项目组主任乔杜里（Angshuman Choudhury），以及研究员乔哈尔（Husanjot Chahal）、普利亚达什（Prerana Priyadarshi）、夏尔玛（Sarral Sharma）、维尔巴克尔（Derek Verbakel）、纳萨雷特（Kimberley Anne Nazareth）、马希什瓦里（Garima Maheshwari）、巴拉德瓦杰（Tapan Bharadwaj）等。这些人员是和平与冲突研究所的主力研究人员，主要负责研究所的日常研究工作。

该所还有来自全球各国的杰出研究员（Distinguished Fellow）和客座研究员（Visiting Fellow）不定期参与其工作，如核问题研究专家、杰出研究员乌代·巴斯卡尔（Uday Bhaskar），中国问题研究专家、杰出研究员拉纳德（Jayadeva Ranade）等均在印度国内外重要媒体频繁发声，是扩大和平与冲突研究所影响力的骨干力量。

和平与冲突研究所最初关注本地区的非军事安全问题。1998年的印巴核试验及2001年的"9·11"事件改变了南亚的安全局势,研究所的研究重心也发生了变化,现在的研究重点划分为军事与非军事安全威胁等两大方面,研究项目按照5个下属机构分别展开:分别是核安全研究项目组（Nuclear Security Programme, NSP）、东南亚研究项目组（Southeast Asia Research Programme, SEARP）、中国研究项目组（China Research Programme, CRP）、内部安全与地区安全中心（Centre for Internal and Regional Security, IReS）、南亚武装冲突研究项目组（Programme on Armed Conflicts in South Asia, ACSA）等。[1]

（一）核安全研究项目组（NSP）

这是和平与冲突研究所历史最为悠久的研究分支,主要研究大规模杀伤性武器,包括核武器、化学武器、生物武器和放射性武器。这也使研究所成为南亚唯一研究大规模杀伤性武器所有问题的智库。[2] 项目组与"减少核威胁倡议"组织（Nuclear Threat Initiative）联系密切,[3] 后者经常给予项目组资金支持。项目组还定期同学者、防务部门人员、退休官员和高级战略研究人员会谈,多次举行三边的中印巴"二轨"对话。项目组出版《南亚核问题》（Nuclear South Asia）季刊,刊发印度国内外有关南亚核问题的论文及对全球重要核问题会议的报道。

（二）东南亚研究项目组（SEARP）

项目组致力于促进印度的东南亚研究,描绘印度—东南亚国家关系的本质和动态,着重研究双方所关心的政治、经济和安全问题。[4] 项目组定期出版《东南亚》（Southeast Asia）季刊,内容涵盖与东南亚国家有关的文

---

[1] 以上信息主要参考和平与冲突研究所官网（http://www.ipcs.org/）。

[2] Portia B. Conrad, "Contents of Nuclear South Asia July-September 2013," Nuclear South Asia, Vol. 3, No. 3, July-September 2013, p. 2.

[3] "减少核威胁倡议"组织是2001年由美国前参议员萨姆·那恩（Sam Nunn）和慈善家泰德·特纳（Ted Turner）建立的无党派、非盈利的非政府组织,致力于防止大规模杀伤性武器的扩散,在国际防止核扩散领域有较大影响力。

[4] Nayantara Shaunik, "Second Annual Conference," Inside Southeast Asia, March 2013, p. 2.

章。多次举行全国性学术会议，着重分析东南亚国家的热点问题和最新动态，关注各种挑战因素，影响力较大。

(三) 中国研究项目组 (CRP)

项目组主要研究中国的经济、政治与社会，涉及边界争端、"孟中印缅经济走廊"等，重点关注中国与印度和其他邻国间的军事互信机制，研究领域包括从双边导弹与武器裁减协定到外太空和高技术研究的各种战略问题。研究所和项目组经常与中国的研究机构举办学术会议，如 2013 年研究所与中方伙伴在北京举办会议，议题涵盖了海上巡航、亚洲国家的战略联系等，成果由印度的五角出版社（Pentagon Press）于 2013 年出版。项目组与麦克阿瑟基金会（The MacArthur Foundation）、钦奈中国研究中心（Chennai Centre for China Studies）、德里大学东亚研究系和尼赫鲁大学东亚研究中心等均有密切合作。

(四) 内部安全与地区安全研究中心 (IReS)

内部安全和地区安全研究中心成立于 2012 年 3 月 2 日，在研究所的第六届武装冲突学术会议上由时任印度国家安全顾问梅农（Shivshanker Menon）揭牌成立。内部安全与地区安全研究中心致力于研究地区转型，为印度更好地适应转型提供政策建议。中心组织学术界、决策者、国际组织和年轻学者就本地区所面临的传统和非传统安全问题展开对话。中心出版《南亚+》（South Asia Plus）季刊，主要对本季度相关大事进行评论，刊登书评及会议报告等。

(五) 南亚武装冲突研究项目组 (ACSA)

项目组在阿登纳基金会（Konrad Adenauer Stiftung）支持下就南亚武装冲突开展研究，主要目的是观察并分析其发展趋势并给出政策建议。项目组多次举行全国性年会，其组织的第六届南亚武装冲突年度会议邀请到时任国家安全顾问出席并讲话。项目组自 2008 年起开始出版南亚武装冲突的年度研究报告。相比其他 4 个项目组或中心，南亚武装冲突研究项目组的影响力较为有限，有些研究工作甚至一度中断。

研究所多次组织由战略界人士参加的"二轨"对话，议题涵盖核安全、印巴关系与阿富汗、水安全等，在相关领域有较大影响力。研究所还与境外享有声誉的智库机构如布鲁金斯学会（Brookings Institution）、美国桑迪亚国家实验室（Sandia National Lab）、（英国）国际战略研究所（International Institute for Strategic Studies）和阿登纳基金会等有合作关系。

研究所还在国际与地区智库合作中扮演重要角色。和平与冲突研究所是南亚智库联盟（Consortium of South Asian Think Tanks）创始成员机构，后者是南亚首屈一指的智库联盟。研究所还积极参与了由北美、西亚、中亚和南亚优秀智库参加的战略研究联盟（Strategic Studies Network）、亚洲跨国威胁研究委员会（Council for Asian Transnational Threat Research）、德国—印度—巴西—南非（GIBSA）智库合作机制，以完善自己的研究思路，扩展研究视野，增强国际影响力。

作为不隶属于任何组织的独立研究机构，和平与冲突研究所的经费来源较为多元，既有政府财政，也有私人机构赞助。研究所曾接受印度外交部、印控克什米尔政府、"减少核威胁倡议"基金会、阿登纳基金会、麦克阿瑟基金会、韩国国际交流财团（The Korea Foundation）、日本国际交流基金会（The Japan Foundation）、福特基金会（The Ford Foundation）、犁头基金会（Ploughshares）等的资金支持。[1] 多元的财政支持渠道保证了和平与冲突研究所不隶属于任何一方利益集团，保持了较独立的研究思路。

尽管和平与冲突研究所一直重视体制建设，但由于种种原因，研究所的国际地位相比之前已下降不少。美国宾夕法尼亚大学的智库与民间团体项目（Think Tanks and Civil Societies Program）自2008年起每年出版全球智库报告。最新一期的2016版报告显示，和平与冲突研究所在中印日韩四国智库中排名第47位，同为印度智库的辩喜国际基金会（Vivekananda International Foundation）排名第42位，印度三军研究所（United Service Institution of India）排名第55位，中方则有中国金融40人论坛（China Finance 40 Forum）排行第48位，九鼎公共事务研究所（Cathay Institute for Public Affairs）排名第41位，盘古智库（Pangoal Institute）排行第57位。[2] 在2016年全球对外政策与国际事务智库排名中，和平与冲突研究所排行第80位，高于排行第105位的中国人民大学重阳金融研究院（Chongyang Institute for Financial Studies）和排行第109位的察哈尔学会（Charhar Institute），低于排行第66位的瑞典国际事务研究所（Swedish Institute of Interna-

---

[1] 以上信息主要参考和平与冲突研究所官网（http://www.ipcs.org/）。
[2] James G. McGann, *2016 Global Go to Think Tank Index Report*, January 26, 2017, pp. 60 - 61.

tional Affairs）。[1]

上述排名情况似乎还不错，但与更早的排名对比，其地位明显下降了。在 2012 年报告之中，和平与冲突研究所在中印日韩四国智库中排名第 24 位[2]；而 2014 年研究所在中印日韩四国智库排名中已滑落到第 43 位。[3] 研究所 2014 年在全球对外政策与国际事务类别的智库排名第 72 位[4]，到 2016 年则跌至第 80 位。[5] 两相对照可知，研究所自从 2012 年之后一直处于衰落的状态，这与优秀研究人员的"流失"有直接关系。

二、主要研究

和平与冲突研究所在克什米尔问题、"纳萨尔运动"、军备问题、印度与东南亚国家关系、印度与其他南亚国家关系等问题上的观点颇有代表性。

（一）克什米尔问题

克什米尔问题不仅是印度的国内问题，也与邻邦巴基斯坦息息相关。在分析近年来克什米尔问题恶化的原因时，杰出研究员普拉卡什·南达（Prakash Nanda）认为克什米尔媒体发布了误导性宣传，使得当地人尤其是年轻人强烈不满，直接导致克什米尔动乱事件增加。[6] 多数研究人员主张综合运用政治经济手段来缓解克什米尔局势，不赞成单纯动用武力。南达认为，虽然莫迪政府提倡发展旅游业来减少恐怖主义，但旅游业极易受外部环境影响，至今成效不大。[7] 研究人员阿肖克·班（Ashok Bhan）认

---

[1] James G. McGann, *2016 Global Go to Think Tank Index Report*, January 26, 2017, pp. 85 – 86.

[2] James G. McGann, *2012 Global Go to Think Tank Index Reports*, January 28, 2012, p. 57.

[3] James G. McGann, *2014 Global Go to Think Tank Index Reports*, March 1, 2015, p. 79.

[4] James G. McGann, *2014 Global Go to Think Tank Index Reports*, March 1, 2015, p. 99.

[5] James G. McGann, *2016 Global Go to Think Tank Index Reports*, January 26, 2017, pp. 85 – 86.

[6] Prakash Nanda, "Unrest in Kashmir is Caused by Propaganda and Falsifications by the Elites of the Valley," *First Post*, August 24, 2016, http://www.firstpost.com/india/unrest-in-kashmir-is-caused-by-propaganda-and-falsifications-by-the-elites-of-the-valley – 2974526.html（2017 年 8 月 17 日）.

[7] Prakash Nanda, "PM Narendra Modi's Call to Swap Terrorism for Tourism in Kashmir is Necessary, but not Enough," *First Post*, April 3, 2017, http://www.firstpost.com/politics/pm-narendra-modis-call-to-swap-terrorism-for-tourism-in-kashmir-is-necessary-but-not-enough – 3365640.html（2017 年 8 月 17 日）.

为，要逆转现状就要在政治上做出改变，建议印度政府警惕中巴关系发展，同时要避免克什米尔的过度"印度教化"，保持温和姿态，逐渐推动政治转型，最终改变当前动荡形势。① 研究所不少人认为当局的现行克什米尔政策并不成功，要想逆转当前的不利情形就要学习瓦杰帕伊政府的政策。研究所理事会成员赛义德·阿塔·哈斯奈（Syed Ata Hasnain）更建议学习拉奥政府和瓦杰帕伊政府的理念，将地缘政治和地缘战略思维相结合，确立查谟—克什米尔—拉达克的总体规划。② 理事会成员杜拉特曾担任瓦杰帕伊政府的克什米尔地区顾问，他认为莫迪政府背离了瓦杰帕伊政府温和的克什米尔政策，导致当前局势不稳，故主张通过政治途径召开包括克区各利益相关方的多方会谈来解决当前的动荡局势。③

（二）"纳萨尔运动"

印度国内的"纳萨尔运动"（又称"毛主义运动"）已成为其国内重大安全挑战之一。在"纳萨尔运动"何以迄今不能根治的问题上，访问研究员杰德·利—亨利（Jed Lea-Henry）认为，"纳萨尔运动"泛滥的深层因素是经济原因，经济发展未能压缩"红色走廊"的原因很多：首先是经济发展成果未能惠及普通大众，民众的基本生活水平没有明显改善；其次是快速的经济增长反而使贫苦大众更直观地认识到与富人的差距。④ 在对"纳萨尔运动"是革命势力还是恐怖主义的定性上，研究所大多数研究人员倾向于后者。2013 年 5 月 25 日，纳萨尔分子在恰蒂斯加尔邦苏克马地区伏击国大党车队，导致包括该邦国大党组织主席卡尔玛（Mahendra Kar-

---

① Ashok Bhan, "Kashmir Calls for Course Correction," *Greater Kashmir*, February 28, 2017, http://www.greaterkashmir.com/news/opinion/kashmir-calls-for-course-correction/242447.html（2017 年 8 月 19 日）.

② Syed Ata Hasnain, "J&K: How Lessons from Past can Power Future," *The Tribune*, January 13, 2017, http://www.tribuneindia.com/news/comment/j-k-how-lessons-from-past-can-power-future/349564.html（2017 年 8 月 20 日）.

③ Ajoy Ashirwad Mahaprashasta, "The Only Answer to Kashmir is Dialogue, Not Aggression, Says Former RAW Chief," *The Wire*, August 27, 2016, http://thewire.in/61970/kashmir-dulat-interview/（2017 年 9 月 1 日）.

④ Jed Lea-Henry, "LWE and the Role of Economic Development and Key Industries," *IPCS-Naxalite Violence Articles*, March 22, 2016, http://www.ipcs.org/article/naxalite-violence/lwe-and-the-role-of-economic-development-and-key-industries-5005.html（2017 年 8 月 13 日）.

ma) 在内的 28 人死亡，32 人重伤。杰出研究员南达在苏克马袭击发生后撰文抨击纳萨尔分子是恐怖分子，说他们自称代表穷人却痛恨发展，声称反腐败却通过各种手段掌握大量财富来购买军火，表示反对恐怖主义却与多个恐怖组织有往来，还不断发动恐怖袭击，伤及无辜平民。① 研究员迪帕克·库尔马·纳雅克（Deepak Kumar Nayak）将纳萨尔分子称为"印度内部安全的最大威胁"，认为后者一度与国外组织如巴基斯坦三军情报局、尼泊尔毛主义者、斯里兰卡的泰米尔猛虎解放组织等保持联系，接受资金、武器、武装人员的培训等程度不等的"援助"。②

就解决方案而言，理事会成员哈斯奈认为有关部门应完善具体策略，增加安全部门在处置紧急状况时的应变能力。③ 研究人员塞内雅·阿里夫（Saneya Arif）分析了恰尔肯德邦治理纳萨尔问题的成功经验，认为其有效措施包括：确保部落区的经济发展惠及人民；重视警察队伍的现代化建设，增强打击毛主义者的力量，注意协同行动；加强情报收集工作。④ 客座研究员比布·普拉萨德·若特雷（Bibhu Prasad Routray）认为既要加强军事手段，还要注意在收复区进行经济建设，减少贫穷，从根本上消除纳萨尔分子兴起的土壤。⑤

（三）军备问题

对于核武器和各种军备问题的研究一直是和平与冲突研究所的一大重点。部分研究人员认为，随着印度核力量的增长，印度的核政策也应做出

---

① Prakash Nanda, "Sukma Attack: Maoists are Political Terrorists Who Kill and Disregard Constitution, Democracy," *First Post*, April 25, 2017, http://www.firstpost.com/india/sukma-attack-maoists-are-political-terrorists-who-kill-and-disregard-constitution-democracy-3403268.html（2017 年 8 月 13 日）.

② Deepak Kumar Nayak, "Naxals' Foreign Links," *Geopolitics*, September 2013, pp. 60-62.

③ Syed Ata Hasnain, "Sukma's Lessons: A Lot Needs to Change," *The Asian Age*, April 28, 2017, http://www.asianage.com/opinion/oped/280417/sukmas-lessons-a-lot-needs-to-change.html（2017 年 8 月 15 日）.

④ Saneya Arif, "Combating Maoism: Lessons from Jharkhand," *IPCS-Naxalite Violence Articles*, July 24, 2014, http://www.ipcs.org/article/naxalite-violence/combating-maoism-lessons-from-jharkhand-4575.html（2017 年 8 月 13 日）.

⑤ Bibhu Prasad Routray, "Achievements against Naxals: Real and the Imagined," *The New Indian Express*, January 20, 2013, http://www.newindianexpress.com/magazine/voices/2013/jan/20/achievements-against-naxals-real-and-the-imagined-444552.html（2017 年 8 月 16 日）.

调整。杰出研究员 R. 拉贾拉曼（R. Rajaraman）认为，印度应积极加入《全面禁止核试验条约》，这样既可以为印度赢得更广阔的外交空间，也可为其加入核供应国集团创造条件。① 研究教授 P. R. 查利认为，欧美和苏联在历史上向非国家组织或国家提供核材料的所作所为，曾置世界于极其危险的地步，故倡导印度积极履行"核安全"承诺，做到言行一致，树立负责任国家的形象。② 杰出研究员乌代·巴斯卡尔（Uday Bhaskar）在 2016 年末"烈火-5"型洲际导弹成功试射后表示，印度已拥有与中美俄英法 5 国比肩的远程核打击能力，但这并不阻碍其与中国发展关系。③ 杰出研究员拉贾拉曼称巴基斯坦 2014 年拥有了"纳斯尔"（NASR）战术核武器，以应付印度可能开展的"常规战争"，印度则安装了反导系统，削弱了巴的"核威慑"能力。他认为双方应达成共识，缓和核竞争。④ 巴斯卡尔指出，"核恐怖"的确维持了国家之间尤其是大国间的和平，但随着"核扩散"愈演愈烈，核武器的"维和"作用逐步降低，核武器的实战使用其实并非毫无可能。⑤

和平与冲突研究所的主流观点认为，印度距真正的强国还有一段距离。巴斯卡尔特别指出，尽管莫迪政府雄心勃勃地宣布要实现军备制造本土化，但其实际操作却非常困难，过去的军工生产经验表明印度在武器自主研发方面能力还很薄弱，"装备本土化"说起来容易做起来难。⑥

---

① R Rajaraman, "It Is Time India Signs the Nuclear Test Ban Treaty," *The Wire*, January 6, 2017, https：//thewire. in/94539/india-nuclear-test-ban-treaty/ （2017 年 8 月 9 日）.

② P. R. Chari, "Defining India's Role in Nuclear Summit," *The Tribune*, March 17, 2014, http：//www. tribuneindia. com/2014/20140317/edit. htm#5 （2017 年 8 月 11 日）.

③ Uday Bhaskar, "Agni V Missile Launch Won't Hamper India's Relationship with China," *The Quint*, December 26, 2016, https：//www. thequint. com/voices/opinion/agni-v-missile-launch-wont-hamper-indias-relationship-china-donald-trump-pakistan-nuclear-capability-abdul-kalam （2017 年 8 月 11 日）.

④ R. Rajaraman, "Battlefield Weapons and Missile Defense: Worrisome Developments in Nuclear South Asia," *Bulletin of the Atomic Scientists*, Vol. 70（2），2014, pp. 68 – 74.

⑤ Uday Bhaskar, "Hiroshima, 70 Years after: Nuclear Weapons haven't been Used the Last Seven Decades, Our Luck could Run out Next Decade," *The Times of India*, August 6, 2015, https：//blogs. timesofindia. indiatimes. com/toi-edit-page/hiroshima-70-years-after-nuclear-weapons-havent-been-used-the-last-seven-decades-our-luck-could-run-out-next-decade/ （2017 年 8 月 14 日）.

⑥ Uday Bhaskar, "Make in India Defence Programme: Easier Said than Done," *South Asia Monitor*, July 6, 2016, http：//southasiamonitor. org/detail. php? type = sl&nid = 18038 （2017 年 8 月 17 日）.

（四）印度与东南亚国家关系

自20世纪90年代起，印度就开始提倡"东向"政策，东南亚地区长期在印度外交政策中占据重要地位。缅甸是印度通往东南亚的"陆上桥梁"，其重要性不言而喻。和平与冲突研究所前所长D. 苏巴·钱德拉（D. Suba Chandran）认为，缅甸的局势稳定符合印度利益，印度应利用"环孟加拉湾多领域经济技术合作倡议"和"昆明倡议"等合作框架，加强以印度东北部为核心的经济合作，这不仅有利于缅甸经济，也有助于印度推动新"东向"政策。[①] 研究所同样关注南海问题。杰出研究员拉纳德（Jayadeva Ranade）认为，南海问题使中国与东盟部分国家的关系变得"僵硬"，"反华"情绪在越南等国弥漫，印度可利用这一机会与东盟国家巩固关系，力图实践其"东向"政策，[②] 泰国作为东南亚的重要国家得到印度的战略性重视。研究人员阿帕卢帕·巴塔查吉（Aparupa Bhattacherjee）认为印度的"东向"政策和泰国的"西向"政策完美契合，两国在打击跨国犯罪、贸易合作、解决缅甸问题等领域有较大的合作空间，印度也将泰国视为自身通向东南亚的大门，印泰关系可称为印度—东盟关系的敲门砖，理应得到更大关注。[③]

（五）印度与其他南亚国家的关系

和平与冲突研究所高度关注印度与邻国的关系，从宏观的外交战略到针对一国的具体外交政策都有程度不等的研究。

印度外交战略是研究所的一大关注焦点。和平与冲突研究所前所长钱德拉认为，美国的"亚太再平衡"、中国崛起、东南亚和东亚国家在世界

[①] D. Suba Chandran, "India's objectives in Myanmar: Time for a regional approach," *The Tribune*, February 26, 2013, http://www.tribuneindia.com/2013/20130226/edit.htm#4（2017年8月26日）.

[②] Jayadeva Ranade, "China shadow over Modi's Vietnam visit," *Rediff.com*, August 30, 2016, http://www.rediff.com/news/column/china-shadow-over-modis-vietnam-visit/20160830.htm（2017年8月24日）.

[③] Aparupa Bhattacherjee, "India and Thailand: Bilateral Trajectory after the Indian Prime Minister's Visit," *IPCS-India & The World Articles*, June 16, 2013, http://www.ipcs.org/article/india-the-world/india-and-thailand-bilateral-trajectory-after-the-indian-prime-ministers-3993.html（2017年8月22日）.

经济中地位增强等因素，都推动印度重新调整其"东向"政策，将其扩大为"印太"政策。他认为韩日澳及东盟某些国家可成为印度"印太"政策的"支点"，印度也可加强孟缅与印东北部的融合并开辟陆上通道。他特别强调，"印太"政策执行成功的必要条件是加强印度的海军建设，确保对印度洋的绝对控制。① 钱德拉高度评价阿富汗和斯里兰卡在其西亚和东南亚发展计划中的枢纽作用，认为阿富汗政治稳定不仅有利于地区局势，还可保障土库曼斯坦—阿富汗—巴基斯坦—印度油气管道的通畅，对印度的能源安全至关重要。② 研究员洛马纳·哈克尔（Roomana Hukil）认为不丹的民主化进程不断向前推进，最近的选举没有受到国外因素干扰，印度乐于看到这种现象。③ 以上研究都是偏于乐观的方面。另一些研究对印度的邻国政策提出质疑。客座研究员若特雷认为新德里的马尔代夫政策"略显幼稚"，印度应重视对马政策，不应固步自封，"不争论"和"积极参与"才是正确的对马政策。④ 钱德拉则指出，由于成员国之间的龃龉，南亚区域合作联盟已然失败，好在斯里兰卡和尼泊尔已走出战乱，印度、阿富汗、巴基斯坦的国内安全形势也有不同程度的积极发展。他呼吁南亚国家忘记不愉快的历史，保持希望，团结协作，为"共同的未来"而努力。⑤

三、特色研究

中国与印度互为邻邦，命运相连，关系复杂。和平与冲突研究所非常重视对中国问题的研究，其具体工作涵盖了"一带一路"、中国政治经济

---

① D. Suba Chandran, "Indian pivot towards Asia-Pacific: From Look East to Indo-Pacific," *The Tribune*, March 9, 2013, http://www.tribuneindia.com/2013/20130309/edit.htm#4（2017 年 8 月 24 日）.

② Suba Chandran, "Why is Afghanistan important to India?" *The Friday Times*, January 24, 2014, http://www.thefridaytimes.com/tft/why-is-afghanistan-important-to-india/（2017 年 8 月 20 日）.

③ Roomana Hukil, "Democracy is the Winner in Bhutan," *Geopolitics*, September 2013, p. 70.

④ Bibhu Prasad Routray, "India needs to engage with Maldives, not detach itself," *The New Indian Express*, February 3, 2013, http://www.newindianexpress.com/magazine/voices/2013/feb/03/india-needs-to-engage-with-maldives-not-detach-itself-446931.html（2017 年 8 月 16 日）.

⑤ D. Suba Chandran, "A common future," *The Friday Times*, October 4, 2013, http://www.thefridaytimes.com/beta3/tft/article.php?issue=20130927&page=9c（2017 年 7 月 15 日）.

军事与外交、中印双边关系等。

(一)"一带一路"

研究所对中国"一带一路"倡议的研究主要集中于"21世纪海上丝绸之路"尤其是其印度洋部分。特约作者阿南德·库马尔（Anand Kumar）认为印度对"一带一路"需持辩证态度：印度应欢迎"孟中印缅经济走廊"建设，因为这有助于孟加拉国的经济发展，可减轻对印度的移民压力和极端主义威胁；但印方不能接受经过吉尔吉特—巴尔蒂斯坦的"中巴经济走廊"；也不能排除印度将来加入"一带一路"的可能。① 在分析印度尚未加入"一带一路"的原因时，杰出研究员谢刚（Srikanth Kondapalli）表示，除了对"中巴经济走廊"的顾虑外，更重要的是中国近年来在南亚地区影响力扩大（如与斯里兰卡达成海上共识、向巴基斯坦出售潜艇等），使印度受到了地缘政治压力，这才是印度不参加"一带一路"的根本原因。②

研究人员提醒印方警惕中国在印度洋岛国的外交行动，建议印度针锋相对，维持对南亚小国的压倒性控制力。如谢刚就对中国与马尔代夫相互走近深表担忧，认为这是中国"珍珠链"策略的一大步骤。③ 研究人员罗什尼·托马斯（Roshni Thomas）则认为中国在斯里兰卡"积极进取"，扩建科伦坡港、承担"莲花塔"项目、海军船只在科伦坡停靠补给等，都是影响力扩大的有力表现。他极力主张印度"迎头赶上"，加大在斯投资力度并巩固印斯关系。④ 研究所专栏作者维贾伊·萨胡贾（Vijay Sakhuja）认

---

① Anand Kumar, "China's Belt and Road Initiative: Should India be Concerned?" *IPCS-China Articles*, December 14, 2016, http://www.ipcs.org/article/china/chinas-belt-and-road-initiative-should-india-be-concerned-5204.html（2017年8月11日）.

② Srikanth Kondapalli, "Why India is not part of the Belt and Road Initiative summit," *The Indian Express*, May 15, 2017, http://indianexpress.com/article/opinion/why-india-is-not-part-of-the-belt-and-road-initiative-summit-4656150/（2017年8月11日）.

③ Srikanth Kondapalli, "Maritime Silk Road: Increasing Chinese Inroads into the Maldives," *IPCS-China Articles*, November 13, 2014, http://www.ipcs.org/article/china/maritime-silk-road-increasing-chinese-inroads-into-the-maldives-4735.html（2017年8月9日）.

④ Roshni Thomas, "China-Sri Lanka: Maritime Infrastructure and India's Security," *IPCS-China Articles*, May 18, 2015, http://www.ipcs.org/article/china/indian-ocean-region-china-sri-lanka-maritime-infrastructure-and-indias-4874.html（2017年7月13日）.

为印度无法在印度洋的海上竞争中与中国匹敌，主张印度在考虑"21世纪海上丝绸之路"倡议时采取审慎态度。[1]

特约作者查图尔维迪（Rajeev Ranjan Chaturvedy）认为"21世纪海上丝绸之路"计划发端于古代中国推崇和平的哲学思维，致力于改善中国与东南亚、南亚、西亚甚至非洲之间的连通性，从而改善中国的地缘政治状况。但中国体量巨大，很容易造成小国的"信任赤字"，故中国需要多站在小国的立场上考虑问题，缓解信任赤字。[2] 平心而论，这种观点倒也不无可借鉴之处。

（二）中国政治经济军事与外交

杰出研究员拉纳德认为，中共十八届三中全会进一步推动经济自由化改革，中国将全面深化经济改革，在关键经济领域继续放松政府管控，处理好经济结构性矛盾，避免经济"硬着陆"。[3] 十八大以来，中国在反腐方面成绩显著，拉纳德高度评价了中国在反腐方面的有效手段及丰硕成果。[4] 拉纳德认为，中国国内的恐怖主义势力正在滋长，境内的分离势力比以前有所强化，"东突"势力与境外的"乌兹别克伊斯兰运动"等极端主义势力关系紧密，仿效"基地"组织和"伊斯兰国"在瓦济里斯坦建立了训练营，对中国反恐构成的压力越来越大。[5]

研究所高度关注中国的军事改革，认为中国近来的军改主要包括两方面。第一个方面是组织形式上的改变，传统的七大军区合并为五大战区是

---

[1] Vijay Sakhuja, "Maritime Silk Road: Can India Leverage It?" *IPCS-China Articles*, September 1, 2014, http://www.ipcs.org/article/china/maritime-matters-maritime-silk-road-can-india-leverage-it-4635.html（2017年7月1日）.

[2] Rajeev Ranjan Chaturvedy, "Decoding China's Silk Diplomacy at Sea," *IPCS-China Articles*, December 11, 2014, http://www.ipcs.org/article/china/maritime-silk-route-decoding-chinas-silk-diplomacy-at-sea-4771.html（2017年7月5日）.

[3] Jayadeva Ranade, "CCP's Third Party Plenum important for economic reforms," *Hindustan Times*, November 11, 2013, http://www.hindustantimes.com/india/ccp-s-third-party-plenum-important-for-economic-reforms/story-KGakEwizTTTMJDGP2n1QBI.html（2017年7月7日）.

[4] Jayadeva Ranade, "China ahead of India in austerity and anti-graft drive," *Sunday Guardian Live*, January 8, 2017, http://www.sundayguardianlive.com/news/7947-china-ahead-india-austerity-and-anti-graft-drive（2017年7月6日）.

[5] Jayadeva Ranade, "China's Islamic terror problem," *Rediff.com*, October 5, 2015, http://www.rediff.com/news/column/chinas-islamic-terror-problem/20151005.htm（2017年7月19日）.

解放军历史上最大手笔的改革，将优化解放军的规模，增强其在高科技信息化战争中的能力。① 拉纳德认为，从2017年1月中旬开始，中国进一步重视军队高层的年轻化、专业化建设，目的是增强中国的现代化国防能力，巩固保卫海洋安全的能力。② 第二个方面是军队反腐问题。拉纳德认为中方加强了对解放军的纪律监督，监察范围扩大到军队，有力遏制了军中腐败。③

在中东方向，杰出研究员拉纳德认为中东是"一带一路"倡议的关键枢纽，在中东增强影响力会加强中国的国际影响，而且有助于美国接受中国所提倡的"新型大国关系"。④ 在南亚方向，拉纳德认为中尼关系活跃，合作涉及军事安全领域、基础设施建设领域、边境互联互通等，令印度感受到压力。⑤ 有人甚至认为中尼关系的快速发展已影响到尼印关系，一定程度上改变了南亚的地缘态势。⑥ 在评价中国的印度洋战略时，研究员塔潘·巴拉德瓦杰（Tapan Bharadwaj）认为当前中国的印度洋战略主要包括两部分：一是在具有战略意义的地区建设港口，二是将具有军事价值的港口用做中国海军的"前进基地"。⑦ 在中美关系上，研究员查利分析了近年

---

① Jayadeva Ranade, "Xi Jinping and China's Major Military Reforms," *The New Indian Express*, October 29, 2015, http://www.newindianexpress.com/opinions/2015/oct/29/Xi-Jinping-and-Chinas-Major-Military-Reforms-835915.html（2017年7月23日）.

② Jayadeva Ranade, "China's new admirals: What it means for the world," *Rediff.com*, February 1, 2017, http://www.rediff.com/news/column/chinas-new-admirals-what-it-means-for-the-world/20170201.htm（2017年7月23日）.

③ Jayadeva Ranade, "Xi Jinping draws army into breath-restricting embrace," *The Sunday Guardian*, June 6, 2015, http://www.sunday-guardian.com/investigation/xi-jinping-draws-army-into-breath-restricting-embrace（2017年7月22日）.

④ Jayadeva Ranade, "China's strategic push in the Middle East," *Rediff.com*, January 19, 2016, http://www.rediff.com/news/column/chinas-strategic-push-in-the-middle-east/20160119.htm（2017年7月6日）.

⑤ Jayadeva Ranade, "China's Nepal Gambit," *The New Indian Express*, November 5, 2014, http://www.newindianexpress.com/opinions/2014/nov/05/China%E2%80%99s-Nepal-Gambit-678839.html（2017年7月12日）.

⑥ Jayadeva Ranade, "Chinese Tilt to Indo-Nepal Axis," *The New Indian Express*, February 18, 2014, http://www.newindianexpress.com/opinions/2014/feb/18/Chinese-Tilt-to-Indo-Nepal-Axis-576887.html#.Uw-M0Cfm SyCE（2017年7月8日）.

⑦ Tapan Bharadwaj, "China's Indian Ocean Strategy," *IPCS-China Articles*, September 6, 2017, http://www.ipcs.org/article/china/chinas-indian-ocean-strategy-5356.html（2017年7月8日）.

来中美各自的外交政策并结合英德争霸导致世界大战的历史经验，对中美"新型大国关系"表现出悲观态度，认为中美之间的"修昔底德陷阱"无法避免。① 研究员纳拉亚尼·巴苏（Narayani Basu）则认为中国的非洲政策主要是"资源外交"和基础设施建设先行，近来美国增加在撒哈拉以南非洲的投资，与中国的非洲政策出现重叠，非洲国家将乐于借此待价而沽，将自身利益最大化。② 北极地区能源储量丰富，随着北极冰层的融化，这一地区的战略地位日渐上升。中国作为非北极圈国家，于2014年5月取得了北极理事会的观察员国地位，和平与冲突研究所的巴苏认为，这是中国争夺北极圈势力范围的具体表现，应长期关注。③ 这是要强调的是，研究所完全从现实主义视角思考问题，其研究貌似全面，观点却是偏颇的。

（三）中印双边关系

研究所对中印关系极为关注。颇为矛盾的是，很多研究人员一方面对中国的战略意图很不信任，另一方面又期待中国在一些问题上采取符合印度利益的立场。

近年来的中印关系相比21世纪前10年有所下降，杰出研究员巴斯卡尔认为原因在于中国否决印度加入核供应国集团，在安理会否决将马苏德·阿扎尔（Masood Azhar）列入"恐怖分子名单"。④ 中印双方的"信任赤字"依然非常严重，即使在2017年1月中国发布的《中国的亚太安全合作政策》白皮书中提及印度多达15次，但杰出研究员谢刚还是对中国的"意图"深表疑虑，建议印度政府对中国的战略意图采取谨慎态度。⑤

---

① P. R. Chari, "Sino-American ties: Avoiding the Thucydides trap," *The Tribune*, May 1, 2014, http://www.tribuneindia.com/2014/20140501/edit.htm#8（2017年7月21日）.

② Narayani Basu, "Obama steps into China's African shadow," *Asia Times*, June 28, 2013, http://www.atimes.com/atimes/World/WOR-03-280613.html（2017年7月14日）.

③ Narayani Basu, "China and the Arctic: Breaking the Ice," *Foreign Journal Policy*, May 18, 2013, https://www.foreignpolicyjournal.com/2013/05/18/china-and-the-arctic-breaking-the-ice/（2017年7月21日）.

④ C. Uday Bhaskar, "India-China ties: A 'strategic' gulf," *South Asia Monitor*, February 28, 2017, http://southasiamonitor.org/news/india-china-ties-a-strategic-gulf/inthenews/22334（2017年7月16日）.

⑤ Srikanth Kondapalli, "How India must play new round of Chinese checkers," *Rediff.com*, January 23, 2017, http://www.rediff.com/news/column/chinas-olive-branch-what-india-must-do/20170123.htm（2017年7月16日）.

但是，很多人又希望中国在某些领域发挥作用，做出符合印方利益的改变。比如说印方不少人期待中国在巴基斯坦问题上发挥作用，帮助印度减轻安全压力，如杰出研究员巴斯卡尔在巴基斯坦试射"巴布尔—3"潜射导弹后表示中国应对巴施加影响，缓解南亚军备竞赛。[1]

尽管如此，研究所专家普遍认识到作为拥核的两个发展中大国，中印和平相处对于人类的命运至关重要。正是在这一背景下，谢刚才会表示，中印之间的地缘政治矛盾、美国因素、中印的内外问题等，都将成为中印关系发展的重要变量，两国必须在冲突发生之前，对这些核心问题进行广泛深入的探讨，避免发生意外。[2] 的确，鉴于中印关系对两国、亚洲和世界的重要意义，两国理应积极交流，共建和谐、稳定的双边关系。

小结

以上的简短讨论说明，在20多年的发展历程中，和平与冲突研究所专注于内部安全、核问题和地区形势等方面的研究，成绩突出，影响颇大。无论是专著的出版、研究论文的发表，还是多方对话的举行，亦或研究项目的开展，和平与冲突研究所都表现得较为出色。此外，研究所特别注重对新一代战略研究者和规划者的培养，研究所体系健全、成效卓著的实习生制度已培养出一批安全与外交领域的研究人才。但是，研究所虽然一直注重体制建设和人才培养，近些年来却存在资深研究员老化、优秀研究人才流失、年轻研究人员磨砺不足等发展"阵痛"，直接导致其发展乏力、排名下降，总体实力倒退。如何在新的形势下妥善解决上述问题，继续深入发挥自身的研究优势，克服发展瓶颈，实现可持续发展，不断扩大影响，这是和平与冲突研究所全体人员亟需解决的一大难题。

---

[1] Uday Bhaskar, "The Indian Ocean waters will get roiled by Babur 3," *Economic Times*, January 11, 2017, https：//blogs. economictimes. indiatimes. com/et-commentary/the-indian-ocean-waters-will-get-roiled-by-babur-3/（2017年7月8日）.

[2] Srikanth Kondapalli, "India-China Relations: Need for Intensive Dialogue on Core Issues," *Indian Foreign Affairs Journal*, Vol. 11, No. 1, January-March 2016, p. 8.

梵门阁

梵门阁（印度全球关系委员会）（Gateway House: Indian Council on Global Relations，英文简称为 Gateway House，本部分简称为"梵门阁"）是以推动印度商业和外交政策交流，影响印度和世界各国外交政策为目标的独立外交政策研究智库。经过8年发展，梵门阁已取得较大成就并成为印度最具影响力的智库之一。梵门阁的学术研究主要集中于地缘政治、地缘经济和外交政策分析等8个领域，值得充分关注。

一、机构概况

梵门阁于2009年成立于孟买，自我定位是一家无党派、非营利、会员制的独立外交政策智库，致力于从事理性的学术研究。梵门阁成立的目的是充当印度商业和外交政策之间的交汇点，使印度顶尖企业与个人能够参与印度的外交政策讨论，推动针对印度在全球事务中的角色的研究。梵门阁的学术研究主要集中于地缘政治、地缘经济、外交政策分析、双边关系、民主与民族建设、国家安全、种族冲突及恐怖主义、科技与创新、能源和环境等8个研究领域。

梵门阁目前由其创始人克里帕拉尼（Manjeet Kripalani）担任执行主任（Executive Director）。她新闻工作经验丰富，曾担任史蒂夫·福布斯（Steve Forbes）1996年第一次竞选美国总统时的副新闻秘书，以及独立候选人桑亚尔（Meera Sanyal）参加印度人民院竞选的新闻秘书，一度在美国对外关系委员会的爱德华·罗默出版社工作。这一工作经历激励克里帕拉尼创建了梵门阁，这一定程度上正是效仿美国对外关系委员会并以其为指导的。梵门阁主任（Director）目前由另一位创始人狄奥（Neelam Deo）担任。狄奥是杰出的外交家，曾担任印度驻丹麦、科特迪瓦和泰国等多国大使或领事。梵门阁高级创始成员还包括马亨德拉集团（Mahindra Group）、苏司兰能源公司（Suzlon Energy）、TVS 汽车有限公司（TVS Motor Co. Ltd.）等企业的负责人和知名教育家与企业管理专家帕伊（T. V. Mohandas Pai）及"股神"贾杰洪瓦拉（Rakesh Jhunjhunwala）。

梵门阁认为世界正处于历史的关键节点，在展现巨大机遇的同时也面临着艰巨挑战，原有的政治、经济和安全秩序已不符合当代世界的需求，因而发生震荡，新秩序正在形成。印度同样处于历史的关键点，其在新世界秩序中的地位正在重塑，随时准备在全球化和国际事务中发挥变革作用，所以成立梵门阁这一关注商务活动及其对外交政策影响的智库是十分必要的。

与印度大多数外交政策智库迥然不同的是，梵门阁选择以孟买而非新德里作为总部所在地，这对梵门阁的定位和目标使命有特殊意义。梵门阁认为孟买是印度最国际化、与外部世界有历史联系的大都市，置于变革之中的全球化、恐怖主义、能源、创新、民族建设和新地缘经济等构成的国际矩阵的中心，是印度企业、金融、媒体、艺术和科技等各领域领导者的所在地。孟买是印度与外部世界交流的门户，智库设立在孟买象征着梵门阁致力于成为印度商业与新德里乃至全世界交流的平台，并借此对印度和全世界的外交政策发挥影响。

梵门阁成立至今不到 10 年，与国防分析研究所、观察家研究基金会和辩喜国际基金会等智库相比资历尚浅，尚有不成熟之处。但它在 8 年间已取得很大发展，成为印度最具影响力的智库之一，受到各界人士的广泛赞誉，如中国驻孟买总领事郑曦原评价道："梵门阁年轻但世界著名，正在成为印度和国外国际关系研究领域的新星，我相信它一定会对中印双边关系的发展做出更多的贡献。"[1] 在美国宾夕法尼亚大学智库研究项目（TTCSP）发布的《全球智库报告 2016》中，梵门阁在全球（除美国）150 家顶级智库排名中位列第 130 名，在中印日韩 90 家顶级智库中排第 26 名，并被列入该报告的"顶级外交政策和国家事务智库""最独立智库""拥有

---

[1] Gateway House，http：//www.gatewayhouse.in/testimonials/（2017 年 10 月 14 日）。

最好的外部关系、公共参与项目的智库"等多个分类排名。①

梵门阁的组织机构主要包括执行委员会和咨询委员会，由拥有商业和外交领域双重背景的人士组成。梵门阁还与印度顶尖企业、外交家、外国驻印领事馆及其他智库等建立了工作联系。现有工作人员主要包括执委会4人以及包括网站助理、编辑和办公室行政人员在内的20人，研究人员则有34名梵门阁专家和53名外部专家，工作人员和研究人员有部分重合。需要强调的是，梵门阁大多数专家有商业背景或曾在印度外交部门和大学任职。梵门阁的运营资金主要来自捐助。

梵门阁主要通过3种渠道对印度的外交政策施加影响。一是该机构的综合性网站（http：//www. gatewayhouse. in/）。网站建于2010年8月，不仅全面介绍梵门阁的基本情况（包括人员构成、任务目标、研究领域等），更积极发布智库人员的研究成果和报告，公布梵门阁举办或参加的各项活动，及时提供印度外交政策和国际事务的相关信息。二是会议和论坛。梵门阁通过举办论坛会议，将本机构成员、知名学者、全球领导人、杰出思想家、外交家、行政官员及企业人员齐聚一堂，促使他们就印度的外交政策进行辩论，以此影响全世界的外交政策制定者和领导人。梵门阁专家也参加国内外重要会议和智库活动，表达意见，参与讨论，影响政策。三是刊物。梵门阁拥有自己的出版物《梵门阁季刊》和《印度门对话报告》以及《孟买—上海姐妹城市协议：挑战与机遇》等会议报告。《季刊》创刊于2011年，定期刊登梵门阁专家及外部学者关于地缘政治、地缘经济、科技创新的研究成果。

梵门阁高度重视智库会议。该机构与印度外交部共同举办的"印度门对话：地缘政治与商业相互交汇"（The Gateway of India Dialogue：Where Geopolitics Meets Business）会议，以印度独特背景下的地缘政治和地缘经济为主题，每年举行一次。印度政府对"印度门对话"寄予厚望，希望它成为"达沃斯和麦纳麦的复合体"，即集经济和政治讨论于一体的国际论坛。② 会议重点讨论经济外交和企业参与对印度战略和商业利益的作用。

---

① 宾夕法尼亚大学智库研究项目（TTCSP）：《全球智库报告2016》2017年1月26日，http：//repository. upenn. edu/cgi/viewcontent. cgi？article = 1011&context = think_tanks（2017年8月3日）。

② 刘宗义："瑞辛纳对话：消弭还是彰显地缘政治分歧？"，《世界知识》2017年第4期，第34页。

2016年6月13—14日召开的第一届"印度门对话"有包括4名部长在内的7位高官参加，来自20个国家的220名代表出席，来自15个国家的41位专家就"亚洲一体化创新""人才全球化和劳动力流动""网络安全和恐怖主义"等议题进行小组讨论。会议取得巨大成功，获印度和全球700多家媒体的广泛报道。2017年2月召开的第二届"印度门对话"规模更大，得到了印度外交国务部长辛格（V. K. Singh）、内政国务部长里吉朱（Kiren Rijiju）和斯里兰卡外交部副部长席尔瓦（Harsha Silva）等人的高度赞誉。会议期间，梵门阁还同德国基尔世界经济研究所（Kiel Institute for the World Economy）共同主持了二十国集团（G20）智库会议。第三届会议将于2018年3月12—13日举办。每次会后梵门阁都会编辑出版会议报告，发布发言内容及会议成果等。

梵门阁自2015年起还连续3年在二十国集团峰会期间主持二十国智库孟买会议（T20 Mumbai），邀请研究国际经济治理和外交与经济政策的智库专家、商界领导和印度及二十国集团成员的政府官员到孟买就相关议题展开讨论。对梵门阁而言，这些会议是持续关注地缘经济、国际经济关系和全球金融架构的成果。

二、主要研究

梵门阁重点研究前文提到的8个领域，研究成果体现了梵门阁及其专家对地缘政治、地缘经济、外交政策的持续关注。

（一）地缘政治和国家安全

地缘政治和国家安全是梵门阁学术研究的重要领域，关注点主要是印度在南亚和国际社会中的地位与影响。梵门阁专家的基本共识是，随着印度经济、文化和政治实力的不断上升，印度应该在区域和国际秩序中扮演更重要角色，发挥更大作用。在印度的地缘政治考虑中，中国占据了重要地位，这不仅因为中国是其强大邻国，更因为中国实力不断上升以及边界等问题的影响。因此，梵门阁学者及该机构网站刊登的文章普遍反映出将中国视为地缘政治和区域经济挑战者或竞争对手的倾向。

梵门阁专家在政治、军事和安全等方面对中国存有较深疑虑，认为中印在全球市场、商品和能源、边界和跨境河流、南亚地区影响力等领域存在竞争并可能继续增强。中国近几年在南亚地区不断扩大的投资和基础设施建设，以及中国和巴基斯坦、尼泊尔、孟加拉国等南亚国家的良好互动似乎加深了印度的焦虑。梵门阁专家由此主张印度积极发展与美国、日本、韩国和澳大利亚等国的关系特别是安全协作，建议印度加强与除巴基斯坦外的其他南亚国家的关系，抵消中国在南亚逐渐增长的影响力，以免中国成功构筑对印"包围圈"。

这种思路自然表现在具体的研究成果之中。即使在2014年中印两国领导人互访、中印关系取得良好进展之时，梵门阁高级客座研究员威利斯—威尔斯（Tim Willasey-Wilsey）仍认为中印关系难以取得更好发展。他认为将习莫会谈看作中印关系回归20世纪50年代"中印是兄弟"（Hindi-Chini bhai bhai）状态的想法是不现实的。他从地缘政治角度来分析中国重新调整中印关系的举动，认为中国担心莫迪政府与日本达成战略同盟并靠向美国，进而形成对华战略包围；又说在1962年中印边界战争、两国领土争端和中国重大基建项目对印形成安全"风险"等因素的影响下，中国进行区域再平衡的机遇已经丧失了。[①] 梵门阁主任狄奥认为中国在南亚的基础设施项目与投资不断增加，与巴基斯坦、孟加拉国和斯里兰卡等国的经济关系不断加深，将不可避免地转化成对南亚国家的政治影响。她将此称为"基建政治"（infrastructure politics）。鉴于印度难以抵消中国对这些国家的经济吸引力，狄奥对中国在南亚不断增长的经济影响是否会减弱印度的地区影响表示担忧，建议印度通过扩大教育和文化交流来促进与南亚周边国家的民间交流，以此寻求另一种"平衡"。[②]

梵门阁也关注巴基斯坦国内政治形势及其对印影响，以及南亚、中亚和东南亚和非洲地区与国家的发展，对其政治、经济、地缘价值等开展研究，借此探讨印度应如何开展外交，发展友好关系。梵门阁学者对印度与中亚和东南亚国家发展关系态度积极，"印度的亚洲战略走廊"一文集中体现了这一思路。文章认为，印度历史上就处在联通各大地区的关键位置。在当今亚洲经济复苏的背景下，日印中韩以及东盟再次成为世界增长的中心，亚洲国家正在建立新联系并恢复旧有联系，印度应成为亚洲重新整合并重建这些伟大联系的一大枢纽，应与中亚、西亚、东非、东南亚、

---

① Tim Willasey-Wilsey, "The elusive Chinese rebalance to India," 5 December 2014, http://www.gatewayhouse.in/the-elusive-chinese-rebalance-to-india/（2017年9月20日）.

② Neelam Deo, "An Indian democracy template for SAARC?" 2 March 2015, http://www.gatewayhouse.in/saarc-vacillating-between-india-and-china/（2019年9月20日）.

东亚和南亚周边等6个战略地区建立多重联系，六大走廊将使印度再次成为经济活动的中心。走廊建设虽面临艰巨挑战，仍具有可行性。①

对印度和各国的外交政策施加影响是梵门阁的重要目的，外交政策也是梵门阁的重要研究领域，其中既包括针对印度的政策分析和建议，也包括对国际热点问题和其他国家外交政策的分析。梵门阁学者对美国大选、朝核问题、二十国集团峰会和金砖国家峰会等国际热点问题进行了广泛研究，分析了这些事件对印度的影响，以及印度在这些国际事件中的角色与作用等。其研究成果既涉及印度对欧盟、海湾以及非洲国家和地区政策的分析与建议，也包括对重要战略盟友美国和日本的战略与政策研究。随着地缘政治形势的改变以及印度外交政策重心向东南亚和东亚地区转移，梵门阁对这些地区及印方政策的研究同样逐渐增多，对"东向"政策的研究尤为突出。

（二）地缘经济

梵门阁的经济研究既包括对印度国内经济发展和经济政策的分析，也有对区域经济和国际经济形势的研究。梵门阁的已有研究成果认为，印度在经济领域正把注意力转向中东、东南亚和非洲，力图加强与这些地区和国家的经济合作，同时进一步巩固与南亚周边国家的经济联系，将推动南亚区域一体化作为其在地缘经济领域的努力方向。

对中东国家政治、经济和社会等各方面的研究在梵门阁的地缘经济研究中占据了很大比例，这表明印度对中东地区的重视程度正在不断上升。加强与中东国家的经济合作不仅可为印度开拓新的商品市场，更重要的是有助于满足印度伴随经济和社会发展而不断扩大的能源需求。印度加强对中东地区和海湾国家的关注与其"西联"政策（Link West Policy）是密切相关的。继辛格政府提出"西向"政策（Look West Policy）之后，总理莫迪将其深化为"西联"政策并积极推进，取得了较大突破。但与中东和海湾国家的合作受到地区和国家安全环境，尤其是政局不稳和恐怖主义的直接影响，因此印度需要在关注这些国家内外政治环境的同时与其加强接

---

① Gateway House, "Asia's Strategic Corridors to India," 11 July 2013, http://www.gatewayhouse.in/asias-strategic-corridors-to-india/（2017年9月20日）.

触,保证印度的安全和利益。①

印度与东盟国家加强经济联系可达成双重目的,一方面可进一步巩固资源获取和产品市场份额,更重要的是可通过更紧密的经济合作来推动印度与这些国家的战略与安全合作,助推其"东向"政策。前印度大使萨简哈尔(Ashok Sajjanhar)高度评价印度的"东向"政策,他认为该政策由单纯的"东向"(Look East)转向"东向作为"(Act East)对恢复并促进印度与东盟国家之间的经济合作有重要意义。②

如何进一步加强与南亚周边国家的经济合作也是梵门阁关注的重点。印度是南亚大国,一直在南亚政治经济秩序中占据主导地位。在当前的中国与南亚国家合作加深的背景下,印度似乎认为有必要更加积极地发展与南亚国家的经济联系,并借此抵消中国逐渐上升的影响力。梵门阁专家认为印度与其他南亚国家深化经贸合作的潜力巨大,可在投资、能源、金融和教育等诸多领域开展合作,随着印度国内向高技术和高附加值商品生产转型,印度也会为周边国家创造更多机会。南亚区域一体化的推进会促进印度和周边国家的经济发展,而一体化的推进需要改善地区基础设施和商业环境,减少贸易制裁和贸易壁垒。③

与梵门阁对印度在国际格局中的定位相一致的是,其学者认为,在世界历史交流中具有关键地位的印度必须成为亚洲重新整合的一大要素,并成为亚洲经济活动的中心。该智库对印度与中亚、西亚、东非、东南亚、东亚以及印度周边等6个战略地区的多边联系,以及印度对不同地区的外交政策进行了研究,于2013年7月提出了"通向印度的亚洲战略走廊"(Asia's Strategy Corridors to India)的构想,即通过对这六大区域的外交政策来促进六大走廊建设,促进印度经济增长,使印度再次成为亚洲经济活动的中心。④

---

① Kanwal Sibal, "Revisting India's 'Link West' policy," 25 January 2017, http://www.gatewayhouse.in/revisiting-indias-link-west-policy/ (2017年10月12日).

② Ashok Sajjanhar, "India's Act East Policy so far and beyond," 12 May 2016, http://www.gatewayhouse.in/indias-act-east-policy-far-beyond/ (2017年10月14日).

③ Anoop Singh, "Diversifying India's trade destinations," 4 April 2017, http://www.gatewayhouse.in/diversifying-indias-trade-destinations/ (2017年10月11日).

④ Gateway House, "Asia's Strategic Coridors to India," 11 July 2013, http://www.gatewayhouse.in/asias-strategic-corridors-to-india/ (2017年10月14日).

（三）网络安全、能源安全与"蓝色经济"

除地缘政治、地缘经济和外交政策分析之外，梵门阁也对能源与环境、科技与创新有研究。进入21世纪之后，各国所面临的安全环境发生了重大变化，非传统安全越来越成为安全研究的重要领域，梵门阁也紧跟这一趋势，关注印度太空技术、太空开发、网络空间安全、能源安全、环境安全等问题。这里重点讨论其对网络、能源与环境安全的研究。总的来说，梵门阁研究人员普遍认为随着计算机网络的普及，尤其是政府网络办公不断增多，政府信息安全以及国家安全所面临的网络威胁也日益加剧，亟需加强网络安全防护。高级研究员帕塔克（Aditya Phatak）在洞朗对峙期间发表文章，一厢情愿地认为印度的网络空间安全受到来自中国的"威胁"。他对比了中印两国的网络安全状况，主张印度政府和私营部门合作，培养大量信息技术专业人才，自主研发软件和技术，改善印度脆弱的网络安全现状。[1]

作为发展中大国，印度在环境保护和气候变化方面受到国际社会的诟病。随着经济社会的进步，印度的能源需求也在不断增多，在油气资源获取方面存在"缺口大、自给少、对外依存度高且进口来源单一"[2]的问题，面临油气价格波动、供应不稳定、"亚洲溢价"等能源安全隐患。因此，印度在维护和改善能源安全方面，除了开发传统能源并扩大海外油气资源获取以外，也在风能、水能和太阳能等新能源领域投入了一定精力。梵门阁对印度的能源状况和可再生能源开发进行了研究，认为印度有开发可再生能源的能力，应做出更多努力。这可为印度带来多重好处，首先是可满足印度日益增长的能源需求，其次是使用清洁能源有利于改变印度在全球环境问题中的不利形象，再次是可与周边邻国开展能源外交。此外，印度在可再生能源开发领域还可与其他国家和国际组织开展合作。[3]

如何在保护环境的同时实现经济的可持续发展也是梵门阁的关注重点

---

[1] Aditya Phatak, "Doklam: time for urgent cyber upgrade," 3 August 2017, http://www.gatewayhouse.in/doklam-cyber-upgrade/（2017年10月14日）.

[2] 冯乃康、李杨："'一带一路'倡议下中印能源合作前景浅析"，《当代世界》2015年第11期，第50页。

[3] Amit Bhandari, "Choosing wind over water?" 3 May 2017, http://www.gatewayhouse.in/choosing-wind-over-water/（2017年10月11日）.

之一。梵门阁学者近期关注较多的热点问题是"蓝色经济"。他们认为"蓝色经济"前景广阔，适合印度等沿海国家的经济发展需求，印度政府首先应制定发展"蓝色经济"的国家计划，对相关产业提供政策支持，协调好各利益相关者的相互关系，还要注重国际合作、地缘政治和安全状况等多种因素的相互关系。梵门阁外交政策研究员巴蒂亚（Rajiv Bhatia）建议成立由官员、专家、企业及民间领袖组成的"印度蓝色经济论坛"（Indian Forum on Blue Economy，IFBE），帮助设定未来10年的"蓝色经济"发展计划。[1] 执行主任克里帕拉尼对近几年印度"蓝色经济"的发展状况进行了分析，强调了创新在"蓝色经济"发展中的重要性。[2]

三、特色研究

梵门阁注重地缘政治和地缘经济研究，以印度的外交政策为重点。中国在印度的地缘政治和经济格局中占有重要地位，一直是印度外交战略的一大重心。随着中国国力和国际影响日渐上升，印度对中国的重视程度也愈发上升，印度与美国、日本、东盟国家等加深对话协作的背后总是不可避免地有中国因素。与此相应，梵门阁对中国的政治、经济、外交、社会和科技等各方面都保持了较大关注。

（一）中印双边关系

梵门阁对中印双边关系的观点可一分为二：在政治、军事和安全方面将中国视为竞争者或对手；但在经济领域认为中印存在广阔的经贸合作空间，尽管在能源与商品市场方面仍有竞争。

印度很多人认为，从地缘政治视角和所谓的1962年"战争"对其造成的"伤害"出发，期待印度在短期内与中国在战略和安全上形成紧密而友好的关系是不现实的。梵门阁基本认同这种观点，强调中印之间是竞争性的安全关系。梵门阁网站2010年10月刊登一篇文章，认为随着实力的上升，中国在中印边界争端中显得更为自信，印度必须在战略和行动上做

---

[1] Rajiv Bhatia, "'Blue Diplomacy' to boost Blue Economy," 17 January 2017, http://www.gatewayhouse.in/blue-diplomacy-to-boost-blue-economy/（2017年9月20日）。

[2] Manjeet Kripalani, "Innovation's role in the Blue Economy," 6 September 2017, http://www.gatewayhouse.in/blue-economy-in-taiwan/（2017年9月20日）。

出回应。具体而言就是将印度快速增长的经济同南亚邻国联系起来，开启下一阶段"东向"政策，加强与东南亚国家的合作，与新加坡、越南和印度尼西亚加强军事与战略合作。作者认为印度一方面要与东亚国家及美国合作并对冲中国崛起的影响，同时也必须在北部边界保持对华强硬威慑，要对中国的军事现代化和边境基础设施建设做出回应，高度重视中国在印度洋地区日渐增加的海军驻泊行动。[1] 这种"冲突论""对抗论"对中印关系没有建设性影响，其在梵门阁等智库中的广泛影响令人忧虑。

中印政治和安全关系绝非两国关系的全部。中印是比邻而居的两个亚洲发展中大国，两国发展和平友好的双边关系无疑是一种双赢局面。梵门阁不少研究人员对中印经济发展进行研究之后也普遍认为两国经贸合作前景广阔，潜力巨大。一份研究报告分析了两国的劳动力供求状况，认为中印有巨大的合作空间，预测两国的合作在未来10年会有爆发性增长。这一研究认为，中国的劳动力群体已转变为大量具有较高消费需求的消费者群体。目前中国的劳动力平均年龄为37岁，而印度拥有大量平均年龄23岁的劳动力，只有印度可稳定地为中国提供大量廉价产品。短期来说，中国比以前更加需要印度，问题的关键是要让中国认识到他们需要印度的年轻劳动力来满足自己的需求。中国从印度进口工业产品也会缓解中印贸易的不平衡。[2] 这一分析无疑存在一定的片面性，但也在一定程度上反映出梵门阁专家对中印贸易前景的积极态度。

（二）"一带一路"及印度的应对

中国提出"一带一路"倡议得到国际社会的高度关注，有关国家也积极响应。梵门阁研究人员也进行了相关研究，分析了其对印度的可能影响，对印度是否应该加入及如何加入提出了自己的建议。梵门阁国际安全中心主任帕蒂尔（Sameer Patil）研究了印度对"一带一路"的安全关切。他认为"中巴经济走廊"，中巴友好关系以及中国与尼泊尔、孟加拉国和斯里兰卡等印度邻国关系的改善，使得中国在南亚和印度洋地区的存在与影响不断扩大，对印度形成"包围"之势，中国在印度周边国家的基建项

---

[1] Manjeet S. Pardesi, "Responding to an assertive China," 20 October 2010, http://www.gatewayhouse.in/responding-rise-assertive-china/（2017年9月20日）.

[2] Chris Devonshire-Ellis, "Xi to Modi：'Here's my shopping list'," 12 May 2015, http://www.gatewayhouse.in/xi-to-modi-heres-my-shopping-list/（2017年9月20日）.

目会放大印度对中国"真实意图"的焦虑。帕蒂尔认为印度有促进社会经济发展并强化与中亚、东南亚和东亚国家联通的需求,建议印度如想从"一带一路"建设中获益,就必须尽快评估对华合作的安全关切并明确表达印度对"一带一路"的立场。他还认为,鉴于印度在南亚、西亚和东南亚地区信誉良好,与印度的伙伴关系也会使中国受益;若缺少印度的这种良好信誉,"一带一路"建设将会受到沿线国家动荡局面的冲击,中国的投资安全和最终愿景也难以顺利实现。文章最后表示,梵门阁已建议当局,印度若想真正参与并在"一带一路"进程中充分获益,就必须敦促中国与其共同设计"一带一路"规划。[①]

总的来看,梵门阁对"一带一路"倡议的态度并不积极。其研究人员主要从"一带一路"建设促进地缘政治和经济形势转变的视角来研究其对印影响,关注中国的基建项目及投资可能加深中国与南亚国家的关系尤其是中巴关系,进而提升中国在南亚的影响力,减弱印度的地区影响,甚至形成对印战略"包围"。对印度是否应加入"一带一路"的问题,梵门阁总的说来怀有很大的疑虑。这种态度自然难以促进中印关系的健康发展。

小结

梵门阁作为一家独立的外交政策智库,在其关注的学术研究领域内做出了许多成果,已在较短时间内成为印度最具影响力的智库之一。分析其研究成果可发现,梵门阁在战略和安全上主张与美国、日本、澳大利亚等加强关系,在经济方面主张扩大与非洲和海湾国家的合作,中国则是梵门阁一直重视的对象,一定程度上被视为印度的竞争对手。梵门阁专家普遍对中国在南亚地区的影响力表示担忧,主张通过与南亚、东南亚和东亚国家加强合作制约中国的影响,对中印关系态度较为消极。或许梵门阁仍需增加与中国智库的交流合作,以对中国和中印关系形成更加客观理性的认知。

[①] Sameer Patil, "OBOR and India's security concerns," 14 May 2015, http://www.gatewayhouse.in/security-implications-of-chinas-transnational-corridors/(2017年9月20日).

观察家研究基金会

印度在20世纪90年代开始参与构建国际经济新秩序。面临全新问题与挑战的印度亟需建设能批判性地审视所面临问题并协助制定对策的平台,观察家研究基金会(Observer Research Foundation,英文简称ORF,本部分简称为基金会)由此应运而生,时至今日已走过27个年头。在这1/4个世纪里,印度参与国际事务的积极性不断增强,商贸活动成为印度政府外交决策的重要考量因素,纷繁复杂的国际局势与错综繁冗的国际问题衍生出更为广阔的研究领域,涌现出大量政治对策专业研究人员。专业化研究人才、多元化资金渠道、多样化研究手段与成果影响渠道,以及政府对智库"二轨"外交角色的重视等一系列因素共同推动了智库的全面发展。

据美国宾夕法尼亚大学全球智库与公民社会项目组公布的《2016年全球智库排名报告》,观察家研究基金会在除美国之外的世界智库排行榜中位居第50名,在印度入榜智库中名列第二;在专业领域智库影响力排行榜中,基金会是印度所占类别最多的智库,在"最佳管理智库""最佳互联网使用智库""最佳机构合作(涉及两个及以上)智库"和"最具创新性政策观点/建议的智库"等各项排名中均有较好名次,从综合排名来看称得上是印度最杰出的智库。

表1 观察家研究基金会智库排行

类 别	排名	国内排名
Top Think Tank in the World (Non-US) (全球智库排行榜 不含美国)	50	2

续表

类　　别	排名	国内排名
Top Think Tanks Worldwide（Including U. S. ） （全球智库排行榜 含美国）	119	5
Top Think Tanks in China, India, Japan, and the Republic of Korea （中国、印度、日本、韩国智库排行榜）	5	1
Top Foreign Policy and International Affairs Think Tanks （外交政策与国际事务智库排行榜）	64	1
Top Defense and National Security （防务与国家安全智库排行榜）	55	2
Best Institutional Collaboration Involving Two or More Think Tanks ［最佳机构合作（涉及两个及以上的智库）］	48	1
Best Managed Think Tanks （最佳管理智库）	51	1
Think Tanks With Outstanding Policy-Oriented Research Programs （最佳政策研究项目智库）	48	2
Top International Economic Policy Think Tanks （最佳国际经济政策智库）	77	3
Top Education Policy Think Tanks （最佳教育政策智库）	63	1
Top Environment Policy Think Tanks （最佳环境政策智库）	89	4
Think Tanks with Best Use of Internet （最佳互联网使用智库）	26	1
Think Tanks with the Most Innovative Policy Ideas/Proposals （最具创新性政策观点/建议的智库）	20	1

资料来源：http：//repository. upenn. edu/cgi/viewcontent. cgi? article = 1011&context = think_tanks.

一、机构概况

受长期以来所形成的"强社会，弱政府"社会意识的影响，印度的民间非政府组织素来发达。20世纪80年代中期拉吉夫·甘地执政后，外国资金大量流入，引起印度国内包括智库在内的非政府组织新一轮发展热潮。20世纪90年代初，冷战结束，印度经济发展疲软。在此背景下，观察家研究基金会于1990年首次汇集国内经济学家和政策制定者协力推动印度经济改革议程，此后又参与了多项重大政策讨论，发展至今已成为印度"二轨"外交的重要代表，其研究成果在国内及国际社会均颇具影响。

（一）发展历程

观察家研究基金会由印度本土公司——信实工业有限责任公司（Reliance Industries Limited）于1990年9月5日在新德里成立，2002年和2004年先后在钦奈、孟买和加尔各答设立分部。首任主席（Chairman）米什拉（Rishi Kumar Mishra）系资深记者、社会活动家及政治顾问，20世纪60—90年代曾任爱国者出版社（Patriot）主编兼总编辑，1990年担任观察家集团出版社董事长兼总编辑，曾于1974—1980年任印度上院议员，多次陪同英迪拉·甘地总理出访，受邀参与若干重要政府项目。

观察家研究基金会是一家非营利性智库，成立之初即设定其宗旨为：对政府决策进行引导，促进并推动印度经济长期发展。观察家研究基金会与世界各国各地区的国际伙伴广泛合作，在出版物上探讨各种问题。[1] 自1990年创立至今，基金会一直侧重政策问题和外交事务研究，研究范围已从国内发展到地区乃至全球，研究领域趋于多样化。自2010年开始，观察家研究基金会逐步启动在气候、能源、资源、太空及网络与媒体等领域的研究项目。研究人员除基金会固定人员外，还通过学者交流、会议研讨等方式汇集了全球300多名学界、政界和商界顶尖精英，以提供高质量的学术研究、全方位的政策建议和全面的公共政策分析。

表2 观察家研究基金会大事纪年

年份	事件
1991年	时任财政部长曼莫汉·辛格和佩奇姆布拉姆出席"印度经济危机：政策共识"会议
1992年	举办"经济改革与行政改革国家对话"；"印度经济结构调整国家研讨会"

---

[1] 张君瑶：《地缘政治视角下印度智库与媒体的互动关系》，暨南大学硕士学位论文，2015年，第19页。

续表

年份	事件
1997 年	政府多名部长出席"全民食品研讨会"
2002 年	钦奈分部成立
2003 年	第一次国际合作：与德国罗莎·卢森堡基金会（Rosa Luxemburg Stiftung, RLS）联合举办 ORF-RLS"多元化，民主与解决冲突"会议 马哈拉施特拉邦首席部长出席"中央邦的发展与挑战"会议
2004 年	"伊朗革命 25 周年"国际会议，时任印度副总统安萨里（Hamid Ansari）出席 观察家研究基金会策划美印伙伴计划"安全会议"，与太平洋理事会合作举办 ORF-PCIP"印美关系大会" 举办"海上反恐怖主义研讨会" 孟买分部成立
2005 年	举办"二十一世纪印俄伙伴关系基础"会议
2006 年	举办"中印关系未来十年"会议
2007 年	举办"打造印度防务能力"会议 举办"聚焦西亚新兴安全"会议 曼莫汉·辛格总理采纳观察家研究基金前国际事务中心主任拉斯戈特拉（M. Rasgotra）的"新亚洲动力"计划
2009 年	启动"金砖国家"项目
2010 年	第一届米什拉（R. K. Mishra）纪念讲座——巴基斯坦前国家安全顾问马哈茂德·阿里·杜拉尼将军发表演讲
2011 年	举办第一届亚洲全球治理论坛 启动气候能源与资源研究所 启动太空项目
2013 年	启动网络与媒体研究所 举办第一届"印度网络安全和网络治理"会议 观察家研究基金会成为印度在"金砖国家"智库理事会的官方代表
2014 年	启动核项目

资料来源：*ORF Annual Report 2015*，pp. 4 – 5。

（二）组织与管理

观察家研究基金会是一个非营利组织，在智库组织和管理上严格遵守印度 1860 年公布的《社团注册法》。依据《社团注册法》规定，非营利组织的管理阶层应当由理事会、董事会或其他机构组成。当前观察家研究基金会理事会成员共 8 人，由前印度中央邦行政官员乔希（Sunjoy Joshi）任理事长，成员包括 Tally Solutions 有限责任公司执行经理戈恩卡（Bharat Goenka）、《印度时报》前董事卡普尔（Baljit Kapoor）、前国会议员坦顿（Annu Tandon）、印度律师事务所公会（Society of Indian Law Firms）主席巴辛（Lalit Bhasin）、印度边境安全部队（BSF）前总干事库玛瓦特（Mahendra L. Kumawat）、印度政府海外印度人事务部的米什拉（Renuka Mishra）和印度知名企业律师穆迪（Zia Mody）。[1] 其任务是保证智库接受的项目符合独立性等标准，确保每个成员的素养和研究质量。[2]

基金会人员由三部分构成。一是行政管理部分，包括财务部（3 人）、运营部（发展与推广人员 4 人、媒体 3 人、IT 部门 3 人）、编辑部（2 人）、图书馆（1 人）、行政管理（10 人）等，分别负责管理资金、后勤服务、媒体服务、人事与培训及出版社等。二是研究部分，包括顾问在内的研究人员合计 80 人。基金会依据研究领域的差异，将研究人员划归 7 个研究部门，分别是经济与发展研究部、全球治理研究部、国家安全研究部、战略研究部、改革政治研究部、气候能源与资源研究所和网络与媒体研究所。每个部门由一名主任负责，下设若干研究项目。基金会设立顾问委员会，由顶尖学者、工商界及政界的领袖人物组成，目前有顾问 13 人。三是研究分支。目前有钦奈分部 1 人、加尔各答分部 12 人、孟买分部 21 人。以上第二和第三两部分存在一定交叉，比如部分研究人员既属于七大研究部门，又担任分部的行政工作。

高质量的研究成果是智库生存与发展的基础，观察家研究基金会围绕研究而运转，其他非学术活动都为研究服务，因研究而存在。它们分工明确又相互制约，共同协作以确保智库各项事业顺利开展。行政管理工作、调查研究工作与日常事务三者之间相互协调是智库管理的共性。

（三）经费来源与开支

印度政府为非营利组织提供免税特权，鼓励私营部门和个人向非营利机构进行慈善捐赠。根据《1963 年所得税法》第 80G 条款之规定，观察家研究基金会接受外来资金捐助享有所得税豁免权。基金会 2015—2016 年度财务

---

[1] 资料来源：http://www.orfonline.org/leadership/trustees/。
[2] 李国强："印度智库如何影响政府决策"，《现代人才》2014 年第 1 期，第 62 页。

报表显示，其运营资金有95%来自外部资助，一般用于特定项目，① 即有明确用途并在项目完成后提交工作报告和财务报告的项目。在资金去向中，研究项目经费约占89%，除行政管理费用与薪金外，智库资金主要用于差旅、通讯及会议。由此可以看出，基金会研究人员的日常活动以项目研究为主，对外交流与沟通为辅。比较2015—2016和2014—2015两个会计年度的资金流转可以看出，2015—2016年的资金收入更高，项目资金所占比重同样高于2014—2015年。

表3　2015—2016/2014—2015 会计年度资金流转表（单位：万印度卢比）

收入	2015—2016年度	2014—2015年度	资金流转（研究活动）	2015—2016年度	2014—2015年度
捐赠与支助	25834	22769	项目资金	23437	19441
利息/其他收入	1495	677	薪金	998	993
			会议费	52	983
			差旅费	66	87
			通讯费	256	152
			行政费	1640	3284
合计	27329	23446	合计	26450	24940

资料来源：*ORF Annual Report 2016*，p.66；*ORF Annual Report 2015*，p.47.

自2016年起，基金会依照新修订的《外国捐赠管理法》的相关规定，在其官方网站披露智库资金的具体来源。通过对官方数据进行统计可知，基金会款项来源以国内支持为主。通过对2016年外部资金捐助情况排名可知，信实（Reliance）工业有限责任公司和德旺置业（Dewan Housing）公司一直是基金会的核心资助者。与此同时，基金会近年来也一直在缓慢扩大其资源基础。2016年有超过20个实体为基金会的研究和推广活动做出了贡献，如世界银行、德国国际合作机构（Deutsche Gesellschaft für Internationale Zusammenarbeit，GIZ）、（英国）国际开发署（Department for International Development）、比尔及梅林达·盖茨基金会（The Bill & Melinda Gates Foundation）等机构，以及印度政府、外国政府及国际公司等均为基金会提供研究基金，

---

① 资料来源：http：//www.orfonline.org/declaration-of-contributions/。

印度外交部的资助占比较大，政府资助的主要流向为项目研究、国际会议和"二轨"外事出访。

表4 2016年对观察家研究基金会国内捐赠总排名（单位：印度卢比）

捐款人	目的	资金
Reliance Industries Limited（信实公司）	一般资助与核心基金	1.814亿
Dewan Housing Corporation Ltd（德旺置业）	一般资助与核心基金	1300万
Ministry of External Affairs, Govt. of India（印度外交部）	项目	816.9946万
World Bank（世界银行）	项目	270.99万
Facebook India Online Services Pvt Ltd（Facebook印度公司）	项目	262.64万
JSW Steel Limited（京德勒西南钢铁公司）	项目	147万
Interel Consulting India Pvt Ltd［Interel咨询（印度）有限公司］	项目	100万
Huawei Telecommunications India Pvt Ltd（华为印度公司）	项目	98万
Twitter Communications India Pvt Ltd（推特印度公司）	项目	67.8275万
Shree Cement Ltd（Shree水泥有限公司）	项目	50万
Stock Exchange Investors Protection Fund（证券投资者保护基金）	项目	39.2万

资料来源：http：//www.orfonline.org/declaration-of-contributions/.

表5 2016年观察家研究基金会外国捐赠机构前10名列表（单位：印度卢比）

捐款人	资金
John & Catherine T Macarthur Foundation（麦克阿瑟基金会）	3380.9324万
Zeit Stiftung, Germany（德国时代基金会）	2258.1437万
Consulate General of People's Republic of China（中国领事馆）	1068.3761万
Department For International Development, UK（英国国际开发署）	965.4586万
The William & Flora Hewlett Foundation（惠普基金会）	692.572万
Foreign & Commonwealth Office, UK（英国外交与英联邦事务部）	625.4663万
Deutsche Gesellschaft fur Internationale Zusammenarbeit (GIZ)（德国国际合作机构）	379.242万
Dai Europe Ltd（Dai欧洲有限公司）	279.1318万
Ministry of Finance Accounting, Japan（日本财务省）	231.3902万
United Nations Development Programme（联合国开发计划署）	229.5039万

资料来源：http：//www.orfonline.org/declaration-of-contributions/.

（四）研究项目

基金会的研究人员来自政府部门、学术界、新闻界、法律界和公共事务等领域，拥有不同学科背景、形色各异的专业背景和丰富的科研经验，推动着智库研究领域的多样化。目前，基金会的研究涉及气候、食物与环境、外交政策、经济与金融、国内社会发展、国内和全球治理、能源、社会部门以及传统和非传统安全等多个领域。具体的研究项目如表6所示。

表6 观察家研究基金会的研究重点和发挥影响力的方式

研究领域	研究项目	关注区域	发挥影响力的方式
气候 全球治理 国家安全 战略研究 政治改革 能源与资源 网络与媒体 经济与发展研究	能源项目 健康项目 区域研究项目 印度邻国项目 国防现代化项目 发展与社会项目 治理与政治项目 气候变化与发展研究 网络安全和互联网治理项目 核政策与空间政策项目	非洲 美洲 中国 欧盟 西亚 俄罗斯 欧亚大陆 印度邻国 美国与加拿大 太平洋、东亚及东南亚	研究和评论 发表著作 撰写报告 举办论坛 媒体发声 组建国际会议 邀约各国青年学者

资料来源：http://www.orfonline.org/research/.

以下就基金会的重点研究项目做一简要介绍。

1. 气候变化与发展研究

该项目涉及气候变化以及更广泛的发展领域，如援助、发展伙伴关系、南南合作、性别和社会技术等问题。有研究人员8名，马图尔（Vikrom Mathur）为项目主任，研究人员包括：茂斯卡尔（J. M. Mauskar）、安讷加（Urvashi Aneja）、查克拉巴蒂（Malancha Chakrabarty）、莫汉（Aniruddh Mohan）、米什拉（Vidisha Mishra）、佩姆帕哈尔（Ameya Pimpalkhare）、卡梅伦（Catherine Cameron）。

2. 能源项目

该项目探讨了全球和印度国内石油和天然气的发展趋势，以及页岩、核能和可再生能源等非传统能源。项目研究人员共8人，鲍威尔（Lydia Powell）为项目主任，研究人员包括观察家研究基金会加尔各答分部主任达尔（Ashok Dhar），以及萨蒂（Akhilesh Sati）、巴目（Swagat Bam）、马德瑞（Dinesh Kumar Madhrey）、托马尔（Vinod Tomar）、古普塔（Rajan Gupta）、夏尔玛（Uma Shankar Sharma）。

3. 健康项目

研究目的在于追踪印度可持续发展目标的实施情况，着重关注生殖健康、孕产妇、新生儿和儿童保健和营养目标。目前项目研究人员共6人，以库里安（Oommen C. Kurian）为首，其余研究人员包括雷迪（Deepesh Reddy）、基尔塔尼（Shaheeda Kirtane）、库喇库（Rhea Colaco）、甘谷姆（Tanoubi Ngangom）、沙阿（Priyanka Shah）。

4. 治理与政治项目

该项目探讨影响印度国内经济社会和政治改革的不同利益和观点。有研究人员16名，孟买分支主任库尔卡尼（Sudheendra Kulkarni）为项目主任，研究人员有卡普利亚（Preeti Kapuria）、拉姆巴（Abha Narain Lambah）、杜瓦（H. K. Dua）、艾贾兹（Rumi Aijaz）、阿力瓦力亚（Sanjeev Ahliwalia）、塞提（Harsh Sethi）、德赛（Dhaval D. Desai）、萨胡（Niranjan Sahoo）、米拉尼（Smruti Mirani）、米什拉（Satish Misra）、维德胡（Manish Vaid）、萨哈伊（Vivek Sahai）、基尔塔尼（Gautam Kirtane）、兰奇（Dwip Rachchh）、曼尼卡尔（Sayli Udas-Mankikar）。

5. 印度邻国项目

该项目致力于研究印度邻国的国内、双边和区域发展问题，包括在政治、外交、经济、安全和文化交流等方面及区域一体化等问题。有项目研究人员13名，钦奈分支主任莫尔蒂（N. Sathiya Moorthy）和马利克（Ashok Malik）为项目负责人，研究人员包括查特吉（Rakhahari Chatterji）、巴特－库尔卡尼（Tapas Bhate-Kulkarni）、巴塔查尔吉（Joyeeta Bhattacharjee）、尤美（K. Yhome）、伊什提亚克（Sabah Ishtiaq）、沙阿（Kritim. Shah）、乔杜里（Anasua Basu Ray Chaudhary）、布汗塞勒（Mihir Bhonsale）、巴苏（Pratnashree Basu）、海达里（M. Ashraf Haidari）、古哈（Ambalika Guha）。

6. 核政策与空间政策项目

该项目侧重于核武器和外层空间管理，研究主题广泛，包括核不扩散、军备控制、核安全、核裁军和和平利用外层空间的国际行为守则。有研究人员5名，以拉贾戈帕兰（Rajeswari Pillai Rajagopalan）为首，研究人员包括苏得（Rakesh Sood）、比斯瓦斯（Arka Biswas）、安武苏（Vidya Sagar Reddy Avuthu)、米什拉（Sylvia Mishra）。

（五）影响能力与渠道

智库进行政策研究的目标是为了影响、改变或创造新政策，希望其研究成果能作为可供选择的方案，服务于眼前或未来的政府政策。换言之，智库从事的是经世致用的社会科学研究。智库研究应指出国家面临的问题或政策缺陷，阐明当前和未来政策的成本与效益。它应以政治上精明而务实的方式开发新思想，并对隐含于各种政策选择之中的价值观给予特别关注。智库政策研究成果得到采纳是维系其研究与生存的根本。因此，它们特别注重向公众传播其所生产的信息和产品，传统的出版发表，或利用大众传媒与互联网等工具进行传播，都是智库使命日益重要的组成部分。①

1. 出版物

智库是思想产品的生产工厂，其成果载体形式多样，但总体而言不外乎著作、媒体文章、年度报告、政策快报、报告、通讯等类型。观察家研究基金会的研究结果往往集结成出版物，主要出版物信息如下：

著作。截至 2017 年 7 月 12 日，基金会已出版著作总计 160 本，其中关于美国外交政策和中国外交政策的书籍各 11 本，关于中国军事问题的书籍 5 本。

时事评论。由观察家研究基金会研究人员对印度及海外发生的时事进行评论分析。

时事报告。主要是国内外新闻简报和观察家研究基金会的会议记录。

GP-ORF 期刊。该刊物由观察家研究基金会与英国《全球政策》(*Global Policy*) 期刊联合出版，侧重于研究发生在印度但对全球治理和政策讨论造成影响的重点事件，以求解释并辨析印度与全球事务的不可分割性。截至 2017 年 7 月，GP-ORF 期刊共出版 13 期，内容涵盖"金砖国家"智慧城市运动、中日印美在南亚、东南亚的跨区域走廊设想、南海争端、网络安全与互联网政策、印度的邻国政策、西亚区域研究、民主的发展与挑战、可持续发展、印度如何应对气候变化、印度城市化发展策略及伊朗核问题等。

焦点简报。这是针对当前国内外关注的某一具体问题所做的专题

---

① 任晓：《第五种权力——论智库》，北京大学出版社 2015 年版，第 26—27 页。

研究报告，在篇幅上较著作更为精简，耗时短，迅速推出后能及时赢得在该领域的"话语权"。报告内容一般包含对所处现状、存在问题和建议与意见等内容。

监测。观察家研究基金会的监测系列分为长期监测和阶段性监测。长期监测是指长时间实施、定期或不定期发布结果的监测方式，如非洲监测（Africa Monitor）、中国周报（China Weekly Report）、西亚监测（West Asia Monitor）、能源新闻监测（Energy News Monitor）、南亚周报（South Asia Weekly）、太空预警（Space Alert）、南海监测（South China Sea Monitor）等。阶段性监测指在发生时间的可预期范围内，对持续时间短、影响效应大的事件所做的短期监测，如美国大选监测（US Election Monitor）。

论文。由不定期论文（Occasional Paper）和常规论文两部分组成，前者反映基金会的观点，后者是该智库内研究人员的个人论文。

政策快报。主题为基金会举办的各期研讨会，内容为研讨会就某一问题所做的政策分析。政策快报设计简单，推出迅速，通过"短平快"的形式提供给要影响的对象，以实现产品的有效利用。

年度评估。评估报告由基金会评估过去一年对印度和世界造成重大影响的10件大事，旨在以此指引印度国际参与的未来方向。

年度报告。基金会网站目前只提供2015年和2016年的电子版年度报告，内容包括过去一年的主要活动、出版情况、重要会议、人员花名册、财政收支等。

2. 网络和媒体

在《2016年全球智库排名报告》中，观察家研究基金会在"最佳互联网使用智库"排第26名，居国内排名首位。在数字化时代，网站成为智库发表成果、发布动态及消息的有效渠道。电视、报纸等大众传媒也是有效的发声渠道，一方面可向新闻记者群体作有效传播，另一方面通过传媒告知并教育普通公众，以实现影响力的最大化。基金会影响社会舆论的途径有以下3个。

其一，基金会官网提供免费下载的文字成果和免费播放的智库视频。视频等新媒体形式便利了智库活动的记录和对外传播。基金会设置有专门的"观察家研究基金会视频"（ORF Videos）系列，目前有瑞辛纳论坛（Raisina Dialogue）、国内外政府官员或学者的特别演讲（Special Address）、"金砖国家"（BRICS）学术论坛、CyFy、ORF-KC空间对话、读书研讨会、RK·米什拉纪念讲座等。自2011年以来的视频记录可供观看。

其二，通过学者个人在大众传媒上传播。基金会研究人员很多曾在知名报刊担任编辑或记者，与大众传媒联系密切。如网络安全与互联网治理项目主任苏库玛尔（Arun Mohan Sukumar）曾担任《印度教徒报》（The Hindu）社刊的编辑委员，[1] 印度邻国项目负责人莫尔蒂曾任记者，该项目另一负责人马利克（Ashok Malik）也曾任记者20多年，是《印度时报》《印度斯坦时报》《耶鲁全球在线》等著名出版物的专栏作家。[2] 智库学者在电视上发表看法、在报纸上发表文章，被视为智库人员影响力的重要体现。

其三，采用移动终端扩大影响。目前，观察家研究基金会正与微软合作搭建数字政策门户网站（Digital Policy），鼓励印度学界对数字经济与互联网治理开展研究。[3] 随着印度政府启动"数字印度"计划，基金会也进一步将智库网络运营扩展到社交平台之上，方便手持设备访问。

3. 举办会议

会议是智库提升影响力、吸引外界关注、提升自身地位的一种重要方式。基金会主办过240多场关于当代政策问题的互动、研讨、圆桌会议和论坛。[4] 会议通过多部门、跨学科的方式，将来自政府、行业、学术界和民间社团的思想领袖聚集在一起，就重点问题展开研讨。由观察家研究基金会举办的较有影响力的会议和论坛简况如下。

瑞辛纳对话（Raisina Dialogue）。瑞辛纳对话是由观察家研究基金会与印度外交部联合举办的会议，也是印度首个关于地缘经济和地缘政治的全球性会议。首届瑞辛纳对话于2016年3月1—3日在新德里召开，来自40个国家的120位专家学者出席，参会人员包括各国政府的内阁部长、高级政府官员、政策研究人员、商界领袖、行业领导人、媒体人士和学界专家等。作为印度地缘政治和地缘经济的旗舰会议，瑞辛纳对话旨在探索亚洲一体化、亚洲与世界融合的前景和机会，以及印度在印度洋地区的重要地位，探究印度及其伙伴如何建立稳定的区域和世界秩序等问题。2016年的首届会议重点关注亚洲的自然、经济、社会和数字连接，以期探究亚洲地区共同管理空间所面临的机会和挑战，以及本世纪全球伙伴关系的发展道

---

[1] *ORF Annual Report 2016*, p. 24.
[2] *ORF Annual Report 2016*, p. 26.
[3] *ORF Annual Report 2016*, p. 3.
[4] *ORF Annual Report 2016*, p. 4.

路等。

2017年1月17—19日，来自65个国家的250多名与会者齐聚新德里参加第二届瑞辛纳对话。会议以"新常态：多边主义与多极化"（The New Normal：Multilateralism with Multipolarity）为主题，印度总理莫迪于1月18日主持会议。2017年还出版了《瑞辛纳文档：于亚洲世纪探讨全球》（*Raisina Files*：*Debating the World in the Asian Century*）一书，内容为基金会编辑的海外专家论文集，主题涉及经济、安全、发展与社会等，讨论了核领域、海洋和外太空领域的发展现状、亚洲的全球化模式、亚洲国家性别比例偏差及跨国"圣战"等内容。①

亚洲全球治理论坛（Asian Forum on Global Governance，AFGG）。这是由基金会与德国布塞留斯时代基金会（ZEIT-Stiftung Ebelin und Gerd Bucerius）于2011年开始联合主办的年度研讨会。论坛的主要目标是为青年学者提供网络平台，支持其挑战对当代复杂现实的传统解释，鼓励其与全球各地的政界、商界和学术界高层人士接触。论坛重点关注亚洲，但来自欧亚非美和澳大利亚等地的不同专业背景的年轻学者也可相聚于此，共同讨论。

2015年12月第五届论坛的主题是"自由国际主义的终结？战后七十年世界秩序大讨论"，会议讨论了包括联合国、世贸组织和国际货币基金组织在内的所有主要国际和政府间组织的效率与合法性。讨论结果显示，虽然许多机构已成功实现既定目标，但一些机构仍不能适应21世纪不断演变的地缘政治、地缘社会和地缘经济变化。2017年1月10—17日于新德里举行的亚洲全球治理论坛主题定为"民主、多样与发展：21世纪多边主义的复兴"。2018年的论坛会议将在德国汉堡举行。

ORF"金砖国家"国际论坛（ORF BRCIS Forum）。基金会是"金砖国家"智库理事会的官方代表，其组织的"金砖国家"学术论坛在政府间沟通领域之外还开启了"二轨"专家讨论的创新途径。2009年，基金会在新德里接待了"金砖国家"的20位顶级学者。2012年，基金会在印度政府举行"金砖国家"峰会的同时组织了第四届"金砖国家"国际学术论坛。国际峰会与智库研讨会的双轨交流模式此后一直延续，并得到"金砖国家"智库理事会（BTTC）的赞助。

---

① Harsh V. Pant and Ritika Passi（eds.），*Raisina Files*：*Debating the world in the Asian Century*. New Delhi：Vinset Advertising，2017.

印度网络安全和互联网治理会议（CyFy：The India Conference on Cyber Security and Internet Governance）。自2013年观察家研究基金会开始举办印度网络安全和互联网治理会议以来，会议已经成为讨论、辩论并提供数字政策解决方案的全球性平台。2014年的会议有包括印度、美国、澳大利亚、中国、日本、英国、荷兰、以色列和埃及在内的世界各国的网络问题专家齐聚一堂，讨论网络问题。2015年10月14—16日，以"共同的未来，不同的疆域"（Common Futures，Uncommon Terrains）为主题的会议吸引了来自35个国家的近110位学者参会，探讨网络管制、关键信息基础设施保护及数字授权等问题。2016年的会议以"数字亚洲：编写全新治理秩序"（Digital Asia：Scripting the New Governance Order）为主题，主要讨论与互联网相关的政治、经济和战略问题。

年度空间政策对话（ORF Kaplana Chawla Annual Space Policy Dialogue）。2015年3月，印度议员及议会外交常设委员会主席夏希·塔鲁尔（Shashi Tharoor）发起"ORF-Kalpana Chawla空间计划"，年度会议具体由观察家研究基金会操办。会议邀请太空科学、商业和战略领域的利益攸关方参与，围绕安全、管理及和平利用外层空间等问题进行讨论，具体研讨内容包括外太空出现的新威胁、区域与国际合作及挑战因素、印度的空间计划、印度在卫星领域的潜力、外太空合作与管理机制等。[1]

RK·米什拉纪念讲座（RK Mishra Memorial Lecture）。该系列讲座由基金会筹备，从2010年开始邀请周边国家政府在职或退休高官主讲。第一届讲座由巴基斯坦前国家安全顾问杜拉尼将军（Mahmud Ali Durrani）主讲。2012年的第三届讲座由阿富汗前总统哈米德·卡尔扎伊（Hamid Karzai）主讲。2014年伊朗外交部长贾瓦德·扎里夫（Javad Zarif）应邀担任第五届讲座的主讲人。[2]

由上可知，观察家研究基金会在运营的20多年中，已形成行之有效的组织管理机制。以信实工业有限责任公司为代表的大企业的长期资金援助，为基金会吸纳优秀研究人员、进行广泛而持久的议题研究并与外界密切交往提供了雄厚的资金基础。由一批退休官员、财经精英及新闻界翘楚组成的研究团队增强了研究成果的质量与对外影响力，研究人员的不同学科与职业背景也使研究成果的对外传播途径多样化。时至今日，观察家研

---

[1] *ORF Annual Report 2016*，p. 48.
[2] *ORF Annual Report 2015*，p. 5.

究基金会已形成以官方网站为对外宣传的基本阵地，以研究人员个人渠道为补充的综合传播手段，并通过与政府官员、国际组织及各界人士的交流互动，有效传达政策意见与研究成果，获得本国政府与国际社会的普遍认同。观察家研究基金会的整套运营方式卓有成效，得到了国际社会的认可，也密切了与印度政府之间的联系，成为印度开展"二轨"外交的代表性智库。

二、主要研究

观察家研究基金会的研究内容极为广泛，涵盖了政治、经济、军事、文化、网络与信息安全等各方面。作为综合性研究型智库，基金会近年来的主要研究方向与印度政府的政策动向及国际局势密切契合。以下仅对分量较重的网络信息安全、经济问题和跨区域合作这三大主题的学术成果进行梳理分析。

（一）网络信息安全

印度在20世纪80年代拉吉夫·甘地执政时期大力引进信息技术产业，发展到现在，信息技术产业已成为印度的支柱产业，给政府带来了巨大的财政收入。与此同时，作为高度依赖国外生产设备的净信息出口国，印度在网络空间也面临着极为严峻的安全挑战。据"印度计算机应急预备小组"报告，印度每天平均有788台电脑遭僵尸病毒攻击，遭受的网页攻击排名世界第七、亚太第二。[1] 2017年5月，全球各地的信息服务系统受到大规模攻击，印度、俄罗斯、乌克兰和中国台湾被认定为受恶意软件攻击最严重的国家和地区。[2] 面对严峻的网络安全形势，印度在实际操作中探索出一套统一归口的管理模式。2004年，印度政府在通信和信息技术部下成立计算机应急团队，2008年通过的《信息技术法》修正案进一步明确其职权，使

---

[1] Nitin Desai, *India's Cyber Security Challenge：IDSA Task Force Report*, New Delhi Institute for Defence Studies and Analyses, March 2012.

[2] Bedavyasa Mohanty, "Building law enforcement capacity to tackle cyber threats：Lessons from year one of capacity building workshops," *ORF Special Report 44*, September 2017.

之成为应对网络攻击、管理网络舆情的统一归口单位。① 2014年8月20日，印度政府又正式通过"数字印度"发展项目，拟在5年内改造国家水利部门、电信部门、防务部门等国家关键部门的网络安全设备，包括发展通讯基础设施、维护网络安全等。②

基金会于2013年成立网络与媒体研究所，决定每年举办一次全球性的学术会议，即印度网络安全与互联网治理会议，将其作为吸引世界各地网络问题研究专家探讨互联网相关问题的全球性平台。基金会对网络信息安全的研究，经历了一个由浅入深、由国内防御到国际合作的研究路径。这一领域的研究主题涵盖了政府政策与实践差距、网络中立性、对外网络战略、网络信息安全监督主体、全球网络治理及印度的角色等重要问题。

首先是对网络中立性问题的讨论。2015年12月底，以Facebook在印度所提供的免费服务仅限Facebook旗下产品及其合作伙伴，用户只有额外付费才能在免费网络平台上访问免费服务范围以外的其他网站的这一"区别定价"规则有违网络中立原则为由，印度监管部门向Facebook在印度的电信合作伙伴施压，叫停Free Basics（免费互联网服务）。事件自萌芽至最终定论，持续牵引着印度国内关于电信运营商是否应根据上网内容区别定价的热议，争议的核心可归结于对网络中立性的讨论。

有学者针对负责监督网络中立性的政府部门进行了探讨。文章认为《竞争法案》规定了印度竞争委员在保护消费者利益、促进市场竞争方面的权力，说明其在纠正互联网领域限制性贸易行为方面拥有必要的管辖权。③ 2015年12月，基金会就网络中立原则和免费访问平台（zero-rated platform）对市场的潜在影响及适用于南亚市场的网络监管框架展开讨论。针对免费访问平台问题，有学者认为诸如Facebook构建的"围墙花园"（walled garden），④ 在经济上限制了网民消费内容的多样性与表达自由，也与正在努力削减上网成本、扩大互联网普及率的公司、组织和政府构成不

---

① "印度'互联网约束'政策有特色"，人民网，2016年2月3日，http://world.people.com.cn/n1/2016/0203/c1002 – 28106148.html（2017年10月30日）。

② 周季礼："2014年印度网络空间安全发展举措综述"，《网境纵横》2015年第6期，第88页。

③ Bedavyasa Mohanty, "Net Neutrality and Antitrust: Options for India," *ORF Issue Brief 99*, August 2015.

④ 即控制用户对网页内容和服务进行访问的环境，将用户限制在一个特定的范围内，允许用户访问指定内容，同时防止用户访问其他未被允许的内容。

正当竞争之势。在政治上，由于网站内容由 Facebook 挑选提供，使其有权决定受众可视内容，进而拥有了隐形的话语权，也就存在为政治服务的可能性。基于以上分析，基金会的研究提出构建囊括政府管理方式、免费访问平台、电信竞争和访问监管这几大要素的完整网络监管框架。①

其次，针对印度国内屡遭恶意病毒威胁的问题，基金会指出了印度在信息安全管控领域的不足与具体改进措施。研究指出，政府政策与实践落空、行政人员知识储备匮乏、网络犯罪法律法规亟待完善、专业化技术人员缺位等问题，是导致印度政府信息安全管理不力的原因所在。② 此外，针对通讯技术设备严重依赖进口，配套无线设备与通讯基础设施为外国企业所垄断的现象，有学者认为其中蕴含着经济隐患严重、关键基础设施易受攻击、网络信息受人监视、外国文化影响渗透等几大问题，呼吁印度政府在贸易、税收、外交等方面有所作为，尽快改变这一不利局面。③

为解决印度网络安全脆弱性的问题，有学者提议建构网络安全框架：即制定全面的国家网络空间战略并发展网络安全技术能力，培育专业化人才，采取同步治理的组织结构，增强网络部队的攻防能力。④ 也有学者致力于探讨政府的网络监管方式，认为政府应采用轻触式管理，即在事后处理网络问题。这可降低监管成本，也不会限制企业对商业模式的创新。在构建管理框架的问题上，研究认为应发挥私营部门的技术优势，充分利用行业协会规范化的自我管理能力，以建立共同的监管框架。⑤ 此外，印度政府于 2015 年推出《国家加密政策草案》(Draft Encryption Policy)，试图以密钥集中化管控的方式加强网络信息控制。这一政策公开之后遭到公众斥责，被迫收回。学者针对这一事件，指出了公众持反对态度的原因，研究了政府将来制定加密政策时在密钥长短、许可机制等细节处理以及执法

---

① Anahita Mathai and Bedavyasa Mohanty and Vidushi Marda, "South Asian Perspectives on Net Neutrality," *ORF Special Report 7*, January 2016.

② Bedavyasa Mohanty, "Building Law Enforcement Capacity to Tackle Cyber Threats: Lessons from Year one of Capacity Building Workshops," *ORF Special Report 44*, September 2017.

③ Jasvigoely Ashbajaj, "Breaking free of the digital dragon: Responding to China's growing control over India's ICT," *ORF Special Report 43*, September 2017.

④ Arunmohan Sukumar and Col. R. K. Sharm, "The Cyber Command: Upgrading India's national security architecture," *ORF Special Report 9*, March 2016.

⑤ Noel Johns, "Regulating the digital economy," *ORF Special Report 6*, December 2015.

机构自身能力与监管体制等领域需重视的若干问题。①

尽管各国政府试图通过创建国家级网络治理机制来解决相关问题，不过网络空间的跨国性仍然迫使国际社会设法规范全球网络空间的行为准则。印度政府除了对内推出网络安全发展政策与管理方案外，还立足国际，就应对外部威胁提出了印度网络战略，在国际舞台参与全球网络空间治理交流，发展双边与多边的网络安全合作伙伴关系。

在全球网络空间治理这一问题上，有研究认为直至奥巴马上台执政并意识到网络攻击的严重性及自身网络管理的脆弱性之后，美国才转变了2009年前那种主要防范本土基础设施免受攻击的网络安全策略，开始积极参与国际会议，探讨全球网络空间治理。虽然美国与中俄两国就互联网等平台是否应加强国家控制的问题存在分歧，但联合国信息安全问题政府专家组对将国际法特别是《联合国宪章》适用于网络空间管理已不再存有异议。同时，美国也开始就网络空间治理与中俄等国展开双边和多边对话。②研究也指出，虽然联合国一直积极推动有关信息安全的国际法规，但大国地缘政治导致这一领域至今未能达成一致意见；国际社会被分成以美国和以中俄为首的两组对立势力，前者支持互联网信息自由流动，后者强调政府加强互联网监管；前者认为应着重遏制经济间谍活动和犯罪活动，后者却认为打击范围不应局限于此。③ 在全球网络治理政策既未成型也未落实的情况下，印度学者认为印方在互联网治理相关的国际论坛上，应增强自身话语权、表现意识以及对规范互联网管制的主角意识，有效提高印度的国际事务参与能力。④

值得注意的是，美印两国于2015年8月重启自2006年起中断9年之久的网络对话。是年9月，为促进数字经济领域的合作，两国同意建立介于官民之间的"美印'1.5'轨网络议题会谈"。2016年，莫迪第四次访美并与奥巴马商讨网络安全合作，两国达成以"多方利益攸关者"模式进行全球网

---

① Bedavyasa Mohanty, "Encryption Policy 2.0: Securing India's Digital Economy," *ORF Special Report 35*, May 2017.

② Darshana M. Baruah, "Rules for Cyberspace: The Evolution of American Policy," *ORF Issue Brief 62*, November 2013.

③ Rahul Prakash, "The UN and Cyberspace Governance," *ORF Issue Brief 68*, March 2014.

④ Mahima Kaul, "Global Internet Governance: India's Search for a New Paradigm," *ORF Issue Brief 74*, September 2014.

络治理的共识。① 美印数字经济合作持续升温也促使学者就两国在合作实践中的问题展开了探讨,如有学者已就双方数据共享低效的问题提出了短期与长期的解决之道。②

(二)经济问题

印度经济增长率在2008年国际金融危机爆发之前的4年均超过9%,但此后大幅下降,2011年虽有回升,2012年和2013年又持续走低。③ 2014年,莫迪出任印度总理,开始在城市建设、农村经济、制造业、税收制度等领域推动进一步改革。

基金会近年来的国内经济研究,首先侧重从宏观角度分析国内经济改革的不足,提出在宏观经济、社会部门、产品市场、要素市场、行政司法部门、金融部门等领域的改革要点。④ 另有研究根据世界经济局势,分析国内经济改革与外交政策。⑤ 从微观角度来看,这些研究一方面充分肯定印度政府2017年7月1日实施的统一商品及服务税(GST)在提升经商便利性、结束各邦贸易壁垒等方面的好处,同时也指出条款在执行中存在对反暴利条款实施者缺乏监督机制、统一商品及服务税集成技术网络运作所需设备供应不足等缺陷。⑥ 其次,也有不少研究关注印度农村经济发展中的市场营销、政府的化肥调控、生产借贷、作物存储设施、作物多样化等方面的不足。⑦ 有报告强调农业经济在印度国民收入和支出中的重要性,指出政府单方面发展非农经济,导致农业人口收入下降、非农收入乏善可陈,进而造成农村经济放缓,这将极大地影响印度的经济增长。这一研究提议印度政府加大力度,

---

① 张春燕:"美印网络安全合作的新进展与发展趋势",《南亚研究季刊》2017年第1期,第101页。

② Bedavyasa Mohanty and Madhulika Srikumar, "Hitting Refresh: Making India-US data sharing work," *ORF Special Reports 39*, August 2017.

③ 文富德:"莫迪上台后印度经济增长'新常态'",《亚太经济》2014年第2期,第62页。

④ Nilanjan Ghosh and Parthapratim Pal, "Economic Reforms 2.0: Recommendations for a New Economic Agenda for India," *ORF Special Reports 33*, March 2017.

⑤ Abhijnan Rej and Prashant Kumar, "Navigating the Changing Geo-economic Landscape," *ORF Special Reports 8*, January 2016.

⑥ Aparajit Pandey, "Implementation Issues in India's GST," *ORF Issue Brief 185*, January 2017.

⑦ Pretty Bhogal, "Policy Imperatives for India's Small Farmers," *ORF Issue Brief 167*, December 2016.

设法重振农村经济。① 最后，基金会关注智慧城市与城市化建设的研究也不少，篇幅所限，兹不赘述。

在对外经济研究方面，观察家研究基金会着重于区域经济和印度对外经济战略研究。特别是在后一领域，有学者从政府、企业、个人三个层面分析了在各个层面与发展中国家开展合作并提供援助的具体方式。② 也有学者进一步提议印度立足国内发展优势，构建一套符合自身战略利益的合作发展框架，内容涵盖搭建跨政府的政策协调与信息共享平台、投资培养合作伙伴人才储备池、优先发展项目决定机制等方面。③ 也有学者提出，印度在发展伙伴关系上面临着源自新兴力量、自身发展及合作伙伴的三方挑战主体，与挑战主体的洽谈手段将决定印度在发展伙伴关系中能在多大程度上实现其经济与战略目标。④

除了关注印度主动"走出去"的战略，也有学者专注于研究外部经济形势。如"量化宽松时代的资本流动：建构新兴经济体弹性机制"⑤一文指出，发达国家实行非常规货币政策所造成的溢出效应（即资产泡沫形成的系统性风险和快速资本流动）对新兴经济体造成了不利影响。在此基础上，文章探讨了提高新兴经济体金融弹性并稳定经济增长的短期、中期和长期应对机制。"全球贸易体制的变化与大型自贸协定的出现：印度对外可持续性的战略"⑥一文讨论了"跨太平洋伙伴关系协定"（TPP）、"跨大西洋贸易与投资伙伴关系协定"（TTIP）和"区域全面经济伙伴关系"（RCEP）等大型自由贸易协定的负面影响，研究表明，印度需采取改革措

---

① Continuing Farm Distress Worrisome, *ORF Comments*, December 14 2015. http://www.orfonline.org/research/continuing-farm-distress-worrisome/（2017年10月30日）.

② Shubh Soni and Parijat Lal, "India's Economic Footprint in the Developing World," *ORF Issue Brief 100*, August 2015.

③ Urvashi Aneja and Tanoubi Ngangom, "Learning from the Old, Preparing for the New: Designing an Institutional Architecture for India's Development Partnerships," *ORF Working Paper*, March 2017.

④ Urvashi Aneja and Tanoubi Ngangom, "Challenges for India as an Emerging Development Partner," *ORF Occasional Papers 86*, February 2016.

⑤ Manmath Goel, "Capital Flows in the Quantitative Easing Era: Building Resilience in Emerging Economies," *ORF Issue Brief 86*, January 2015.

⑥ Abhirup Bhunia and Geethanjali Nataraj, "The Changing Global Trade Regime and Emergence of Mega FTAs: Strategy for India's External Sector Sustainability," *ORF Occasional Papers 56*, January 2015.

施，以应对贸易转移效应凸显、技术标准提高、市场准入条件繁杂等问题。

（三）环孟加拉湾多领域经济技术合作组织研究

近年来，印度积极推进"东向"政策，进一步深化同东南亚国家的经贸联系与政治、安全纽带。① 在此背景下，环孟加拉湾多领域经济技术合作组织（Bayof Bengal Initiative for Multi-Sectoral Technical and Economic Co-operation，BIMSTEC，以下简称"环孟合作组织"）得到更大重视，成为印度与南亚和东南亚国家开展次区域合作的重要平台。

"环孟合作组织"成立于1997年6月6日，其2004年会议决定组织成员国包括印度、孟加拉国、斯里兰卡、泰国、缅甸、尼泊尔、不丹等7国。② 作为首个联通南亚与东南亚国家以及南盟与东盟的次区域经济合作组织，"环孟合作组织"的确具有加强区域合作的潜力，但由于成员国之间协调不当，该组织的政策执行相当迟缓，至今仅召开过4次首脑会议（2004年、2008年、2014年和2017年）。尽管如此，从峰会的频率和合作密度来看，"环孟合作组织"在近5年的活跃指数不断提高，其发展呈提速态势。

近年来，基金会探讨"环孟合作组织"合作领域的研究逐步增多。早在2014年就有学者提出通过"环孟合作组织"来重塑区域经济合作的想法。鉴于"环孟合作组织"所有成员均为南盟和东盟成员，各成员国既可利用南盟或东盟的现有合作项目进行衔接，也可将"环孟合作组织"框架内的合作项目延伸到东盟和南盟，以"环孟合作组织"为主体同其他国家开展项目合作，形成良好的互联互通发展环境。③ 有学者认为，"环孟合作组织"成员国之间尽快签署自由贸易协定并塑造更强的贸易投资关系的时机已经成熟。尽管协定在短期内对提高地区贸易与投资的成效不会太大，但却可以代替前景黯淡的南盟机制而发挥作用，从而巩固次区域合作。当然，印度在合作进程中也应着重顾及小国利益，设法凝聚合作意识。④

---

① 吕鹏飞："'东向政策'拓展印度外交空间"，《人民日报》2014年3月15日。
② http：//bimstec.org/overview/ （2017年10月30日）.
③ K. Yhome, "Re-imagining Regions through BIMSTEC," *ORF Commentaries*, October 15, 2014. http：//www.orfonline.org/research/re-imagining-regions-through-bimstec/ （2017年10月30日）.
④ N. Chandra Mohan, "BIMSTEC：An Idea Whose Time Has Come?" *ORF Issue Brief 164*, November 2016.

2017年8月，"环孟合作组织"首脑会议在尼泊尔加德满都召开。基金会就"环孟合作组织"合作的必要性、对印度发展东北地区并巩固其南亚霸主地位的重要性，以及该组织目前存在的不足进行了详细分析，① 探讨了具体合作领域，分析了构建跨境贸易网络的必要性、有利因素及在商品流通、法律法规等方面亟待落实的有关事项。② 基金会还以次区域各国地理相邻、生态安全相互依赖为由，提议"环孟合作组织"在应对气候变化议程方面设定共同应对方案，具体涉及监测机制、水资源共享、能源合作等多个方面。③

三、特色研究

智库的国际问题与外交政策研究向来与世界大势密不可分。冷战结束后，世界格局朝多极化方向发展，中印两个亚洲大国相继崛起，势必对世界政治经济带来深刻影响，加之中印两国自二战结束以来跌宕起伏的外交关系与相邻的地缘关系，中国研究一直为印度学界所重视。观察家研究基金会也不例外，就中国问题展开探究已成为其工作的重要组成部分。

印度智库的对华研究一般依中印关系的具体情势而确定研究议题并提出政策建议。观察家研究基金会的中国研究起步较晚，在进入21世纪之初，基金会对中国的研究只有两篇成果。一篇是题为"中印关系：胡主席访印评估"④ 的简报。2006年中国国家主席胡锦涛访印，基金会就此召开座谈，探讨此访对中印关系的影响。另一篇是2009年发表的"中国'和平发展'理念分析"一文。⑤

步入21世纪后，随着中国综合实力不断增强，基金会对中国的研究逐渐增多，领域越来越广。自2010年起，有关中国的官方论文和焦点报告共27篇，

---

① Pinak Ranjan Chakravarty, "BIMSTEC: Overcoming Inertia to Serve As a Truly Strategic Platform," *ORF Issue Brief 196*, September 2017.
② Meghna Bal, "A Digital Direction for BIMSTEC," *ORF Issue Brief 200*, October 2017.
③ Aparna Roy, "BIMSTEC and Climate Change: Setting a Common Agenda," *ORF Issue Brief 203*, October 2017.
④ K. Yhome, "India-China Relations: An Assessment of President Hu's Visit to India," *ORF Issue Brief 7*, December 2006.
⑤ Hayoun Jessie Ryou, "The Meaning of China's 'Peaceful Development' Concept," *ORF Occasional Paper 12*, November 2009.

涉及中国经济、军事、外交及印度的中国印象等各方面内容。2017年的GP-ORF期刊分别出版有关"一带一路"倡议及"金砖国家"智慧城市建设等专题研究。以下就观察家研究基金会对华热点问题研究成果进行归类综述。

（一）中国军事

近些年来，中国在军队建设、武器装备及陆海空军军事战略与技术等方面均取得了长足进步，基金会对中国军事的研究也日益增多。2016年，基金会官方就习近平主席主持下的解放军现代化改革进行了分析。作者认为，鉴于中印边界争端悬而未决、印度某些人所顾虑的中巴伙伴关系，以及中印两国在太平洋和印度洋海域活动范围的高度重叠性，中国的强大军事力量会不可避免地对中印关系产生重大影响。①

基金会对中国航空航天技术研究颇多，研究内容可归纳为3个方面：中国航空航天技术的军事战略及对印影响；中国发展这一技术的"潜在目的"；中国航空航天技术发展的促进因素。

2012年6月18日14时许，"神舟九号"与"天宫一号"对接成功，中国成为继美俄之后第三个实现空间对接的国家。在此背景下，基金会编制简报"中国在太空领域的近期进展"，② 称近年来中国在外空领域和军控技术方面的发展对印度的军事和安全构成"重大隐患"。为了限制中国向巴提供核设计和技术援助，制约中国发展太空军事化能力，作者建议印度利用具有法律约束力的机制对中国的太空开发进行有效约束。此外，针对中国的太空"威慑"，基金会有学者认为，尽管印度的太空开发严重落后于中国，但印度不必因中国在太空中的成就而自乱阵脚，应根据自己的战略评估建设本国的军事空间安全架构。③

基金会对中国发展航空航天技术的"潜在目的"也有分析。"中国的载人登月雄心：战略要求和启示"④ 一文认为，中国的载人登月计划是出

---

① Manoj Joshi, "Xi Jinping and PLA Reform," *ORF Occasional Paper 88*, February 2016.
② Rahul Prakash and Rajeswari Pillai Rajagopalan, "China's Advances in Space: Taking Stock of Recent Developments," *ORF Issue Brief 44*, September 2012.
③ Ajey Lele and Gunjan Singh, "China's Space Strategy and Modernization," *ORF Issue Brief 49*, February 2013.
④ Vidya Sagar Reddy, "China's Manned Lunar Ambitions: Strategic Imperatives and Implications," *ORF Issue Brief 162*, November 2016.

于战略与经济效益考虑。首先是要提高国家的政治影响力，其次是受到能源经济效益的推动，因为未来的月球采矿有助于减少对常规燃料的依赖。

就中国航空航天技术何以能迅速发展的问题，基金会的尼加姆（Vishal Nigam）认为，中国空间技术的发展直接受益于政府部门与民营航空公司长期形成的公私伙伴关系以及西方和俄罗斯的技术支持。[1] 他在2014年进一步补充称，中国航空产业的巨大成就源于一整套综合战略，包括投资研究机构和高等教育机构提供高质量的人力资源，政府部门善于利用民营军事航空技术、外商投资和战略联盟等方式获得他国已开发的先进技术，随之进行内部研发、基础设施开发并鼓励长期战略升级的技术能力，提高本土生产能力，达到进口替代并建立比较优势的目的。[2]

总而言之，在航空航天战略领域，基金会内部有两派观点。一派认为，中国发展航空航天技术在军事、安全、经济、外交等领域对印度构成威胁，印度理应奋起直追，利用具有法律约束力的国际机制对中国的太空发展进行有效约束；另一派则认为，印度不应自乱阵脚，应当依照自己的步伐和实力，规划优先发展领域。双方的一致看法是，中国航空航天技术的发展势必对印度本土及印度在南亚的既得利益构成威胁。

令人遗憾的是，两派观点均未能正视中国航天发展的合理性，有意无意将这一领域视为某些势力的禁脔，得出的结论自然是偏颇的。

（二）"一带一路"倡议

相较于针对"新丝绸之路经济带"的研究，基金会似乎更为重视研究"21世纪海上丝绸之路"。在研究方向上以经济合作与海上安全研究为主，研究内容主要侧重南亚和东南亚各国关于"一带一路"的各种观点。这些研究对中国了解外界对"一带一路"的看法，寻找解决矛盾的方案有一定的参考价值。

2015年，美国四处奔走推销"跨太平洋伙伴关系协定"（Trans-Pacific Partnership, TPP），且将中印这两个经济潜力巨大的新兴经济体排除在外。基金会在这一时段对"21世纪海上丝绸之路"倡议持积极态度，认为中印

---

[1] Vishal Nigam, "China's Aerospace Potential: Strengths and Prospects," *ORF Issue Brief 50*, February 2013.

[2] Vishal Nigam, "The Success of China's Aerospace Industry: Lessons for India," *ORF Occasional Paper 55*, November 2014.

之间存在巨大合作空间。特朗普上台后，奥巴马任内推行的"跨太平洋伙伴关系协定"就此搁置，基金会学者对"一带一路"的研究也从最初的持积极看法，逐渐深入到考虑海上安全与经济合作，从探讨"一带一路"的对印影响扩大到探讨其对太平洋沿线国家、区域与次区域的影响之上。

总的来说，基金会高度关注"21 世纪海上丝绸之路"。基金会研究人员高希（P. K Ghosh）指出，虽然"21 世纪海上丝绸之路"会提高中国在南亚地区的软实力和影响力，孟加拉国、斯里兰卡等国会借机与印度大打"中国牌"，中国在印度洋地区"修建"军事基地会增强印度的安全隐患，但在两国政府执行经济发展优先政策的情况下，中印的海上合作倡议的确存在协作增效的潜力，两国可在共生关系中实现互利共赢。[①]"海上丝绸之路经济走廊：特点与影响"[②]一文则认为"21 世纪海上丝绸之路"的最终成效取决于陆上匹配设施的支持，陆上连接将面临相关国家间在过境设施建设、跨境运输管理，以及安全顾虑等方面的制约。作者认为印度参与"一带一路"不但可吸引更多的外国直接投资，使印度更全面地融入全球经济，还能改善港口与陆上基础设施、降低运营成本、提高印度的出口竞争力。"印度视角下的中国的海上丝绸之路"[③]一文更多关注"21 世纪海上丝绸之路"对印度的"潜在挑战"，认为这一倡议势必增加中国的经济参与，为其参与印度洋区域事务提供合法立足点，由此增加中国在该地区的影响力。因此，在"21 世纪海上丝绸之路"倡议尚处于模糊阶段的现在，印度可与日本加强商贸合作，并以此作为替代性方案；即便印度不参与"21 世纪海上丝绸之路"，也不排除印度与其他参与国相互开展贸易，并在这一过程中享受港口运输的便利。这种"冲突论"对中印两国特别是印度的利益均没有任何好处，是不足取的。

查图尔维迪（Rajeev Ranjan Chaturvedy）指出，"一带一路"倡议对东南亚、南亚国家的好处在于可产生巨大的经济和就业机会，补充并加强东

---

① P. K Ghosh, "Linking Indian and Chinese Maritime Initiatives: Towards a Symbiotic Existence," *ORF Issue Brief 121*, December 2015.

② Amitendu Palit, "The MSR Economic Corridor: Character and Implication," *ORF Commentaries*, February 13, 2017. http://www.orfonline.org/research/msr-economic-corridor-character-implications/（2017 年 10 月 30 日）.

③ Darshana M. Baruah, "China's MSR: A Strategic View from India," *ORF Commentaries*, February 13, 2017. http://www.orfonline.org/research/30058/（2017 年 10 月 30 日）.

盟的互联互通，缩小东盟成员国之间的基础设施发展差距，印度也可利用中方倡议来改善海上基础设施、优化船舶和世界级港口，改变目前印度和东盟之间海上互联互通不力的局面。他认为，倡议在如何实施、谁来实施的问题上缺乏明确性；中国与东南亚国家在军事实力与影响力上发展悬殊，其中存在着"信任赤字"的隐患；不可预测的政治和安全风险可能造成经济回报率低、政府无力偿还债务等问题。[1] 不过，"东南亚视角下的中国、东盟与海上丝绸之路"[2] 一文则认为，尽管中国与东南亚国家在美国的挑拨下存在着严峻的海域争端，但东南亚国家仍抗拒不了中国的"魅力攻势"。

基金会研究人员尤米（K. Yhome）重点关注"孟中印缅经济走廊"，在"孟中印缅经济走廊：前景与挑战"[3] 一文中指出，这一倡议近年来遇到了新的困境和挑战，包括主要参与者级别不对称、"走廊"沿线国家内部中央与地方之间关系紧张、区域主义和次区域主义之间的发展指向不确定以及政治和战略方面的各种顾忌。拉纳（Madhukar S. J. B. Rana）则将关注焦点对准北部的跨喜马拉雅合作，其文章"跨喜马拉雅经济走廊"[4] 认为，"跨喜马拉雅经济走廊"可深刻地改变整个喜马拉雅山东南部地区和恒河盆地的社会面貌，不仅能提供更多就业与发展机会、增进商品货物与人员"互联互通"并优化人力资源、增进科学技术教育和研发领域的连通性，还将推动相关国家在金融、法律、贸易方面的管理机制进一步健全，但"走廊"的发展前景取决于邻国之间的边界问题能否顺利解决。

总而言之，观察家研究基金会对"一带一路"的看法及其所传达的观

---

[1] Rajeev Ranjan Chaturvedy, "The 21st Century Maritime Silk Road," *ORF Commentaries*, February 10, 2017. http://www.orfonline.org/research/the-21st-century-maritime-silk-road/（2017年10月30日）.

[2] Martin A. Sebastian, China, "ASEAN and the MSR: A southeast Asian perspective," *ORF Commentaries*, February 13, 2017. http://www.orfonline.org/research/china-asean-and-the-msr-a-southeast-asian-perspective/（2017年10月30日）.

[3] K. Yhome, "The BCIM Economic Corridor: Prospects and Challenges," *ORF Commentaries*, February 10, 2017. http://www.orfonline.org/research/the-bcim-economic-corridor-prospects-and-challenges/（2017年10月30日）.

[4] Madhukar S. J. B. Rana, "Trans-Himalayan Economic Corridor: Nepal as a Gateway," *ORF Commentaries*, February 10, 2017. http://www.orfonline.org/research/trans-himalayan-economic-corridor-nepal-as-a-gateway/（2017年10月30日）.

点整体呈积极基调。诸如"一带一路"的明确规范、边境争端、跨境运输、安全等问题需在倡议诠释过程中予以澄清与完善等说法也不无合理之处，在实际操作层面中应得到必要的重视。此外，基金会某些不正确乃至错误的观点也反映了某些思维定势在印度决策层和智库的强大影响，有助于我们了解印方的复杂心态，从而采取有针对性的政策。

小结

印度现任总理莫迪上台以来尤其重视政府与国内智库的交往关系。不论是在规范国内智库行为、选任民间智库专家学者担任政府顾问并为政府出谋划策、还是与颇具影响力的智库开展合作并提供科研经费方面，都体现出印度政府重视民间知识力量，强烈希望对智库进行有效管控及利用。观察家研究基金会作为印度国内首屈一指的综合型民间智库，能顺应国内国际发展局势，利用多方资金开展项目研究，开拓发展新的研究领域，积极举办国际会议，利用政治资源和自身影响力并以民间代表的身份活跃于国际舞台，对外开展"二轨"外交，已成为诠释印度政府政策、传达国内外民间意见的有效沟通枢纽。基金会在政府政策问题上也具备一定的缓冲空间和灵活运作机制。譬如，印度政府在国际上对中国的"一带一路"倡议表现出强硬抗拒姿态，然而观察家研究基金会却能与中国驻加尔各答总领馆合作发布《印度东部五邦投资环境比较报告》，从中体现出基金会及印度部分地方邦在发展对华合作方面的积极意愿。虽然中印两国历史遗留问题仍然不得其解且经常出现僵持不下的局面，但发展仍是中印两国的共同目的。重视智库交往的灵活性，开展持续且高效的"二轨"外交与民间往来，是缓解两国紧张关系，开辟更多回旋与商量余地的有效途径。有鉴于此，似有必要进一步加强我与观察家研究基金会的合作交流。

辩喜国际基金会

辩喜国际基金会（Vivikananda International Foundation，英文简称 VIF，本部分简称为基金会）是印度一家知名智库，与现执政党印度人民党关系极为密切。基金会由多名离任的军政高层担任研究员，为各领域的政策出谋划策。通过了解基金会的基本情况及其在国家安全与战略、国际关系与外交、经济问题等八大领域的研究内容，可以更好地认识印度政府的政策和立场，对观察印度智库精英的政策主张也有较大参考价值。

一、机构概况

辩喜国际基金会 2009 年 12 月成立于印度首都新德里使馆区，在辩喜中心（Vivekananda Kendra）[①] 主持下致力于集合印度主要的安全专家、外交官、实业家和慈善家的共同智慧，努力汇聚全印度最先进的思想来关注印度国内外热点问题，促进和平，跟踪涉及印度统一团结的政治、经济和社会趋势，分析导致极端主义的社会与种族冲突之根源并提供政策选择。基金会也与民间团体互动，为冲突群体之间的思想交流和互动提供制度支持。基金会设有咨询委员会和执行理事会，由来自不同领域的杰出人士组成。基金会由主任（Dirctor）领导，第一任主任是前情报局长阿吉特·多瓦尔（Ajit Doval），第二任主任维杰（NC Vij）曾任印度第 21 任陆军参谋

---

① 辩喜中心（Vivekananda Kendra）是一个志愿组织，致力于通过支持教育、文化和可持续发展领域内的服务项目和国家建设项目来传承和实现辩喜（Swami Vivekananda，印度近代哲学家、社会活动家、印度教改革家）服务人类的理想。

长，现主任阿尔文·古普塔（Arvind Gupta）2017年10月上任。

辩喜国际基金会的目标是通过其研究改善政府治理，加强国家安全，将印度的外交政策纳入国家的长期目标，努力提升议会、其他代表机构和公共机构的职能效率，使印度变得更加强大，更加繁荣，能够在全球事务中发挥更大作用。基金会主要通过6个研究中心实现其目标，具体包括国家安全与战略研究中心、国际关系与外交研究中心、周边地区研究中心、政治和治理研究中心、经济研究中心以及历史文化研究中心。国家安全与战略研究中心的研究重点包括对印度国家安全的各种挑战、国际恐怖主义、左翼极端主义、克什米尔动荡局势、印度东北地区的叛乱以及来自孟加拉国的非法移民等。国际关系与外交研究中心研究全球战略问题、国际权力均衡的新兴趋势、印度外交政策、印度与邻国的关系，以及印度的海外侨民。周边地区研究中心跟踪印度周边国家与地区的局势变化，重点关注阿富汗、孟加拉国、中国、缅甸、尼泊尔、巴基斯坦和斯里兰卡等7个邻国。政治和治理研究中心特别关注印度的治理与发展问题，鼓励透明度和问责制，对宪法和议会进行研究并提出政策措施。经济研究中心监测全球经济趋势及其对发展中经济体的影响特别是对印的影响，密切关注政治与经济互动及全球经济鸿沟。历史文化研究中心主要研究次大陆不同时期的文化发展。

基金会的日常活动主要有：（1）组织活动、会议、讲座、研讨会和讨论，邀请学者和专家交流思想；组织展览、文化活动、培训班和其他有针对性的团体活动及瑜伽班，邀请不同年龄不同职业者积极参与；（2）与新德里外交界相互沟通以传递印度的观点，了解其他国家的观点，以推动印度政治、经济、战略、文化事业的发展；（3）与印度政府一起关注焦点问题，并向其传达基金会的观点和疑虑，为政府、议会、司法机构、民间团体准备不公开发行的政策简报；（4）与学术机构、研究机构、国内外智库与大学，以及代表海外印度人的组织机构发展制度化的联系，交流观念，互换学者，分享信息和经验。

以下简要介绍辩喜国际基金会的团队构成情况。基金会现任主任阿尔文·古普塔2017年10月上任，曾任印度副国家顾问并领导国家安全委员会秘书处。基金会设有咨询委员会和执行理事会，咨询委员会由10人组成，执行理事会由16人组成，均为各领域的杰出人士，多曾在印度政府或军队高层任职。基金会又可分为研究团队与行政管理团队。研究队伍由7位研究中心主任、10位杰出研究员、7位高级研究员、12位访问研究员、

3 位高级研究助理、5 位助理研究员、2 位研究实习生共 46 人组成；行政管理队伍由 2 位管理人员、3 位资源研究中心和图书馆工作人员、9 位行政人员组成。

基金会的出版物主要包括文章、报告、不定期论文、专著、简报、图书、书评、演讲稿、电子杂志等。目前文章数量已达 1607 篇，报告从 2009 年 1 月至 2017 年 7 月共 421 篇，不定期论文从 2011 年 5 月至 2017 年 7 月共 60 篇，专著数量从 2012 年 8 月到 2016 年 12 月共 13 本，2016 年 5 月至 2017 年 6 月间的简报共 9 篇，从 2011 年 1 月至 2017 年 7 月出版图书 12 本、书评 20 篇、演讲稿 15 篇。基金会的主要刊物是 2012 年 1 月开始发行的《问题与选项》（*Vivek：Issues and Options*）电子期刊，主要刊登基金会研究人员的成果，2012—2013 年为月刊，2014 年 1 月—2015 年 6 月改为双月刊。每期主要板块会根据具体内容调整，主要包括外交、国防、国内安全、恐怖主义、动乱局势、经济与治理、媒体、周边地区等。

基金会主要合作媒体包括：《印度时报》《印度教徒报》《经济时报》《商业旗帜报》《印度自由新闻报》《德干先驱报》《先锋报》《亚洲世纪报》《论坛快报》《印度星期日时报》、雷迪夫网、Zee 新闻等，其中的《印度时报》《印度教徒报》《经济时报》《德干先驱报》等都是发行量较大的英文报纸，《印度时报》更是印度第一英文大报。在目前的新媒体时代，基金会也积极利用 Facebook、Twitter、Google、Linkedin 等平台分享其文章与观点。

二、主要研究

基金会的主要研究领域包括国家安全与战略、国际关系与外交、周边国家与地区、政治治理与经济问题等。以下选取其最有代表性和影响力的观点做一简要分析。

（一）国家安全与战略研究

国家安全与战略研究是基金会的一大重点，主要包括恐怖主义、左翼极端主义、非法移民、边境安全和海岸安全、警察系统的法律与制度、灾害治理、网络安全、克什米尔问题、东北部叛乱活动、核裁军、气候变化、能源安全等问题。这里主要从基金会研究人员所发表的文章中总结介绍其对恐怖主义、克什米尔问题、左翼极端主义、边境安全与海岸安全等问题的代表性观点。

1. 恐怖主义

基金会对海外恐怖主义的关注集中于印度东西两侧的邻近地区。研究人员查克拉瓦蒂（P K Chakravorty）对恐怖主义做出了新的定义，认为"恐怖主义是一种用于实现政治和军事目标的工具，目前经常被称为'第四代战争'，广义上说是一种非对称工具，通常被弱者和无组织分子用来对抗软硬目标"。[1] 他指出，"伊斯兰国"成立于海湾战争后的伊拉克，目前已在十几个国家发展势力，甚至有其他恐怖组织宣布效忠该组织，其对全球和平与安全的威胁正在扩大。[2] 近期"伊斯兰国"在其根据地遭受沉重打击，伊拉克收复了被"伊斯兰国"占据的重镇摩苏尔。不过基金会研究人员认为，由此认定"伊斯兰国"已经消亡是不明智的，"伊斯兰国"的根本吸引力和强硬思想不太可能很快消失，不能排除其恐怖分子在伊斯兰世界其他地区实现小规模重组的可能性。印度应关注来自欧洲国家的"伊斯兰国"追随者是否可能潜入阿富汗或阿巴边界等不安定地区。另外，印度可为摩苏尔重建发挥重要作用，如向伊拉克武装部队和警察提供反恐训练等，不过也要警惕"伊斯兰国"趁机袭击印方人员与项目。[3] 次大陆以东的菲律宾的反恐行动也引起了基金会关注。基金会注意到2017年5月23日菲军警与"穆特组织"等反政府武装激烈交火，并关注在菲律宾马拉维（Marawi）巷战中出现外国武装分子这一新情况，认为这说明"伊斯兰国"已在菲南部立足。基金会对此颇为警惕，认为"伊斯兰国"正利用互联网、社交媒体及其追随者向东南亚渗透，东南亚的恐怖组织现在甚至已在"伊斯兰国"头目伊斯尼隆·哈皮隆（Isnilon Hapilon）的领导下结成联盟。印度认为现有的多国联合反恐是正确的方向。[4]

---

[1] P K Chakravorty, "Joint Military Operations against Daesh in Southern Philippines," 2017年7月10日，http：//www. vifindia. org/article/2017/july/10/joint-military-operations-against-daesh-in-southern-philippines。

[2] P K Chakravorty, "Joint Military Operations against Daesh in Southern Philippines," 2017年7月10日，http：//www. vifindia. org/article/2017/july/10/joint-military-operations-against-daesh-in-southern-philippines。

[3] C D Sahay, "Mosul Recaptured：Is This the End of Daesh?" 2017年8月9日，http：//www. vifindia. org/article/2017/august/09/mosul-recaptured-is-this-the-end-of-daesh。

[4] P K Chakravorty, "Joint Military Operations against Daesh in Southern Philippines," 2017年7月10日，http：//www. vifindia. org/article/2017/july/10/joint-military-operations-against-daesh-in-southern-philippines。

2. 克什米尔问题

基金会的萨哈伊教授（C D Sahay）认为从安全角度来看，2016年和2017年前4个月的克什米尔局势非常混乱，令人不安；短期而言印度政府和军队别无选择，只能全力打击武装分子，将边境与"实控线"管理提高到1991—2001年间的水平；另外还要借助各种渠道有效传递信息，引导大众。他建议政府发挥主导作用，关心并抚恤民众，创造可以对话的良好氛围。① 库马尔准将（Narender Kumar）则认为：克什米尔武装冲突可能引发社会和文化机制的崩溃，这一冲突也表明当地政治领导层未能肩负起维护和平与公共秩序、抵制激进主义的责任；当地政治领导应设法从制度上斩断分裂分子和恐怖分子的后路，中央和"邦"政府在维护安全的同时也需要创造就业机会，发展经济。印度媒体不能将所有克什米尔人都视为分裂分子，政府也要设法在心理文化方面解决民众的认知问题。②

3. 左翼极端主义

印度的左翼极端主义主要是毛派反政府武装问题。基金会评估了左翼极端武装的实际军力，认为毛派已在印度10个邦建立活动网络，拥有9000—1万名武装人员，约6500枚火器，4万名全职干部。左翼运动的核心是建立"人民革命国家"，其实现路径是建立从尼泊尔边界通过印度中部抵达南部卡纳塔克邦的"红色走廊"。基金会称近期左翼暴力活动采取高调和高影响力的恐怖袭击，指责左翼暴力活动在2016年造成的平民死亡数比2015年大幅上升24.56%。不过也有研究认为2015年以来毛派活动有所减弱，警察部队在反叛乱能力方面进步很大，毛派内部也经历了一些挫折（主要是武器短缺，领导人热衷地方政治扩张甚至涉嫌贪污等）。基金会建议政府要重点关注毛派分子与其他势力相互勾结的可能性。③ 在政府对策方面，基金会认为当局在处理叛乱问题上的措施是全面的。如中央政府与邦政府相互协调，实施各项发展规划（如建立公共基础设施与服务

---

① C D Sahay, "Jammu & Kashmir-On the Path to Nowhere: Review of Security and Political Developments," 2017年5月18日，http://www.vifindia.org/article/2017/may/18/jammu-and-kashmir-on-the-path-to-nowhere-review-of-security-and-political-developments。

② Brig Narender Kumar, "Secure Cognitive Domain for Conflict Management in Jammu and Kashmir," 2017年7月20日，http://www.vifindia.org/article/2017/july/20/secure-cognitive-domain-for-conflict-management-in-jammu-and-kashmir。

③ Gautam Banerjee, "Maoist Insurgency: Tactical Quiescent?" 2015年1月30日，http://www.vifindia.org/article/2015/january/30/maoist-insurgency-tactical-quiescent。

的综合行动计划及道路需求计划）；在10个受左翼影响的地区加强警力，安装移动塔以改善通讯；将邦税收净额从32%提高到42%，从而将邦发展规划与中央援助挂钩。另有研究认为各邦应成为反叛乱的主体。①

（二）国际关系与外交研究

国际关系与外交研究关注非洲、欧洲、美国、中亚、西亚、俄罗斯、印度洋地区、印太海域以及热点问题如南海争端、卡塔尔断交风波、重大恐怖袭击等。

1. 美国研究

基金会研究员卡罗法诺（James J Carafano）认为莫迪政府放弃了停滞不前的中立外交政策。特朗普政府表现出与印度保持更密切联系的意愿，美印最近的对话也进行得很顺利。印度、美国和以色列之间的对话将引起全球关注，美国的参与表明它正考虑建设跨印度洋的广泛的美国利益共同体，美国将把这些参与国视为重要的全球战略伙伴，而不仅是区域盟友。② 高级研究员谢尔康（Harinder Sekhon）注意到白宫高级官员兼特朗普助手肯尼斯·贾斯特（Kenenne Juster）被任命为新一任美国驻印大使。此前许多人认为印度并没有得到特朗普政府的足够重视，印度对美国的吸引力还不够。目前担任总统国际经济事务副助理兼白宫国家经济委员会副主任的贾斯特显然是促成印度高层与特朗普首次会晤的重要桥梁，他深谙印度事务，2001—2005年期间，贾斯特担任美国商务部副部长，管理美印高科技合作小组。③ 贾斯特也一直积极促进两国间敏感的军民两用货物和技术贸易，促使美国逐步放宽对印制裁。尽管他做出了如此多的努力，但美印关系仍有瓶颈尚待突破，也面临着更多的经济与战略挑战。印度认为未来美印经贸关系的重要性不能低估，特别是两国共同承诺在2022年以前将双边贸易额从目前的1200亿美元增加到5000亿美元，这无疑需要两国政府更多的支持与决心，以此来衔接莫迪总理的"印度制造"宏愿和特朗普总统的"美国第

---

① Ramanand Garge, "Left Wing Extremism-A Brief Security Review," 2017年7月26日, http://www.vifindia.org/article/2017/july/26/left-wing-extremism-a-brief-security-review。

② James J Carafano, "America's Future is with India and Israel," 2017年8月10日, http://www.vifindia.org/article/2017/august/10/america-s-future-is-with-india-and-israel。

③ "特朗普'钦点'新驻印大使：曾为美印签民用核合作协议奠基础"，澎湃新闻网，2017年9月15日, http://news.ifeng.com/a/20170915/52014753_0.shtml。

一"理想。在战略方面,双方也需要制定共同战略,进一步加强美印于2015年1月签署的《美印亚太及印度洋地区联合战略愿景》的共识。①

2. 中亚研究

这里主要介绍印度加入上合组织对印度和中亚关系的影响。基金会认为印度的软实力在中亚已有很大影响,上合组织将为印度与中亚之间扩大经济、贸易、互联互通和反恐合作提供良好平台,中亚对水电和能源出口路线多样化的愿望也符合印度对进口多元化的需求。加入上合组织对印度实现"连接中亚"的政策目标并发展"南北国际运输走廊"有很大助益。在反恐方面,印度与上合组织成员国的接触将对中东和阿富汗区域安全合作产生重要影响,上合组织可以为成员国提供协商平台,印度可分享自己的反恐经验并帮助其他国家制定反恐战略。总的来说,印度加入上合组织有利于印度的未来发展,印度需积极主动地利用这一平台。②

3. 俄罗斯研究

2016年3月俄罗斯突然宣布从叙利亚撤军引起了外界很大怀疑。基金会的哈斯奈(S A Hasnain)认为近期俄罗斯从叙撤军是普京传递的微妙信号,表明俄罗斯希望阿萨德政府与叛军达成妥协,使叙利亚内战实现停火;但是其实俄罗斯并没有完全撤退,赫梅米姆军事基地的所有基础设施俄军都可无限期使用,俄撤出的部队只需两天就可全部返回叙利亚。③ 萨林(Sushant Sureen)等则认为,应将印俄关系提高到新的水平,这首先是因为俄依然是印度国防工业发展的重要伙伴,其次是因为俄始终是有影响力的强国,印度没有理由忽视与俄罗斯的关系。④

4. 军备研究

这一领域主要关注印巴军备竞赛。基金会指出,印度的弹道导弹防御系统已进入第二阶段,已具备在大气层内外拦截导弹的能力,可用于拦截

---

① Harinder Sekhon, "Senior Trump Aide Kenneth Juster named as US Envoy to India," 2017年6月27日, http://www.vifindia.org/article/2017/june/27/senior-trump-aide-kenneth-juster-named-as-us-envoy-to-india。

② Vinod Anand, "India and SCO: Astana Summit and Beyond," 2017年6月15日, http://www.vifindia.org/article/2017/june/15/india-and-sco-astana-summit-and-beyond。

③ S A Hasnain, "Syria: The Russians are leaving, or are they?" 2016年4月2日, http://www.vifindia.org/article/2016/april/02/syria-the-russians-are-leaving-or-are-they。

④ R K Sawhney、Sushant Sareen, "Afghanistan: India's Options," 2016年9月21日, http://www.vifindia.org/article/2016/september/21/afghanistan-india-s-options。

巴方的弹道导弹；而巴方正着力开发两种巡航导弹即"巴布尔"（Babur）和"拉阿德"（Raad），其运行高度较低，不在印度弹道导弹防御系统的范围之内，巴方对其予以重点关注；印方则寄希望于 S400 雷达能阻止巴方的巡航导弹。研究员查克拉瓦蒂认为未来印度必须在陆地、空中和外层空间建立良好的监视系统，以便在导弹到达目标前将其定位并摧毁。① 他还表示，印度炮兵已处于以网络为中心的战争环境之中，必须具备监视与侦查的能力才能实现目标任务，而目前的监视器数量还不够，故印方正开发无人机以弥补这个缺陷。②

（三）周边国家与地区研究

基金会对阿富汗、孟加拉国、缅甸、不丹、尼泊尔、中国、巴基斯坦、马尔代夫、斯里兰卡开展研究，每周发行对孟加拉国、尼泊尔、巴基斯坦、中国的分析简报。

1. 孟加拉国研究

研究员纳姆比尔（Varun Nambiar）关注的是孟加拉国对 1971 年事件的诉求。其研究称，孟加拉国谢赫·哈西娜政府于 2017 年 3 月宣布将敦促联合国认定 1971 年事件为种族灭绝行为，称无论是强奸人数还是死亡人数都可"证明"巴基斯坦当年在孟领土上实施了种族灭绝行为。印度对孟的这一行动予以支持将符合印度国家利益。这一姿态的好处首先是可促进对孟公共外交，提升印度的形象；其次可利用 1971 年事件引导国际视线，从而大大削弱巴在克什米尔人权问题上的主动权，凸显巴对印度内政说三道四其实并无道义信誉可言；最后这也有利于印度赢得国际声誉。③

2. 尼泊尔研究

基金会注意到印度允许尼泊尔在 2016 年间利用印度安得拉邦的维沙卡帕特南港与第三国开展贸易，认为维港的商业净收益远高于加尔各答，运

---

① P K Chakravorty, "Pakistan's Focus on Babur and Raad Cruise Missiles," 2017 年 2 月 23 日，http：//www.vifindia.org/article/2017/february/23/pakistans-focus-on-babur-and-raad-cruise-missiles。

② P K Chakravorty, "Modernisation of Artillery-A Quantum Jump," 2017 年 5 月 11 日，http：//www.vifindia.org/article/2017/may/11/modern.isation-of-artillery-a-quantum-jump。

③ Varun Nambiar, "The 1971 Genocide: Resurgent Bangladesh's Quest for Justice, Pakistani Obduracy and India's Role," 2017 年 5 月 22 日，http：//www.vifindia.org/article/2017/may/22/the-1971-genocide-resurgent-bangladesh-s-quest-for-justice-pakistani-obduracy-and-india-s-role。

费较少,到新加坡的转运成本更低,服务效率也很高,对尼而言维港比任何中国港口都更具成本优势。尼现在可要求印度允许其使用加尔各答、哈尔迪亚和维沙卡帕特南港等尼所需要的印度任一港口。这种合作可进一步坚固尼印友好关系,也可为尼泊尔作为"内陆国"的转型提供无限空间。①

3. 巴基斯坦研究

基金会认为莫迪执政后的印巴关系本有改善机会,但武装分子袭击帕坦科特空军基地、克什米尔河谷发生骚乱之后,两国关系开始走下坡路。印度试图对巴进行外交孤立,并以《印度河水条约》对巴施压。而巴似乎更重视新的战略联盟。同时,俄罗斯也越来越接近巴,伊朗与中亚继续与巴基斯坦保持接触。② 另外,基金会注意到巴总理纳瓦兹·谢里夫(Nawaz Sharif)下台这一最近变故,认为谢离职并没有对印巴关系造成实质改变,印巴谈判将面临和之前几乎完全相同的条件。研究员卡纳(Sanjiv Khanna)认为在巴改变"偏执"政策之前,克什米尔问题将继续成为印巴之间一大阻碍,无论谁当巴基斯坦总理,对印度都不会有太大不同。③

4. 阿富汗研究

基金会研究人员认为,阿富汗总统加尼(Ashraf Ghani)2016年对新德里的访问可很好地推动印阿关系的发展。印度认为现在应该更关心阿富汗的安全而不是顾忌巴基斯坦的敏感性,印度必须首先确定自己在阿富汗的利益,并评估自己能为这些利益付出多少代价。印度对阿富汗的兴趣主要在于防止阿富汗动乱破坏整个地区的稳定,且防止巴传播"有害的"意识形态和影响力。因此,印需要打破巴基斯坦对阿富汗国际贸易和过境的束缚,巩固与伊朗的密切关系,并将印度与俄罗斯的关系提高到新水平,与俄合作帮助阿富汗发展军事力量。在接近11年的时间里,印度在帮助阿富汗恢复稳定与安全方面一直发挥着重要作用,将来还要继续坚持。④

---

① Hari Bansh Jha, "Visakhapatnam Port: More Beneficial to Nepal," 2017年8月16日, http://www.vifindia.org/article/2017/august/16/visakhapatnam-port-more-beneficial-to-nepal。

② Sushant Sareen, "Indo-Pak Ties Likely to Remain Fraught in 2017," 2017年1月9日, http://www.vifindia.org/article/2017/january/09/indo-pak-ties-likely-to-remain-fraught-in-2017。

③ Sanjiv Khanna, "Exit of Mian Sahib: Nothing Changes for India," 2017年8月2日, http://www.vifindia.org/article/2017/august/01/exit-of-mian-sahib-nothing-changes-for-india。

④ R K Sawhney, Sushant Sareen, "Afghanistan: India's Options," 2016年9月21日, http://www.vifindia.org/article/2016/september/21/afghanistan-india-s-options。

5. 缅甸研究

印度认为缅甸在印度的"东向"政策中占据了中心位置。研究所称，缅甸是印度通向东南亚及以外地区的桥梁，印度则是缅甸多党民主道路上的长期合作伙伴，印度政策的持续性将受到缅甸的重视。研究员赫布里卡尔（PM Heblikar）认为两国政治关系正处于前所未有的水平，这为其他领域的双边关系如建立联合议会论坛奠定了基调。建立联合议会论坛也符合以印度东北地区为主并发展与缅甸及以东地区关系的莫迪主义，可助力双边关系的发展。这对缅甸也是一股重要推动力。[①]

（四）南盟研究

研究员杰哈（Hari Bansh Jha）重点关注在南亚引入共同货币的问题。他认为南亚自由贸易区的建立开辟了新的途径，为商品和服务更高效地流动奠定了基础，也为南亚引进共同货币提供了新思路，南盟成员国如采用共同货币将大大受益。区域经济一体化是引进共同货币的必要条件，只有在经济一体化的高级阶段才有可能引入共同货币。而共同货币通过统一的货币、财政、社会和反周期政策来促进超国家机构的建立，它所做出的决定对所有成员国都具有约束力，成员国为了经济利益需让渡部分主权，但仍保留国防和外交事务上的自主权。不过他也承认推进共同货币非常困难。具体来看，南亚地区冲突不断是区域经济一体化的主要障碍；印度在南亚的霸权地位令一些较小的邻国有所顾忌，各国恐难以接受为共同货币而失去传统主权；此外，该地区几乎所有国家都为内部问题所苦，往往迫使国家将大部分资源转移到安全方面；地区缺乏统一的政治制度也是一大挑战；最后，地区各国特别是印巴之间不断升级的军备竞赛是最大的问题。[②] 这一研究主张南盟成员国建立南亚货币联盟和由南亚中央银行管理的共同货币，认为共同货币可缓和南亚的政治冲突，成员国应积极推动货币联盟。

---

① PM Heblikar, "India-Myanmar Joint Parliamentary Friendship Forum," 2017 年 7 月 28 日，http://www.vifindia.org/article/2017/july/28/india-myanmar-joint-parliamentary-friendship-forum。

② Hari Bansh Jha, "Introducing Common Currency in South Asia," 2017 年 6 月 30 日，http://www.vifindia.org/article/2017/june/30/introducing-common-currency-in-south-asia。

三、特色研究

基金会从 2010 年 3 月开始重视中国问题研究，现在已有七年多的时间了，以下从地缘外交的角度对相关内容做一集中论述。

出于某种僵化的思维方式，基金会往往对中国与印度邻国疑虑重重。比如基金会研究人员在讨论印度允许尼泊尔使用印度的维沙卡帕特南港的时候，花了相当大的篇幅来论证这一选项比中国港口更有"相对优势"。按作者的说法，尼使用中国港口的前景似乎颇为黯淡，据说是因为中国港口距尼泊尔较远，货运需经过高海拔地区等。① 在巴基斯坦问题上，基金会一向高度敏感，其研究认为中国正支援巴改变其经济衰退，支持巴重返国际舞台。按照基金会的看法，巴基斯坦目前似乎变得更为重视新的战略联盟，认为即使美国对其持敌意，也可争取到中国的经济、外交、军事和政治支持来摆脱危机。② 在次大陆的另一端，孟加拉国向中国购买潜艇也引起了印方注意。基金会研究指出，潜艇采购与其他海军采购截然不同，其运作是个长期过程，是一笔长期投资，孟扩充设施说明潜艇采购量肯定会超出两艘。基金会担心的是，少量中方船员将在潜艇上承担责任，这就意味着中国至少可在几年间维持在孟加拉湾的存在。作者认为，印度应制定一系列减轻中国影响的策略，比如可向孟提供所需援助，以免中方在印度"后院"取得更大进展。③ 其实，印度和其邻国都是主权独立的国家，都有权与各国开展互利合作，基金会对邻国的怀疑和阻挠不仅不合情理，在政治上也不会产生什么积极效果。

观察陆海区域合作可发现，基金会的态度仍然过度审慎。如研究员杰哈关于南亚共同货币的研究无端指责中国加入南盟的任何尝试都会进一步破坏成员国间的关系，同时坚决主张，排除任何可能阻止引进共同货币的

---

① Hari Bansh Jha, "Visakhapatnam Port: More Beneficial to Nepal," 2017 年 8 月 16 日, http://www.vifindia.org/article/2017/august/16/visakhapatnam-port-more-beneficial-to-nepal。

② Sushant Sareen, "Indo-Pak Ties Likely to Remain Fraught in 2017," 2017 年 1 月 9 日, http://www.vifindia.org/article/2017/january/09/indo-pak-ties-likely-to-remain-fraught-in-2017。

③ Commodore Gopal Suri, "Chinese Submarines for The Bangladesh Navy An Assessment," 2016 年 4 月 13 日, http://www.vifindia.org/article/2016/april/13/chinese-submarines-for-the-bangladesh-navy-an-assessment。

国家（此处指中国），称中印冲突可能挫败引进共同货币的任何努力。[1] 基金会注意到中国在 2017 年 5 月提出了《"一带一路"建设海上合作设想》，认为该设想围绕促进"海上安全共同体"的理念，谈到了加强非传统安全领域的海上合作，说明中国将在非传统安全合作的掩护下扩大其硬实力。[2] 研究员辛哈（Neha Sinha）关注中国在非洲大陆的军事"扩张"，认为中国有意在非洲大陆建立长期据点，吉布提的补给基地将成为中国的首条"珍珠链"。[3] 总的来说，基金会的对华猜疑已到了极不客观的地步。

小结

辩喜国际基金会的座右铭是"在多元之中寻求和谐"（Seeking Harmony in Diversity），无论是其研究领域还是研究队伍构成都清楚地佐证了这一点。基金会聘请了印度一流的专业人士从事各领域的研究，他们中的很多人都是从政府部门退休的高级官员或将领。研究人员的素质保证了研究成果的高质量、权威性、实时性与持续性。作为与执政党印度人民党关系极为密切的高端智囊机构，从印度现政府的内外政策往往可以看出辩喜国际基金会的微妙作用，如刚卸任的基金会原主任维杰和现主任阿尔文·古普塔均一直活跃在中印对话的"一线"。

辩喜国际基金会无疑是我们了解印度政府最新政策动向的一扇重要窗口。目前的中印关系正处于敏感期，两国之间仍存在诸多纠纷，这需要两国研究人员更清醒、更理智地相互沟通，相互协作，从而为两国政府的政策选择提供专业支持。可以预见，辩喜国际基金会在这一领域将持续展示其影响力，发挥越来越重要的作用。

---

[1] Hari Bansh Jha, "Introducing Common Currency in South Asia," 2017 年 6 月 30 日，http://www.vifindia.org/article/2017/june/30/introducing-common-currency-in-south-asia。

[2] Vinod Anand, "ASEAN's Centrality and the South China Sea Dispute," 2017 年 8 月 8 日，http://www.vifindia.org/article/2017/august/08/asean-s-centrality-and-the-south-china-sea-dispute。

[3] Neha Sinha, "China's First Overseas Military Base in Djibouti," 2017 年 8 月 24 日，http://www.vifindia.org/article/2017/august/24/china-s-first-overseas-military-base-in-djibouti。

印度基金会

印度基金会（Indian Foundation，英文简称 IF，本部分简称为基金会）是印度一家"独立的"政策研究机构。基金会与现执政党印度人民党关系极为密切，其董事会成员包括了印度人民党一些重要官员，对印度外交政策有重要影响。基金会重点研究印度面临的问题、挑战和机遇，力图加强对国内国际重要问题的认识。值得注意的是，基金会公开表示寻求以印度民族主义的视角来阐述观点，其愿景是成为首要的智库，帮助印度理解印度文明对当代社会的影响。基金会办事处位于新德里，致力于与印度和全球范围内的伙伴相互合作，最终实现上述目标。

一、机构概况

印度基金会与印度人民党关系密切，其核心领导成员来自印度人民党，重要领导成员有普拉布（Suresh Prabhakar Prabhu）、西塔拉曼（Nirmala Sitharaman）、阿克巴（M. J. Akbar）、辛哈（Shri Jayant Sinha）、达斯古普塔（Shri Dasgupta）、辛哈斯（Shakti Sinhais）、普拉卡什（Surya Prakash）、辛格（Sunaina Singh）、拉姆·马达夫·瓦拉纳西（Ram Madhav Varanasi）、多瓦尔（Shaurya Doval）、科塔克（Dhruv C. Katoch）、班萨尔（Alok Bansal）、米塔尔（Ashok Mittal）、瓦德瓦（Chandra Wadhwa）和巴里（Binod Kumar Bawri）等人。西塔拉曼曾任印度人民党全国发言人，阿克巴曾任印度人民党议员，辛哈曾任印度人民党恰尔肯德邦议会成员，拉姆·马达夫·瓦拉纳西曾任印度人民党总书记。

印度基金会研究人员主要来源有二，一是印度各大知名院校如尼赫鲁大学和德里大学的博士，二是具有丰富实践经验的研究人员。他们在信息工程、新闻采编、律师、教师等行业从事具体工作，对基金会质量的提升有较大帮助。印度基金会重视引进跨学科的专才或复合型人才，特别是具有扎实理论功底和丰富实践经验的研究人员。现有主要研究人员包括拉玛巴丹（Sudarshan Ramabadran）、普拉卡什（Guru Prakash）、蒂瓦里（Aaditya Tiwari）、高尔（Deeksha Goel）、特里帕蒂（Satyendra Tripathi）、潘迪（Priyang Pandey）、米什拉（Apurv Kumar Mishra）、普克兰（Shristi Pukhrem）、辛格（Siddharth Singh）、哈迪（Ngawang Gamtso Hardy）、阿瓦图（Srihari Avuthu）等人。

  基金会设立了安全与战略研究中心、宗教与社会研究所以及宪法与法律研究所。安全与战略研究中心致力于研究印度国家安全和国际安全相关议题，由安全专家和前外交官组成的团队领导，与国内外研究机构和知名专家建立了良好关系。宗教与社会研究所致力于研究印度的宗教、社会和政治问题，其董事会由杰出专家学者组成，定期组织会议、研讨会和论坛。宪法与法律研究所由著名法学家组成，致力于研究和印度相关的法律与宪政议题，为巩固印度的政治法律体系，积极研究各种本土制度，并提出最适合印度国情的模型。

  基金会高度重视各种学术交流活动，其主办的印度洋会议和反恐会议等活动已形成品牌，影响颇大。印度洋会议是基金会的旗舰项目，由基金会与印度洋地区国家智库联合组织，共同讨论这一地区的各种议题。2017年9月举行的第二届印度洋会议在斯里兰卡科伦坡召开，会议代表来自印度洋区域各国及区外相关国家，斯里兰卡总理维克勒马辛哈（Shri Ranil Wickramasinghe）为组委会主席，印度外长斯瓦拉杰（Sushma Swaraj）为组委会副主席。会议主题是"和平、进步、繁荣"。其"和平"主题包括自由通航权、自由飞行权、集体反恐合作、反海盗合作等内容。"进步"主题包括加强双边或多边机制网络、加强国内政治机制建设和国内政治治理、教育和文化发展等内容。"繁荣"主题包括创建多边机制、加强现存机制、蓝色水域经济、生态和环境挑战等内容。

  基金会组织的年度反恐会议被视为战略和反恐领域的一项重要事件。前两届反恐会议分别在2015年和2016年于斋浦尔举行，第三届反恐会议于2017年3月14—16日在新德里举行，由印度基金会和哈里亚纳邦政府联合主办。会议主题为"印度洋地区的恐怖主义"，发言者来自28个国家，有35个国家的代表参会。印度—东盟青年峰会同样是印度基金会的旗舰项目，2017年8月14—19日在印度中央邦首府博帕尔召开第一届峰会，主题是"共享价值，共同命运"，由基金会和印度外交部联合主办。

基金会还与全球各智库和大学进行双边研讨，探讨全球关注的各种双边问题，包括印度与周围邻国的关系（印巴、中印、印伊、印尼、印缅关系等）以及印度与世界主要大国的关系（如印美关系）。印度创意会议旨在为重要的公共政策问题研究提供知识基础，为印度故事的另类叙事创造思想空间。迄今为止，印度基金会已举办三届创意会议，邀请来自印度国内外的政策制定者和公共知识分子，包括政治家、政府领导、企业领导、学者、社会活动家以及新闻记者，在坦诚而富有学术氛围的环境中交换意见。

基金会高度重视学术出版工作。《印度基金会期刊》（*IF Journal*）由基金会主办，从2013年8月到2017年9月共出21期，主要研究印度的内政外交、社会历史，并对基金会组织的重大会议进行综述，每期都有一个特定关注焦点，如重新审视印度的独立运动、性别正义、网络安全等，由不同专家学者围绕焦点问题进行阐述。《怒火》期刊（*AAKROSH*）由基金会的安全与战略研究所主办，主要研究印度和南亚地区的恐怖主义与国内冲突，从2016年10月到2017年2月共出4期。基金会已出版两本关于恐怖主义的书籍，分别是《全球恐怖主义：挑战与政策选项》（*Global Terrorism: Challenges and Policy Options*）和《今日恐怖主义》（*Terrorism Today: Aspects, Challenges and Responses*）。基金会高度重视运用新媒体扩大影响，注册有Twitter、Facebook、YouTube和Instagram账号。

二、主要研究

印度基金会成立以来，花了很大的精力研究反恐问题，尤其是印度、南亚和印度洋地区的反恐问题，对印度内政外交及社会历史问题也有关注，近两年还开始探讨印度洋问题和印度与东盟的关系问题。

（一）反恐问题

1. 印度洋地区反恐问题

基金会的研究认为，印度洋地区易发恐怖活动，原因在于某些国家尚武精神过于突出，殖民统治与新殖民主义又加剧了宗教、种族和语言引起的裂痕，域外国家的地缘政治考虑加剧了地区动荡，巴基斯坦及巴境内的极端组织在资金、制度、情报等领域支恐。贫穷、社会不平等、排外主义等特定的社会条件进一步加剧了本地区的恐怖主义问题。[1] 据分析,印度洋区域的恐怖主义包括以下类型:以推翻现存政府为目标的左翼势力;由种族原因引起的种族—政治势力;由宗教原因引起的政治—宗教势力;跨境恐怖主义。[2] 基金会表示,印度多年来深受跨境恐怖主义之害,后者因外部机构和国家的支持而存在。基金会建议的应对之策是:首先要理解恐怖主义的生存哲学、战略技巧、目标和支持系统;其次要建立强有力的机制,切断恐怖主义的融资渠道;其三是要在国际上孤立任何支持恐怖主义的国家;最后还要加强国内执法,推动国际社会协调行动并立法打击跨境恐怖主义。[3]

2. "伊斯兰国"对印度的挑战

基金会的研究认为,"伊斯兰国"已对印度国家安全构成严峻挑战。基金会也承认印度穆斯林总体温和,"伊斯兰国"难以利用,但又认为,从被捕嫌犯和其他渠道可了解到,"伊斯兰国"正试图收集武器,建立储备,伺机在印度实施恐怖活动。据分析,"伊斯兰国"在印活动采取了多样化战略,其目标包括:通过社交网络和在线网络征募印度人员,破坏大型目标,与区内恐怖组织发展紧密的长期关系。有鉴于此,印度内政部已将"伊斯兰国"视做重要的、长期的国家安全威胁。[4]

3. 全球反恐问题

阿吉特·多瓦尔(Ajit Doval,现印度国家安全顾问)在基金会参会时谈到了全球恐怖主义形势,认为恐怖主义的范围正在扩大,整个西亚、叙利亚、非洲以及欧洲部分地区在恐怖主义面前相当脆弱,指责巴基斯坦既是恐怖主义的受害者又是恐怖主义的支持者。据分析,恐怖主义在过去几年经历了巨大变革,出现了人力资源增加、武器弹药和财务模式升级、掌控石油甚至可能拥有大规模杀伤性武器等变化。据此,多瓦尔建议通过强

---

[1] Siddharth Singh, "Counter Terrorism Conference 2017: Terrorism in Indian Ocean Region," *Indian Foundation Journal*, Vol. V, No. 3, June 2017, pp. 49 – 50.

[2] M Hamid Ansari, "Dealing with Terrorism in the Indian Ocean Rim Area," *Indian Foundation Journal*, Vol. V, No. 3, June 2017, pp. 27 – 28.

[3] Counter Terrorism Conference 2016: Architecture of response to global terror outfits, *Indian Foundation Journal*, Vol. IV, No. 1, April 2016, pp. 52 – 55.

[4] Alok Kumar Gupta, "Islamic State in South Asia: Ramifications and Challenges for Indian," *AAKROSH*, Vol. 19, No. 71, April 2016, pp. 25 – 27.

制性的军事行动、双边合作以及国内能力建设来应对恐怖主义，同时特别强调基于情报收集技术系统形成预防性或先发制人的国际战略与行动，以此威慑恐怖主义。[1] 他主张全球反恐必须基于国际合作和集体行动，但又称联合国的反恐公约方案"模棱两可"，并对其表示质疑。[2] 参会的斯里兰卡前国防部长丰塞卡（Sarath Fonseka）则建议运用《孙子兵法》的战略思想来对付恐怖主义。总的来说，基金会认为南亚出现的各种恐怖主义之中以宗教原教旨主义最为突出，但南亚国家多为治理有方的民主国家，能有效应对恐怖主义，认为反恐就是反对恐怖主义的动机和能力。

4. 主张从心理视角研究恐怖主义

信仰、价值观、态度和个性特征等特质决定了每个人对特定情境的反应。基金会的研究认为，恐怖场景已发展成一种心理戏剧，每个行为者都扮演一定角色，包括受害者、施暴者、全球反应、各国政府的政策等。[3] 当一个人选择成为施暴者，同一地区的另一部分人就成为受害者。同时，公众和政府对恐怖主义都有自己的认知判断。公众的批判性评价或谴责，促使政府形成政策来应对恐怖主义。为了更清楚地了解恐怖活动，需要分离活动中的各个行为者，以心理视角为切入点研究各行为体的行为动机以及由此引发的行为反应，从而以更加精确的反恐战略和行动打击恐怖主义。

（二）印美关系与印日关系

1. 印美关系

基金会高度重视印美关系，认为印美两国是世界上两个最大的民主国家，共享民主价值观，可为两国强大的双边关系提供基础。基金会的研究称，2015年1月发布的《印美德里友谊宣言》大大促进了两国全球战略伙伴关系，表明加强双边关系将塑造国际安全、区域与全球和平；印度的"东向"政策和美国"重返亚太"不仅为印美合作也为亚太国家加强联系

---

[1] "Discussion on Worldwide Terror Trends: Terrorist Tactics, Targets and Weapons," *Indian Foundation Journal*, Vol. III, No. 2, May 2015, p. 45.

[2] "Counter-Terrorism Conference," *Indian Foundation Journal*, Vol. III, No. 2, May 2015, p. 34.

[3] Shubhra Sanyal, "The Psycho-Linkages in the War on Terror," *AAKROSH*, Vol. 20, No. 74, January 2017, p. 7.

带来了大量机会；印美关系已经历结构性转变，两国战略伙伴关系由防务关系变为合作关系，由买卖关系变为伙伴关系。①

基金会注意到，印美两国拥有广泛的共同利益，得到两国外交高层的反复确认：如印度驻美大使辛格（Arun Kumar Singh）强调印美两国在国防、网络安全、恐怖主义、投资贸易、可再生能源和科学技术领域有不断增长的共同利益；美国驻印大使对印度成为美国主要的防务合作伙伴表示高兴。② 在经济上，印美有很大互补性：美国的强项是高阶设计，印度的强项是代码编写、数据编写与计算；商业合作伙伴关系使两国都更有效率，具体体现在巨大的贸易量（双边贸易总额达到了1000亿美元）、直接投资、加工制造业和农业等领域的合作上。有研究指出，在国防上，美国是印度加强防卫力量的主要来源：美国成为印度军火和弹药的主要进口来源国；③ 两国国防部长近年来频繁互访；印度积极推动国防技术发展，试图将美印防务合作从买卖关系变为共同研发的关系；印美武装部队联合演习的频次高于彼此与其他国家的演习；印度恢复了与美国、日本和澳大利亚的海上关系；更重要的是，美国公开承认印度的崛起，因为印度是个负责任的国家而非修正主义国家。④ 印度认为美国对印度获得联合国安理会永久席位表现出积极信号。基金会并不讳言，印美合作除了经济利益之外还有重要的战略利益，因为印美都有一个相同的战略，即如何面对中国的崛起。其研究称印度必须在政治上和经济上平衡中国的崛起，但与中国对抗不是印度的选择，与中国的经济来往很有必要，印度的最大利益是最大限度地保障印度的崛起而非其他。⑤

虽然两国在很多问题上达成共识，如民用核协议、气候变化、反恐合

---

① "Discussion on The Future of Indo-US Relationship," *Indian Foundation Journal*, Vol. III, No. 2, May 2015, p. 33.

② Deeksha Goel, "Security and Strategic Outcomes from the Modi Visit to US," *Indian Foundation Journal*, Vol. IV, No. 3, July 2016, p. 43.

③ "Discussion on The Future of Indo-US Relationships," *Indian Foundation Journal*, Vol. III, No. 2, May 2015, p. 32.

④ "Discussion on The Future of Indo-US Relationships," *Indian Foundation Journal*, Vol. III, No. 2, May 2015, p. 33.

⑤ Shakti Sinha, "India-US relations at a Cusp: Will they seize the moment?" *Indian Foundation Journal*, Vol. IV, No. 1, April 2016, pp. 4 - 5.

作,但在一些领域依然有分歧,如知识产权、贸易便利化等。[1] 知识产权问题被认为是印美贸易关系最严重的阻碍,双方在知识产权上的对话协商依然在进行。印度的立场是不能接受知识产权问题上的"歧视性"和"不公平性",称绝不会容忍漠视印度最高国家利益的情况。[2] 在 2014 年和 2015 年的美国贸易代表处年度报告中,印度被列入"特殊 301 条款"优先观察名单。据称,原因是印度在医药、信息技术和出版领域的知识产权保护不足,执法不力。报告称印度和中国是往美国运送假冒伪劣药品的主要来源。基金会对此提出反驳意见,表示由于印度是全球最大的非专利药物来源国之一(印度每年向 200 多个国家地区出口的药品价值达 150 亿美元),美国的指控对印度在全球范围的国家形象已造成负面影响。知识产权是印美关系的难题。印美双方都抱怨世贸组织的《与贸易有关的知识产权协定》(TRIPS 协定),印美双方曾几度修改国内专利法,以便更好地与该协定保持一致,但两国对知识产权保护法的不同看法又导致出现争议,两国在这一领域最大的争议就是优先发明权的确定。印美之间最为显著的专利争端是制药行业,其次是在出版、电影和软件领域的版权争端。印方多次抱怨美国的指责,声称其知识产权制度完全符合 WTO 框架下的国际标准。为了加强这方面的对话交流,两国在贸易政策论坛下设立了高层次的知识产权工作组。[3] 基金会表明,为了更好地与全球标准达成一致,印度早已成立了关于知识产权的智库,用来监督印度知识产权政策的形成。基金会还建议印度也要加强知识产权问题的谈判技巧,培训该领域的专业人才。

2. 印日在印度东北部的经济合作

2014 年,印日两国发布《日印特殊全球战略伙伴关系东京宣言》,此后两国围绕印度东北部的经济发展开展了较多合作,印度基金会对此关注较多。2016 年,"面对印度东北部地区基础设施发展的印日伙伴关系研讨会"在印度东北部的那加兰邦召开,会议由印度基金会、印度国际经济关

---

[1] Shakti Sinha, "India-US relations at a Cusp: Will they seize the moment?" *Indian Foundation Journal*, Vol. IV, No. 1, April 2016, p. 8.

[2] N. K. Singh, "India-US Relations: The IPR conundrum," *Indian Foundation Journal*, Vol. IV, No. 1, April 2016, p. 10.

[3] N. K. Singh, "India-US Relations: The IPR conundrum," *Indian Foundation Journal*, Vol. IV, No. 1, April 2016, p. 15.

系研究委员会、东盟和东亚经济研究所和日本东芝国际基金会联合主办。①日本驻印公使浅利秀树（Hideki Asar）在会上表示，日本很高兴印度将合作重点放在东北地区，冈村昭夫（Akio Okamura）补充指出东北地区是印度包容式可持续发展的关键，这一地区是印度和东盟之间的门户，必须加强公路建设，增强邦际联系和国际联系。尼赫鲁纪念博物馆与图书馆主任辛哈（Shri Shakti Sinha）肯定了日本的基础设施投资对东北地区的重要意义，巴塔库尔（Shri Dipok Kumar Barthakur）则强调印度的"东向"政策使缅甸和日本成为印度的天然伙伴，普亚雷拉尔（V. B. Pyarelal）重点指出印度需要在日本帮助下升级东北地区的基础设施如水力发电。日方的高桥（Takashi）对印日两国的工作机会进行了比较，认为从资源互补的角度来看，印日是很好的合作伙伴，双方的人力资源、经验和技术可有效互补。②总的来说，基金会认为基础设施联通对东北地区的商业贸易发展至关重要，东北部联通的重点在于交通、能源和信息技术领域，利用日本的先进技术对于该地区打造高质量基础设施大有裨益。③

（三）克什米尔问题

基金会非常关注克什米尔问题，其观点和印方主流保持一致而又有自己的特点。基金会认为克什米尔统治者在1947年已将此地合并到印度，故克什米尔是印度不可分割的一部分，巴基斯坦和中国均为非法占领。基金会指责巴应为克什米尔局势动荡负主要责任，指控是巴未从克什米尔撤军在先，此举已违背联合国决议，故巴方无权责备印度不遵守联合国决议；又称联合国安理会1172号决议接受印巴所有争端以双边会谈而不是公民投票的方式来解决。基金会还表示印度是世俗国家，不承认巴的"两个民族"理论，印度的穆斯林甚至比巴方的还多，克什米尔人民待在印度会更安全舒适，还抨击巴支持恐怖组织在克什米尔地区实施恐怖活动并多次袭

---

① "Workshop on Indian-Japan partnership towards meeting the challenge of infrastructure development in Indian's Northeast." *Indian Foundation Journal*, Vol. IV, No. 1, April 2016, p. 56.

② Shristi Pukhrem, "India-Japan Partnership for Economic Development in NER," *Indian Foundation Journal*, Vol. V, No. 3, June 2017, p. 42.

③ "Infrastructure Development in India's Northeast," *Indian Foundation Journal*, Vol. IV, No. 2, April 2016, p. 57.

击印度。①

　　针对克什米尔的动荡局势，基金会也提出了其对策建议，具体包括五个方面。第一是改变国际舆论。按基金会的说法，克什米尔唯一悬而未决的问题是巴基斯坦的非法占领问题，印度应在国际论坛提出此事，改变关于克什米尔的话语。第二是重塑法律架构。基金会的研究认为，印度《宪法》第370条（赋予"查谟和克什米尔邦"较为独立的地位和较高的立法权）是暂时性而非永久性条款，② 称对第370条的滥用已破坏了克什米尔的社会正义和安定，会使印度巴尔干化甚至令印度分裂，故呼吁印度政府采取大胆进取的姿态，重新评估1947年以来的政策。③ 第三是切断骚乱活动的财源。为此，要求印度政府制定长期政策，切断在巴境内活动的分裂主义势力及巴基斯坦当局对"恐怖组织"的资金援助。第四是严厉惩罚示威者和教唆者，在克什米尔恢复常态的权威机构，清除分裂分子，认为经济发展、增加就业等都不能解决克什米尔问题（克什米尔获得的拨款比其他各邦要多得多）。第五是严厉打击巴基斯坦。这里仅对最后一点展开论述。根据基金会的说法，如果巴不遵守1972年《西姆拉条约》，印度就没有义务遵守据说对印不利的1960年《印度河水条约》：一旦在印度发生与巴有关的恐袭，印度就可减少供水量，或在雨季增大供水量以淹没巴方部分国土。基金会还建议印度取消对巴基斯坦的最惠国待遇，称巴已在印度国内培养了游说团，印度有必要对此进行调查，安全机构应对分裂分子和"亲巴分子"采取严格措施，将其关进监狱。其又表示在宝莱坞工作的巴基斯坦歌手、演员必须与"恐怖"活动划清界限：他们如想继续在印工作，就会与巴方疏离，印度可趁机在国际上宣称巴残酷对待艺术工作者；如果这些人不公开反对恐怖主义，印度将直接予以驱逐。这些研究还呼吁印度在世界舞台上孤立巴基斯坦，公开揭露巴在国内"侵犯人权"的行为。④

---

① Jai Kumar Verma, "A Firm and Long-Term Strategy Required to Deal with the Kashmir Problem," *AAKROSH*, Vol. 19, No. 73, October 2016, p. 8.

② Arun Kumar, "Article 370: Origin and Implications," *Indian Foundation Journal*, Vol. II, No. 2, March 2014, p. 30.

③ P. C. Dogra, "The Need to Revisit the Indian Kashmir Policy," *Indian Foundation Journal*, Vol. II, No. 3, May 2014, p. 32.

④ Jai Kumar Verma, "A Firm and Long-Term Strategy Required to Deal with the Kashmir Problem," *AAKROSH*, Vol. 19, No. 73, October 2016, pp. 21 – 23.

不难看出，印度基金会在克什米尔问题上持极为强硬的立场，主张与境外因素即巴基斯坦全面对抗，对境内因素即所谓"分裂分子"或"恐怖分子"予以严厉打击。印方研究机构在克什米尔、巴基斯坦等问题上往往带有一定的情绪，立论自然也站在本国立场，这本身并不令人意外。不过与其他智库相比仍可发现，印度基金会的立场基本上可以算是最极端的强硬派，很多地方甚至比军方还要激进。比如印度基金会主张全面打击内外"对手"，而其他机构未必主张两面开弓；又比如印方很多机构虽主张打击巴基斯坦，但在《宪法》改革的问题上态度仍较为审慎；再比如，在动用印度河水对付巴基斯坦的问题上，印方很多人对国际法和相关政治影响仍有顾忌，很少把话说死说绝，一般仍留有余地。需要指出的是，近年来印度国力发展迅速，社会舆论在内外政策上出现强硬情绪上升的趋势，但印度基金会在克什米尔问题上仍然显得如此突出，的确是直接体现了其公开宣称的民族主义立场。

三、特色研究

基金会对中印关系也有一定研究，但其态度颇为矛盾。基金会一方面认为，未来十几年的中印战略合作关系将由两国的意志和努力所决定；称印度领导人在平等互利的基础上致力于健康稳定的中印关系，丰富战略合作内容，扩大共同利益；又强调唯有中印双方共同努力，才能避免大国崛起的悲剧，打破地缘政治的束缚。[1] 这些研究不仅承认中印有巨大的合作潜力，甚至就具体合作提出了详细建议：在文化领域创建"数字丝绸之路"，促进两国人民的旅游、电影和体育交流；在贸易领域建立更平衡的双边贸易关系，呼吁中国在技能开发方面支持"印度制造"，建议两国在能源安全、软件工程、药品、成本效益研究方面开展更多合作；[2] 在投资领域呼吁中国在印度投资，认为印度可成为中国投资的理想目的地；在边界问题上主张两国共同商议、冻结"实控线"，采取措施逐步改善当地居

---

[1] "Bilateral Conference on Prospects of Indian-China Relations," *Indian Foundation Journal*, Vol. II, No. 5, September 2014, p. 43.

[2] "Bilateral Conference on India-China Relations," *Indian Foundation Journal*, Vol. III, No. 2, May 2015, p. 31.

民生活水平。① 基金会主任班萨尔（Alok Bansal）强调中印在各多边框架如亚投行、二十国集团和"金砖"机制均可有效合作，特别强调两国和全球均同时面临恐怖主义和气候变化这两大威胁，呼吁中印形成一致战略来应对恐怖主义所构成的威胁。②

另一方面，基金会很多人又难以对很多具体问题采取务实态度。例如基金会不少研究在水资源领域批评中国在雅鲁藏布江（布拉马普特拉河）和其他河流水利开发项目上对印度不透明，似乎忘了中国境内的水利开发到底还是中国主权范围内的事务，下游国的权益虽然应该兼顾，但上游国也有其不可剥夺的权利，上游国显然只能提供合理范围之内的透明性而不是无限的透明性。还有不少人主张中印水文专家共同就雅鲁藏布江（布拉马普特拉河）讨论出对双方都有利的协定，说两国可以从印巴《印度河条约》中汲取经验。③ 不过说到底，这种所谓协定的本质仍然是对中国的单方面束缚，所以在政治上是不可行的。在海洋领域，有人一方面呼吁两国举行更多联合海军演习，一方面又对中国在印度洋进行港口建设以及中巴在阿拉伯海举行联合军演表示"担忧"。④

自2014年起，复旦大学国际问题研究院与印度基金会建立了年度互访和对话机制，就中印关系加强交流，并设立"中印对话"专款，力图将其发展成中印间有一定影响的"二轨"对话。⑤ 2016年12月，印度基金会与复旦大学在德里举行了第三届中印双边关系会议，主要讨论了三个问题，即中印关系的挑战、地区和平与稳定、解决双边问题的路径。前印度驻华大使康特（Ashok Kantha）在会上表示，悬而未决的领土和边界争端及中巴关系影响了中印关系的顺利发展，呼吁中印共同努力为阿富汗带来和平、稳定和发展，建议两国在网络空间寻求更深合作。印方专家提出印

---

① "Bilateral Conference on Prospects of India-China Relations," *Indian Foundation Journal*, Vol. II, No. 5, September 2014, pp. 44-45.

② Siddharth Singh, "Fudan-Indian Foundation 4th Annual Bilateral Dialogue at Shanghai," *Indian Foundation Journal*, Vol. V, No. 5, October 2017, p. 76.

③ "Bilateral Conference on India-China Relations," *Indian Foundation Journal*, Vol. III, No. 2, May 2015, p. 30.

④ "Bilateral Conference on India-China Relations," *Indian Foundation Journal*, Vol. III, No. 2, May 2015, p. 32.

⑤ "国际问题研究院吴心伯常务副院长率团访问印度"，复旦大学新闻文化网，http://news.fudan.edu.cn/2014/1217/37712.html。

度加入核供应国集团的问题，中方学者表示原则上不反对印度加入核供应国集团，但希望印度像中国一样首先按程序签署《不扩散核武器条约》。不过，基金会学者对"一带一路"特别是中巴经济走廊以及相关的中巴关系普遍持极为消极的态度。比如康特认为巴基斯坦的核计划得到中国支持，是对地区安全的主要威胁，印方代表也对"一带一路"特别是中巴经济走廊表示担忧。海军准将辛哈（Shekhar Sinha）则强调印度坚决反对中巴经济走廊在克什米尔的建设活动。在2017年的第四届中印双边关系会议上，又有印度代表称"一带一路"必须尊重印度对领土主权的敏感性，必须基于国际公认的准则即法治、公开、透明、平等等原则。尼赫鲁纪念图书馆馆长辛哈（Shri Shakti Sinha）甚至直接表示，中国在亚欧地区特别是在印度的邻国积极推动"一带一路"倡议，已经令印度产生了实质性的不安情绪，指责中巴经济走廊通过了被巴"非法占领"的印度合法领土。[1] 当然，基金会在这一领域也不是完全的一边倒，比如参加第三届对话会议的马利克（Shri Ashok Malik）表示不能以巴基斯坦为棱镜观察中印关系，因为中印关系远远超乎于此；两国都是主要大国和崛起经济体，应表现出成熟的态度，全球舞台有足够的空间使两国能为该地区人民的更大福利而相互合作。[2] 尽管如此，这种相对积极的观点似乎并不占主流。在2017年的第四届中印双边关系会议上，基金会还提出一种较新的观点，认为中印关系不能仅仅从地缘政治和地缘经济的角度来看，也要有地缘文明的视角；不能仅仅从意识形态方面看，也要从儒教和印度教的视角来看。不过，对这一观点的阐发仍然不多，具体内涵尚不清楚。

前大使斯托布丹（P. Stobdan）对中印关系做出了较为独特的观察。他的看法是，中印关系的基础是不牢靠的；双方应积极建立战略信任关系，宝莱坞电影可作为促进中印关系发展的媒介；在"一带一路"领域，印度已经加入亚投行基础设施投资的一部分，但"一带一路"也需要尊重印度

---

[1] Siddharth Singh, "Fudan-India Foundation 4th Annual Bilateral Dialogue at Shanghai. *Indian Foundation Journal*, Vol. V, No. 5, October 2017, p. 73.

[2] "Bilateral Conference on Prospects of India-China Relations", *Indian Foundation Journal*, Vol. II, No. 5, September 2014, p. 43.

的领土完整。他还专门强调,印美关系不应被看做是中印关系的制约因素。① 以上观点虽不无偏颇,但仍然比某些极度片面的研究要更为周全一些。

小结

印度基金会将研究重点放在印度安全与外交上,从印度民族主义视角出发研究恐怖主义、双边关系和多边外交。基金会的领导成员大都与印度人民党以及印度政府各部门关系密切。基金会的研究人员大都是印度知名大学的高学历专业研究人员或实践经验丰富的具体工作人员。基金会举办了很多有影响力的会议,其内容集中在反恐和外交领域,会议成果和研究成果汇集在《印度基金会期刊》(IF Journal)和《怒火》(AAKROSH)两种期刊里,《怒火》主要是关于反恐话题。在某种意义上,基金会的各种活动并非纯粹学术意义的研究,更多代表政府或政治精英的意见,既有研讨的作用,更起到宣传与倡议的效果。有必要指出的是,印度基金会在内外问题上总体持较为强硬的民族主义观点,由于其与执政党印度人民党关系极为密切,其政策建议对中印关系的影响值得进一步跟踪研究。

---

① Siddharth Singh, "Fudan-Indian Foundation 4th Annual Bilateral Dialogue at Shanghai," *Indian Foundation Journal*, Vol. V, No. 5, October 2017, p. 71.

政策研究中心

政策研究中心（Centre for Policy Reserch，英文简称 CPR，本部分简称为中心）是印度领先的公共智库之一，致力于通过多种途径影响印度内政外交政策的制定与实施。本章将具体介绍政策研究中心作为一所非营利、非党派独立机构的运行机制、人员与经费概况及成立至今的研究方向，包括经济政策、环境法和治理、国际关系与安全、法律法规和国家以及城市化等 5 个方面，并对中心关于中国问题的主要研究人员及观点做单独说明，以期加深对印度及其对外政策的认识，促进中印合作交往。

一、机构概况

政策研究中心是 1973 年成立的印度智库，在公共政策研究领域长期领先，是国际发展研究中心（IDRC）智库倡议（TTI）的成员机构。和国防分析研究所等官方智库不同的是，政策研究中心自称为非营利、无党派的独立思想库，如中心前主席（President）普拉塔普·梅塔（Pratap Bhanu Mehta）就一再表示："政策研究中心不倾向于任何政党，非政党化对我们来说很重要。"[1] 尽管如此，从其经费来源仍然可以发现，中心与印度政府关系极为密切，这对其独立性的影响尚难以评估，但全然否认这种影响显然是不合理的。

政策研究中心研究人员来自不同的学科领域和社会背景，有杰出学者

---

[1] 毛晓晓："印度智库：学术自由与独立立场"，2010 年 10 月 25 日，http://news.ifeng.com/world/detail_2010_10/25/2886304_0.shtml（2017 年 9 月 10 日）。

若干，青年专业人士 50 多名。中心研究工作不采取集体立场，允许学者自主表达其观点，故中心内部对同一问题经常存在支持和反对两种相互矛盾的声音。

政策研究中心由董事会领导，目前有 11 名董事，均系著名银行家、企业家及知名学者，包括塔塔电讯有限公司董事长苏博德·巴尔加瓦（Subodh Bhargava）、印度储备银行前行长韦纳戈帕尔·雷迪（Y Venugopal Reddy）、印度政府前外交秘书萨仁山（Shyam Saran）以及不列颠工业有限公司前首席执行官维尼塔·巴利（Vinita Bali）等。董事会主席由印度政府前秘书埃里克·冈萨尔维斯（Eric Gonsalves）担任，政策研究中心高级研究员亚米尼·艾亚尔（Yamini Aiyar）自 2017 年 9 月 1 日起接替普拉塔普·梅塔任中心主席兼首席执行官。

政策研究中心的经费主要来自国内外基金会、企业慈善事业、政府等机构的赠款。中心年度财政报告显示：中心在 2014 年、2015 年、2016 年三个财年度分别获得捐款 1.12505 亿、1.57855 亿和 1.94079 亿印度卢比；2016 年有 27 个捐款组织，仅印度社会科学研究理事会（ICSSR）就捐款 1636 万卢比。

印度政策研究中心在它诞生后的 40 多年间多次参与经济、政治、社会领域重要政策的制定工作，中心专家通过发表论文、出版著作、接受访问等多种方式展现自己的观点，为政府及其他公共机构提供建议。在报纸上发表文章是中心专家最常用的观点表达形式，合作媒体包括《印度时报》《印度斯坦时报》《印度快报》和《经济时报》等主流大报。中心从 2004 年开始固定出版年度报告，总结本年度在各方面的工作成就及中心专家对年度热点问题的代表性观点。

此外，中心还积极推出以"思考空间"为名的播客，目前已推出 19 期，涉及城市治理、政治选举、教育、气候变化等方面，第 18 期以《系统地了解腐败的原因、类型和解决方案》为题，由理查·班萨尔（Richa Bansal）与中心的问责制倡议顾问拉古纳丹（Raghunandan）进行对话，内容包括对腐败问题的批判性分析，如何制定有意义的反腐败措施，如何衡量社会中的腐败思想，印度各种类型的腐败等，节目力图向印度当局及社会的反腐运动提供有力的借鉴。

二、主要研究

中心的研究工作可大致分为5个领域：经济政策、环境法和环境治理、法律法规、国际关系与国际安全、城市化，具体问题则包括问责制、卫生、城市化、土地权、气候变化、技术与社会、环境法、国家能力、基础设施、社会矛盾、大国政治、认同研究等。

（一）经济政策

现代国家既要确保生产力的增长，又要确保本国公民能平等参与经济活动并享受其成果。中心研究人员致力于从宏观经济、贸易政策、福利计划等方面系统研究印度的经济政策。

中心共有7个关于经济政策的研究项目，目前以拉吉夫·库马尔（Rajiv Kumar）为主要负责人的宏观经济研究为重点项目。该项目旨在跟踪全球和印度国内宏观经济数据，每月发布对经济状况的最新评估，并就具体的宏观问题如通货膨胀、财政平衡和国际收支情况提出政策建议。中心还与孟买证券交易所（BSE）合作召开了一系列宏观经济研讨活动，主题包括"印度的银行业改革"和"通过资本市场将家庭储蓄引向生产用途"等，目的是鼓励不同背景的宏观经济学家相互讨论，为决策提供有益的信息。就贸易对经济的影响这一问题，拉吉夫·库马尔和格提玛·克里希纳（Geetima D Krishna）联合发表了"印度出口：全球竞争力下降"一文，着重介绍印度出口篮子的组合，出口目的地和全球出口份额，其结论认为：印度需要彻底审查出口促进委员会和相关出口机构的工作和业绩。[1]

表列群体是中心学者比较关注的问题，这方面的研究最为突出的是希亚姆·巴布（D Shyam Babu）。巴布是中心高级研究员，其研究兴趣包括表列群体的社会经济活动、企业家精神从宏观和微观层面推动印度经济增长的作用等，2014年合著的《反抗不平等》一书获得好评，2017年又参与了杜克大学出版的《表列群体之间的种姓和阶级》的编写。希亚姆·巴布认为，反歧视机构和制度均不足以从根本上消除社会对表列群体的不公正与排斥行为，表列群体地位的真正改进需要他们提高自身政治觉悟并不

---

[1] Rajiv Kumar, Geetima D Krishna, "Indian Exports: Loss of Global Competitiveness," *Economic & Political Weekly*, Vol.1, No.34, August 22, 2015, pp. 20-23.

断参与国家事务。①

(二) 环境法与环境治理

发展经济和保护环境之间的平衡是任何国家都逃避不开的难题。中心致力于研究如何确保印度实现经济增长的同时仍可拥有清洁而可持续的环境，相关研究课题涵盖了从环境法到建筑业的各个领域，与国内外环境研究机构接触频繁。正是由于他们的努力，政策研究中心在2015年全球气候问题智库中排名达到第11位，从2014—2016年连续3年被列为印度顶级气候问题智库。

到目前为止，政策研究中心共有15个环境法与环境治理的研究项目。以菲利普·库勒（Philippe Culle）为代表的是对于水资源的研究。菲利普·库勒是中心高级访问研究员，同时也是国际环境法研究中心（IELRC）第一任主任兼召集人，目前主要研究水法与水资源治理，尤其关注地下水、饮用水、卫生与体制改革。他对印度北方邦4个县进行了实地考察，认为基础设施建设尤其是个人厕所是实现卫生权的关键。菲利普·库勒在2017年8月发表了《危机交集：急需地下水管理》一文，明确表示地下水危机日益严重，现行法律制度并不成功，这迫使人们明智而谨慎地使用水资源，为自己和子孙后代的利益保护水资源。② 对气候问题的研究同样是中心的研究重点，高级研究员迪拜什（Navroz K Dubash）指出：气候变化对印度构成真正的威胁，能源方面的变革不仅可保证印度的发展，也会在全球气候控制领域做出贡献。③ 在特朗普选择美国退出《巴黎协定》的背景下，他特地发表《印度必须重申其在巴黎的承诺》一文，再次重申印度应对全球气候治理持负责任立场。

气候倡议（CI）和环境公平（EJ）是政策研究中心在环境治理方面的重要项目，气候倡议大力提倡关于气候、能源及环境问题的研究，在2015

---

① D. Shyam, "A solution in search of a problem," 2017 – 4 – 27, http://www.thehindu.com/opinion/op-ed/a-solution-in-search-of-a-problem/article18230098.ece（2017年8月20日）.

② Philippe Culle, "A gathering crisis: the need for groundwater regulation," 2017 – 8 – 8, http://www.thehindu.com/opinion/op-ed/a-gathering-crisis-the-need-for-groundwater-regulation/article19446507.ece（2017年8月20日）.

③ Navroz K Dubash, "Warming signals," 2014 – 11 – 6, http://indianexpress.com/article/opinion/op_eds/warming-signals/（2017年8月25日）.

年推出博客并提倡以公开辩论的方式增进中心内外学者交流。环境公平计划鼓励研究宣传海岸治理行动，检测环境行为的合规性，向政府提出政策建议，在2015—2016年提交的多项建议有5项涉及采砂问题。

（三）国际关系与国际安全

政策研究中心密切关注国际安全问题，其范围从核战略和军事历史一直延伸到跨界水资源分享，涵盖了双边关系和各种全球化问题。

政策研究中心设立的印度发展合作研究项目（IDCR）得到了亚洲基金会的资助，致力于开发印度发展援助综合数据库，宣传印度双边发展伙伴关系的相关情况。在双边关系研究领域，中心集中关注印度与非洲国家、阿富汗、日本及中国的双边关系。在印非关系上，中心认为泛非电子网络、印非论坛峰会等都折射出两地未来合作的巨大潜力。"印阿发展合作与'阿印友好水坝'"一文简要介绍了印度对阿富汗的发展援助计划，说明印度在阿富汗整体经济和社会发展中的关键作用。中心认为"特殊战略与全球伙伴关系"和"日印愿景2025"均是印日两国加强合作的基础，中心研究员萨仁山和拉迪卡·科斯拉（Radhika Khosla）合作撰写的"印日在清洁能源和气候变化方面的能源合作"详述了两国在太阳能、清洁煤碳方面的合作前景。对中印关系的研究将在下文详述。

在全球南南关系的重塑、区域主义和经济民族主义等老式经济秩序复苏的大背景下，中心研究人员越来越关注各种全球化问题。政策研究中心推出"全球化问题"系列讲座，关注全球化问题发展趋势及其对印度和世界的影响，多次邀请印度政府首席经济顾问阿尔文·苏布拉马尼亚姆（Arvind Subramanian）担任主讲嘉宾。

核战略是影响国际安全的重要因素，国家安全问题专家巴拉特·卡纳德（Bharat Karnad）对此有深入研究。卡纳德是印度第一届国家安全顾问委员会成员，参与了核原则起草小组的工作，著有《印美核交易》《印度核政策》《核武器与印度安全：现实主义战略基础》等书。他的"印度处于核陷阱中"一文将印度比喻为在丛林法则中生存的温顺的大象，而美国已探索印度这只动物很多年，对印度的核不扩散目标有较清晰的认识；虽然美国不会成为印度的安全竞争对手，但印度借美国提携而提升大国地位的想法无疑是软弱的表现。①

（四）法律与法规

中心研究人员对法律法规的研究侧重于其对人权、知识产权以及土地权利的影响，积极探索社会变革和社会治理的各种基本问题。问责计划（AI）、政府治理和公共倡议政策（GPPI）以及土地权利倡议（LRI）均为这一领域的旗舰项目。问责计划由中心新任主席兼首席执行官的亚米尼·艾亚尔领导，重点研究如何在印度加强问责制并提升印度的公共管理水平。问责计划在2016—2017年间公布了两个重要成果，一个是关于恰蒂斯加尔邦和联合国儿童基金会（UNICEF）合作的社会部门支出研究，另一个是公布了"清洁印度"计划（Swacch Bharat Mission，SBM）在农村实施情况的调查结果。

政策研究中心高度关注选举问题。斯里纳特·拉加万（Srinath Raghavan）在"议会选举：前将军应摆脱政治"一文中，以印度人民党在2014年选战中试图通过承诺一等养老金来吸引前军人，甚至向前陆军参谋长辛格（VK Singh）承诺部长级职位为例，呼吁政界和军方充分考虑这样做的后果，避免军政关系遭破坏，指出高级军官退休后只能在政治之外为国效劳。② 拉吉夫·库马尔（Rajiv Kumar）在"德里选举：印度人民党成为赢家的七个理由"一文中详述了印度人民党赢得选举的原因，指出除印度人民党积极备选、莫迪个人才能突出之外，平民党（AAP）内部混乱、消极竞选等也是主因。③

中心前主席兼首席执行官普拉塔普·梅塔在2016年出版的两本著作均涉及社会治理问题。《浏览迷宫：印度高等教育研究》分析了印度的人口

---

① Bharat Karnad，"INDIA IN A NUCLEAR TRAP，" 2007 - 8 - 7，http：//www.livemint.com/Opinion/2W3ekkmzcikNvdMiMGFUSI/India-in-a-nuclear-trap.html（2017年9月24日）.

② Srinath Raghavan，"Assembly elections：Former generals should steer clear of politics，" 2017 - 3 - 15，http：//www.hindustantimes.com/analysis/former-generals-should-steer-clear-of-politics/story-Hkm0sB4jR8w5FeCS6BTHwO.html（2017年9月24日）.

③ Rajiv Kumar，"Delhi MCD Elections：Seven Reasons Why BJP is The Winner，" 2017 - 4 - 26，http：//www.news18.com/news/politics/delhi-mcd-elections-7-reasons-why-bjp-is-the-winner-1383943.html（2017年9月24日）.

变化和私立学院的数量增长，指出院校数量的扩张对质量有负面影响。[1]另一著作《反思印度公共机构》分析了当代印度公共治理面临的挑战，认为在可预见的将来，印度私营部门和民间团体的增长可弥补公共部门的不足，但在公共安全、公共物品供给等广泛领域，国家的作用是不可替代的。[2]

（五）城市化

快速推进的城市化给印度带来了巨大的挑战，从基础设施建设到民众管理都面临较多问题。中心研究人员从多重角度观察印度的城市化进程，努力了解其启动、变化及对就业的影响。

中心在城市治理领域的研究对象分为大城市和小城镇。在大城市方面，主要研究城市化过程中出现的收入不平等、公共服务、选举参与等问题。中心研究人员在观察了住房等生活条件之后发现，即使在诸如生活用水和厕所等基本服务方面，相邻城市之间也有巨大差别。中心发表的"大城市治理"一文表示："'城市化国家'是个诱人的想法，但是必须对其涉及的内容有充分了解；印度的大城市如德里、孟买、班加罗尔、加尔各答渴望成为世界级城市，但这必须与全球责任和绩效相匹配；如果不能满足居民的日常需要和生活所需，孟买就不可能成为第二个或是第三个上海。"[3]

中心研究人员近两年特别关注新兴的小城镇，"印度的小型城市化"（SUBURBIN）是研究小城镇的重点项目，由法兰西本地治理研究所（French Institute of Pondicherry，IPF）和人文科学研究中心（Centre de Sciences Humaines，CSH）联合执行，政策研究中心和其他机构如英迪拉·甘地发展研究所（Indira Gandhi Institute for Development Research）、法兰西本地治理研究所、尼赫鲁大学、新德里规划与建筑学院（School of Planning

---

[1] Pratap Bhanu Mehta and Devesh Kapur (eds.), *Navigating the Labyrinth: Perspectives on India's Higher Education*, Orient BlackSwan, 2017.

[2] Pratap Bhanu Mehta and Devesh Kapur (eds.), *Rethinking Public Institutions in India*, Oxford University Press, 2017.

[3] KC Sivaramakrishnan, "Megacity governance," 2013-1-20, http://www.business-standard.com/article/opinion/k-c-sivaramakrishnan-megacity-governance-109030800019_1.html （2017年9月24日）.

and Architecture，New Delhi）都参与了这项工作，并在 2017 年出版了《印度的小型城市化》。"小城市在印度和印度尼西亚青年就业方面的作用"一文探讨了小城市在塑造青年移民就业方面的积极作用。该项目探索青年移民在小城市劳动力市场中的作用，目前正调查技能发展、就业结果、经济流动性等因素影响移民的具体途径。政策研究中心力图利用项目成果，提出具体政策建议，使各国政府能改善青年移民特别是移民女工的就业情况。

印度移民问题在中心的城市研究团队中获得较多关注。英迪拉·甘地发展研究所（IGIDR）领导的"印度移民问题深入研究与行动"计划（SHRAMIC）汇集了学界和非政府组织对移民问题的研究，目标是提高对印度移民问题的认识，提出保护移民权利的政策规定。作为该项目系列活动之一，中心在 2017 年举办"南亚劳工移民与社会变迁"研讨会及讲习班。穆克塔·奈克（Mukta Naik）等在《印度时报》发表题为"政府必须拯救移民流动的恶化问题"的文章，强调政府在保护移民权利、促进移民就业方面有很积极的作用。[1]

三、特色研究

政策研究中心对国际问题包括中国问题极为关注，几名研究人员经常在媒体上发表与中国有关的时评文章，出版或刊发了一批有影响的研究成果。

（一）研究中国问题的主要专家

斯里纳特·拉加万是政策研究中心高级研究员，也是伦敦国王学院印度研究所高级研究员，致力于研究印度外交与安全政策，近著包括《现代印度的战争与和平》《1971 年》以及《印度战争》，发表的涉华文章有"莫迪在中国的机会""印度军民关系：中国危机之后"等。

萨仁山是中心高级研究员，曾担任印度外交秘书、国家安全顾问委员

---

[1] Mukta Naik, Eesha Kunduri, Ashwin Parulkar, "The governmentmust compensate for the demonetisation setback to migrants' mobility," 2017 - 1 - 16, http：//www.hindustantimes.com/analysis/the-government-must-compensate-for-the-demonetisation-setback-to-migrants-mobility/story-yMPS2oGI96UCUEfcOAiT5J.h-tml （2017 年 8 月 20 日）。

会主席等要职，曾任发展中国家研究与信息中心主席。他定期就外交政策、气候变化、能源安全以及国家安全和国际安全问题发表讲话。在2016年发表的"未来十年的中国和世界"一文中，萨仁山分析了未来10年中美关系会如何演进，以及会对印度等国的外部环境产生怎样的影响等重要问题。萨仁山近年还在《商业旗帜报》及《印度时报》上发表多篇关于中国的评论，如"人民币日益增长的全球影响力""中国的供给侧改革""改变中印关系的动态"等，得到国内外广泛关注。萨仁山认为，中印实力的差距主要表现在经济领域，要缩小差距，印度应集中精力发展经济。[1]

尼米·库里安（Nimmi Kurian）是政策研究中心副教授、纽约新校大学印中研究所顾问，研究兴趣包括亚洲边界、比较区域主义和次区域主义、印度外交政策及跨界水治理等，最近出版的研究成果包括《印度和中国：重新思考边界与安全》（合编）、《印度中国无国界》《盲人与大象：对中国"一带一路"倡议的思考》《流动与缺陷：与中国关于水分享的讨论》等。

布拉马·切拉尼（Brahma Chellaney）是中心战略研究教授、国际安全与军控问题专家，曾在哈佛大学布鲁金斯学院、约翰·霍普金斯大学国际问题研究院和澳大利亚国立大学任职，曾任印度外长领导的政策咨询小组成员。他于2010年出版研究中印日关系的《亚洲巨人：中国、印度和日本的崛起》一书，阐述了亚洲三大经济体构成的战略三角关系。布拉马·切拉尼经常为《国际先驱论坛报》《华尔街日报》《日本时报》《经济时报》和《印度时报》等撰写涉华评论，仅2017年上半年就有20多篇。

（二）"一带一路"研究

自2013年底中国国家主席习近平提出"一带一路"构想之后，印度一直较为消极，政策研究中心也发表了多篇研究文章进行跟踪。尼米·库里安在"盲人与大象：警惕中国的'一带一路'"一文中提出印度需注意，中国可借"一带一路"最大限度地获得经济利益，扩大在亚洲的地位与影

---

[1] Shyam Saran, "Changing dynamic in India-China relations," http：//cprindia. org/sites/default/files/Changing% 20dynamic% 20in% 20India-China% 20Relations-Shyam% 20Saran% 20BS% 2014.10. 2016. pdf？utm_content = bufferc25a1&utm_medium = social&utm_source = twitter. com&utm_campaign = buffer，pdf（2017年8月25日）。

响力。① 与此相似，桑贾雅·巴鲁（Sanjaya Baru）在《经济时报》上发表"中国的'一带一路'举措不仅关乎经济"一文，表示"一带一路"是中国利用经济实力实现地缘政治目标的一股力量。② 这种消极观念在印度其实是颇有代表性的，对中印双方的利益都是一种损害。当然，中心研究人员也并非都持反对态度，也有观点认为应积极迎接"一带一路"倡议，如斯里纳特·拉加万在《印度时报》发表"印度必须参与'中巴经济走廊'的实施"一文，明确表示印度的拒绝态度实际上剥夺了自己塑造亚洲转型的机会。③ 萨仁山的"印度必须加入中国海上丝绸之路倡议"一文强调：印度需要大量基础设施投资，而中国的钢铁、机械和电力等基础设施行业资本盈余，产能过剩，双方利益诉求不谋而合；加入"21世纪海上丝绸之路"倡议也是维持印度在印度洋的海上军事力量的有效措施；印度被认为是"21海上丝绸之路"倡议成功与否的关键，印度应该利用自身优势，成为"一带一路"的主要参与者。④

小结

不可否认的是，中印之间有合作也有分歧，洞朗对峙就显示两国分歧短期内难以消除，中心部分专家甚至认为中国很可能在今后对此次对峙事件采取报复行动。由此看来，中国要想促使印度参与"一带一路"建设，携手印度实现合作共赢的目标，还有很长的路要走。

---

① Nimmi Kurian, "The Blind Men and The Elephant: Making Sense of China's One Belt One Road Initiative," *Policy Brief*, December 2016, pp. 1–2.

② Sanjaya Baru, "China's One-Belt-One-Road initiative is not just about economics," 2017-4-25, http://blogs.economictimes.indiatimes.com/et-commentary/chinas-one-belt-one-road-initiative-is-not-just-about-economics/（2017年8月26日）.

③ Srinath Raghavan, "India must involve itself in the China-Pakistan One Belt, One Road initiative to stay in the game," 2017-3-23, http://www.hindustantimes.com/columns/india-must-involve-itself-in-the-china-pakistan-one-belt-one-road-initiative-to-stay-in-the-game/story-uTtxhRzcn8iCnUHsB91haJ.html（2017年8月27日）.

④ Shyam Saran, "India must join China's Silk Route initiative," 2015-3-18, http://www.hindustantimes.com/ht-view/india-must-join-china-s-silk-route-initiative/story-cZJ5kG4ktsvRaRXI9yRkqO.html（2017年9月23日）.

发展中国家研究与信息中心

发展中国家研究与信息中心（Research & Information System for Developing Countries，英文简称 RIS，本部分简称为中心）也译为印度发展中国家研究与信息系统研究所，总部位于印度首都新德里，主要从事发展中国家的国际经济、贸易、投资、科技和发展合作等方面的研究。中心以发展中国家为研究重点，同时也关注国际经济、地区经济、全球投资、新科技、新经济和可持续发展等问题。本文主要对印度发展中国家研究与信息中心的基本情况、研究重点等进行简要评述，以期帮助读者了解中心的基本情况。

一、机构概况

发展中国家研究与信息中心是印度外交部下属智库，主要从事发展中国家的国际经济、贸易、投资、科技和发展合作的研究。中心致力于成为能在国际与地区经济问题上促进有效政策对话和能力建设的论坛，工作重点是促进南南合作并协助发展中国家在各种论坛上进行多边谈判。中心积极参与政府间的地区经济合作倡议，就与伙伴国的全面经济合作协议谈判向印度政府提供技术支持与政策建议，寻求在国际经济问题上加强南方国家政策的一致性。

中心致力于进一步推动国内外各政府部门、研究机构、学术人员、政策制定者、商人和不同行业之间的联系，与联合国贸易和发展会议、不结盟运动和世界贸易组织保持协商，与包括联合国亚洲及太平洋经济社会委员会、77 国集团、南亚区域合作联盟秘书处、亚洲开发银行、世界银行和南方中心在内的诸多机构开展政策研究和其他方面的合作。

中心设立管理委员会和研究咨询委员会，管理委员会负责智库的管理工作，其成员多为印度政府官员；咨询委员会管理各研究主题或论坛来研究不同领域的问题。管委会现任主席（Chairman）哈尔迪普·辛格·普里（Hardeep Singh Puri），2017年3月15日任现职，主要研究国际经济和发展合作问题。管委会当然委员有印度政府外交秘书苏杰生（S. Jaishankar）、印度商工部负责商务的秘书蒂奥茜亚（Rita A. Teaotia）、财政部经济事务处秘书达斯（Shri Shaktikanta Das）、科技部科技处秘书夏尔玛（Ashutosh Sharma）、外交部负责经济事务的秘书辛哈（Shri Amar Sinha）。非当然委员有：国立高级研究所（National Institute of Advanced Studies）主编拉杰（Baldev Raj）、前驻世贸组织大使达斯古普塔（Jayant Dasgupta）、战略和外交政策分析家查利（Seshadri Chari）、住房开发银行（HDFC Bank）主席戈平纳特（Shyamala Gopinath）。中心主任（Director General）查图尔维迪教授（Sachin Chaturvedi）系管委会当然秘书。[1]

中心主要研究领域包括以下四方面，每个方面均包含若干研究项目。第一，互联互通与区域合作。主要包括以下研究项目：管理国际金融部门对金砖国家的重要性，印度与东盟的海空运合作，缅甸发展走廊对印度的影响，孟中印缅经济走廊、东西走廊（金四角的一部分）、三边高速公路、卡兰丹多式联运项目等对印度经济的影响。第二，新经济问题与南南合作。主要包括世贸组织的未来、2015年以后的全球发展议程、全球经济危机、国际机构和二十国集团、国际援助架构与发展合作方式、后釜山时期南南合作的动力、全球科学技术伦理、世贸组织"服务贸易协定"（TISA）的对印影响等研究项目。第三，新科技与发展问题。主要研究项目包括生物技术与发展，活体转基因生物（LMOs）的社会经济影响评估，促进全球责任研究，技术、全球企业与就业，清洁发展机制下技术转让的多国分析，贫困与投资，基于绩效的创新奖励等。第四，贸易、投资和经济合作。主要包括以下几个研究课题："新千年行动计划"贸易与投资的前景，面向印度洋区域合作联盟（IOR-RA）投资结构框架下关于发展基础设施的地区合作，印度洋区域合作联盟（IOR-RA）的渔业经济合作框架，促进提升南亚区域价值链的前景，印度、巴西和南非（IBSA）峰会，中印双

---

[1] 人员名单来自发展中国家研究与信息中心官网，网址：http://www.ris.org.in。

边贸易，扩大印非贸易投资联系，中国—南亚贸易对区域经济的影响，扩大南亚投资合作，实现区域的可持续发展，跨国非关税措施对贸易影响的实证评估，通过区域进程将技术密集型出口产品多样化。

中心通过对发展中国家或地区进行政策研究与深入分析，制定供印度政府、国际组织和地区组织参考的政策建议或发展规划，对热点问题进行分析并向印度政府提出工作建议，就外交政策向印度政府提出建议。中心通过各种主办或协办的会议、专题讨论、研讨会、论坛等方式，积极鼓励印度政府部门、研究机构、学术人员、政策制定者、商人和各行业人士相互沟通交流，分享经验。

中心积极出版书籍和报告、讨论文章、政策简报、临时文章、杂志与简报等。近年来出版的书籍与报告较多：2012—2017 年分别出版 9 本、7 本、10 本、15 本、12 本和 6 本；发表讨论文章 219 篇、政策简报 79 篇。① 中心的期刊杂志主要有以下 6 类：《南南合作参考文献》（RIS Bibliography on South-South Cooperation）、《南亚经济期刊》（South Asia Economic Journal）、《亚洲生物技术发展评论》（Asian Biotechnology Development Review）、《日志》（RIS Diary）、《新亚洲动态》（New Asia Monitor）、《湄公河—恒河政策简报》（Mekong-Ganga Policy Brief）。《南南合作参考文献》主要刊发各领域的书籍、文件和研究文章，分为一般主题、南亚国家间贸易与投资、部门研究、技术问题以及技术转移五大类。《南亚经济期刊》由斯里兰卡方面和印方联合出版，刊发学者、经济评论员、政策制定者、官员以及公私部门的研究文章，致力于促进经济分析和政策研究，旨在增进南亚国家间的合作，讨论南亚在全球经济问题上的立场、与其他地区组织的关系及其对全球局势发展的反应。《亚洲生物技术发展评论》由中心出版，致力于增进社会各界对生物技术领域新发展的全面认识。刊物得到联合国教科文组织生命科学部和印度政府生物技术部门的支持。《日志》季刊主要介绍印度与南亚国家间的政策对话、能力建设、新兴研究、外部政策对话、中心季度图书与文章发表情况总结等。中心一直支持亚洲区域经济一体化进程，支持东盟—印度经济伙伴关系，出面建立了亚洲论坛，建立了亚洲智库专用网络，致力于促进区域一体化。这一论坛的新闻简报即《新亚洲观察》，寻求传播政策界和智库的有关新闻、观点与信息，促进区域

---

① 数据来源于发展中国家研究与信息中心官方网站，网址：http://www.ris.org.in，书籍与报告的数量由笔者统计得出。

经济一体化。论坛的专题网站（www.newasiaforum.org）是整合相关信息和资源的在线平台。中心积极支持亚洲区域经济一体化，为了加强印度与湄公河国家之间的合作，开展了名为"南南合作能力建设：湄公河—印度合作"的项目。该项目由瑞士发展与合作署（SDC）提供支持，总体目标是通过信息共享、知识传播和经验传播、网络交流和技能转让等措施，加强湄公河沿岸国的贸易与投资及其他相关能力。中心已在项目框架内启动《湄公河—恒河政策简报》，以便在政策界和智库界传播有关政策的研究、新闻、观点和信息，促进印度和湄公河沿岸国家深化合作。

中心隶属于印度外交部，资金大部分来自外交部拨款，部分研究项目由国外出资。据中心年度报告披露的财务开展情况显示，中心财政收入主要由初期账户结余、政府拨款、利息收入、其他收入、预付款和定金等组成。2011—2016年的年度报告表明，银行账户存款占中心财政收入的约50%，政府拨款约占40%，二者总额大致占智库总收入的90%，只有约10%来自其他渠道（参见表1）。可见中心财政收入主要是政府拨款，而外交部拨款又占到政府拨款的60%以上并成为中心最主要的资金来源（参见表2）。

表1 中心财务收入情况（单位：印度卢比）

财年结束日期	财政总收入	初期账户余额	初期账户余额占总收入的比例	政府拨款	政府拨款占总收入的比例
2012年3月31日	178388192.48	84885572.60	47.58%	61224211.38	34.32%
2013年3月31日	179847980.14	97527665.48	54.23%	74022463.00	41.16%
2014年3月31日	198071999.6	108303109.25	54.68%	83688824.36	42.25%
2015年3月31日	206147201.02	111602443.80	54.14%	85917689.00	41.68%
2016年3月31日	225173039.32	111731286.82	49.62%	96435966.97	42.83%

资料来源：根据中心2012—2013、2013—2014、2014—2015、2015—2016年度报告中的财务说明进行数据整理得出。2012年统计方式不同，为统一统计，数据经重新计算。

表2 中心政府拨款和外交部拨款情况（单位：印度卢比）

财年结束日期	外交部拨款	政府拨款	外交部占政府拨款的比例
2012年3月31日	53500000.00	61224211.38	87.38%
2013年3月31日	53500000.00	74022463.00	72.28%
2014年3月31日	53500000.00	83688824.36	63.93%
2015年3月31日	52800000.00	85917689.00	61.45%
2016年3月31日	58500000.00	96435966.97	60.66%

资料来源：同表1，占比由笔者自行计算。

中心财政支出主要包括日常开支、固定资产支出、预付款和定金支出、其他支出、银行账户余额等几大类。其中银行账户余额占财政支出的约50%，日常开支占财政总支出的约40%，主要用于智库的一般开支、行政和其他项目开支、项目费用和赞助课题以及事先安排的费用支出。大部分财政支出用于智库一般行政与科研开支（参见表3）。

表3 中心财务开支情况简表（单位：印度卢比）

财年结束日期	财政总支出	日常开支	日常开支占总支出的比例	银行账户余额	银行账户余额占总支出的比例
2012年3月31日	178388192.48	65365250.00	36.64%	97527665.48	54.67%
2013年3月31日	179847980.14	67997444.89	37.81%	108303109.25	60.22%
2014年3月31日	198071999.56	79910169.76	40.34%	111602443.80	56.34%
2015年3月31日	206147201.02	81399544.20	39.49%	111731286.82	54.20%
2016年3月31日	225173039.32	118000737.16	52.40%	97803850.16	43.43%

资料来源：同表2。

发展中国家研究与信息中心每年召开多场不同主题的讨论会、政策对话会议、探讨会、早餐会等，主办或联合主办的有影响力的国际会议主要有：南南合作会议、印度—非洲论坛峰会、关于印度洋"蓝色经济"前景的对话会议、关于世界可持续发展和发展议程的会议、关于讨论"2030年可持续发展议程：南方观点"的系列会议及涉及南亚、中亚、东盟、非洲等国家和地区的会议。

中心内设信息中心（information center），是印度国内领先的国际经济与社会科学研究专业图书馆，藏有丰富的图书期刊和政府出版物，包括书籍、统计年鉴、文件、期刊、印度国内外报刊、光盘和数据库等，专题收藏覆盖了资金流动、外国直接投资、技术转让、技术能力建设、农业和粮食安全、信息技术和生物技术、环境与可持续发展等领域，涵盖发展研究、经济学、人口学、统计学和其他相关科目的图书1500多册，订阅的期刊有600多种。另外通过相互交换的方式收到约50本期刊。[①] 信息中心致力于为中心研究人员和全国各地的政策制定者、管理人员、顾问、学生及其他研究人员提供文献支持。

二、主要研究

中心以研究发展中国家为主，但工作内容并不局限于发展中国家，所关注的领域极为广泛。本章不能详述中心的所有研究领域，主要集中介绍南南合作及印度的对外发展合作、印度传统医药产业、印度洋区域合作及可持续发展、区域一体化及印度与其他国家的伙伴关系研究。

（一）南南合作及印度的国际发展合作

南南合作是中心的重点研究内容。中心认为近期的南南合作有新的亮点，南北合作势头渐弱，南南合作势头积极。中心对南南合作进行了国别分析，对南南合作的制度因素、具体进程、能力建设、贸易、投资、科技、可持续发展、人员交流、技术转移、经济走廊、智库系统等多个方面进行了全面研究。这里重点分析近年来的研究情况。

中心的"南南合作的特点和全球动力"[②] 一文将南南合作的核心价值概括为尊重国家主权、独立、平等、非限制性、互不干涉内政、互利共赢等，认为南南合作不是南北合作的替代品，是以团结为基础的平等伙伴关系。该文认为南南合作主要呈现出以下6个特点：第一，成员之间平等。第二，培育国家与集体的自力更生精神，在合作机制中平等地参与贸易、

---

① *RIS Annual Report 2015 – 2016*, Information Center.
② Features of South-South Cooperation and Global Dynamics, *FIDC Policy Briefs*, No. 1, January 2014.

投资、科技与发展合作，实现共同的可持续发展。第三，互利共赢。第四，非限制性，即南方国家可自主决定自己的事务，保持自己的观点和独特的价值观不受他国影响。第五，自愿与需求驱动。第六，多种方式。南方国家由不同的实体组成，但在某些方面有共识，可用各种方式推动合作。[1] 中心指出，南北援助是官方的发展援助，是利他的；南南合作则强调互赢与发展。

中心研究团队特别强调民间团体组织（CSOs）在南南合作中的作用，指出印度外交部建立了发展合作部（development partnership administration），让民间团体组织（CSOs）和学者之间建立联系，有利于在政策框架内讨论双边与多边的政府合作；认为民间组织可提供基层支持，一些民间组织在健康、水、公共卫生、微观经济等专门领域颇有建树。该研究团队归纳出以下关于民间组织的建议：第一，促进印度民间组织参与发展合作；第二，在全球南方国家中扩大印度在教育体制上的影响力；第三，民间团体组织（CSOs）被视为在其他发展中国家中可重复的成功案例，印度应该分享其民间团体组织的成功案例，私营企业在工业发展合作进程中也承担着重要作用；第四，要发展科学的方法论，以便理解各种南南合作的细微差别。[2] 中心的研究认为，民间团体组织也面临诸多挑战，最大的挑战是缺少资金，而且很多发展中国家不鼓励发展民间团体组织，对其带有偏见。[3]

中心深入研究了印度发展合作的理论基础，认为印度在发展理论上采纳了结构主义的观点，其要点是：发展中国家中农业、工业、服务业、基础设施等行业都受到限制，其行业均属需求主导，印度须提高其行业能力来解决发展与合作的问题；印度发展合作的主要目的是提高收入，通过引

---

[1] Features of South-South Cooperation and Global Dynamics, *FIDC Policy Briefs*, No.1, January 2014.

[2] Team research by Prof. Sachin Chaturvedi, Mr. Pratyush and Mr. Sachin *DAC Members and Engagement with CSOs: Emerging Experiences and Lessons*. FIDC Policy Brief 2016, No.4, January 2015; UNDP. 2013. *Working with the Civil Society in Foreign Aid: Possibilities for South-South Cooperation?* United Nations Development Programme (UNDP), China.

[3] Team research by Prof. Sachin Chaturvedi, Mr. Pratyush and Mr. Sachin *DAC Members and Engagement with CSOs: Emerging Experiences and Lessons*. FIDC Policy Brief 2016, No.4, January 2015; UNDP. 2013. *Working with the Civil Society in Foreign Aid: Possibilities for South-South Cooperation?* United Nations Development Programme (UNDP), China.

进科技项目为当地人民创造就业岗位；印度应采用多管齐下的策略，与援助国通过贸易、投资等手段保持联系与合作，通过签署自由贸易协定来改善双方的伙伴关系。①

从中心研究成果可总结出，印度发展援助项目的目标主要有两个：一是减少贫困，二是让受援国的经济焕发生机，这和发达国家在布雷顿森林体系下的"重债穷国计划"是不一样的，后者的目标是终止债务负担并减轻贫困，但难以有效促进经济发展。② 印度的发展合作致力于恢复并实现伙伴国的经济持续发展，具体做法是支持发展中国家获得国家独立，然后再支持其在国内建立工业体系。印度的发展合作是由需求主导的，所以应采取部门支持的策略而不是提供广泛的预算支持，关注重点在于农业和制造业等具体行业，这将会在伙伴国之间创造出更多联系。③ 这种策略鼓励能力建设和技术人才转移、优惠融资、优惠贸易、投资、科技合作，对互利共赢式发展影响显著。

中心建议南方国家建立南方伙伴关系全球数据库，每个南方国家均可搜集、整合、分析发展合作方面的信息，运用数据统计为战略发展提供支持。虽然南南合作已进行了50多年，但还没有一个系统化平台帮助南方国家在国际政策上表达共同立场。在中心的推动下，2014年4月南方国家利用在墨西哥举行全球有效发展合作伙伴关系（GPEDC）第一次高层会议之机，建立了南方国家智库网，用于收集、编辑、处理、分析和传播来自南方国家的发展合作信息，已取得初步成效。④

---

① Prof. Sachin Chaturvedi and Prof. S. K. Mohanty：*Indian Development Cooperation*：*A Theoretical and Institutional Framework*. FIDC Policy Brief 2016，No. 7，March 2016.

② Chaturvedi，Sachin. 2015. "The Emerging Institutional Architecture of India's Development Cooperation，" Elizabetn Sidiropoulos，Jorge A. Perez Pineda，Sachin Chaturvedi，Thomas Fues（eds.），*Institutional Architecture and Development*：*Response from Emerging Powers*. South Africa Institute of International Affairs.

③ Mohanty，S. K. 2015. "Why Development Cooperation Approaches Differ：A Perspective on Indian's 'Mission Approaches'，" Elizabeth Sidiropoulos，Jorge A. Perez Pineda，Sachin Chaturvedi，Thomas Fues（eds.），*Institutional Architecture and Development*：*Response from Emerging Powers*. South Africa Institute of International Affairs.

④ 信息来源于发展中国家信息中心南方国家智库官网，网址：http：//southernthinktanks. org/index. html。

（二）印度传统医药产业研究

印度政府的传统医学部（Ministry of AYUSH）[①] 在发展中国家研究与信息中心成立了印度传统医药论坛（FITM），致力于在公共卫生领域促进传统医学的应用，鼓励适当地将印度传统医学的优质产品、具体实践和实践者纳入卫生系统。印度传统医药论坛的工作主要集中在传统医学研究、知识产权与传统医学、传统医药的国际贸易等三方面。

印度的传统医学包括阿育吠陀（Ayurveda）、悉达（Siddha）、尤纳尼（Unani）和瑜伽（Yoga）等。中心认为印度的传统医药资源丰富，可为卫生保健制度提供替代性方案，原因是印度人口众多，传统医药与农村的经济发展程度相匹配，其接受度也比较高。中心的看法是，印度传统医学灵活多样，成本较低，在农村广为接受，甚至可成为印度医疗保健的一大支柱。此外，印度城市人口对传统医药体系（TSMs）的需求也不断增长。印度传统医药主要依赖药用植物和芳香植物，而近年来国际社会对二者的研究兴趣日益浓厚，这也引发了印度政府对这一产业及其国际影响力的兴趣。不过中心研究也指出，印医（Indian Systems of Medicine，ISMs）在国际贸易监管、药品标准和知识产权领域也面临着巨大挑战，一些国家的限制性贸易措施如技术壁垒（TBT）和卫生与植物卫生措施协定（SPS）也给印度传统医药的使用与推广造成了障碍。[②]

中心指出，与传统知识（TK）相关的生物资源的可持续性已成为一个值得关注的问题。印度已采取了一些有针对性的举措，比如建立医药领域的传统知识数字图书馆（TKDL），以便打击生物剽窃（biopiracy）[③] 或盗用传统知识的情况。《印度知识产权政策2016》也强调除了要保护传统知识和生物多样性资源之外，还要促进传统知识得到利用。

[①] 印度政府对传统医学的培育和推广极为重视，于2014年11月设立传统医学部（Ministry of AYUSH），AYUSH 是梵语，有长寿的意思，同时也是该部所管辖的六个领域，即 Ayurveda（阿育吠陀）、Yoga and Naturopathy（瑜伽和自然疗法）、Unani（尤纳尼疗法）、Siddha and Homoeopathy（悉达疗法和理疗法）的缩写。

[②] 信息来源：http://ris.org.in/fitm/focus.html。

[③] 生物剽窃，一般是指公司、研究机构以及其他有关生物产业的机构凭借其生物技术上的优势，未经资源拥有国及土著和地方社区的许可和同意，利用这些地区的遗传资源和相关传统知识，在物种、粮食和医药等领域进行研究和用于商业开发，进而利用知识产权法律体系对开发的技术申报专利，不考虑资源提供国/者的利益而独自获利的行为。

（三）印度洋区域合作与可持续发展

中心对"印度洋区域合作联盟"（IORA）的研究内容集中于四个方面：印度洋区域的投资和贸易的前景、印度洋区域的渔业、印度洋区域的基础设施框架、"蓝色经济"的潜力。[1] 印度洋区域合作联盟成立于1997年，但中心早在联盟成立之前就开始关注印度洋区域的一体化进程，不时向印度政府提供信息，涉及区域经济合作各方面的情况、印度对区域合作的参与和所面临的挑战等内容。[2] 中心已对印度洋区域的贸易、投资和部门合作进行了一系列研究，目前主要有两大重点，主要关注渔业经济和地区基础设施投资的制度框架。渔业是印度洋区域国家最重要的经济部门之一，中心调查了渔业的4个核心问题，包括鱼类及其他水生动植物生产、渔业和水生植物产品贸易、粮食与生计安全，以及渔业管理的区域制度框架。研究结果显示，该地区渔业生产、鱼类和植物产品的全球贸易趋势令人鼓舞。中心强调该区域的基础设施项目投资前景广阔，涵盖高速公路、电力、港口、机场、电信、信息技术等。中心还对"蓝色经济"加强研究，重点关注其对国民生产总值的贡献，如何促进工业增长和生计等。[3] 预计该研究将为区域"蓝色经济"的可持续利用提供政策参考。

发展中国家研究与信息中心的莫汉迪（S. K. Mohanty）和达什（Priyadar-shi Dash）是研究"蓝色经济"的重要代表人物。中心于2015年出版了《印度洋"蓝色经济"的前景》，[4] 书中介绍了海洋经济对经济发展的关键意义，认为印度洋地区海洋经济的发展前景广阔。该书具体介绍了海洋经济的海洋资源、海洋旅游、海洋采矿、航行等内容，提出了发展海洋经济应遵循的指导原则，包括高效利用海洋资源、为新的海洋工业提供机会，用包容和谐的方式探索经济开发，建立合法且有监管的海洋机制等。这一研究对海洋能源做了详细探讨，认为海洋能源包括近海资源、深海资源、海洋生物科技等内容，还具体阐述了澳大利亚、毛里求斯、中国等发展"蓝色经济"的经验。该书就发展"蓝色经济"提出的政策建议包括：第一、印

---

[1] 信息来源：http：//ris. org. in/iora/iora/? page_id =79。
[2] 信息来源：http：//iora. ris. org. in/。
[3] 信息来源：http：//ris. org. in/iora/iora/? page_id =101。
[4] S. K. Mohanty, Priyadarshi Dash, Aastha Gupta, Pankhuri Gaur, RIS, *Prospects of Blue Economy in the Indian Ocean*, New Delhi, 2015.

度洋区域合作联盟应以适当的政策促进地区"蓝色经济"发展；第二，可运用适当的统计标准来衡量海洋经济在一国经济中的比重；第三，应鼓励涉及生物多样性的可持续生态友好型水产养殖业与渔业；第四，应加强区域内的渔业和鱼产品保护与疾病预防等；第五，城市规划和旅游业会提升区内沿海旅游业发展；第六，沿海城市化会对海洋经济特别是海洋服务业做出重要贡献；第七，印度洋区域合作联盟成员国之间在能源基础设施领域可共享科技发展和地区合作的专业知识；第八，成员国应探索建立国际或地区基金来促进海洋生物科技创新；第九，成员国可在船只制造、港口现代化、航道规划等相关领域采取措施，以提升地区内船舶制造业和邮轮业；第十，应发展区域机制，促进深海勘探和资源管理的技术转移；第十一，逐步形成制度机制，控制深海捕鱼；第十二，可考虑为"蓝色经济"制定中期战略，将这些政策与总体经济政策计划相结合。①

莫汉迪和达什两人于 2013 年出版了《基础设施建设的地域合作：印度洋区域的投资框架》，该书介绍了印度洋地区国家经济增长对于发展基础设施的经验、基础设施建设带来的经济影响和其他影响、地区联合与一体化进程的重要性、基础设施建设的资金问题、其他地区的基础设施建设倡议、印度洋区域合作联盟参与国的机制结构等问题，认为鉴于基础设施存量不平衡，必须以地区机构框架来平衡地区基础设施发展。在印度洋区域的制度框架方面，中心设想了四层结构：第一层是基础设施部长理事会（COMI），由 1 名主席和 4 名副主席（代表南亚、东南亚、中东和非洲 4 个子区域）领导；第二层是基础设施执行机构（IIEA），负责监督并评估与项目管理相关的所有任务和操作，作为领导机构负责指导和监测分配给其他二级机构的项目进展；第三层是项目实施主体（PIB），承担项目实现过程中的全部责任，是基础设施发展之中应永久存在的部门；第四层主要负责在区域内从事项目活动。②

中心持续关注印度洋地区国家发展"蓝色经济"及区域合作的进程。2012 年出版的《印度洋区域合作联盟新千年贸易投资前景》探讨了印度洋

---

① S. K. Mohanty, Priyadarshi Dash, Aastha Gupta, Pankhuri Gaur, *Prospects of Blue Economy in the Indian Ocean* RIS, New Delhi, 2015. pp. 75 – 76.

② S. K. Mohanty, and Priyadarshi Dash, *Regional Cooperation for Infrastructure Development: Towards an Institutional Framework for Investment in IOR-ARC*, RIS, New Delhi and IOR-ARC, Mauritius, 2013. pp. 51，54，56，57。

区域合作联盟的合作前景。2000 年出版的《印度洋区域关于清算和支付的相关安排》研究了印度洋区域合作联盟清算支付的相关安排。这一领域的成果还包括 2014 年出版的《印度洋区域另一种形式的贸易安排》，以及 2014 年出版的《新的经济前沿：印度洋区域商业目录》等。

（四）区域一体化

中心重点关注印度与南亚国家和东盟国家等关系的发展，希望促进区域一体化。中心对东南亚国家和南亚国家的国别研究做得很详细，高度关注印度与蒙古国、缅甸等的经济合作与未来挑战，紧密跟踪与非洲国家、巴西和其他国家的伙伴关系。

2012 年 12 月 19—20 日在新德里举行的东盟—印度纪念峰会上，东盟国家和印度的国家元首及政府首脑建议在新德里建立印方的东盟—印度中心。2013 年 6 月 21 日，印度外交部长在发展中国家研究与信息中心正式宣布成立东盟—印度中心（Asean-India Centre，AIC）。[①] 东盟—印度中心是发展中国家研究与信息中心研究区域合作的一个重要平台，是东盟成员国和印度的资源整合中心。东盟—印度中心的总目标是在东盟共同体于 2015 年实现之后继续加强双方的伙伴关系，具体包括三大支柱：东盟政治安全共同体、东盟经济共同体、东盟社会文化共同体。印度和东盟成员国的相关组织和智库定期开展网络活动，目的是提供最新信息和数据资源并持续互动，以促进东盟—印度战略伙伴关系（AISP）。东盟—印度中心除了促进印度与东盟的互联互通，还加强在水、能源、粮食安全等领域的合作。这一中心有自己的智库合作体系，目前已举行了 4 次圆桌会议。

发展中国家研究与信息中心对印度与东盟的经济合作进行了研究，报告《东盟—印度经济关系新挑战》（*Celebrating The Third Decade and Beyond: New Challenges to ASEAN-India Economic Partnership*）和图书《印度—东盟在湄公河地区加深经济合作》（*ASEAN-India Deepening Economic Partnership in Mekong Region*）详细介绍了印度在东盟地区广阔的投资前景及各种严峻挑战，认为扩大与湄公河地区的贸易和投资将打开更大门户；在东南亚和东亚的市场准入将为印度东北地区的发展创造机会。中心对东盟政治安全共同体、经济共同体、社会文化共同体等三方面做了大量研究，相

---

① 信息来源：http://aic.ris.org.in/about-aic/。

继发表了《东盟与印度空运联通报告》（ASEAN-India Air Connectivity Report）、《东盟与印度文化联系：历史与当前的维度》（ASEAN-India Cultural Links: Historical and Contemporary Dimensions）、《2015年东盟与印度发展合作报告》（ASEAN-India Development and Cooperation Report 2015）、《东盟与印度经济关系：机遇与挑战》（ASEAN-India Economic Relations: Opportunities and Challenges）等。综合以上材料可知，中心认为东盟国家和印度有很多可相互分享、相互学习的东西，建议建立负责战略实施的委员会，与学者、行业顾问和跨国公司进行磋商。在互联互通与基础设施建设领域，中心认为软性联通是硬性联通的基础，建议将更多的注意力放在互联互通的软侧面（soft side），即贸易便利化、信息交换、海关合作等。这一研究指出，东盟和印度目前均面临货运成本高昂的问题，无论是在成本上还是在时间上，交通运输的拖延都抵消了贸易自由化带来的好处。因此，软连通性对于东盟和印度之间的硬连通性至关重要。中心建议东盟和印度相互磋商并签订协议，覆盖诸如驾照、保险等方面的问题，促进交通便利，允许卡车穿越边境进入他国领土。在投资合作上，中心建议尽早签署东盟—印度服务与投资协议。

中心发布的《2015年南亚合作发展报告》特别关注南亚经济一体化，认为南亚并非一体化程度最低的地区，南亚经济一体化可"缔造和平"。[①]印度与非洲的伙伴关系一直是中心关注的重点内容。中心的研究成果认为，非洲与印度的经济合作潜力巨大，应加强与非洲国家的伙伴关系，但基础设施、政策环境等问题会阻碍印非合作。2016年11月，印度总理莫迪和日本首相安倍晋三在联合声明中提出"亚非增长走廊"（AAGC）的想法，以发展合作项目、基础设施和互联互通、加强能力、技能和人员合作等4个方面为重点。中心认为，"亚非增长走廊"的互联互通将得到增强，非洲和亚洲的增长将在可持续发展的目标上有所贡献；"走廊"将优先发展卫生和医药、农业和农业加工、灾害管理和技能培训项目；"走廊"的远景研究将利用地理模拟模型（GSM），通过与印度、南亚、东南亚、东亚和大洋洲的整合，为非洲带来经济收益。中心认为，"亚非发展走廊"致力于发展连接经济、人员和智库的机制和模式，并为亚洲和非洲的一体

---

① Shri Suresh Prabhakar Prabhu, Hon'ble Minister for Railways, *The South Asia Development and Cooperation Report 201*, Government of India on 25 June 2015.

化努力做出贡献。①

（五）"跨太平洋伙伴关系协定"及相关问题

中心高度关注"跨太平洋伙伴关系协定"（TPP）对非成员国特别是对印度的影响，2015年10月16日在新德里专门组织了讨论互动并邀请印度政府前商务秘书考尔（Rajeev Kher）主持，中心主任查图尔维迪和杰出研究员莫汉迪参加了讨论。研究人员认为，对印度的挑战不在于是否加入TPP，而是要重视其具体影响。查图尔维迪强调，印度经济和商业的发展有利于加速推进"区域全面经济伙伴关系"（RCEP），印度要重视国内经济改革，不应对TPP有恐惧心理。莫汉迪认为TPP提出的标准值得关注，在劳工标准、环境、政府采购、知识产权等领域，印度应对RCEP的双边贸易谈判给予适当信任。查特吉（Bipul Chatterjee）则认为RCEP对印度影响不大，对关税影响也很小，但对电子商务和数字经济等国内问题的影响还需进一步考察。2016年2月，12个国家签署TPP，但查特吉认为印度没必要过度担心其影响。② 美国新总统特朗普上任后决定退出TPP，说明当初印度确实没有必要过分担心。

三、特色研究

中国是一个人口庞大的发展中国家，也是不可忽视的亚洲大国，积极参与南南合作、东盟、77国集团等国际机制的活动，是印度无法忽视的重要研究对象，中印双边贸易、中国的"一带一路"倡议、"孟中印缅经济走廊"、"金砖国家"和中国传统医药产业等领域均是中心的重要研究对象。

（一）中印贸易

南亚已成为世界经济中的活跃力量，大多数国家及经济体的涉外部门（external sector）已成为其经济的增长动力。中国与南亚的经贸合作成效卓著，已成为很多南亚国家的重要经济合作伙伴。中印贸易近年来增长迅速，基本情况可参见表4。从中可看出，从2010年以来，中印贸易总额稳

---

① 信息来源：http://aagc.ris.org.in/focus.html。
② RIS Annual Report 2015 – 2016.

步增长，但印度一直处于逆差地位且逆差额与贸易总额成正比。印度从中国的进口量每年都在增加，已从2010年的409.15亿美元增加到2016年的594.3亿美元；但印度的对华出口额却逐年下降，2010年是208.46亿美元，到2016年已下降到117.5亿美元（参见表4）。

表4 中印贸易基本情况（单位：亿美元）

年份	中印贸易总额	印度从中国进口额	印度向中国出口额	出口与进口差额
2010	617.61	409.15	208.46	-200.69
2011	739.08	505.37	233.71	-271.66
2012	644.73	476.78	167.95	-308.83
2013	654.03	484.32	169.71	-314.61
2014	705.76	542.17	163.59	-378.58
2015	715.97	582.28	133.69	-448.59
2016	711.8	594.3	117.5	-476.8

资料来源：进出口额来自中国国家统计局，贸易差额由笔者据进出口额计算。

发展中国家研究与信息中心对中印双边贸易进行了研究，得出了一些重要结论，对印度有重要的政策意义。研究发现，印度的对华出口种类比从中国进口商品的种类要少，反映出印度尚无力实现其在多元领域（特别是制造业领域）的出口潜力。印度要大幅削减双边贸易逆差可考虑减少从中国进口缺乏竞争力的商品。与此同时，印度一些拥有全球竞争力的出口商品未能在中国取得市场准入。印度可在5个以资源为基础的技术密集行业，为中国市场提供量身定制的出口产品，以此满足中国的巨大进口需求。在贸易政策自由化方面，印度在开放制造业方面取得了重大进展，据说其制造业领域的自由化程度已超过中国；[1] 计量经济学模型显示，人民币贬值对印度出口在第三国的市场准入产生了重大影响；与中国的友好关系将使印度从"区域全面经济伙伴关系"进程中每年获益754亿美元。这

---

[1] 信息来源：http://www.ris.org.in/trade-investment-and-economic-cooperation India-China Bilateral Trade Relationship。

项研究由印度储备银行资助,最终研究结果被该行接受并在其网站上公布。①

(二)"一带一路"倡议特别是孟中印缅合作

中心密切关注"一带一路"对印度及其他发展中国家的影响,重点关注对配套设施完备的公路建设项目的影响,以及对贸易和投资流动的影响。

中心的相关研究表现出两面性:一方面担忧"一带一路"的地缘政治影响,另一方面又不愿错过其带动经济增长的机会。中心认为"一带一路"倡议是中国迄今为止提出的最重要倡议,是一个横跨太平洋和波罗的海的跨欧亚项目,设想把整个欧亚大陆连接起来,作为陆路的北线主要经过印度北部,作为海路的南线同样涉及印度。中心2015年8月与中国社科院世界经济与政治研究所在北京联合组织了一场"一带一路"和"孟中印缅经济走廊"区域互联互通会议,讨论了"走廊"建设面临的机遇和挑战,一致认同应加快孟中印缅合作进程。

虽然"孟中印缅经济走廊"得到了印度政府的官方认可,但在具体的项目推进方面仍存在很多问题,中心为此专门建立了一个经济地理模型,数次运用次国家级的数据进行测试,评估经济走廊对印度的影响。中心专门选择了与其东部相邻的4个重要走廊[包括"孟中印缅经济走廊"、东西走廊(金四角的一部分)、三边高速公路、兰卡丹多式联运项目]进行评估。目前这些项目正在研究之中。

(三)中医药产业研究

中心对中印两国的传统医药项目都进行了一定的研究并出版了书籍。《活着的树:传统医药和公共健康》(The Living Tree: Traditional Medicine and Public Health)一书由中印两位学者合作完成,印度前总统卡拉姆撰写前言,由学术基金会(Academic Foundation)出版。该书认为两国传统医学在公共卫生领域均扮演着重要角色,建议中印在使用传统医学改善公共卫生并增进公众健康方面更密切地相互协作。作者建议使用健康影响基金(Health Impact Fund)来鼓励传统医学开发新药,还具体讨论了两国传统

---

① 信息来源:http://www.ris.org.in/trade-investment-and-economic-cooperation India-China Bilateral Trade Relationship。

医学面临的问题和挑战，探讨了在其背景下如何利用知识产权的问题。

（四）中国的"蓝色经济"

中国拥有3.2万公里的漫长海岸线、240亿吨的海洋石油储量和16亿立方米的天然气储量（2013年）。[①] 中心对中国的海洋经济发展进行了专题研究，认为海洋经济给中国带来了大量就业机会，是促进中国经济增长的重要行业，但在海洋环境污染和生物多样性领域的问题也越来越严重，环境问题已成为海洋经济领域需优先考虑的重大问题。

2010年，中国海洋产业已占国内生产总值的4.03%，海洋经济雇佣了925万劳动力。[②] 就海洋经济总附加值而言，沿海旅游、海洋运输、通信和渔业等海洋产业是中国"蓝色经济"的三大贡献因素，其总产出约占"蓝色经济"总额的74%。海洋石油和天然气、造船、船舶工程和海洋化工等产业的贡献也是巨大的。中心发现，尽管沿海旅游业几乎占中国"海洋经济"的三分之一，但海洋渔业仍然是中国"蓝色经济"的最大就业领域，具体情况可参见表5。

表5 中国"蓝色经济"部门（2010）的产出与就业

部门	总附加值（亿美元）	就业（万人）
沿海旅游	783	124.4
海上通信与运输	559	80.7
海洋渔业	421	553.2
海上油气工业	192	19.7
造船工业	179	32.7
海洋工程建筑行业	129	61.5
海洋化工	91	25.6
海洋生物医药产业	12	1.0
海洋盐业	9	23.8
海洋矿业	7	1.6

[①] S. K. Mohanty, Priyadarshi Dash, Aastha Gupta, Pankhuri Gaur, *Prospects of Blue Economy in the Indian Ocean*, RIS, New Delhi, 2015, p. 73. 该数据是中心在报告中的数据，与中国自己统计的数据有细微差别。

[②] S. K. Mohanty, Priyadarshi Dash, Aastha Gupta, Pankhuri Gaur, *Prospects of Blue Economy in the Indian Ocean*, RIS, New Delhi, 2015. p. 73.

续表

部门	总附加值（亿美元）	就业（万人）
海洋电力业	6	1.1
海水利用业	1	—
合计	2391	925.3

资料来源：S. K. Mohanty, Priyadarshi Dash, Aastha Gupta, Pankhuri Gaur, *Prospects of Blue Economy in the Indian Ocean*, RIS, New Delhi, 2015, p.74.

随着中国的工业化和城市化加速发展，其对资源和能源的需求将进一步增长。中心认为中国政府非常重视利用海洋资源补充陆上资源，关于海洋对经济增长和生态可持续性的重要性已有更清楚的认识。1996年，中国政府首次编制出版《中国海洋21世纪议程》，以便制定可持续发展的综合战略，保护海洋资源，维护海洋权益，保护海洋生态系统。这是中国海洋经济的起始。2003年，中国国务院发布《全国海洋经济发展规划纲要》，[1]计划到2005年将海洋产业增加值提升到占国内生产总值的4%，到2010年达到占国内生产总值的5%，逐步使海洋产业成为国民经济的支柱产业。[2] 中心认为，这些顶层规划大大推动了中国"蓝色经济"的跨越式发展，取得了突出成效。中心研究了中国的"十二五"规划，认为中国通过完善海洋管理、保护海洋环境和控制陆地污染、遏制近海资源的过度使用、管理海洋开发活动、保护海洋生态系统等方式实现了海洋经济的综合发展。这些研究都值得关注，其中不乏启发思考之处。

小结

发展中国家研究与信息中心虽然是印度外交部下属的研究机构，但是其研究内容极为广泛，对世界经济、环境、可持续发展、新科技等问题均有广泛和深入的研讨，并不局限于印度研究或发展中国家研究。中心通过对发展中国家或地区的政策研究，制定供印度政府部门、国际组织和地区组织参考

---

[1] 信息来源：http://www.gov.cn/zhengce/content/2008-03/28/content_2657.htm，但2015年中国国务院宣布此文件失效，此处引用仅为说明印方RIS的观点。

[2] S. K. Mohanty, Priyadarshi Dash, Aastha Gupta, Pankhuri Gaur, *Prospects of Blue Economy in the Indian Ocean*, RIS, New Delhi, 2015, p.74.

的政策、建议和发展规划等，对某些热点问题进行分析并向政府提出工作建议。值得肯定的是，中心为国内外学者、政策制定者、商人、社会人士、学生等提供了交流沟通的平台，为国家、地区、国际组织和地区组织的相互沟通、互信释疑、开展合作等提供了渠道。中心的研究重点在国家层面上会更为重视缅甸、中国等重要邻国；地区层面上侧重与非洲、东盟和其他南方国家发展关系，致力于促进区域一体化及互联互通；在新科技和可持续发展问题上也更为关注，力图发挥更积极的作用。可以设想，中心将继续保持在发展中国家研究和国际经济合作研究领域的领先地位，对印度政府的决策发挥必要的影响力。

印度国际经济关系研究委员会

印度国际经济关系研究委员会（Indian Council for Research on International Economic Relations，英文简称ICRIER，本部分简称为委员会）[1]是自主的非营利政策研究机构，以研究印度与全球经济的关系为工作重点，宗旨是推动印度更好地参与全球经济，应对全球化挑战。时至今日，委员会已发展为印度最有影响力的经济问题智库之一，国内外影响越来越大。

一、机构概况

印度国际经济关系研究委员会成立于1981年8月，创始成员包括30位知名政治家和经济学家与其他领域的学者。创始主席拉尔博士（K. B. Lall）自1981年以来一直领导委员会，直到1992年将主席一职移交给马尔霍特拉（R. N. Malhotra）。1997—2005年，帕蒂尔博士（I. G. Patel）任主席，2005年至今由著名经济学家阿卢瓦利亚（Isher Judge Ahluwalia）任主席。委员会虽然号称独立的经济研究机构，但其领导人与创立者多有官方背景，在一些项目上也接受政府部门资助，受官方影响较为明显。委员会建立了捐赠基金，以满足所有的行政开支，项目经费一般来自政府相关部门的资助或社会机构资助。

委员会的组织架构包括理事会和管理委员会。理事会由主席、秘书、选举委员、增选理事（co-opted member）和海外成员组成。管理委员会则包括行政暨财政委员会、投资委员会、人事编制小组委员会和建筑咨询委

---

[1] 文章所有未标注的内容均来自于印度国际经济关系研究委员会网站，http://icrier.org/。

员会（building advisory committee）。

委员会的研究团队包括印度国内的政策制定者、专业学者、各领域代表人物、印度国内外大学毕业的博士研究人员等，共 20 多名资深经济学家、19 名研究助理和 27 名外部顾问。

该机构研究人员的时事评论、政策评估、热点分析等相关成果经常发表于《金融快报》（Financial Express）、《印度快报》（Indian Express）、《商业旗帜报》（Business Standard）、《政治家报》（The Statesman）、《印度商业快线》（Hindu Business Line）、《经济时报》（The Economic Times）、《印度教徒报》（The Hindu）等主流媒体。

委员会的研究项目迄今为止已扩展到 8 个主题，包括印度—南亚—亚洲经济研究，印度城市化发展，气候变化与可持续发展，印度产业与全球经济竞争力（包括印度的农业、服务业、制造业、电子产业等领域以及与其他国家相关产业的对比），国内经济改革（包括经济特区建设、宏观经济改革、金融自由化与监管等），多边贸易谈判与自由贸易协定（关税、贸易壁垒、食品安全、WTO、二十国集团等），印度的基础设施建设和就业等。

印度国际经济关系研究委员会是非官方的经济研究机构，一直致力于国际经济关系的研究，国际合作对其非常重要。委员会的发展基金来自外界包括国外的捐助，经济基础也决定了委员会必然具有强烈的外向性。委员会是印度有名的经济问题智库，开展国际合作当然也是其使命所在。委员会在这一领域的具体合作方式包括与国外知名智库举办研讨会、学术会议等；邀请国外知名学者或者相关领域专家对某一议题做讲座，联合发表报告或文章；参与国际知名经济组织（如 WTO、二十国集团等）召开的会议，发表相关议题的报告或时事通讯。

委员会虽是非官方智库，但丝毫不降低其影响力，在国际上 150 个非美国智库中排名第 54 位，在中日韩印四国 90 个智库中排名第 21 位，在全球 85 个国际经济智库中排名第 25 位。[1] 从人员组成上看，委员会很多成员是印度知名经济学家或知名大学相关领域的著名教授，在社会和学界的影响力都很大。委员会最主要的影响渠道是出版纸质成果（包括书籍、期刊、报告、工作文件、咨询报告等），或通过电子媒体发表文章，举办国

---

[1] *2016 Global Go to Think Tank Index Report*, University of Pennsylvania, pp. 42, 51, 92. http://www.iris-france.org/wp-content/uploads/2017/01/2016GlobalGoToIndexReport.pdf.

内国际智库研讨或学术会议,召集政策制定者、学者、资深行业代表、议员和媒体人士进行研讨等。

委员会的学术出版工作成效卓著,2015—2016 的年报表明委员会的书刊成果已超过 100 部,工作论文(Working Paper)也超过 300 份,研究报告(Report)有 30 多份,政策研究系列超过 20 份。颇有特色的是,委员会还专门针对 WTO 议题汇编了"WTO 研究系列"和"WTO 时事通讯"(*WTO Newsletter*);从 2009 年开始编撰"思想墨水"(*Think Inks*),供研究人员发表一些尚不成熟的观点,以待进一步研究。

委员会 1981 年成立以来已出版书籍、刊物超过 100 本,可大致分为以下几方面:(1)印度国内经济。A. 印度产业经济发展,涉及手工业、制造业、服务业、农业等领域。如牛津大学在 1985 年出版的由伊思尔·贾德·阿卢瓦利亚编著的《印度工业增长:从 60 年代中期以来的停滞》(*Industrial Growth in India:Stagnation since the Mid-Sixties*),1987 年出版的由克里希纳·穆尔蒂编著的《技术转让:印度的钢铁业》(*Technology Transfer:India's Iron & Steel*),1989 年出版的《服务和发展潜力:印度的背景》(*Services and Development Potential:The Indian Context*),1990 年出版的《中小型制造业在工业发展中的作用》(*The Role of Small and Medium-Scale Manufacturing Industries in Industrial Development*),2002 年出版的由安瓦尔·霍达编著的《WTO 协定与印度农业》(*WTO Agreement and Indian Agriculture*)。B. 经济政策,主要针对农业与食品政策、贸易政策、财政政策与税收政策等。如 1994 年出版并由古普塔等(S. P. Gupta, Garry Pursell and John Nash)编著的《贸易政策改革》(*Trade Policy Reforms*),2002 年由牛津大学出版并由索姆(Parthasarathi Shome)编著的《印度的财政问题》(*India's Fiscal Matters*),2008 年由剑桥大学出版社出版并由米塔尔(Surabhi Mittal)和慕克吉(Arpita Mukherjee)编著的《食品政策:农业改革》(*Food for Policy:Reforming Agriculture*),以及有关税收的书籍如《印度税务的管理挑战》(*Challenges of Indian Tax Administration*)和《印度、英国和巴西的税务改革》(*Tax Shastra Administrative Reforms in India, United Kingdom and Brazil*)等。C. 印度国内地区研究,主要研究对象包括经济特区、出口加工区、地方邦经济研究等,如 1989 年由拉吉夫·库马尔编著并由牛津大学出版社出版的《印度出口加工区》(*India's Export Processing Zones*),2007 年出版的尚卡尔·阿查里雅的著作《印度能在甩下"乡村印度"的情况下成长吗?》(*Can India Grow Without Bharat?*),2014 年出版

的由伊思尔·贾德·阿卢瓦利亚主编的《印度城市化》(Urbanisation in India)，以及 2016 年出版的《印度经济特区》(Special Economic Zones in India)。

（2）印度对外经济交往。A. 印度进出口经济，其中涉及到印度服务业外包、手工制品出口。比如卡图里亚（Sanjay Kathuria）和希尔（Tata McGraw Hill）编著并于 1988 年出版的《印度手工制品出口：制约与前景》(Indian Handicraft Exports: Constraints and Prospects)，昌达（Rupa Chanda）编著并于 2002 年由牛津大学出版社出版的《服务业全球化：印度的机遇与挑战》(Globalisation of Services: India's Opportunities and Constraints)，由普拉丹（R. D. Pradhan）编著并于 2012 年出版的《印度服务外包》(Service of India Abroad)。B. 印度与巴基斯坦经济关系正常化。包括由谭内嘉（N. Taneja）和浦希（S. Pohit）编著的《印巴贸易：加强经济关系》(India-Pakistan Trade: Strengthening Economic Relations)，2017 年出版的《印巴贸易正常化：未完成的经济议程》(India-Pakistan Trade Normalisation: The Unfinished Economic Agenda) 等。C. 印度与其他国家及地区的经济往来，包括与欧盟（欧共体）及其他欧洲国家、非洲、美国、韩国、中国、日本等国家与地区的经济往来和经验对比。涉及的成果也比较多，包括拉尔（K. B. Lall）在 1984 年出版的著作《印度与欧共体》(India and the EEC)，1995 年出版的著作《发展模式和体制结构：中国和印度》(Development Patterns and Institutional Structures: China and India)，以及 2012 年出版的著作《印韩对话：21 世纪的伙伴关系》(India-Korea Dialogue for a 21st Century Partnership) 等。

（3）立足南亚讨论区域经济与世界经济。A. 南亚区域经济发展。涉及到南亚的贸易、投资、产业发展、食品安全等。如 2002 年出版的著作《南亚的贸易、金融与投资》(Trade, Finance and Investment in South Asia)，2011 年出版的著作《在南亚实现粮食安全的政策选择》(Policy Options to Achieve Food Security in South Asia) 等。B. 南亚与世界其他行为体的经济往来，如南亚与亚太地区、东南亚的东盟在经济层面的互动关系，包括 1992 年出版的著作《亚太经济：对南亚的挑战》(The Asia Pacific Economies: A Challenge to South Asia)，1994 年的出版著作《合作促进增长：对日本—南亚关系的展望》(Cooperation for Growth: Perspective on Japan-South Asia Relations) 等。

（4）世界经济关系及理论研究。研究的关键词是变革、合作以及经济全球化。A. 世界经济关系中的变革与合作，成果有 1983 年出版的著作《争取变革的斗争：国际经济关系》(Struggle for Change: International Economic Relations)，2008 年出版的著作《经济全球化的新维度：亚洲对外直接投资的激增》(New Dimensions of Economic Globalization: Surge of Outward Foreign Direct Investment from Asia)，2015 年出版的著作《二十国集团全球合作：应对危机，恢复增长》(Global Cooperation Among G20 Countries: Responding to the Crisis and Restoring Growth) 等。B. 世界经济关系的理论研究，包括 1982 年出版的著作《国际经济关系政治学》(Politics of International Economic Relations)，1994 年出版的著作《大国政府间财政关系和宏观经济管理》(Intergovernmental Fiscal Relations and Macroeconomic Management in Large Countries) 等。

印度国际经济关系研究委员会自成立以来，参与或主办了很多会议，包括研讨会、讲座、专题会议等，最有影响力的要数与 WTO 相关的会议、与世界银行共同举办的会议、K. B. 拉尔博士（K. B. Lall）纪念讲座，以及与别国（美日中韩等）智库开展的双边对话。印度从 1995 年加入世贸组织以来，就非常关注 WTO 的议题，包括经济发展、气候变化与可持续发展、贸易保护与关税壁垒、农业发展等，通过开展多种形式的会议对这些议题进行研究，发布《WTO 时事通讯》(WTO Newsletter)。与世界银行共同举办的会议主题一般是针对就业与发展、经济与金融等问题。到目前为止，已经举办的拉尔博士纪念讲座有 6 次，最近的一次是在 2016 年 3 月 7 日。每次活动都会选定一个主题进行讨论，成功吸引了来自海内外的学者。该机构还积极与国内不同研究领域的智库合作，包括官方与非官方的，对印度发展的重要议题以及国际热点问题进行相关研讨。作为印度有名的民间智库，委员会与其他国家智库如日本国际问题研究所（JIIA）和首尔国际事务论坛（SFIA）的交往对话也是很有影响力的。

二、主要研究

印度国际经济关系研究委员会的主要研究领域有 8 个，包括亚洲经济一体化、城市化、气候变化与可持续发展、印度经济的全球竞争力、宏观经济金融自由化与监管、多边贸易谈判与自由贸易协定、社会基础设施（包括通讯、运输、能源、健康）和弘扬企业家精神与技能发展等。每个领域都有其重点研究方向和研究对象。综合考虑学科领域与问题研究这两大因素，可以将委员会的主要研究工作分为 4 个方面。

（一）双边经济关系及区域经济一体化

作为发展中大国，印度非常重视与世界大国的政治经济往来，高度重视区域经济一体化。冷战之后，印度一方面持续关注全球化与经济一体化的各个侧面，另一方面积极执行"东向"政策，对亚太经济圈的重要国家及地区进行了重点研究，特别关注印度与美日韩中和东盟的政治经济关系。委员会也认同这一定位，积极开展研究工作．

首先，委员会自成立以来一直关注区域经济一体化，开展了有重点、有层次、成系统的全面研究。这一领域的研究层次从具体国家一直延伸到全球体系，形成了南亚国家（重点在印度）——南亚区域经济合作（如南盟）——亚洲经济一体化（研究重点放在日本、中国、美国及东盟国家）——世界经济范围（包括第三世界国家与发展中国家、以及发达的欧洲国家）的研究链条。研究对象包括经济合作、贸易投资、政策研究、双边或多边经济对话等。委员会完成的相关项目已达 18 个，正在进行的项目有 4 个左右。从完成的项目来看，委员会对内向印度政府分析国家经济建设并提出"战略和经济能力建设计划"（Project on Strategic and Economic Capacity Building Programme）和"国家利益计划"（The National Interest Project，简称 NIP）等，对外注重分析南亚产业经济发展（包括农业、制造业等）和区域内国家间经济关系（特别是印巴经济关系）以及南亚自贸区发展，重点放在印度与其他国家或区域的双边及多边经济关系上。

其次，印美关系是委员会的最重要研究课题，2011 年 9 月还专门为此设立"ICRIER-Wadhwani 研究计划"，[①] 由瓦迪瓦尼（Wadhwani）基金会捐资建立。目的是提出建设性政策，使印度成为世界主要经济体，全面开拓印美之间的战略关系前景，重点关注印美两国在贸易、投资、基础设施、能源和高科技之间的合作。该研究计划还出版了名为《印度洞见》(*India-US Insight*) 的刊物，其刊发的印度前驻日大使辛格（Hemant Krishan Singh）（也是委员会客座教授）的文章"作为亚太大国的未来印度"(*India's Future as a Asia-Pacific Power*) 认为印度与亚太国家和地区加强政治经济交往既有利于印度崛起，又有利于亚太地区稳定发展并牵制地区大

[①] 资料参考来源：http://icrier.org/ICRIER_Wadhwani/India-USInsight.html。

国（中国）的快速崛起。"印美航空航天防务合作的前景"（Prospects for India-US Defence Aerospace Collaboration）一文则认为亚太地缘政治环境不稳及印度航天事业的迅速发展为印美防务合作带来了良好机遇。"美国'亚太再平衡'的挑战"（Challenge of the US Rebalance）一文指出，目前亚太地区的稳定与发展不是哪一国能主导的，多极化的亚太地区必须在多边合作之下才能实现真正的和平与稳定。

最后，委员会还研究了美国以外的其他重点国家和国际行为体，对印日关系的研究特别突出。日本已成为印度最大援助国之一，莫迪政府已对日本多次进行高级别访问。随着美国新政府上台及其亚太政策的变化，印度更是加强了与日本的政治经济合作，委员会也随之加强了对日研究，研究内容包括日本宏观经济环境［如报告《宏观经济环境对多元化绩效关系的影响：印度与日本的跨国研究》（Impact of Maro-ewnomic Environment on Diversifiacation-performance Relationship：A Cross Country Study of India and Japan)］，对印日贸易、投资、技术、相关政策、多边关系等方面的研究［如报告《印日投资关系：趋势与前景》（India-Japan Investment Relations：Trends & Prospect)］、报告《印日关系的范式转变：机遇与挑战》（Changing Paradigm of India-Japan Relations：Opportunities and Challenges)］，还包括频繁组织研讨会（如迄今已成功举办了7届"ICRIER-PRI促进印日经济交往研讨会"）。此外，委员会对印韩关系、东南亚国家联盟（ASEAN）和南亚区域合作联盟经济发展情况和经济一体化都有不少研究，兹不赘述。本文第三部分将对委员会的特色研究做一介绍。

（二）印巴经贸关系

印巴政治关系由于各种障碍难以正常化，一些印度研究人员也试图从经济方面着手加强印巴交往。印度国际经济关系研究委员会一直致力于印巴经济关系的研究，希望为两国经贸关系正常化找到途径。为此发表的成果已有《印巴贸易正常化：未完成的经济议程》（India-Pakistan Trade Normalisation：The Unfinished Economic Agenda）、《印巴贸易：加强经济关系》（India-Pakistan Trade：Strengthening Economic Relations）、《亚洲地区经济合作：孟加拉、印度、巴基斯坦、斯里兰卡》（Regional Economic Cooperation in Asia：Bangladesh，India，Pakistan and Sri Lanka）等图书，再加上其他工作文件，总数超过13份，主要分析印巴贸易现状和两国经贸关系正常化的障碍与路径选择，为印度政府建言献策。

委员会关于"印巴非正常贸易"的研究分析了两国经贸的现状与问题，认为两国间的非正规（非法）贸易一直蓬勃发展。这一研究的重点是评估非正规贸易，目的是为了提出相关建议并采取措施改善正规市场的运作，使非正规贸易转向正规渠道。① 在分析贸易正常化的路径选择时，研究人员主要从医药行业、医疗旅游、纺织品和服装产业、汽车产业、农业等方面来研究两国贸易正常化的发展前景。比如《印巴贸易：在医疗价值旅游业方面的机遇》工作报告探讨在印巴之间加强卫生部门贸易的潜力，分析了可从东南亚医疗旅游业学到的经验教训。② 《印巴贸易：纺织品与服装》的合作研究则认为，印巴都是全世界最主要的纺织品贸易国，两国在纺织品与服装贸易中的互补性较强：印度在优质加工出口产品中占有优势，而巴基斯坦在棉花生产上具有竞争优势；然而在现实中巴基斯坦设置有负面清单，印度的敏感产品名单也阻碍了双边贸易。基于以上研究，文章建议两国政府取消贸易限制清单。③

除此之外，委员会研究人员还先后在印度的重要报刊媒体中发表针对印巴经济关系正常化的文章，以期加深社会对该问题的认知，营造良好的社会氛围，推动政府制定改善双边经济关系的政策。

（三）城市化、气候变化与可持续发展

2012年8月31日，委员会启动了印度城市化能力建设和知识传播项目，该项目由印度城市发展部发起，具体内容包括水与卫生、市政财政、城市土地价值、土地利用区划与转型发展、可持续项目管理、治理与行政改革以及电子治理等。委员会城市化计划的知识传播部分集中在7个专题领域：

1. 水和卫生设施，包括废水处理和固体废物管理，成果包括《印度的固体垃圾管理》《加强城市地区的全天候供水：机遇与阻碍》《提高供水效率》等。

---

① Nisha Taneja and Samridhi Bimal, *India's Informal Trade with Pakistan*, Working Paper 327, July 2016, http://icrier.org/pdf/Working_Paper_327.pdf.

② Nisha Teneja, Samridhi Bimal, Isha Dayal, Taher Nadeem, *India-Pakistan Trade: Opportunities for Medical Valued Travel*, Working Paper 333, March 2017.

③ Nisha Taneja, Saon Ray, Devyani Pande, *India-Pakistan Trade: Textiles and Clothing*, Working Paper 326, June 2016.

2. 市政融资，如《让城市变得有信誉》的研究报告认为，要让城市变得诚信，一方面要提高税收效率，特别是财产税，另一方面要加强立法，逐渐制定一套改善城市信用度的政策。

3. 开发城市土地价值，如阿卢瓦利亚博士的《开发土地价值助力印度城市化发展》报告强调了在城市基础设施建设融资中开发土地价值的重要性，认为这对地方增税融资及改善税收等方面作用很大。

4. 土地利用、区划和交通导向发展，如阿卢瓦利亚博士的《印度城市发展计划》报告强调了整合交通和土地利用规划的重要性，提出了印度城市人口高密度和低楼面空间指数（FSI）的难题，呼吁将城市设计纳入城市发展规划，同时考察了在城市规划中纳入低收入家庭的挑战。

5. 治理与行政改革，研究成果认为要应对城市化的挑战，应当发展专门的机构并培育技能，建立与城市化水平相适应的市政领导团队；应当尽快进行适当的行政改革，以便提供更好的公共服务。

6. 电子政务，认为应利用电子信息技术成果如地理信息系统（GIS），提高城市地方机构运作的透明度、问责性和效率。

7. 可持续项目管理与实施。城市化发展应该是可持续的，但城市人口增长过多也会给城市化带来不小压力，委员会的相关研究成果（如以一揽子的政策组合来促进公共交通）对印度的城市化发展都有着不小的借鉴意义。[①]

从委员会的年度研究报告中可看出，2008年后涉及气候变化与可持续发展议题的研究成果、研讨会、报告等逐渐增多，目前已将该议题作为委员会的重要研究项目之一。目前该机构已完成了2个项目，另有4个项目尚在进行中。完成的项目之一是"印度化石燃料补贴的合理化安排：评估与启示"，旨在模拟印度能源补贴改革的影响，并以社会核算矩阵（SAM）[②] 为框架来研究印度化石燃料消费和生产者补贴改革的影响。之二是对"印度低碳增长途径"的研究，主要探讨作为世界第六大碳排放国的印度，在未来所面临的不同的选择路径以及不同的结果。

正在进行的项目包括建立"全球气候和经济委员会"计划（新气候经

[①] 资料信息来源于：http://icrier.org/Urbanisation/research.html。

[②] 社会核算矩阵，将描述生产的投入产出表与国民收入和生产账户结合在一起，全面地刻画了经济系统中生产创造收入、收入引致需求、需求导致生产的经济循环过程，清楚地描述了特定年份一国或一地区的经济结构和社会结构。

济计划），进行"气候变化与城市的经济竞争力""印度铁路行业脱碳化发展"和"水与工业对城市竞争力和气候适应的制度探索"等课题的研究。

（四）印度经济的若干宏观与微观问题

首先是关于印度经济全球竞争力的研究。作为专门从事经济研究的智库，委员会对印度农业、制造业、服务业等经济领域做了很多研究。这方面已经完成的项目有4项，正在进行的项目有12个左右。"关于电信、物流、视听和专业服务贸易的试点"研究强调了服务业对印度国内生产总值增长的重要性，但认为印度尚没有健全的制度来收集国际服务贸易的信息，为此建议：建立合理机制来定期收集服务贸易数据；采用国际标准对收集的数据进行适当分类；检验发达国家和发展中国家汇编服务贸易数据的分析方法和制度框架，研究其是否适用于印度。[1] "大型食品园方案影响评价"研究分析了新西兰、马来西亚、中国等国建立食品工业园的全球最佳案例，认为政府应在建立食品工业园的过程中发挥关键作用。[2]

未完成的项目多为农业研究。"在印度东部地区推动农业增长并减轻贫困"对印度几个邦的农业发展经验进行了比较研究，采用定性和定量相结合的方法研究了农业增长的来源和驱动因素。"印度农业价格扭曲"研究从价格扭曲的角度来分析印度近期的农业贸易政策，包括边境税、限额以及国内价格干预（如税收和补贴及直接价格干预）。[3] 其他项目包括"农业、价值链、粮食安全与贸易""农业：可持续发展、生产力和收益率"以及"印度高绩效地区对农业推广最佳实践的比较研究"等。

其次是针对宏观经济金融自由化与监管的研究。研究如何进行合理的改革与管控，使国内经济趋利避害，与国际经济更好地接轨，这也是委员会的工作重点之一。这一研究领域已完成研究项目5个，正在进行的有3

---

[1] Arpita Mukherjee, Tanu M. Goyal, Bhavook Bhardwaj, Raj Kumar Shahi, *Institutional Framework for Collection of Statistics on Trade in Service*: *Four Pilot Surveys on Trade in Audiovisual, Professional and Telecommunication Service*, ICRIER Executive Summary, 2014, http：//icrier. org/pdf/Exec-Sum-Cover-Trade-in-Services. pdf.

[2] Arpital Mukherjee（Project Leader）, *Report on Evaluation of the Impact of the Scheme for Mega Food Park of the Ministry of Food Processing Industries*, ICRIER, July 31, 2015, http：//mofpi. nic. in/sites/default/files/ICRIERreportonimpactofMFPS%28Final%29_0. pdf.

[3] Shweta Saini and Ashok Gulati, *Price Distortions in Indian Agricultural*, ICRIER, Funded by the World Bank, 2015, http：//icrier. org/pdf/Price_Distortions_in_Indian_Agriculture_2017. pdf.

个。完成的项目包括"二十国集团问题研究计划：第一阶段""二十国集团问题研究计划：第二阶段"。这两个是印度财政部经济事务司与委员会合作的项目，目的是跟踪 G20 相关议题并了解各方对印观点。研究范围包括：印度基础设施投资、印度增长的结构性障碍、金融业监管改革对发展中国家和印度的影响、托宾税（Tobin Tax）[①] 和金融业税收方案的政策选择、商品市场监管、食品安全、改革国际金融机构（IFI）、单币种在国际货币体系中的风险、印度应关注的战略区域。《当前金融危机对德国、印度和日本金融市场的影响》报告对比研究了三国的相对资本开放情况，认为发达经济体的开放性对它们来说是致命的，这一阶段的德国、日本都高度暴露在危机中，但印度缓慢的自由化进程提供了保护其免受外部冲击的隔离带，印度金融机构几乎没有受到美国次贷危机的影响。此外，还有《组织证券交易所经济学》《更新关于印度遵守国际标准和规范和业务指标的信息》等研究报告包含了对印度金融部门的综合性评估，说明了印度金融体系的健康状况。正在进行的项目有的是对印度全球价值链的分析，有的关注印度的税收改革，包括扩大纳税人基础、风险评估和深化税基、税收数据分析、纳税人信息服务等范围。

最后是关于企业家精神与技能发展（自主创新与就业）的相关研究。对人口仅次于中国并拥有巨大人口红利的印度来说，劳动力与就业等领域确实是关系社会民生的大计。该如何消化庞大的劳动力人口，既是治安稳定问题、又是政治经济问题、更是社会发展问题。由委员会众多教授合作参与的"发展就业：创建多学科解决方案"项目是世界银行倡导的"网络就业与发展"（NJD）项目的一部分，目前完成的成果对问题进行了深入的分析，如《在组织化的制造业中增加就业》这一报告分析了印度制造业就业增长水平较低的问题，认为其原因首先是印度服务业对国内生产总值的贡献超过制造业，其次是制造业蓬勃发展的部门也是资本和技能密集型行业，为非技术工人创造的就业机会有限，工业的资本密集度不断上升意味着制造业不需要增加太多工人。研究认为邦政府在提供有利环境加速制造业增长方面的作用至关重要，改善政府对产品和劳动力市场的管制并改善基础设施，可以有效提高各邦的工业绩效并缩小区域差距，带动就业增长。[②]《劳工条例和印度制

---

① 托宾税指对现货外汇交易课征全球统一的交易税，旨在减少纯粹的投机交易。
② Radhicka Kapoor, *Creating Jobs in India's Organized Manufacturing Sector*, ICRIER, Working Paper 286, September 2014, http：//icrier.org/pdf/Working_Paper_286.pdf.

造业与就业增长》这一报告则探讨了劳工条例所面临的困境，特别是企业在适应国际市场竞争条件方面的问题。报告将印度与主要发达国家、新兴国家的劳工条例灵活性的各方面进行了比较，涉及集体解雇、固定期限合同、合同工、工会和失业保险等方面，其结论认为，印度的劳工条例的确影响了劳动力的灵活性。作者一方面指出印度劳工条例需要更大的灵活性，另一方面坚持认为需在劳动力的市场灵活性与劳动保护之间保持平衡。① 其他成果还包括《关于印度劳动力市场法规的争论》（Creating Good Jobs: Assessing the Labour Market Regulations Debate in India）和《1970 年（规制与废除）合同工法案对正规制造业就业的影响》[Labour Regulations in India: Contract Labour (Regulation and Abolition) Act 1970 and implication for Formal Manufacturing Employment] 等。②

三、特色研究

中国是印度的重要邻国，两国都是人口众多的发展中国家，在国内经济发展和改革上面临的问题虽有不同，但相互可借鉴之处是很多的。委员会也做了一些中国问题研究，目的是分析中国经济改革发展的历史经验，为印度经济发展开出良方。

（一）产业与宏观经济政策研究

委员会对中国的农业、制造业、钢铁工业、进出口贸易、金融产业等均有研究，侧重中印比较分析。如1992年出版的《亚洲奇迹：中印的钢铁工业》（Asian Crucible: The Steel Industry in China and India）一书、2000年发表的报告《跨国企业与侨民外商直接投资：中印经验比较分析》（Multinational versus Expatriate FDI: A Comparative Analysis of Chinese and Indian Experiences）和2008年发表的报告《中印制造业成本竞争力：行业和区域的角度》（The Cost Competitiveness of Manufacturing in China and India: An Industry and Regional Perspective）等，都将中印两国的产业进行对比，

---

① Anwarul Hoda and Durgesh K. Rai, Labour Regulations and Growth of Manufacturing and Employment in India: Balancing Protection and Flexibility, ICRIER, Working Paper 298, May 2015, http://icrier.org/pdf/Working_Paper_298.pdf.

② 资料来源于：http://icrier-jobs.org/completed/。

目的是学习中国产业发展成功的经验，汲取失败的教训，并希望印度在产业竞争中获得优势。中国自古以来一直是农业大国，农业发展领域的经验教训有特别的研究意义。在研究印度农业推广的时候，研究人员借助比较研究法，跟踪中国等国在农业推广服务方面的主要趋势和具体模式，分析"印度农业物价扭曲"的文章也将中国的农产品进出口作为参考因素之一。

如 2007 年的《中国和印度：两种贸易一体化》（*China and India：A Tale of Two Trade Integration Approaches*）的报告提交委员会举办的"印中在国际贸易与金融及全球经济治理中的作用"研讨会。该文详细比较了中印两国贸易一体化进程的主要特点和成就，认为制造业方面的改革可能是中国经济表现更好的关键因素；而印度在降低非农产品关税和选择非关税壁垒方面已经取得相当的进展，但温和保护主义仍在，这可能增加印度制造业方面的障碍；虽然印度在服务业的某些方面具有比较优势，但贸易政策仍然紧缩。[1]

委员会 2008 年发表的另一篇报告《解构中印的增长：金融政策的作用》（*Deconstructing China's and India's Growth：the Role of Financial Policies*），研究了中国国内生产总值消费低投资高的原因，认为其重要因素是中国资本实际成本低，中国未来需更多地依靠国内消费，减少对出口和投资的依赖，银行业和金融市场改革也需进一步发展。[2] 2013 年《商业旗帜报》刊登了一篇题为"中国必须面向国内"（*China must Look within*）的文章，称人民币明显升值导致进出口失衡，过去的投资与出口导向政策也变得不再适宜。文章认为中国应提高卫生和教育开支，进一步支持公共部门，从而提高整体消费水平；还要采取措施来切实减少千家万户进行巨额预防性储蓄的必要性。[3]

（二）经济改革与发展

中印同为发展中大国，都将改革作为经济发展和民族复兴的关键，在

---

[1] Przemyslaw Kowalski, *China and India：A Tale of Two Trade Integration Approaches*, ICRIER, Working Paper 221, August 2008.

[2] Jahangir Aziz, *Deconstructing China's and India's Growth：the Role of Financial Policies*, ICRIER, Working Paper 224, October 2008.

[3] Parthasarathi Shome, "China Must Look Within," *Business Standard*, January 21, 2013, http://www.business-standard.com/article/opinion/parthasarathi-shome-china-must-look-within-112111900014_1.html.

不同领域均做出了巨大的改革努力。委员会为了解中国经济快速发展的原因，专门分析了中国的改革与现代化经验、社会主义市场经济、发展模式和体制结构，以及经济特区与经济技术开发区的建设等，并与印度做出比较，以便得出更为直观的结论。

维尔玛尼（Arvind Virmani）2005 年发表的文章"中国社会主义市场经济的成功经验"（China's Socialist Market Economy：Lessons of Success）认为，社会主义所有制的优点和缺点是同一个硬币的两面：国家控制大部分资本有利于维持稳定并吸引外国直接投资，但公共资本回报率下降又构成了挑战。他认为中国重视国外直接投资并将其作为对国内创业、技术、竞争力增长的重要来源，而印度采取的是不同于"中国模式"和"东亚模式"的"民主市场经济"。①

2005 年发表的《揭示比较优势：对印度和中国的分析》工作报告对印度和中国在全球市场上的比较优势进行了系统评估，使用巴拉萨（Balassa）出口数据指数②来确定表现出比较优势的模式，根据因子强度分析比较优势。该文分析显示印度和中国的比较优势结构有很大的相似之处。③

其他相关成果还包括古普塔博士（S. P. Gupta）早年主编的《中国经济改革：经济特区和经济技术开发区的作用》（China's Economic Reforms：Role of Special Economic Zones and Economic and Technological Development Zones）、《中国与印度的发展模式和体制结构》（Development Patterns and Institutional Structures：China and India），以及《中国和印度改革与现代化的发展经验》（Development Experiences in China and India：Reforms and Modernisation）等书籍。

（三）区域合作与亚太研究

该领域研究在经济方面涉及中国的区域合作政策、与中国相关的跨区

---

① Arvind Virmani, *China's Socialist Market Economy：Lessons of Success*, ICRIER, Working Paper 178, December 2005.

② 巴拉萨指数：用于测量产业内贸易重要性程度的指标，Aj = ｜Xj - Mj｜／｜Xj + Mj｜，X 为出口，M 为进口；当 X 或 M 为 0 时，该值为 1，当 X 或 M 相等时，该值为 0，该指数越大，则产业内贸易的程度越小。

③ Amita Batra and Zeba Ahan, *Reveled Comparative Advantage：An Analysis for India and China*, ICRIER, Working Paper No. 168, August 2005.

域合作、中印及中国与南亚（或南盟）的经贸往来，在政治方面涉及中国在亚太地区的战略需求和区域政策、中印美三边关系、中国崛起对亚太地区的影响等方面。

首先是在经济层面上，委员会在 2016 年 3 月新德里举行的"印度、缅甸、孟加拉次区域合作"会议中讨论了孟中印缅经济走廊的可行性，另有活动专门研讨中国在南亚区域合作联盟（SAARC）的参与情况，包括研究中国参与南亚经济合作的动机、目的、影响因素，旨在为印度增加在南亚地区的贸易和投资提供借鉴。

区域合作领域的研究主要针对中印之间的贸易往来，特别是印度逐年增长的贸易逆差。如 2011 年由委员会学者在《经济时报》发文分析中印贸易逆差，提出印度应通过建立更多样化的贸易篮子来摆脱资源和劳动密集型商品出品，转向高附加值产品出口。① 2015 年在《经济与政治周刊》发表了题为"印度与中国的贸易逆差：怎样弥补差距"（India-China Trade Deficit-Bridging the Gap）的文章，指出印中贸易逆差已经从 2010 年的 230 亿美元增长到 2013 年 350 亿美元，占印度对外贸易赤字总额的 25%。作者认为印中之间产生巨大贸易逆差的主要原因是两国贸易结构不平衡：2013 年印度 85% 的对华出口为原料和低附加值半成品，而从中国进口的 80% 为资本产品和高附加值的半成品。作者在文中尝试为缩小中印贸易逆差给出良方，提出了三种猜想，认为首先应缩减从中国的进口，其次应加快对华出口，最后是增加中国在印投资，并对这三种措施的可行性做出了推断。作者认为印度很难缩减从中国的进口，因为从中国进口的半成品是满足印度国内需要和制造业出口的基础，限制从中国进口高科技产品也是非常不理智的。就增加对华出口而言，作者认为印度如不能使其出口篮子多样化（不仅仅是高级商品），就难以缩小对华贸易逆差。作者指出印度应当出口"中国有足够需求"（adequate demand in China）且"印度有足够供给能力"（adequate supply capabilities in India）的产品。就中国增加对印投资而言，作者指出虽然中国没有被印度官方列入引进外资的限制清单，但由于两国缺乏信任，中国商人很难获得印度签证，印度也不会向中国开放其所擅长的能源投资领域项目。总而言之，该文认为近期内要缩减中印

---

① Rohit Viswanath, "Traversing the China Wall", The Economic Times, May 7, 2011. http://economictimes.indiatimes.com/traversing-the-china-wall/articleshow/8183589.cms?intenttarget = no.

贸易逆差是非常困难的。①

其次是在政治层面上的分析,维尔玛尼 2005 年出版的《三极世纪:美国、中国和印度》(Tripolar Century:USA,China and India)一书认为,世界格局会首先从单极转变为两极,然后在本世纪 20 年代会转变为中美印三极,建议模仿欧洲经济共同体,建立一个以中印日为核心的亚洲经济共同体,认为这将减少亚洲地区的冲突风险。②

委员会 2013 年与亚洲研究中心和钦奈中国研究中心合作举办了"中国如何影响当代印日关系"的国际研讨会,重点讨论中国崛起所带来的印中经济和战略关系问题,委员会的助理研究员达亚尔(Isha Dayal)在会上分析了日本对中国和印度的官方开发援助和直接投资,将中印双方进行了数据对比,并认为日本对印官方开发援助呈上升趋势,对华官方开发援助呈减少之势。他的结论是,官方开发援助是加强印日关系的一个重要手段,为两国的双边贸易带来光明前景,但印日关系的重要性还是小于中日关系,随着日本从中国市场撤出,印日关系能得到进一步提升。③

2015 年发表的"中国在亚太地区的地区主义"(China's approach to regionalism in the Asia Pacific)一文认为,中国的亚太政策过去很大程度上取决于与美国的关系,而现在更其强调周边是其首要的基本外交原则,在"东盟+3"的多边合作下坚持"双轨"原则。文章认为只有实现亚太经济一体化,才能为中国与邻国的关系提供足够的缓冲,但中日关系的信任赤字可能阻止亚太经济一体化。④ 该文被收入《东亚安全》(East Asia Security)一书。

---

① Nisha Taneja, Deepika Wadhwa, Samridhi Bimal, "India's Trade Deficit with China: How to Bridge the Gap?" *Economic & Political Weekly*, Vol. 50, Issue No. 28, 11 July, 2015. 文章参见于:https://www.slideshare.net/DeepikaWadhwa4/indiastradedeficitwithchina。

② Arvind Virmani, *Tripolar century: USA, China and India*, Working Paper No. 60, March 2005, http://www.icrier.org/pdf/wp160.pdf.

③ Isha Dayal, *Japanese Official Assistance: A comparative between India and China*. Presentation, Seminar on How China Impacts Contemporary India-Japan Relations, 2013. http://icrier.org/pdf/isha_japanese.pdf.

④ Dr. Monika Chansoria, *China's Approach to Regionalism in the Asia-Pacific*, November 7, 2015. http://earp.in/en/chinas-approach-to-regionalism-in-the-asia-pacific/.

小结

需要指出的是，委员会的对华研究集中于世纪之交和2008年国际金融危机前后，原因之一是2001年中国加入了世界贸易组织（WTO），而委员会又非常关注世贸组织的相关议题；之二是中国经济在经历改革开放和社会主义市场经济洗礼之后取得了一定成果，恰好印度经济也在改革的摸索之中，自然乐意寻求国际参照；之三是2008年国际金融危机对中印两国均有不小影响，两国均需借助研究来探寻未来改革发展的新道路。如果说以前的研究重点是对比中印两国改革发展的经验，并对中国的成功经验加以借鉴，那么委员会近年的对华研究重点似已转向中印贸易逆差、中国的地区主义、中国的亚太政策等方面。这一方面表明印度国家的战略重点正向亚太地区转移，另一方面也体现出印度上至官方下至普通学者的社会主流对中国崛起持较为负面的警惕态度。后者不能不说是颇为令人遗憾的。

中国研究所

中国研究所（Institute of Chinese Studies，英文简称ICS）是印度研究中国和东亚问题历史最悠久的机构之一，也是专门从事中国研究的权威机构和政策智库。研究所在印度政府外交部的支持下致力于为印度处理对华关系提供战略思考，迅速而妥善地解决印度因中国崛起而日益增长的研究需求。研究所积极促进针对中国及其他东亚国家的跨学科研究，以对中国国内政治、国际关系、经济、历史、医疗保健、教育、边界问题等方面的研究为重点，也重视对语言、文化及中印比较等相关问题的探讨。

一、机构概况

中国研究所的前身是中国研究小组（The China Study Group），由德里大学、尼赫鲁大学和国防分析研究所的研究人员及部分外交官和记者发起，从1969年开始每周三开会讨论，当时主要围绕中印关系与中国的文革进行研讨，逐步引起关注。1978年后，小组在发展中社会研究中心（Centre for the Study of Developing Societies）站稳脚跟，开始开展其他学术活动。中国研究小组自1964年起每两周就中国的时事问题和相关研究组织专家讨论，协助编辑创办《中国述评》（*China Report*）期刊。在此期间，小组不但出版书籍、发表文章，还在报刊专栏和媒体上进行公开辩论，在引导舆论、促进中印关系正常化方面发挥了重要作用。此外，小组还分析了中国的历史文化、中国革命与发展经验以及冷战教训，为印度处理国际事务提供了一定的比较视角和外部参考。

1990年，中国研究小组在已有基础上发展为中国研究所，研究小组作为中国研究所的下属机构继续存在。中国研究所的宗旨是：（1）研究中国及东亚的区域历史、文化与文学、社会、国际关系与经济，引导公众舆论；（2）支持印度大学开展有关中国和东亚的教学工作；（3）培养青年学者，为印度的中国研究提供有生力量，支持承担新课题和新项目；（4）在印度建立中国和东亚研究学术网络；（5）为政策制定提供理论支持。2010年，中国研究所在印度外交部支持下注册为"独立"的研究机构，凭借其强大的对外合作、智力资源及研究能力，为印度的中国研究培育了大量人才，发表了许多著作及论文。

随着中印关系逐步改善，研究所近年来与多家中国机构建立了合作关系，共同举办研讨会并出版研究成果。研究所联合举办了多个重要多边论坛，如"孟中印缅区域经济合作论坛"、"中俄印（RIC）三边论坛"等，积极参加博鳌亚洲论坛（BFA）。研究所还与不同国家与地区的大学和研究机构开展合作，连续9次举办全印中国研究会议（All India Conference of China Studies，AICCS），汇聚了全印度的中国研究者和东亚研究者相互交流并评估研究领域的最新发展。

中国研究所从多个渠道获得经费支持。印度外交部于1997年启动资助计划，主要支持研究所的日常行政工作和研讨活动，福特基金会的资金主要资助研究所在中国进行实地考察，其他组织如日本基金会、塔塔钢铁公司（TISCO）和印度工业联合会（CII）也提供了各种支持。表1是中国研究所2013—2016年的经费收支情况。

表1 中国研究所2013—2016年经费收支简况

年份	总收入（包含捐赠、拨款以及其他收入，印度卢比）	总支出（印度卢比）
2012	10096525.37	4403223.00
2013	15595924.00	15034595.00
2014	18322706.00	16771591.00
2015	21245228.00	19637941.81
2016	16926458.00	15683576.20

资料来源：Annual Report of ICS（2012，2013，2014，2015，2016）。

中国研究所下设咨询委员会，前国家安全顾问梅农（Shivshankar Menon）任主席，委员有著名历史学家罗米拉·塔帕尔（Romila Thapar）、著名学者吴碧霞（Patricia Uberoi）、德里大学东亚研究系教授查克拉巴蒂（Sreemati Chakrabarti）、尼赫鲁大学东亚研究中心教授阿查里雅（Alka Acharya）等8人。理事会由主席吴碧霞、秘书康特（Ashok K. Kantha）、副主席查克拉巴蒂和阿查里雅等10人组成。现任所长康特于2017年3月31日加入中国研究所，系前驻华大使。研究所的退休研究员有谭中（Tan Chung，尼赫鲁大学教授）、黄漪淑（Huang I-shu，德里大学教授）、卡纳（Vinod C Khanna，前外交官）、任嘉德（C V Ranganathan，前驻华大使），以及荣誉研究员14人。研究人员有郑嘉宾（Jabin T Jacob，研究员）、叶文（Aravind Yelery，副研究员）、南迪（Madhurima Nundy，副研究员）、布提亚（Tshering Chonzom Bhutia，副研究员）、苏巴（Bhim Subba，访问学者）、谢尔巴（Diki Sherpa，研究助理）等。另有兼职研究人员17人。

目前正在进行的研究项目有"中国经济研究计划"（Chinese Economy Research Programme，CERP），重点关注中国经济持续发展和现代化建设，国际贸易和中印经济关系，对中国经济的区域发展、次区域发展以及全球发展经验进行探讨总结，副研究员叶文负责该项目的发展及运作，目前已完成"中国的计划程序"和印度管理学院的"在中国经商"等两个子项目，正在进行"孟中印缅经济合作""中国市场经济地位及其对印度中小型企业的影响"等课题的研究工作。

"边界研究项目"（The Border Studies Programme）是中国研究所的核心研究项目之一，致力于研究整个中印边界（包括边界周边地区），尤其注意印度东北部和孟中印缅区域。项目开展了一系列子项目研究，包括支持该所部分研究人员参加了中国举办的"一带一路"相关会议，执行"印度边境地区基础设施"项目，建设以边界争端和1962年事件为重点的"印中关系综合数据库"（India-China Relations, A Comprehensive Database: Special Reference to the Boundary Dispute and 1962）等。

"印中比较研究"（India-China Comparative Studies）是中国研究所另一重要项目，主要是比较中印两国的发展经验，具体包括中印健康资源比较、少数民族政策比较、国家对社会福利政策的回应比较等3部分，分别由巴鲁（Rama V. Baru）、布提亚（Tshering Chonzom Bhutia）和阿南德（PK Anand）主持。"东亚项目"（East Asia Programme）专门支持对日本的研究和亚洲地区比较研究。中国研究所与日本基金会已在项目支持下合作组织了两次印日的中国研究会议。

研究所已完成《中印文化交流百科全书》（*Encyclopedia of India-China*

Cultural Contacts）这一重点项目，于 2010 年 12 月 6 日中国国务院总理温家宝访印期间发布。该书致力于梳理两国文化交流的历史，加强中印的文化与社会相互联系。

全印中国研究会议是中国研究所的旗舰活动，每年 12 月召开，已连续召开 9 次，每届会议都有特定主题，主旨是加强印度的中国研究与东亚研究。会议还开展最佳研究评选并颁发"白蜜雅奖"（Mira Sinha-Bhattacharjea Award）。

《中国述评》（China Report）是中国研究所负责的社会科学和国际关系期刊，1964 年创刊，一直是印度乃至南亚地区关于中国和东亚研究的领航刊物，现任主编玛妲玉（Madhavi Thampi）、副主编郑嘉宾（Jabin T. Jacob），主要栏目有学术论文、时事评论、历史回顾、书评等，涵盖经济学、历史、国际关系、法律、政治和社会学多个领域，最近新增越南专栏，专门就越南相关问题进行研究。

1962 年中印边界冲突之后两国关系降至冰点，双方沟通渠道受到限制，信息难以流通，《中国述评》在此期间的文章相当一部分完全沿用典型的冷战修辞，政治倾向极为强烈。随着德里大学、尼赫鲁大学等高校学者逐步加入，《中国述评》开始鼓励冷静而理性的对华学术研究。该刊编辑委员会前后历经 4 次重要更迭，主编也频繁变动，从拉奥（CRM Rao，1964—1991）、莫汉迪（Manoranjan Mohanty，1992—1996）、德什印卡尔（Giri Deshingkar，1997—2000）、白蜜雅（Mira Sinha Bhattacharjea，2000—2002），到德什潘迪（GP Deshpande，2003—2005）和阿查里雅（Alka Acharya，2006—2013），再到如今的玛妲玉（Madhavi Thampi），杂志的基调和要旨也随之变化。20 世纪 60 年代中国政治格局动荡不定，《中国述评》的文章也主要集中于意识形态、政治问题和哲学问题，对中国经济和发展问题也有探讨，对中国外交政策和国际事务的探讨逐步增加。这一时期的重要内容包括"鲁迅文学""社会与革命"两期特刊和谭中编辑的"中华人民共和国（1988 年 1 月）"特刊。

20 世纪 80 年代中期，期刊逐渐将其他东亚国家如日本纳入研究范围。随后，中俄印三边关系和孟中印缅区域研究也被中国研究所接受认可，过去 10 年的《中国述评》在此框架内吸纳了较为齐全的研究成果和各家学者观点，先后出版了"中国与中东"（1998 年、2013 年）、"加尔各答和中国"（2007 年）、"塑造跨国亚洲研究：中印研究新方向"（2010 年）和

"重新考察印中边界争议"（2011 年）① 等多期特刊。

另外，从 20 世纪 90 年代中期开始，随着中国改革的进一步深化，《中国述评》也开始刊发不同学科背景并聚焦较为微观领域的文章，对诸如中国财政改革、社会主义和市场改革、人口政策、妇女地位、农田基建、制造业竞争力和科技进步等新的研究热点进行探讨。

二、特色研究

（一）政治、历史与经济研究

中国研究小组创始成员之一的德什潘迪（G. P. Deshpande）的中国研究特色鲜明。他坚持认为中国是个"文明国家"，其现代转型必须从这个角度加以解读。② 他的《跨越梦想之桥：印中 50 年》（Crossing a Bridge of Dreams: Fifty Years of India and China）一书抓住中印都有悠久的文明史，印度独立后和中国解放后都面临困境的两大相似点，汇集的研究成果 102 篇，按时间顺序分为 20 世纪 50—60 年代 14 篇、70 年代 35 篇、80 年代 12 篇、90 年代 39 篇，共涉及四大领域，分别是经济与国际贸易、政治与社会、国防与安全、外交政策与国际体系，对中印过去 50 年的发展经验进行了全面总结。③ 该书揭示了中印两国 50 年来的发展规律，特别是中印领导人在面临价值抉择时所历经的思想变化。④ 他的《反帝联合阵线：中国对非外交政策研究》（United Front against Imperialism: A Study of China's Foreign Policy in Africa）一书解释了中国支持安哥拉和莫桑比克民族解放运动的原因，对民族解放的理论进行了较多讨论。

中国研究所的谭中教授运用大量中文资料，在近现代中国史尤其是 19 世纪帝国主义问题的研究上颇有心得，其"反鸦片战争"理论在印度的中

---

① "China and the Middle East"（1998, 2013）, "Kolkata and China"（2007）, "Shaping Transnational Asian Studies: New Directions in China-India Research" （2010）, and "Revisiting the India-China Border Dispute" （2011）.

② Manoranjan Mohanty, "The Scholar-Artist: A Tribute to Professor G. P. Deshpande," China Report, Vol. 50, No. 4, May 2014, p. 156.

③ Alka Acharya, China and India: Politics of Incremental Engagement, India: Har Anand Publications, 2008, p. 2.

④ G. P. Deshpande, Alka Acharya, Crossing a Bridge of Dreams: Fifty Years of India and China, India: Tulika Print Communication Services, 2004, p. 387.

国历史研究领域影响深远。他将英国在 19 世纪的统治形式称为"鸦片帝国主义",批评当时对鸦片战争的研究往往倾向于"鸦片宽恕论",抨击 19 世纪鸦片在中国的传播是"最长期持续和系统化的现代国际犯罪",是"英国早期入侵的生命之血"。他尖锐地指出,当时英国研究鸦片战争的学者大致分为两派:一派最大限度地掩盖鸦片事务所自带的天然掠夺性,另一派则通过放大鸦片对英国工业革命的影响来遮盖鸦片在其他方面的影响,这些观点都带有明显的"鸦片无罪论"色彩。[1]

阿什维尼·德什潘迪(Ashwini Deshpande)是德里大学经济学教授,对中国的研究涉及贫富差距等问题。她与中印两国另外 5 名学者合作完成了"财富的不平等:中国与印度"一文,对中印两国的财产不平等现象做比较分析,认为两国尤其是中国应增加农业人口的收入和资产,这有助于减少城乡差距、减缓财富不平等。该文同时认为印度需通过正确的国家政策(特别是在贸易和补贴方面)和土地再分配政策,使分配更加平等。这一研究指出,改善农村人口的收入和资产分配状况不仅有助于缩小城乡差距,还可减少城市内部的结构差异性,若两国能关注并解决农村人口的资产问题,对社会稳定发展将大有裨益。[2]

(二)区域合作研究

尼赫鲁大学国际研究学院东亚研究中心阿查里雅(Alka Acharya)教授曾任中国研究所所长(2012—2017 年)和《中国述评》主编,目前的研究重点是中印俄三边合作和中国对区域建设的战略回应,侧重中国周边地区。她于 2008 年出版的《中印之间的渐进式接触》(China and India: Politics of Incremental Engagement)著作论述了 1996 年以来,随着中印在政治层面互动增加,两国关系从僵局逐渐向全球化下的合作伙伴转变的历程,指出虽然两国关系中矛盾依然存在,但出于共同利益以及各自在国际体系中的利益诉求考虑,中印在未来完全可能建立更加密切的伙伴关系。她还指出,中印关系已明显偏离了纯粹的双边框架,被视为多极世界政治的一部分,中印互动已经超越了双边及区域的动态,甚至可以说有点类似

---

[1] Tan Chung, "Imperialism in Nineteenth-century China (1) —Foreign Mud on Good Earth: British Opium Enterprise Vis-a-Vis China," *China Report*, Vol. 52, No. 1, March 1981, p. 11.

[2] Zhong, W., Vakulabharanam, V., Ruparelia, S., Ming, Y., Deshpande, A., & Banerjee, L. *Wealth inequality: China and India.*, New York.: Working Paper, 2010, pp. 27–28.

于冷战时期的中苏关系。① 她在台湾问题上认为，两岸在过去十年都采取了渐进但有效的措施，使政治分歧不会妨碍海峡两岸的经济关系，历史、文化与身份认同、民族情感等影响因素的作用也日渐突出，值得关注。②

吴碧霞是印度著名汉学家，曾任中国研究所所长，长期在德里大学和尼赫鲁大学执教，研究兴趣集中于印度和中国的家庭、亲族、性别、大众文化和社会政策等方面，在区域研究方面重点关注"孟中印缅区域论坛"、印度东北部和西南地区的发展问题，对"孟中印缅经济走廊"兴趣浓厚。她认为，"孟中印缅经济走廊"所面临的挑战不仅仅来自亚洲两个不断增长的经济体（中印）间可能的地缘战略和地缘经济"竞争"，同样也来自于南亚本身的经济一体化步伐缓慢、地区之间联系不紧密的现状。在这方面，重要的是要确保南亚地区交通基础设施和贸易便利化发展良好，不会因区域一体化方面的扭曲而脱轨。③

（三）"一带一路"研究

中国研究所是印度历史最悠久的中国研究机构，对"一带一路"构想做了较细致的研究，对"一带一路"总体支持而又略偏保守。中国研究所不同于印度国内某些强硬派，对"一带一路"的观点相对温和，大多数研究人员认为"一带一路"对印度来说是机遇与挑战并存，既是印度发展经济、拉动就业的好机会，又是中国的大国强国战略，印度应保持警惕。尽管研究所对"一带一路"持一定的保守态度，但总体上仍认为其对印度是利大于弊，主张印度在一定条件下积极参与。

研究所一些学者认为，"一带一路"对印度具有深远的战略意义，因为"一带一路"主要限于经济与人文，对深化国际战略互信有基础性作用。波拉切克（Polachek）的研究指出贸易翻倍可令两国的冲突风险减少17%，故中印应以"一带一路"为契机探索建立两国"新型大国关系"，两国可以而且应该在粮食安全、水、能源、环境保护和气候变化、

---

① Alka Acharya, "Introduction," *China Report*, Vol. 46, No. 3, March 2010, p. 191.
② Alka Acharya, "Changing Dynamics in the Taiwan Strait: One Country, Many Systems?" *International Studies*, Vol. 42, No. 3&4, April 2005, pp. 227–246.
③ Patricia Uberiois, "Problems and Prospects of the BCIM Economic Corridor," *China Report*, Vol. 52, No. 1, January 2016, p. 32.

改革战后国际经济秩序等非传统安全问题中找到更多合作机会。① 有研究指出,"一带一路"对印度既是挑战也是机遇,印度既需考虑其促进长期经济增长的巨大经济机遇,又要最大限度地减少其可能的"不利影响",不过印度政府目前不能正式接受"一带一路"。② 鲍特林(Ravi Bhoothalingam)是玛纳斯咨询公司创立人与现任主席,也是中国研究所荣誉研究员,其所参加的四国联合研究小组负责评估孟中印缅经济走廊的可行性和范围。他还担任《中国述评》和《世界事务》编委,主要研究中国传统的儒家思想、中印经贸关系的历史和实践,以及中国偏远地区的旅游发展等。鲍特林认为,丝绸之路这一"全球品牌"能使参与其中的国家受益,但其事前沟通欠佳,印度国内对是否参与"一带一路"分歧严重。他指出,印度必须参与而不是回避丝绸之路;印度可在许多方面增强丝绸之路互联互通的范围和质量;中印之间的互补性尚未得到深入挖掘,而"一带一路"为两国的互补提供了机会;中印须共同努力,通过丝绸之路创造更多人间奇迹,中印合作可能真正改变世界。③

另一些学者则认为"一带一路"是连接亚洲、欧洲和东非的宏伟战略构想,称这一举措增加了中国在印度洋地区的活动,在印度看来属于一种地缘政治经济上的进取之举。有研究称"一带一路"倡议是中国改变亚洲及更大区域的地缘经济和地缘政治格局的一大举措,故建议印度在安全领域继续对此保持警惕,同时也要积极与中国开展经济合作并有效参与"一带一路",特别是应认真考虑允许中国企业开发具有相关基础设施和制造业基础的印度港口。④ 还有学者认为"21 世纪海上丝绸之路"有利于印度,是印度的一次机会,如果印度能增强自身经济实力且促使中国保证重

---

① Richard W. Hu, "China's 'One Belt One Road' Strategy: Opportunity or Challenge for India?" *China Report*, Vol. 53, No. 2, February 2017, pp. 107.

② Mingwang, Lin, "Indian Perceptions of One Belt One Road and China's Policy Choices," *World Economics and Politics*, No. 5, 2015, pp44 – 59.

③ Ravi Bhoothalingam, "The Silk Road as a Global Brand," *China Report*, Vol. 52, No. 1, January 2016, pp. 45 – 52..

④ Jeremy Garlick, "If You Can't Beat'em, Join'em: Shaping India's Response to China's 'Belt and Road' Gambit," *China Report*, Vol. 53, No. 2, February 2017, pp. 143.

视印度的主要关切,"21世纪海上丝绸之路"对印度就会展现出极大价值。①

有些学者将"一带一路"与二战后的"马歇尔计划"进行了比较,认为"一带一路"是为了所有的参与国都能获益,从而构建互惠互利的利益、命运和责任共同体。② 还有研究将"一带一路"看做中国避免美国及其盟国包围的防御措施,认为伙伴国如能从"一带一路"受益,就会开放陆海通道,积极参与贸易活动。简而言之,"一带一路"仍然是一个有良好预期并正在进行的项目。③

《中国述评》上发表的"如果你不能击败它,就加入它:塑造印度对中国'一带一路'政策的回应"(If You Can't Beat'em,Join'em: Shaping India's Response to China's 'Belt and Road' Gambit)一文颇为典型地代表了研究所的纠结态度。该文认为目前印度政府对"一带一路"持怀疑态度,但是"一带一路"对印度并没有直接的威胁,印度应考虑到中国对其国家安全的顾虑,中国也需要考虑印度的顾虑。④ 简而言之,就如印度前国家安全顾问梅农所强调的那样,双方需要改变对待对方的态度,转向合作而非对抗;印度需要抓住"一带一路"来鼓励工业发展,增加就业;固执地对"一带一路"冷样旁观而不尽力从中获益,从长远来看并不明智。文章的标题已说明了其态度,即如果不能击败它("一带一路"),那就请加入。⑤

---

① Jeremy Garlick, "If You Can't Beat'em, Join'em: Shaping India's Response to China's 'Belt and Road' Gambit," *China Report*, Vol. 53, No. 2, February 2017, pp. 150.

② Chen, Dingding, "China's 'Marshall Plan' is much more," *The Diplomat*, No. 10 November 2014, http://thediplomat.com/2014/11/chinas-marshall-plan-is-much-more/ (accessed on 10 September 2017).

③ Andrew Sheng, "OBOR and Euro Asia's New Great Game," *China Report*, Vol. 53, No. 2, February 2017, pp. 232 - 252.

④ Brewster, David, "Beyond the 'String of Pearls:' Is there Really a Sino-Indian Security Dilemma in the Indian Ocean?", *Journal of the Indian Ocean Region*, Vol. 10, No. 2, 2014, pp133 - 149.

⑤ Jeremy Garlick, "If You Can't Beat'em, Join'em: Shaping India's Response to China's 'Belt and Road' Gambit," *China Report*, Vol. 53, No. 2, February 2017, pp. 143.

小结

作为印度中国研究领域最有影响力的机构之一，中国研究所的对华研究涵盖了政治、经济、文化和近代史等各个方面，对日、韩等国的研究也有涉猎。在较为雄厚的资金支持及政府扶持下，研究所近年已完成多个项目，成绩斐然，所属的《中国述评》期刊发表了大量印度学者的对华研究成果，也刊登了不少中国学者的学术成果，可较为全面地反映中国各方面的情况特别是中印关系的走向。但中国研究所也有其明显的短板。一方面，研究所缺乏能流利使用汉语交流并大量使用中文材料的研究人员，在研究过程中只能依赖英语资料并从中借用材料和观点，结果是一些文章虽然研究中国，通篇引用的却仅限于非中文资料，得出的观点自然难免偏颇。另一方面，该所只有极少数研究人员掌握了中国历史、文化、地理等较为完备的基础知识，做起文章来难免捉襟见肘，缺乏系统性研究。这一问题在新一代研究人员中甚至还更为严重。展望未来，中国研究所的发展前景无疑是广阔的，但其固有缺陷目前仍未找到有效的解决之道，必然对其发展潜力产生极大制约。这也是需要注意的。

巴基斯坦政策研究所

巴基斯坦政策研究所（Institute of Policy Studies，英文简称 IPS）成立于 1979 年 5 月，位于巴基斯坦首都伊斯兰堡，是一个非营利、非政府的民间社团，更是巴基斯坦国内研究政策问题与伊斯兰经济文化的先驱，在巴基斯坦国际关系和当代伊斯兰研究领域发挥着举足轻重的作用。[1] 研究所在过去的 38 年里一直为巴基斯坦、地区和国际问题的研讨对话提供了活跃的平台，其务实研究对巴基斯坦的发展做出了独特的贡献。

一、机构概况

巴基斯坦政策研究所致力于通过应用研究、学术对话和成果出版来解决涉及巴基斯坦、地区和国际社会的政策性问题，主要分析政府政策和公共计划及各种当代问题，为制定、影响或接受政策的各方提供对话机会并公布信息，为公众分析时事与政策并提供政策性建议。[2] 研究所通过包括研讨会、专题讨论会和圆桌会议等交流活动，以及报告、期刊和出版物等各种研究成果来积极实现其目标。

巴基斯坦政策研究所执行团队现有 7 人，研究团队现有 11 人。研究所现任主席（Chairman）阿赫默德教授（Khurshid Ahmed）系研究所的创始人之一，对宗教、经济、宪法事务中的东西方哲学有深入的比较研究，历年来撰写、编辑或翻译英语和乌尔都语书籍 70 多本，其中许多被译为多种

---

[1] 唐鹏琪：“巴基斯坦政策研究所简介”，《南亚研究季刊》2007 年第 1 期。
[2] 唐鹏琪：“巴基斯坦政策研究所简介”，《南亚研究季刊》2007 年第 1 期。

欧洲或东方语言。现任所长（Director General）暨《政策透视》（*Policy Perspectives*）期刊的主编哈立德·拉赫曼（Khalid Rahman）是权威的巴基斯坦问题专家，研究经验丰富，重点关注国别与地区政治、巴中关系、马德拉萨（Madrassa，宗教教育机构）和性别研究。研究所迄今已组织研讨会和圆桌会议1100多次，出版著作250多部、报告1500多篇。

全国学术委员会（National Academic Council，NAC）是研究所的指导机构，一般由25—30位知名专家组成，每年至少举行一次会议，负责监督研究所的工作、批准年度研究计划并审查其实施情况、审查现有项目及其进展。本届全国学术委员会由包括研究所季刊主编安尼斯·阿赫默德（Anis Ahmed）在内的25位知名专家学者组成。

研究所在1985年成立由专家学者和经济学家组成的经济工作组，除提供经济年报外，还就各种经济问题如税务系统、大型企业、就业、减贫等开展研究。1996年研究所正式成立伊斯兰经济部，塔希尔博士（Rizwan Tahir）任第一任主任。该部已围绕经济伊斯兰化各重要议题组织多场研讨活动，在这一领域的广泛工作和领先地位在世界各地得到普遍认可。[1]

研究所成立以来主要依靠自筹资源，2007年的年度预算约1000万巴基斯坦卢比。[2] 研究所自负盈亏，捐赠一直为其主要收入来源，出版物销售收入、会员费、赞助、咨询服务费、培训费，以及研讨活动、委托研究和合作企业等也提供了部分经费。为确保财务透明，研究所建立了资金流入和流出审计制度，以下是2015—2016年度的经费审计表。

表1 各项收入占总收入百分比

收入项目	捐赠	项目	出版物	赞助	领导力培训项目	其他
百分比（%）	60	16	13	6	4	1

资料来源：巴基斯坦政策研究所网站，http://www.ips.org.pk/aboutips/introduction/financials（上网时间：2017年8月25日）。

巴基斯坦政策研究所在38年间通过广泛的合作活动在诸多研究领域取得了丰硕成果。研究所将巴基斯坦事务、国际关系、信仰与社会定为三大研究领域，通过专门的研究协调小组推动本地和国外学者协调开展研究活

---

[1] 唐鹏琪："巴基斯坦政策研究所简介"，《南亚研究季刊》2007年第1期。
[2] 唐鹏琪："巴基斯坦政策研究所简介"，《南亚研究季刊》2007年第1期。

表2　各项支出占总支出百分比

支出项目	研究人员薪金	行政人员薪金	学习研究	办公室装修	外出交流	推广和营销	总体管理	捐赠消耗	人员福利
百分比（%）	35	24	13	12	4	4	2	2	1

资料来源：巴基斯坦政策研究所网站，http：//www.ips.org.pk/aboutips/introduction/financials（上网时间：2017年8月25日）。

动。研究所重视联合研究、共同举办研讨会以及图书资料交换等形式的对外协作，自成立以来一直与国内外机构密切合作。国内合作机构有白沙瓦大学、旁遮普大学、（拉合尔）管理科学大学（UMT）、国立公共管理研究所（National Institute of Public Administration，NIPA）、（伊斯兰堡）国际伊斯兰大学（International Islamic University，IIU）及其达瓦研究院（Da'wah Academy）、伊克巴尔开放大学（Allama Iqbal Open University，AIOU）、战略研究所（Institute of Strategic Studies，ISS）等机构，以及白沙瓦、拉瓦尔品第和古杰兰瓦拉等地的工商会。重要的国际合作伙伴有（沙特）伊斯兰开发银行（Islamic Development Bank）、（美国）国际伊斯兰思想研究所（International Institute of Islamic Thought，IIIT）、（中国）中国国际交流协会（Chinese Association for International Understanding，CAFIU）、（中国）四川大学南亚研究所（Institute of South Asian Studies，ISAS）、（美国）国际宗教与外交中心（International Centre for Religion and Diplomacy，ICRD）、（英国）伊斯兰基金会（Islamic Foundation）、（美国）哈特福德神学院（Hartford Seminary）、（美国）史汀生中心（The Henry L. Stimson Centre）、（德国）汉斯·赛德尔基金会（Hanns Seidel Foundation）和弗里德里希·艾伯特基金会（Friedrich Ebert Stiftung）、（英国）政治与国际研究所（Institute of Political and International Studies）等。

目前，巴基斯坦政策研究所已举办会议和研讨会超过1100次。[①] 研究所通过举办会议和研讨会收集到众多研究信息，为自身发展做出了突出贡献。近年来的主要会议如下。2011年4月11—12日，由巴基斯坦政策研究所、四川大学南亚研究所和云南省社科院南亚研究所联合主办的"中巴关系六十年：历史、趋势与措施"国际学术研讨会在伊斯兰堡隆重召开。

[①] 巴基斯坦政策研究所网站，http：//www.ips.org.pk/ips-at-a-glance/。

来自巴基斯坦政策研究所、巴基斯坦战略研究所、白沙瓦大学、国际伊斯兰大学、巴基斯坦伊斯兰堡世界事务委员会、四川大学南亚研究所、四川大学南亚与中国西部发展合作研究中心、云南省社科院南亚研究所、西华师范大学、光明日报社等单位的20多名学者与媒体人士出席了会议。[1] 2012年初，巴基斯坦政策研究所举办了题为"核安全：趋势和方法"的研讨会，探讨了核安全首脑会议的背景及全球和区域层面的挑战，讨论了巴基斯坦的选择，巴基斯坦核扩散领域的首席专家加法尔·伊克巴尔·齐玛（Zafar Iqbal Cheema）、空军准将穆贾迪德（Ghulam Mujaddid）、国防大学战略和核研究部负责人赛义德参议员（Mushahid Hussain Syed）参加了会议。[2] 2017年2月27日，研究所召开题为"特朗普时代的巴美关系：双边、区域和全球情景"的圆桌会议，就特朗普时期巴美关系在双边、区域和全球层面上的未来走向进行了广泛讨论。[3] 2017年8月10日，中国驻巴基斯坦大使孙卫东应邀出席研究所举办的"中巴关系：中巴经济走廊和各领域合作"研讨会并作主旨发言。巴参议院少数党领袖哈克、政策研究所所长拉赫曼、智库学者、媒体及巴各界友好人士100多人参加。[4]

巴基斯坦政策研究所通过内部研究与外部协作力推各种研究计划，又通过举办会议和研讨会及讲座等方式广泛收集意见和建议，为研究奠定了良好的基础，取得了丰硕成果。目前，研究所已出版超过250本书籍和约1500份报告。

研讨会和学术出版是研究所最重要的成果展示平台。研究所的学术期刊主要是《政策透视》（*Policy Perspectives*）英语半年刊、《西方与伊斯兰》（*Maghrib aur Islam*）乌尔都语季刊、《观点》（*Nuqta-e-Nazar*）乌尔都语半年刊，以及《IPS新闻》等。《政策透视》是传播研究所及其合作伙伴研

---

[1] 曾祥裕："'中巴关系六十年：历史、趋势与措施'国际学术研讨会综述"，《南亚研究季刊》2011年第2期。

[2] "Nuclear Security: Trends and Approaches," Institute of Policy Studies, Islamabad. http://www.ips.org.pk/nuclear-security-trends-and-approaches/.

[3] "Pak-US Relations under Trump: Bilateral, Regional and Global Scenario," Institute of Policy Studies, Islamabad, February 27, 2017. http://www.ips.org.pk/pak-us-relations-trump-bilateral-regional-global-scenarios/.

[4] "孙卫东大使出席'中巴关系：中巴经济走廊和各领域合作'研讨会"，中华人民共和国驻巴基斯坦共和国大使馆，2017年8月11日，http://www.fmprc.gov.cn/ce/cepk/chn/zbgx/t1484162.htm。

究成果的英语半年刊，刊发原创性研究论文及针对不同主题的分析。《IPS 新闻》是研究所的英语新闻简报，主要用于传播研究所的活动信息，向读者介绍研究所的最新出版物等。

研究所出版的重要学术著作有《伊斯兰、国际法与当今世界》（Islam, International Law and the World Today）、《在巴基斯坦的阿富汗人》（Afghans in Pakistan）、《国际货币基金组织阴影下的巴基斯坦》（Pakistan under IMF Shadow）、《伊斯兰与政治》（Islam and Politics）等。2010 年 4 月，该所与四川大学巴基斯坦研究中心合作出版了中英文专题论文集《中国的今天和明天及中巴关系的活力》，中心主任陈继东教授牵头将该所研究员所著《巴基斯坦经济发展历程：需要新的范式》译成中文出版。① 研究所 2014 年以来出版的主要书籍有《伊斯兰之含义与信息》（Islam: Its Meaning and Message）、《师生指导手册》（Tadreeb-ul-Muallimeen）等。这些丰硕成果为读者提供了有价值的研究参考和政策建议。

二、主要研究

巴基斯坦政策研究所的主要研究领域包括：巴基斯坦事务，涉及政治、经济、社会文化和教育等各方面；国际关系，如全球化、全球问题与政治、穆斯林世界、巴基斯坦及其邻国等；信仰与社会，如马德拉萨教育、伊斯兰与西方的关系、伊斯兰思想等方面。研究通常采用公开发行出版物、分析研究问题、定期举行圆桌会议和讲座的形式来展示其研究观点和主张。

（一）巴基斯坦国内事务是研究所的重点研究领域

研究所高度关注对巴基斯坦国内政治的综合评估和建设性研究。为了提高普通民众对政治权利和义务的认识，研究所在全国性的出版社推出著作并自办期刊，定期就不同的政治议题召开讨论会和圆桌会议。②

首先，巴基斯坦政策研究所十分注重研究巴基斯坦国内改革，涉及联邦直辖部落区（Federally Administered Tribal Areas, FATA）改革和国家政治发展等。2016 年 10 月 6 日，研究所举行了题为"联邦直辖部落区的宪

---

① 田光强："巴基斯坦主要外交思想库"，《国际资料信息》2012 年第 7 期。
② 唐鹏琪："巴基斯坦政策研究所简介"，《南亚研究季刊》2007 年第 1 期。

法地位"的圆桌会议。研究所认为，联邦直辖部落区与开伯尔—普什图省（KP）合并涉及实质性和程序性这两大问题，二者不能混为一谈；基于历史的消极经验，人民对联邦直辖部落区的未来有很多疑问，认清这些疑虑和关切是至关重要的。① 2017年3月16日，为审议2016年联邦直辖部落区改革委员会报告拟议的改革路线图的各个方面，巴基斯坦政策研究所与各邦和边界地区部（Ministry of States and Frontier Regions, SAFRON）合作举办了"实施FATA改革包：设定重点"的圆桌会议。研究所表示，鉴于该路线面临复杂挑战，涉及问题极为敏感，政策制定者的选择将产生深远影响，所以最高当局应充分介入。整合过程涉及到宪法、法律、行政、政治和经济等各方面的调整。整个过程在保持公众信心的同时也不必过于急促，以免令问题复杂化。② 政治发展也是研究所的关注重点。研究所的吉拉尼（Asma Jilani）发表"巴基斯坦宪法和司法机构的复兴"一文，指出巴司法机构应具备完全的独立性，否则联邦的制度就难以向前推进；宪法修正案应以汇集全国智慧的形式予以推进；巴需思考如何阻止破坏宪法的行为，确保破坏宪法者受到惩罚；独立的司法机关享有保障公民和联邦单位的权利。作者指出，宪法在理论上为司法机构独立提供了基础，法官的诚信也非常重要；但巴司法制度已受到腐败的玷污。他建议对宪法和司法机构的复兴采取一系列措施，包括采取切实可行的办法来制止违反宪法的行为，讨论宪法修正案应集思广益，政党应选择绝对诚信者进入司法机关，恢复被解职的法官职务，充分利用新闻和广泛的公民参与和监督。文章最后指出，巴基斯坦真正的危机是领导层面的，当前需要采取乐观而务实的措施才能把国家生活带回公平公正的状态。③

其次，在经济方面，研究所主要关注国民经济发展和联邦年度预算等，积极探寻推动巴经济发展的途径。这里重点谈一下海洋经济。巴基斯坦的海洋资源和"一带一路"建设下的瓜达尔港开发，为借助海洋经济推

---

① "The Constitutional Status of FATA, Merger of FATA with KP: Issues & Strategy," Institute of Policy Studies, Islamabad, October 6, 2017. http://www.ips.org.pk/the-constitutional-status-of-fata-merger-of-fata-with-kp-issues-strategy/.

② "Implementation of FATA Reforms Package: Setting the Priorities," Institute of Policy Studies, Islamabad, March 22, 2017. http://www.ips.org.pk/implementation-fata-reforms-package-setting-priorities/.

③ "Revival of the Constitution and Judiciary in Pakistan," *Daily Dawn*, November 18, 2007. http://www.ips.org.pk/revival-of-the-constitution-and-judiciary-in-pakistan/.

动巴基斯坦经济发展提供了良好契机。为此，研究所于2014年5月7日发表"巴基斯坦的'蓝色经济'：潜力与前景"一文，指出"蓝色经济"的理念认识到海洋是经济发展的主要推动力，具有巨大的创新和增长潜力。作者认为，巴是印度洋重要的海运国家，海岸线约1050公里，专属经济区约24万平方公里；海运部门是国民经济的基石；需制定综合国家海事政策才能从上述自然禀赋中获益；应通过公私伙伴关系提高决策者和公众的能力建设意识和知识；通过区域和国际合作，制定有效机制并刺激海运部门升级更新；通过完善铁路和公路基础设施网络来加强港口效率；加强国家协调机构的作用，使巴进入经济大增长的时代。作者乐观地表示，尽管困难重重，但巴必须努力克服。①

经济预算在很大程度上反映了国家经济在一段时期内的发展状况，对政府预算加强研究将为解决经济发展中的重要问题提供重要参考。研究所在"2016—2017年度经济和预算状况"一文中指出，巴基斯坦经济在过去3年增速缓慢，但仍有较大增长潜力；巴经济现在面临的各种问题包括失业、贫困、财富差距拉大、社会服务恶化等，国民经济的基本因素未见改善；法律执行无力，安全局势不佳，腐败已达惊人程度。② 2017年5月26日，巴财政部长提交了"2017—2018财年联邦预算"报告，该所对其进行研究后表示，虽然2017—2018年度的预算措施和建议描绘了自力更生的趋势，对关键部门如农业和工业的发展也有激励，但并无表明经济基本面已发生结构性变化的举措。③ 此外，研究所还对伊斯兰经济规则做了不少研究。

能源短缺是巴基斯坦经济发展中的重大障碍，对国内能源状况的研究也受到了研究所高度重视。2017年1月10日，研究所举行了题为"巴基斯坦能源领域：现状与前景"的圆桌会议。能源专家在会议上呼吁政府推动能源领域的综合长远规划，核查能源项目（特别是与"中巴经济走廊"有关者）的管理与实施能力。参会代表阿里（Syed Akhtar Ali）表示，虽

---

① "Pakistan's 'Blue Economy': Potential and Prospects," *Policy Perspectives*, Vol. 11, Issue 1, May 30, 2016.

② "State of Economy and Budget 2016 – 17," Institute of Policy Studies, Islamabad, May 30, 2016. http://www.ips.org.pk/state-of-economy-and-budget – 2016 – 17/.

③ "Federal Budget 2017 – 18 – A Review," Institute of Policy Studies, Islamabad, June 9, 2017. http://www.ips.org.pk/federal-budget – 2017 – 18 – review/.

然巴能源部门长期面临严峻的管理问题，但监管制度中的多个行动者和力量相互推动，正促使政策制定和关税分配领域逐步朝制度化方向发展。与会专家对现有能源项目的规划、管理和实施状况进行了批评，指出能源部门需进行综合规划并改善其治理状况，敦促能源部门认清巴基斯坦的能源需求，把握"中巴经济走廊"带来的机遇，有效规划本国能源建设。①

最后，针对巴基斯坦教育落后、教育改革不成功的实际情况，研究所成立了教育研究部，专门研究巴基斯坦的教育问题，为政府制定教育政策提供参考。② 研究所强调教育对当代巴基斯坦的重要作用，关注宗教对巴基斯坦教育的重要影响。安尼斯·阿赫默德博士（Anis Ahmed）在"教育和文化合作：伦理基础"一文中指出，一场严重的价值观、道德规范和行为危机已造成严重的不安全感、身份认同和人格危机，单靠经济力量或由帝国主义力量对发展中国家进行全面的政治控制已无力解决，只有教育和文化才能塑造文明的人。文中多次引用《古兰经》的观点，论述有助于建立道德和公正世界秩序的 7 种普遍规范范式：第一，规范的教育范式应引导统一人格的发展，坚持普遍的道德价值观；人格的统一意味着在思想、情感和行为上的一致性。第二，在个人和社会领域实现正义、平等、"现代化"和"尊重法律"。第三，保护和促进人的生命。第四，通过教育和文化的渗透作用，发展出个人的理性能力与态度。第五，教育和文化的普遍基础是尊重和承认文化和宗教的多样性。第六，教育和文化的基础是人的尊严和道德社会秩序的实现。第七，在人类层面上，通过教育和文化引入尊重和安全。他认为这 7 个主要的普世价值受到了单极资本主义势力的威胁，指出本地区的和平、安全与可持续发展直接联系在一起，其价值观通过教育和文化得到适当反映和培育。③ 研究所拉赫曼所长在"宗教教育机构：现状与未来战略"一文中分析了西方对马德拉萨④在滋生恐怖主义

---

① "Pakistan's Energy Sector: Status and Prospects," Institute of Policy Studies, Islamabad, January 10, 2017. http://www.ips.org.pk/pakistans-energy-sector-status-and-prospects/.

② 唐鹏琪："巴基斯坦政策研究所简介"，《南亚研究季刊》2007 年第 1 期。

③ "Educational and Cultural Cooperation: The Ethical Foundations," *Policy Perspectives*, Vol. 2, No. 1, April, 2005.

④ 马德拉萨：伊斯兰宗教学校。当前，在巴基斯坦存在着数量众多的此类宗教学校。"9·11"事件后，巴基斯坦的马德拉萨成为国际社会反恐关注的焦点。苏联入侵阿富汗后，巴基斯坦利用马德拉萨培养了一大批激进的学生，并送往阿富汗参加抵抗苏联入侵的圣战。塔利班领导人几乎都在马德拉萨接受过教育。

方面的担忧，讨论了巴政府的改革努力。该文指出，为了适应当代的挑战，马德拉萨必须对其教学大纲和教学方法进行改革，政府也必须考虑马德拉萨的敏感性和自治权；由于不同教育体系之间的鸿沟越来越大，改革必须长期进行；马德拉萨教育须认识到，拒绝政府提出的改革方案是不可取的；政府也须通过言行表明，改革的真正目标不是安抚国内外的批评人士，而是要在巴建立完整的教育体系。文章主张将宗教教育与主流制度结合起来，在国内实行综合教育制度，借此提高巴教育水平。① 2017年7月15日，研究所举办教育政策咨询会，就巴基斯坦议会两院继续努力逐步落实教育政策达成共识，决定建立"教育对话论坛"以开展系列活动。会议上还签署了关于开展年度教育对话的谅解备忘录，强调应进行教育改革，就持续存在的各种问题提供解决方案，决定在年内举办第一届年度教育对话论坛。②

总的说来，研究所对国内政治、经济和教育领域的各种研究尤其是政策研究为巴基斯坦政府制定国家发展政策提供了有价值的参考，对推动巴基斯坦的全面发展做出了重要贡献。

（二）国际关系和地区研究是研究所的工作重点

巴基斯坦的安全和外交政策、邻国局势、全球政治动向等一直是研究所的重点研究领域，巴基斯坦对外关系、克什米尔问题、区域研究特别是阿富汗问题是这方面的主要研究课题。

首先是巴美关系研究。巴美关系在巴基斯坦外交中占有重要的地位，也是中国学者关注的重要问题。新世纪以来，随着地缘环境的变化，巴基斯坦与美国之间的关系也不断变化。早在2006年，巴基斯坦政治家、研究所全国学术委员会成员阿克拉姆·扎奇（Akram Zaki）就在"巴美关系：重复过去还是分离"一文中按时间顺序梳理了巴美关系，将其分为三个阶段。第一阶段是1947—1979年间，此时尽管巴美成为盟友，目标和利益却各不相同。第二阶段是1979—2001年期间。这一时段的世界形势不断变

---

① Khalid Rahman, Syed Rashad Bukhari, "Religious Education Institutions (REIs): Present Situation and the Future Strategy," May 10, 2005. http://www.ips.org.pk/religious-education-institutions-reis-present-situation-and-the-future-strategy/.

② "Consultative Meeting on Education Policy," Institute of Policy Studies, Islamabad, July 15, 2017. http://www.ips.org.pk/consultative-meeting-education-policy/.

化,阿富汗战争、伊朗革命、苏联解体等事件之后,巴基斯坦对美国重要性下降,双方关系受利益改变的巨大冲击,同盟关系削弱。第三阶段是"9·11"事件之后。这一时段的巴美关系跌宕起伏,美国决策者对巴美关系的未来和地区稳定感到不安,认为未来政治动荡的中心位于阿富汗、伊朗和巴基斯坦三方交界处,今后的巴美关系将受到重大影响。[1] 2011年12月,拉赫曼所长在《中国日报》网发文指出,阿富汗问题是困扰美国的重要问题,也是巴基斯坦维护本国安全发展的重要一环;考虑到巴基斯坦独特的地理位置和巴阿之间错综复杂的关系,没有巴基斯坦的支持美国就难以实现其在阿目标。[2] 美国总统特朗普上台初期的南亚政策并不明确,引起巴方专家密切关注。2017年2月27日,研究所就双边、区域和全球背景下的巴美关系召开圆桌会议,表示特朗普的对巴政策仍不清晰,巴既要避免失败主义,也不宜盲目乐观,谨慎而积极的外交行动才是正确的策略,巴在优先考虑国家利益的同时也不能敌视美国。[3] 2017年8月21日,特朗普公布其南亚与阿富汗新政,指责巴为恐怖势力提供安全庇护所。这在巴引起轩然大波,民间已发生多场反特朗普新政的游行活动,巴美关系受到极大影响,双方高层交往遭受重大打击。这一态势迫使巴调整外交政策,研究所对此正持续跟进。

其次是讨论克什米尔问题。克什米尔问题一直是影响巴国家安全和印巴关系的关键,相关研究既涉及克什米尔本身,也包括巴基斯坦、印度、美国等相关方的研究。2006年2月,研究所拉赫曼所长发表"克什米尔难民:事实、问题和未来"一文,详细讨论了克什米尔难民问题的背景和现状,阐明了难民享有返回家乡的权利,重点则放在难民的困境,特别是经济、社会、教育和健康等四大问题,还讨论了政府的局限性并批评其缺乏认真解决问题的严肃态度。文章从1947—1948年、1965年与1971年、1990年至今等三部分对克什米尔难民问题进行了回顾。作者认为在这一问

---

[1] Akram Zaki, "Pak-US Relations: Repetition of the Past or Departure?" *Policy Perspective*, July, 2006.

[2] Khalid Rahman, "What the future holds for US-Pakistan ties," *China Daily*, December 13, 2011. http://www.chinadaily.com.cn/opinion/2011-12/13/content_14255242.htm.

[3] "Pak-US Relations under Trump: Bilateral, Regional and Global Scenario," Institute of Policy Studies, Islamabad, February 27, 2017. http://www.ips.org.pk/pak-us-relations-trump-bilateral-regional-global-scenarios/.

题上，联合国安理会决议的实质是重申克什米尔人的自决权；永久解决问题的基础是，克什米尔人民通过全民投票决定是否愿意加入印度或巴基斯坦。文章提出了解决这些问题的措施，倡导一套具体而长期的康复战略，包括根据法律赋予难民应有的权利，在难民的地位、组织和生活方面进行妥善安排，充分发挥康复和救济部的作用等。① "印控克什米尔选举和克什米尔争端"一文称印控克什米尔的选举历史表明，这些选举不能取代自决权或全民公决，不能打消民众高涨的情绪，无法改变克什米尔"自由"运动。② 印巴两国在克什米尔长期竞争，使得该地区安全形势动荡不安，政治经济发展在战火中受到了极大摧残。近年来，双方在克什米尔的交火次数不断增加，地区安全环境进一步的恶化，给克什米尔人民带来了更多的苦难。这种情况在短期并无解决迹象，令人极为遗憾。

最后观察研究所对南亚地区安全和邻国的研究。研究所对于南亚地区的核安全有一定研究。2016 年，研究所出版《政策透视》期刊特别版"核南亚和战略稳定"。巴基斯坦国立科技大学和平与冲突研究所的卢克（Umar Hayat Luk）在"印度模糊的核战略原则：对巴基斯坦安全的影响"一文中着重探讨了印度核理论的总体轮廓，追溯了其对巴基斯坦安全的影响。巴基斯坦空军前高级军官哈立德·伊克巴尔和研究所全国学术委员会成员撰写的"巴基斯坦核计划之背景"一文评论了巴核武器计划面临的威胁。阿希姆·阿赫默德博士发表的"战术核武器或灵活反应：选择正确的战略"一文则重点研究印巴两国的核武器原则，试图为巴基斯坦确保地区威慑的稳定提供实用的建议。③

过去几年来，研究所一直积极探讨"巴基斯坦及其邻国"这一主题，对巴基斯坦的 4 个邻国、海上邻国及与区域合作组织的关系都有其独到看法，成果集中刊发于 2017 年的第 14 卷第 1 期《政策透视》期刊的"巴基斯坦及其邻国"特辑之中。

---

① Khalid Rahman, "Kashmiri Refugees: Facts, Issues and the Future Ahead," Institute of Policy Studies, Islamabad, February 28, 2006. http://www.ips.org.pk/kashmiri-refugees-facts-issues-and-the-future-ahead/.

② Awais Bin Wasi, "Elections in Indian Held Kashmir and the Kashmir Dispute," *Policy Perspectives*, Vol. 6, No. 2 July-December, 2009.

③ "Nuclear South Asia and Strategic Stability-the special edition of Policy Perspectives," *Policy Perspectives*, Vol. 13, 2016.

特辑中的"巴中两国：伙伴关系、前景与未来"一文指出，巴中跨越60年的持续友好关系是当代国际政治体系中的特例。在21世纪之前，这种关系主要局限于政府、国防、政治和外交合作。本世纪初以来，两国关系在经济和社会领域的合作基础有所扩大。双方认识到，在变化的全球和地区局势中，两国对彼此的需要已变得更多，然而双方对彼此社会文化的理解仍有待加深。"中巴经济走廊"之下的双边合作给这种关系增添了新的动力，可确保中国畅通无阻地进入世界其他地区。贸易不平衡和安全挑战构成双方两大关切。印度对"中巴经济走廊"的消极态度，以及印美旨在阻止中国持续发展的所谓"伙伴关系"，都增加了巴中合作的意义。"巴基斯坦—印度方程：决定因素、动力和展望"一文则重申，尽管巴基斯坦和印度一直无法正确把握两国关系的轨迹。南亚的有核化、由印度战略军备竞赛引发的持续冲突，都加剧了战争的风险，有强烈迹象表明未来的冲突可能升级，导致相互确保摧毁（Mutual Assured Destruction, MAD）。印巴两国关系无论在军事和战略领域，还是政治或经济层面，都没有实质性改善，包括克什米尔在内的核心争端得到解决是改善关系的关键。总之，印巴之间的双边主义已经失败，迫切需要一种可持续的冲突解决机制，在第三方调解下解决问题，以限制地区军备竞赛和核战争的威胁。"巴伊关系：演进动态、前景与方法"一文从巴基斯坦和伊朗关系的历史与关切问题两个角度讨论双边关系。文章认为，巴伊关系是独一无二的，双方既不是战略伙伴，也不存在战略竞争，两国关系一直在牢固的友谊和相互竞争之间反复交替。"海上邻国：巴基斯坦与阿曼的关系"一文指出，阿曼是巴基斯坦的海上邻国，双方关系友好。历史、文化和宗教的亲缘关系把这两个国家联系在一起。两国国防部门之间关系牢固，双方拥有合理的贸易和商业合作。在阿曼生活和工作的大量巴基斯坦人是双方之间的重要联系。然而这种关系仍然缺乏强劲表现，两国需要制定联合战略，进一步巩固其基础。[①]

阿富汗问题是研究所长期关注的主要课题，研究焦点主要是巴阿关系和阿富汗问题的国际影响等。2008年，研究所学者发表的"阿富汗：区域安全和北约"一文指出，在塔利班政权被推翻6年半后，北约在阿富汗的长期存在正引起地区国家的不满，塔利班的抵抗力量正在增强，毒品生产和贩运也不断增加。文章试图在区域安全的背景下研究北约在阿富汗的存

---

① "Pakistan and Its Neighbors' – the special issue of Policy Perspectives," *Policy Perspectives*, Vol. 14, No. 1, 2017.

在等问题,对涉及的美国、阿富汗、巴基斯坦、印度等利益相关方的政策考虑进行了分析,指出由于区域安全观念的差异,区域国家和北约未能紧密合作,使得阿富汗的安全得不到保证,强调对话谈判是解决阿富汗问题的重要选项。文章指出,北约的两难处境是:一方面,该地区的国家对其在阿长期存在感到不安,故对与其合作持保留态度;另一方面,北约又不能全面完成任务。作者强调,如果没有地区大国参与这一进程,叛乱分子将继续在全国范围内扩张势力;除了打开抵制运动的对话渠道,建设阿富汗部队的能力,为国家建设进程提供政治、经济和军事支持外,北约还需为与该地区其他国家进行安全合作而提供清晰明确的表态,说明自己不会长期逗留在本地区。① 2015 年 9 月,研究所在主题为"巴基斯坦和阿富汗:迈向理想的双边安排"的会议上指出,区域性机构在阿富汗问题上的作用不断加强,伊斯兰堡和喀布尔之间的平稳互利关系尤为重要,两国民间组织、研究中心、智库等均应在促进巴阿关系方面发挥作用。② 2015 年,拉赫曼所长发表"阿富汗政治稳定和安全挑战"一文,认为喀布尔现政府比前几届政权更为稳定,但安全、政治、社会经济问题继续存在,推断阿现政权和反政府武装或许会在一定程度上软化各自立场,和平解决阿富汗问题。③ 2017 年刊发的"巴阿关系:演化、挑战与前进之路"一文,从巴基斯坦的角度较为全面地总结了巴阿关系概况。文章指出,巴基斯坦和阿富汗经常被视为兄弟国家,有着深厚的历史渊源、传统的亲缘关系、相似性惊人的社会结构、共同的宗教认同,然而 20 世纪中叶之后的两国关系一直起伏不定。"9·11"事件后,以美国为首的国际联盟推翻了塔利班政府,此后阿富汗人民和外国政府之间的利益冲突造成了目前的大规模不满,导致了由阿富汗塔利班组织的武装抵抗。随之而来难民潮、武装分子、毒品和人口贩卖问题都影响到了巴基斯坦。"9·11"事件后的双边关系一直充斥着严重的不信任、相互指责、难民危机和跨境冲突,导致阿巴

---

① Fazlur Rahim Muzaffary, "Afghanistan: Regional Security and NATO," *Policy Perspectives*, Special Issue Afghanistan, 2008.

② "Pakistan and Afghanistan: Towards an Ideal Bilateral Arrangement," Institute of Policy Studies, Islamabad, September 25, 2015. http://www.ips.org.pk/pakistan-afghanistan-towards-ideal-bilateral-arrangement/.

③ "Political Stability and Security Challenges in Afghanistan," *Policy Perspectives*, Vol. 12, No. 2, 2015.

敌对情绪逐步增强，至今仍未得到有效缓解。①

（三）伊斯兰研究是研究所的特色研究领域

伊斯兰研究在巴基斯坦政策研究所有很长的历史，也是其特色研究领域。该所的伊斯兰研究涉及领域广泛，研究成果丰硕，具有重要价值。研究所专门成立了伊斯兰世界研究部，主要研究伊斯兰世界的重要问题。②

研究所对伊斯兰世界的研究成果主要发布在《西方与伊斯兰》季刊和《观点》半年刊上。1997年创刊的《西方与伊斯兰》季刊是研究所的乌尔都语刊物，刊发伊斯兰世界与西方世界的学术与哲学对话及政治、经济、社会和文化问题的研究成果，也刊登西方作者对伊斯兰教和穆斯林社会的研究文章，以及穆斯林思想家和哲学家的翻译作品。该刊是了解美欧对伊斯兰世界观点的宝贵资源，积极推动文明对话。为了深化对巴基斯坦穆斯林思想与传统及所面临挑战的全面认识，研究所于1996年10月开始发行乌尔都语半年刊《观点》，致力于对巴基斯坦在伊斯兰教、文化、历史、穆斯林世界和相关主题上出版的书籍进行深入评论，是寻求基本问题和现有文献的有效资源平台。

2014年，研究所主席阿赫默德教授出版了《伊斯兰之含义与信息》一书，内容涵盖了伊斯兰教的信仰、价值观、社会原则、文化机构和当代问题，涉及意识形态、文化、社会正义、妇女问题、伊斯兰政治理论和伊斯兰经济秩序等内容，讨论了伊斯兰教对人类文明的意义，伊斯兰教与现代世界危机等重要问题。

《西方与伊斯兰》季刊第42期围绕"中东：加沙和哈马斯"的讨论认为，哈马斯表现出强大的韧性和快速恢复能力，不考虑哈马斯因素就无法解决中东问题，哈马斯的能力已强大到让以色列和西方都无法忽视的程度。2015年8月26日，关于"宗教、世俗主义和社会经济发展"的讲座在研究所召开。与会专家指出，资本主义的发展观，以及从传统社会和文化向现代化的过渡，导致传统的信仰和实践被现代世俗的价值观和技术文化所取代。相反，伊斯兰拒绝"神圣"和"世俗"二分的二元性世界观，坚持整体上看待生活。《西方与伊斯兰》季刊主编安尼斯·阿赫默德博士

---

① "'Pakistan and Its Neighbors'-the special issue of Policy Perspectives," *Policy Perspectives*, Vol. 14, No. 1, 2017.

② 唐鹏琪："巴基斯坦政策研究所简介"，《南亚研究季刊》2007年第1期。

在讲座中表示,"伊斯兰不接受宗教和世俗事务的双重性",并质疑世界范围内普遍存在的社会经济发展只能追随西方脚步的假设。他认为伊斯兰是一种生活方式,激励其追随者在平等和公正的社会经济发展中做出贡献。[①] 2017年3月30日举办的主题为"伊斯兰恐惧症、伊斯兰教和政治"讲座指出,在今天的世界政治中,特别是对西方来说,穆斯林极易被忽视,也不能被接纳;解决问题的唯一办法是穆斯林重新获得自己的实力、知识和地位,积极参与社会。发言者认为,虽然"伊斯兰恐惧症"被认为是对穆斯林的威胁,但必须认识到,在实际情况下,这也是对全人类的威胁,对生活在美国和欧洲社会的穆斯林和穆斯林社会里的非穆斯林来说,尤其如此。他们还强调,学者和年轻研究人员应对这些领域加大关注和研究。出现"伊斯兰恐惧症"的原因之一,是穆斯林机构的软弱和缺乏领导能力。他们还对美国和欧洲媒体在使"伊斯兰恐惧症"恶化方面的催化作用表示担忧。[②]

马德拉萨教育研究是该所伊斯兰研究的一大重点。2016年,研究所出版《师生指导手册》,用于指导马德拉萨教师的具体课程教学。此前巴主要伊斯兰学校的领导人在研究所举行的圆桌讨论中多次指出,马德拉萨教育需要全面和标准化的教师培训手册。为了应对这种情况,研究所安排专人协力运作,接待各界宗教学者、行政人员和教育工作者,共同设计开发了马德拉萨教师培训课程,该书即为其具体成果。

巴基斯坦政策研究所关注的伊斯兰问题还包括苏联入侵阿富汗造成的意识形态问题、伊朗革命、中亚穆斯林问题等。伊斯兰部还深入研究了海湾战争、巴尔干半岛冲突、中东紧张局势以及克什米尔问题等的发展变化。[③]

三、特色研究

作为巴基斯坦的重要邻国和全天候伙伴,中国在政治、经济、安全等

[①] "Religion, Secularism and Socio-Economic Development," Institute of Policy Studies, Islamabad, August 26, 2015. http://www.ips.org.pk/religion-secularism-and-socio-economic-development/.

[②] "Islamophobia, Islam & Politics," Institute of Policy Studies, Islamabad, March 30, 2017. http://www.ips.org.pk/islamophobia-islam-politics/.

[③] 唐鹏琪:"巴基斯坦政策研究所简介",《南亚研究季刊》2007年第1期。

领域都对巴有直接或间接的重要影响，目前"一带一路"倡议之下的"中巴经济走廊"建设已取得丰硕成果。作为巴基斯坦的重要政策研究智库，政策研究所的中国问题研究取得了较多成果，影响颇大。这些研究既包括中国与其他国家的双边关系，更涉及国际关系中的若干涉华热点问题。

（一）中巴关系

研究所的工作涉及中巴关系的方方面面，既包括经贸与社会，也涉及安全外交等方面。2004年，研究所发表了"21世纪的巴中关系：区域形势、安全与经贸合作"一文，指出尽管中巴两国政府都发生了变化，区域和全球局势也动荡不安，但两国的关系仍不断扩大，合作越发深入。文章对与中巴关系有紧密联系的区域安全问题、阿富汗问题、中亚的持续不稳定、克什米尔问题、恐怖主义和极端主义以及各国的地区竞争进行了分析。作者还从区域形势、全球安全和经贸合作等方面对中美印互动进行了详细分析，强调中国与区域国家不仅要保持合作势头，还要进一步推进并实现区域全面发展。文章指出，本区域的安全策略应着重于以下事实：在社会方面，需联通中亚国家并制定共同愿景，采取联合行动，在区域和全球层面应对霸权的挑战；关注印度日益增长的战争能力；为了本地区的和平，国际社会和邻国应发挥积极作用并以明智的办法解决分歧，作为该地区主要国家和巴邻国的中国在缓解印巴紧张局势方面应发挥作用；在克什米尔问题上应促使国际机构发挥作用；在经贸方面，中国尚未参加本地区任何区域性论坛，印巴关系紧张令南盟举步维艰；地区各国迫切需要围绕共同发展的战略加强合作。文章指出，中国在经济金融领域取得了令人瞩目的进步，中国的产品和技术广泛进入世界市场，中国向地区国家转移技术不仅可赚取外汇，还可促进其经济发展，有利于整个地区。[①] 2009年，研究所拉赫曼所长和助理研究员哈米德（Rashida Hameed）在"中巴关系与新疆"一文中指出，巴基斯坦十分关切中国的穆斯林和伊斯兰教，为了使巴基斯坦人民和社会全面了解新疆对巴基斯坦的重要性，巴需要更有条理的综合研究，建议巴方设立奖学金鼓励更多的学者和学生研究新疆。考

---

① "Pak-China relations in the 21st Century: Regional situation, security, economic & trade cooperation," *Policy Perspectives*, Vol. 1, No. 1, April, 2004.

虑到缺乏设施和普遍的研究议程，这类研究必须得到中巴两国政府的支持。①

2014年，拉赫曼所长在"中国与印度和巴基斯坦的纽带"一文中指出，中国与南亚国家特别是与印巴两国间快速发展的经济合作可对地区战略环境产生积极影响。作者认为，中国的参与可能有助于减轻印巴之间围绕恐怖主义而出现的紧张关系，推动双方就此进行可持续的对话；中印之间以及印度与其他地区国家间的双赢经济合作必须深入开展，对突出的争议问题也不应回避；恐怖主义、台湾问题，以及与之相关的话语，是改善和提高中印巴三方关系众多情境中可能产生积极影响的重要领域。文章特别指出，在亚洲大陆的总体权力平衡中，印度被视为对抗中国的一股力量，印度在美国支持下在印度洋采取挑衅立场，介入南海事务，发展对日本的合作，都引起了中国的高度重视。文章据此指出，经济合作和双赢的局面必须得到充分关注，但未决的争议性问题也不应忽略。② 2016年5月11—12日，白沙瓦大学和政策研究所联合举办了为期两天的中巴关系国际会议。会议重申，与中国的关系是巴基斯坦外交政策的标志，"中巴经济走廊"将成为当前区域和全球环境的双赢举措。拉赫曼所长警告反对这项举措的势力，不要成为阻碍"中巴经济走廊"的负面形象。他强调中巴互利伙伴关系将为巴基斯坦作出有意义的贡献，两国友好关系要代代相传。全国学术委员会委员哈立德·伊克巴尔认为，中巴关系对复杂的地区形势有重大战略意义，崛起的中国为巴基斯坦提供了在本地区谋求优势地位的有利契机。③ 2017年8月10日，在研究所举行的主题为"中巴关系：中巴经济走廊及其超越"的研讨会上，研究所拉赫曼所长指出，中巴关系被当做典范和样板，中巴携手合作可将和平、发展和繁荣的共同理想变为现实，实现协同增效，建立广泛、强大和可持续的伙伴关系；巴感谢中国的合作，这些合作推动了能源、基础设施、制造业、电子、计算机软硬件、

---

① Khalid Rahman, Rashida Hameed, "Sino-Pak Relations and Xinjiang: Writings of Pakistani Scholars," *Policy Perspectives*, Vol. 6, No. 2, July-December, 2009.

② Khalid Rahman, "China's ties with India and Pakistan," Institute of Policy Studies, Islamabad, September 18, 2014. http://www.ips.org.pk/chinas-ties-with-india-and-pakistan/.

③ "Pakistan's Relations with China," Institute of Policy Studies, Islamabad, May 12, 2016. http://www.ips.org.pk/pakistan-study-center-peshawar-and-institute-of-policy-studies-organize-joint-conference-on-pak-china-relations/.

运输和建筑设备以及采矿等重要领域的进步和发展；在面对"中巴经济走廊"建设中的质疑、人员安全和贸易不平衡等问题时，双方应在互信和理解的基础上进一步加强伙伴关系并推动问题得到解决。[①]

（二）中国与南盟关系

随着国际形势不断发展，南亚地区的战略地位不断上升，加强对中国和南亚区域合作联盟（South Asian Association for Regional Cooperation, SAARC）这一重要区域合作组织相互关系的研究，具有突出的重要意义。《政策透视》期刊为此在2012年第1期特别推出了"中国与南盟"专辑。

该专辑刊发的"区域合作、全球变化、南盟和中国"一文指出，南亚各国并不具备相互依赖和相互尊重的关系，巴基斯坦和其他国家都没有与印度这个在南盟占主导地位的国家保持良好关系，其结果是南盟未实现其巨大潜力；加强与中国的合作甚至接纳中国成为正式成员国对整个地区都是有益的；中国已经是南盟的观察员国，应该以"8+1"的形式寻求更有影响力的角色，南盟应为其提供空间。"促进民间交往"一文指出，中国已经确定了与南盟合作的四大领域，即缓解贫困、分享灾难救援的经验和信息、人力资源开发和基础设施与能源项目，这些领域将成为促进中国与南盟民间交往的核心。"经济合作：近期趋势、机遇和挑战"一文指出，中国与南亚国家间的商业贸易蓬勃发展，但这种经济联系集中于有限的国家，多数地区国家尚未从中国的经济发展中受益；中国与南盟国家间需要建立强有力的相互联系和一体化计划，应制定并实施区域性的基础设施、通讯网络和资源开发方案。"经济合作：正在出现的情景"一文指出，中国与南盟成员国加强经济合作是互惠互利的，南盟的地区主义并不成功，而中国的参与可成为一大催化剂，中国的参与可解决南盟的根本性缺陷，如无力为关键项目筹集资金，无法推动知识和技术转让等。[②]

2014年研究所所长拉赫曼在《政策透视》上刊发的"中国和南盟互联互通：需要有利环境"一文指出，就中国和南亚国家而言，物质方面的互联互通和公路、铁路、桥梁、管道、通信线路等基础设施的发展仍然是改善关系的重要条件，但更重要的是把重点放在互联互通的非物质方面，

---

① "Pakistan-China Relations: CPEC and Beyond CPEC," Institute of Policy Studies, Islamabad, August 10, 2017. http://www.ips.org.pk/pakistan-china-relations-cpec-beyond-cpec/.

② "Special Issue-China and SAARC," *Policy Perspectives*, Vol. 9, No. 1, 2012.

如政策、程序和规则等。因此，需要在人员、货物、资金以及信息流动等方面采取有力的管理机制。他指出，人民之间的文化、政治和社会联系是先决条件，可为良好的关系提供持久和可持续的基础。①

尽管中国和南盟之间的联系在不断加深，但南盟自身存在缺陷，尤其是印度对南盟的消极态度，进一步导致中国与南盟的合作仍面临各种不利因素，要想改变这一现状，需要学界和政界的共同努力。

（三）涉华热点

研究所密切跟踪若干涉华热点问题。2015 年，研究所的旗舰刊物《政策透视》第 12 卷第 1 期刊发了拉赫曼所长"没有零和结果的竞争：中国在世界变化中的角色"一文，指出中国现在已确立了自身的经济实力，在全球范围内扩大了政治影响力，并可能发挥主导作用，使现行的全球制度变得更为公正。中国一直强调"和谐发展""共同利益""命运共同体"等理念。建立区域和全球银行机制并推动亚洲贸易协议表明，尽管中国不会挑战全球体系，但维护全球和平、秩序和经济稳定的现行机构的缺陷如迟迟得不到纠正，必然为出台替代方案铺平道路。②《政策透视》2015 年第 2 期刊登的"'重返亚洲'与'再平衡'政策及其对亚太地区的影响"一文对美国的"亚太再平衡"战略忧心忡忡，认为其反映了美国、中国和美国的盟国之间相互依赖的复杂状态，指出传统民族国家倾向于寻求敌人，各国调整政策并重新界定国家利益也往往遵循这一思路。③

改革开放几十年来，中国的经济取得了辉煌的成就，为其他国家进行经济改革、发展国民经济提供了丰富经验和有益的参照。2015 年，查米尔（Muhammad Zamir）发表"中国改革的参数和范式"一文，指出过去几十年的经济增长使中国成为全球经济的发动机，但经济奇迹也带来了很多社会经济挑战，如不平等问题、土地和水的可持续性利用、近年来经济增长放缓等。作者认为中国领导层已着手进行广泛的经济、社会和结构改革，

---

① Khalid Rahman, "China and SAARC: Connectivity—Need for an Enabling Environment," *Policy Perspectives*, Vol. 12, No. 2, 2015.

② Khalid Rahman, "Competition Without Zero-Sum Outcome: China's Role in a Changing World," *Policy Perspectives*, Vol. 12, No. 2, 2015.

③ Zulfqar Khan and Fouzia Amin, "'Pivot' and 'Rebalancing': Implications for Asia-Pacific Region," *Policy Perspectives*, Vol. 12, No. 2, 2015.

力图改善国有企业，进一步放松私人经济活动，解决腐败和管理不善，增强法治，注重社会保障和基本需求，努力提高国内需求而不是一味强调出口导向型增长。他指出，这些改革不仅有助于平衡中国的经济增长，还可为世界各地增加需求创造机会。①

小结

作为一个重要的政策研究智库，巴基斯坦政策研究所在国内问题、国际关系、伊斯兰等方面的研究对巴基斯坦政治、经济、安全等方面的发展提供了重要的政策参考。加强对巴基斯坦智库的研究，对更加充分了解巴基斯坦国内事务及对外关系的研究，无疑具有非常重要的意义。由此可见，对巴基斯坦政策研究所的跟踪研究理应进一步加强。

---

① Muhammad Zamir, "The Parameter and Paradigm of Chinese Reforms," *Policy Perspectives*, Vol. 12, No. 2, 2015.

伊斯兰堡政策研究所

在"一带一路"和"中巴经济走廊"建设全面铺开的背景下，中巴关系持续升温，对巴研究得到更大关注，为此很有必要重点关注巴基斯坦的重要智库之一——伊斯兰堡政策研究所（Islamabad Policy Research Institute，英文简称 IPRI），加强对巴基斯坦事务的研究，推进中巴友好关系进一步发展。

一、机构概况

伊斯兰堡政策研究所位于巴基斯坦首都伊斯兰堡，成立于 1999 年 6 月，是一所非营利智库，与巴基斯坦政府关系极为密切。研究所的主要任务是研究与巴基斯坦国家利益相关的战略问题，对区域问题和国际热点进行分析。研究所与汉斯·赛德尔基金会（Hanns Seidel Stiftung）进行多项合作，共同举办过多场国际研讨会。

研究所设立理事会，其成员包括理事长伊纳姆·哈克（Inamul Haque，前外长），以及参议员穆沙希德·侯赛因·赛义德（Mushahid Hussain Sayed）、真纳大学校长阿什拉夫教授（Javed Ashraf）、旁遮普大学副校长卡姆兰博士（Mujahid Kamran）等知名人士。

研究所现任所长（President）是阿卜杜勒·巴希特（Abdul Basit），研究人员主要有中国问题与中巴关系研究员穆罕默德·哈尼夫上校（Muhammad Hanif）、巴美关系研究员哈立德·侯赛因·钱迪奥（Khalid Hussain Chandio）、南亚安全与反恐问题研究员穆罕默德·纳瓦兹汗（Muhammad Nawaz Khan）、南亚政治与印巴关系研究员阿斯加尔·阿里·沙德（Asghar

Ali Shad)、印巴核问题研究员索比亚·帕拉查（Sobia Paracha）、阿富汗问题研究员穆罕默德·穆尼尔（Muhammad Munir）、巴阿问题访问研究员迪迪埃·沙戴（Didier Chaudet）等。

研究所出版的书籍内容涵盖内政与安全、区域经济合作与挑战、对外关系等，涉及巴基斯坦经济建设、新兴安全秩序、能源危机解决方案和宗教与少数民族权利等热点问题，例如《加强南亚和平与合作：激励约束》《中巴经济走廊：巴基斯坦和该地区的宏观和微观经济红利》《阿富汗形势：主要国家和地区国家的作用》《2014 年之后的巴基斯坦战略环境》《南盟国家经济合作的未来》《南亚国家政策方针：对区域的影响》《亚太地区新兴安全秩序：对南亚的影响》等。

《IPRI 论文》刊发的研究成果关注巴基斯坦和国际社会普遍面临的重大问题和复杂外交政策，分析最新数据，力图提出行之有效的政策建议。2001—2017 年刊发了大量有影响力的文章，包括"恐怖主义问题""巴基斯坦与印度关系管理：争议解决""克什米尔问题""南亚核风险减少策略"和"中国和平崛起与南亚"等。

《IPRI 期刊》是研究所出版的半年刊（分冬季刊和夏季刊），学术地位重要。每期内容包括"研究报告""书评"和"参考文件"三部分。《时事期刊》（*Journal of Current Affairs*，JoCA）是研究所从 2016 年开始发行的第二种半年刊，目的是填补研究分析与政策之间的空白，鼓励青年学者的学术工作。该刊通过研究与分析，为政策制定者提供世界政治、外交和国际安全领域的重要信息，内容包括"研究论文"和"书评"，已刊发"打击'伊斯兰国'威胁的媒体战略""俄罗斯复苏：全球区域威胁与机遇""克什米尔：冲突的性质和层面"和"南亚水资源地缘政治"等文章。

《新闻简讯》是自 2014 年开始发行的简讯，每月一期，对研究所每月的工作做简要概括总结，内容包括研究所举办的国内、国际会议和论坛，举办的系列专题讲座，研究所学者发表的研究成果和文章展示，研究所人员出席的会议和论坛介绍，将研究所的最新动向和工作成果以最直观的方式展示出来，便于外界人员参考查找最新研究资料与信息。

研究所平均每月举办一场有影响力的国际、区域或国内研讨会，邀请相关领域的杰出专家学者参加，或与其他研究所联合举办大型国际国内会议，针对热点问题进行研讨。多年来举行的较有影响力的活动有："印度侵犯宗教少数群体权利（穆斯林和锡克教徒）"会议、"南亚新兴安全动态"嘉宾讲座、"区域和巴基斯坦战略形势"嘉宾讲座、"实现阿富汗和平挑战与展望"国际会议、"气候变化对巴基斯坦国家安全的影响"专题研讨会、"巴中与中亚关系展望与挑战"研讨会、"巴基斯坦外交政策和新兴地缘政治局势：机遇与制约因素"研讨会、"优化中巴经济走廊连通性：区域及以外"研讨会、"加强南亚和平与合作：激励与约束"国际会议、"实现阿富汗和平：挑战与展望"国际会议、"巴基斯坦外交政策和新兴地缘政治局势：机遇与制约因素"研讨会、"印度霸权对南盟的影响"圆桌会议、"南亚国家政策方针及其对区域的影响"研讨会、"印度霸权对南盟的影响"圆桌会议、"巴基斯坦软实力与公共外交潜力"研讨会、"南亚国家政策方针及其对区域的影响"研讨会、"印度洋主要利益：巴基斯坦的挑战与选择"研讨会、"巴基斯坦经济增长路线"全国会议、"亚太地区：巴基斯坦相关性"的客座演讲、"亚太地区：巴基斯坦相关性"客座演讲等。研究所会将专家学者在研讨会上的发言整理成册，编辑出版，为政策制定者提供参考意见，相关成果也发布在研究所网站供学者查阅。

二、主要研究

伊斯兰堡政策研究所致力于对与巴基斯坦国家利益或政策相关的战略问题、各种新兴挑战，以及区域和国际热点问题进行分析评估，涉及巴基斯坦安全、国际组织、区域问题等领域，具体包括克什米尔争端、核问题、阿富汗和平进程、南亚区域和平与合作、中亚问题、巴基斯坦与欧盟的关系、巴基斯坦与俄罗斯及上合组织的关系等议题。

（一）克什米尔争端与核问题

研究所指出，巴方坚持认为克什米尔问题不是印巴双边争端，其根源在于克什米尔人民的意愿，联合国也是争端方；克什米尔人应根据其意愿来决定未来是否加入印度或巴基斯坦。[①] 对印度不愿在联合国主持下举行克什米尔公投的原因，研究所认为一是由于印度奉行世俗主义，始终坚持克什米尔是印度的内部问题；二是印度认为克什米尔加入巴基斯坦会影响

---

① Dr Noor ul Haq, "Management of Pakistan-India Relations: Resolution of Disputes (2017)," *IPRI Paper (Monograph Series)* – 18, pp. 1 – 73.

到印方存在宗族动乱、教派冲突和恐怖主义的各邦，导致多米诺骨牌效应。① 不少研究人员指出，在时过境迁的现在，1947 年关于克什米尔未来地位的解决方案在 2017 年可能已不适用，巴认为只能通过多边主义解决争端。② 具体而言，研究所认为首先需有外界力量介入，再制定符合最多数人最大利益的解决措施，③ 但多边主义的前提是认识到该地区的现实变化，尊重克什米尔人民的意愿，支持对话，加强南盟的力量，防止对彼此形象的消极宣传，促进巴控与印控克什米尔相互交流。④

研究所核问题研究人员指出，1999 年的卡吉尔冲突、2001—2002 年的印巴军事对峙和 2008 年的孟买袭击案都证实了肯尼思·沃尔兹（Kenneth Waltz）的核威慑理论，巴方的最低限度核威慑原则已被证明是对印度常规打击或核打击的有效遏制手段。⑤ 印巴之间固有的不信任和敌对行为并无变化，两国也没有理由停止核武器研发，⑥ 巴会继续巩固核力量以应对印度的威慑，同时又要避免与印度的军备竞赛。⑦ 研究人员认为，印度的确希望成为正常的核国家，巴方需制定明确的路线图来应对；⑧ 巴希望成为核供应国集团（NSG）成员，并呼吁对新成员提供非歧视及基于公平标准的评估方法，同时强调可信的最低限度核威慑对南亚战略稳定至关重要，

---

① One-Day Roundtable, "Violations of Rights of Religious Minorities (Muslims & Sikhs) in India," Organized by Islamabad Policy Research Institute (IPRI), July 12, 2017, http：//www. ipripak. org/violations-of-rights-of-religious-minorities-muslims-sikhs-in-india/ (2017 年 8 月 9 日).

② "Strengthening Peace and Cooperation in South Asia：Incentives and Constraints," *Islamabad Policy Research Institute (IPRI)*, June 2017, pp. 1 – 155.

③ Dr Noor ul Haq, "Management of Pakistan-India Relations：Resolution of Disputes (2017)", *IPRI Paper (Monograph Series)* – 18, pp. 1 – 73.

④ Pervaiz Iqbal Cheema, "The Kashmir Dispute：Key to South Asian Peace," *IPRI Journal XIV*, No. 1 (Winter 2014): 1 – 20.

⑤ Usman Ghani, "Nuclear Weapons in India-Pakistan Crisis," *IPRI Journal XII*, No. 2 (Summer 2012): 137 – 145.

⑥ Usman Ghani, "Nuclear Weapons in India-Pakistan Crisis," *IPRI Journal XII*, No. 2 (Summer 2012): 137 – 145.

⑦ Brig Najeeb Ahmad, "Future of War and Strategy：Indo-Pak Dynamics," *IPRI Journal XV*, No. 1 (Winter 2015): 1 – 20.

⑧ Dr. Tughral Yamin, "Nuclear Mainstreaming Pakistan," *IPRI Journal XVII*, No. 1 (Winter 2017): 26 – 42.

因为不稳定带来的危害更大。[1] 说到底,核威慑终究只能维持印巴两国脆弱的和平,两国应积极谋划未来的和平策略,避免两国关系的不确定性可能导致的冲突。[2] 印巴不应放纵核军备竞赛,进行有系统的战略性武器限制谈判并辅以常规力量的对称削减,对两国关系改善和世界和平来说是非常可行的。[3] 虽然两国不会加入《不扩散核武器条约》(NPT)、《全面禁止核试验条约》(CTBT)和《禁止生产武器用裂变材料公约》(FMCT),但可通过遵守标准来接近核不扩散的主流规范。[4]

(二)阿富汗和平进程

研究所密切关注阿富汗和平进程。其研究认为,国际作战部队的缩减恰逢"伊斯兰国"(ISIS)在阿富汗境内出现,塔利班最高领导人奥马尔的死亡,使塔利班内部的分歧越来越明显,加之未能将其宗教思想与阿富汗文化统一起来等因素,塔利班想在阿富汗建立强大中央政权的目标难以实现。[5] 研究指出,阿富汗政治仍然是分裂和极化的,政府的基本结构性问题未解决,促使阿现任领导层采取相对强硬的态度,对和谈态度谨慎。[6] 有研究认为,只有加快阿富汗和平进程,才能避免"伊斯兰国"在阿富汗及其邻国扩张,阿富汗领导层为此要与塔利班进行有意义的会谈,减少战争造成的损耗。[7] 研究人员认为谈判应遵循两个基本条件:一是冲突双方都要认识到和解的必要性;二是谈判的目的不应是获得特权,而是要实现持久和平,与叛乱组织的高层领导人开启对话应成为阿政府积极推动和解

---

[1] Dr. Tughral Yamin, "Nuclear Mainstreaming Pakistan," *IPRI Journal XVII*, No. 1 (Winter 2017): 26–42.

[2] Dr. Rizwana Abbasi, "A Strategic Shift in Indo-Pak Nuclear Strategy: Implications for Regional Stability," *IPRI Journal XV*, No. 2 (Summer 2015): 1–27.

[3] Dr. Tughral Yamin, "Tactical Nuclear Weapons (TNW) – The Pakistani Perspective," *IPRI Journal XV*, No. 2 (Summer 2015), pp. 28–43.

[4] Muhammad Sadiq, "International Non-Proliferation Regime: Pakistan and Indian Perspective," *IPRI Journal XIII*, No. 1 (Winter 2013): 13–36.

[5] Dr. Ghulam Shams-ur-Rehman, "The Taliban Identity and Dream of National Cohesion: Establishing a Central Government in Afghanistan," *IPRI Journal XVI*, No. 1 (summer 2016), pp. 17–30.

[6] Dr. Raja Muhammad Khan and Ajmal Abbasi, "The Afghan Peace Process: Strategic Policy Contradictions and Lacunas," *IPRI Journal XVI*, No. 1 (Winter 2016), pp. 59–74.

[7] Rahimullah Yusufzai, "Conceptualisation of Peace: Framework for Political Reconciliation in Afghanistan," *Islambad Policy Research Institute* 2016, pp. 16–24.

进程的具体措施。①

针对阿富汗恐怖活动对巴基斯坦的溢出效应，研究人员认为阿富汗的不稳定会进一步破坏巴基斯坦的稳定，巴积极参与地区反恐工作，颁布《国家反恐怖主义法》，累计5000多名安全部队人员和5万名平民因恐怖主义丧生，巴经济损失超过1000亿美元，② 境内的300万阿富汗难民现已成为安全隐患。③ 巴阿两国有义务共同努力打击恐怖主义，巴也一直支持阿富汗领导层与塔利班的和平进程。④ 两国应在人员、军事和情报领域建立合作机制，加强交流，消除不信任感。⑤

研究人员一致认为阿富汗政府有责任给阿带来和平，外部国家则有责任促进和解进程，需要就政治解决阿富汗冲突达成国际共识，⑥ 但美国对和解一直持模糊和谨慎态度，阿政府官员也承认美国不愿对和解采取统一立场。⑦ 大国应为维持阿富汗经济提供财政援助，国际社会也应促进私营部门对阿投资。⑧ 美俄需要合作，协助在阿建立和平与稳定的政治环境，还应启动上海合作组织区域反恐机制，推动中亚各国与阿富汗在诸如集体安全条约组织（CSTO）和上海合作组织等多边框架内开展合作，打击恐怖主义。⑨ 研究所指出，中国一直重视巴基斯坦对阿富汗的独特作用，随

---

① Raja Muhammad Khan and Ajmal Abbasi, "The Afghan Peace Process: Strategic Policy Contradictions and Lacunas," *IPRI Journal XVI*, No. 1 (Winter 2016), pp. 59 – 74.

② Khalid Aziz, "Significance of Stability in Afghanistan for Pakistan," *Islambad Policy Research Institute 2016*, pp. 56 – 63.

③ Khalid Aziz, "Significance of Stability in Afghanistan for Pakistan," *Islambad Policy Research Institute 2016*, pp. 56 – 63.

④ Dr. Ishtiaq Ahmad, "Pakistan's 'Regional Pivot' and the Endgame in Afghanistan," *IPRI Journal XIII*, No. 2 (Summer 2013): 1 – 20.

⑤ "Evolving Situation in Afghanistan: Role of Major Powers and Regional Contries," *Islambad Policy Research Institute 2016*, pp. 12 – 15.

⑥ Dr. Ishtiaq Ahmad, "Pakistan's 'Regional Pivot' and the Endgame in Afghanistan," *IPRI Journal XIII*, No. 2 (Summer 2013): 1 – 20.

⑦ Dr. Raja Muhammad Khan and Ajmal Abbasi, "The Afghan Peace Process: Strategic Policy Contradictions and Lacunas," *IPRI Journal XVI*, No. 1 (Winter 2016): 59 – 74.

⑧ Dr. Raja Muhammad Khan and Ajmal Abbasi, "The Afghan Peace Process: Strategic Policy Contradictions and Lacunas," *IPRI Journal XVI*, No. 1 (Winter 2016): 59 – 74.

⑨ Muhammad Nawaz Khan and Saira Rehman, "Afghanistan Drawdown and Regional Security," *IPRI Journal XIII*, No. 2 (Summer 2013): 131 – 139.

时准备与阿共同努力推动其和平与和解。[1]

（三）南亚区域和平与合作

研究人员认为南亚和平正面临两大挑战。一是尚未解决的印巴长期双边争端。印巴战略稳定对区域和平与区域经济一体化至关重要，促进克什米尔问题的解决是实现区域和平的中心议程。二是跨境恐怖主义问题。要争取阿富汗的和平与稳定，击败激进主义，因此区域和全球利益攸关方需要共同努力，评估各种恐怖主义团体的成因和特点并制定具体的应对策略，目标绝不是简单地挑战这些团体，而是要从长远着眼，瓦解这些团体，在区域和全球范围内实现可持续的和平与安全。[2] 研究人员认为，虽然南亚地区发展合作面临诸多制约，但激励措施仍然有很多，不同比较优势的能源部门高度互补是加强地区和平与合作的主要动力，南盟成员国需要加强能源合作，中亚—南亚输电网（CASA）、土阿巴印油气管道（TAPI）、伊朗—巴基斯坦油气管道（IP）和阿富汗境内的库纳尔电厂都是合作的主要动力；[3] 另一个动力是扩大区域内贸易的潜力，通过贸易便利化，解决产品标准、商业签证和技术人员等问题；区域交通和"南亚经济走廊"建设也是区域一体化和经济发展的重要举措，应得到南亚各国的充分肯定。[4] 跨境跨区域贸易仍然面临着许多基础设施和程序上的障碍，铁路和公路是南亚次大陆最合适、最便宜的贸易运输方式，有助于提高区域运输和过境系统效率。[5]

（四）与俄罗斯—中亚的关系

研究所认识到，巴俄关系最近出现改善趋势，这将有助于区域和平与

---

[1] "Evolving Situation in Afghanistan: Role of Major Powers and Regional Contries," *Islambad Policy Research Institute 2016*, pp. 1 – 177.

[2] Nader Nadery, "Regional Dividends of Peace in Afghanistan," *Islambad Policy Research Institute* (*IPRI*), November 2016, pp. 121 – 134.

[3] Dr. Bishnu Hari Nepal, "Prospects of Energy Cooperation in South Asia," *Islambad Policy Research Institute* (*IPRI*), November 2016, pp. 98 – 119.

[4] "Strengthening Peace and Cooperation in South Asia: Incentives and Constraints," *Islamabad Policy Research Institute* (*IPRI*), June 2017, pp. 1 – 155.

[5] Dr. Kamal Monnoo, "Political Disputes: Implications for Regional Trade and Economic Cooperation," *Islamabad Policy Research Institute* (*IPRI*), June 2017, pp. 77 – 95.

稳定，有助于遏制极端主义和恐怖主义；俄罗斯与巴基斯坦的高级军官、国防部和外交部之间保持定期互动，两国在钢铁、通信、空间技术、油气等方面的经济合作潜力很大。[1] 研究人员认为：俄罗斯再次关注南亚地区并希望借助俄日益增长的对巴影响力，试图长期维持俄罗斯在南亚的战略机遇；[2] 巴美关系中的压力诱使俄罗斯扩大其在南亚的作用，俄为恢复经济也将巴视为投资和发展贸易的好地方。综上所述，巴俄两国可就政治、经济、能源和贸易等领域密切合作，根据阿富汗局势和区域发展形势的要求，运用巴俄反恐联合工作组和巴俄战略稳定磋商小组等机制来增强两国在反恐领域的合作，运用巴俄政府间贸易、经济和科技合作委员会来促进双方在经贸领域的进一步合作。[3] 研究人员注意到，俄罗斯总理在上海合作组织首脑会议上重申了支持巴提出的与俄罗斯开展的贸易和能源项目，将在军事领域为巴提供打击恐怖主义所需装备，协助打击贩毒活动等。上述研究认为，从共同打击激进主义和宗教极端主义入手，俄与巴方可开展从经济到军事的密切合作，让俄有机会在南亚和中亚获得真正的立足点。[4]

巴基斯坦 1992 年与中亚国家签署了包括在经济、文化、贸易和银行业等领域合作的 6 份谅解备忘录，决心与各方建立富有成效的关系，积极加强与中亚特别是与乌兹别克斯坦和塔吉克斯坦的关系。塔巴贸易额已从 1998 年的 1800 万美元稳步上升到 2014 年的 8900 万美元，两国的主要合作领域是能源部门，中亚南亚 1000 输电项目（CASA – 1000）是两国的重要合作项目，巴还开发了通向中亚的另一路线（"巴基斯坦—中国—吉尔吉斯斯坦—哈萨克斯坦运输协定"）。研究人员认为中亚可为巴基斯坦的商品、服务和投资提供巨大市场，吉尔吉斯斯坦共和国的水电资源可帮助巴基斯坦克服能源危机，巴与乌兹别克斯坦成立联合部长委员会是朝扩大合作迈出的重要一步。虽然目前巴乌贸易额相对较低（2400 万美元），但两

---

[1] Muhammad Nawaz Khan and Beenish Altaf, "Pakistan-Russia Rapprochement and Current Geo-Politics," *IPRI Journal XIII*, No. 1 (Winter 2013), pp. 125 – 134.

[2] Nazir Hussain and Khurshid Ali Sangay, "The Russian Resurgence and South and South Asian Region," *IPRI Journal XII*, No. 2 (Summer 2012), pp. 15 – 34.

[3] Russian Scholar Mr. Peter Topychkanov's Visit to IPRI on January 17, 2014, http://www.ipripak.org/russian-scholar-mr-peter-topychkanovs-visit-to-ipri-on-january – 17 – 2014/（2017 年 8 月 9 日）.

[4] "Muhammad Hanif, Pakistan-Russia Relations: Progress, Prospects and Constraints," *IPRI Journal XIII*, No. 2 (Summer 2013), pp. 63 – 86.

国同意在未来 5 年内将贸易额增加到 3 亿美元，双方都渴望把双边关系提升到新的高度。① 巴可借助经济合作组织（Economic Cooperation Organization，ECO）为中亚国家提供贸易用或商用海港，还可向内陆中亚国家提供瓜达尔港，为巴带来更多的贸易与投资。②

巴是第一个申请成为上海合作组织"观察员"的国家，并一直寻求正式加入上合组织，最终于 2017 年正式成为上合组织成员。研究人员指出，巴过去完全依赖西方的经援与军援，如今可更自由更活跃地与上合组织成员国开展活动，这有利于区域稳定与繁荣；上合组织的区域反恐架构有助于巴反恐制度变得更全面、更广泛，帮助巴在政治、经济和安全领域开展区域合作，有效应对恐怖主义和毒品问题的跨国挑战。③

（五）与欧盟的关系

欧盟是巴基斯坦最大贸易伙伴，双边贸易额已达 100 亿美元，对欧贸易占巴基斯坦出口总额的 21.2%，进口总额的 16%。巴基斯坦对欧盟的出口主要是纺织品、服装及皮革制品，而从欧盟的进口主要包括机械、电气、化工和制药产品，不过对巴出口仅占欧盟市场的 0.33%。有鉴于此，研究所认为巴商界需要探索欧洲市场并最大限度地利用其潜力。研究人员认为，2012 年 3 月双方通过了"五年接触计划"（5-year Engagement Plan），提供了双方在反恐、贸易、发展、能源、人权、民主等领域的合作框架；巴需要采取措施，发展与欧盟的战略伙伴关系，这有助于促进区域稳定，应对诸如极端主义和恐怖主义等其他非传统安全挑战；巴还可与北约合作打击网络恐怖主义、激进化等跨国威胁。目前欧盟在巴境内的主要工作区域是开泊尔—普什图省、联邦直辖部落区、俾路支省和旁遮普省南

---

① Post Event Report of the Lecture on "Pakistan's Relations with Central Asia: Prospects and Challenges," organized by Islamabad Policy Research Institute (IPRI), May 25, 2017, http://www.ipripak.org/post-event-report-of-the-lecture-on-pakistans-relations-with-central-asia-prospects-and-challenges/（2017 年 8 月 9 日）.

② Zahid Ali Khan, "Pakistan and Shanghai Cooperation Organization," *IPRI Journal XIII*, No. 1 (Winter 2013), pp. 57 – 76.

③ Zahid Ali Khan, "Pakistan and Shanghai Cooperation Organization," *IPRI Journal XIII*, No. 1 (Winter 2013), pp. 57 – 76.

部，欧盟的开发活动有助于遏制这些地区的恐怖主义倾向。①

三、特色研究

伊斯兰堡政策研究所高度关注中国的内外政策及其对巴影响，在相关研究领域成果丰硕。了解这些成果的基本情况有助于认识巴方的对华认知，有利于两国准确把握对方的战略意图。

（一）"中巴经济走廊"的宏观与微观红利及建设意见

"中巴经济走廊"被视为"一带一路"倡议的试点项目，巴方希望看到这一项目的快速进展，认为其有助于巴克服能源危机，推动经济可持续发展，希望巴成为中国、中亚和南亚跨国贸易与能源储存和加工的一大枢纽。②

研究所专门从事中巴关系研究的专家对这一问题的宏观和微观红利有很多研究。在宏观红利方面，很多研究认为"中巴经济走廊"可帮助巴方增加就业机会，改善财政状况，加强企业与中国自贸区的联系；巴方需要制定综合国策，提升竞争力和生产力，使巴成为全世界最具吸引力的投资目的地和生产基地之一；这一项目可以促进外商投资巴企业，但目前还缺乏有助于中国企业做出投资决定的具体数据；"走廊"有利于巴国内和区域贸易联通，沿线交通基础设施的投资与巴方"2025 年愿景"实现经济一体化和区域连通性的目标相符。③

在微观红利方面，研究所认为"中巴经济走廊"有利于发挥巴在工业部门和劳动力上的优势，但要注意克服透明度不足、政治争吵持续不断等问题；要不带任何政治色彩地开展"走廊"建设，说服中国健全"中巴经济走廊"的管理架构，明智地使用资金，确保由专业团队管理资金，谨慎而可持

---

① One-day conference on "Pakistan's Relations with European Union (EU)," organized by Islamabad Policy Research Institute (IPRI), March 5, 2015. http://www.ipripak.org/pakistans-relations-with-european-union-eu/（2017 年 8 月 9 日）.

② "CPEC: Macro and Micro Economic Dividends for Pakistan and the Region," *Islambad Policy Research Institute* (*IPRI*), March 14, 2017, pp. 1 – 192, http://www.ipripak.org/wp-content/uploads/2017/03/CPEC14032017.pdf（2017 年 8 月 9 日）.

③ Dr. Kamal Monnoo, "The Geonomics of CPEC," Islambad *Policy Research Institute* (*IPRI*), March 14, 2017, pp. 17 – 35.

续地投资，不受"中巴经济走廊"项目执行期间政治变动的影响；"中巴经济走廊"有利于维护巴农业部门、农场主和农民工的经济利益，可建立中巴农业示范区，使得两国农药、化肥等领域的知识交流和技术转让更加便利；① 有利于增加对公共部门产品和服务的生产投入，为巴服务行业创造空间和经济前景。②

在"中巴经济走廊"的区域经济优势方面，研究人员认为，这一项目对所有南亚国家都有巨大经济利益，将促进南亚区域内的贸易流动，印度加入"中巴经济走廊"有助于增强印巴的相互依赖性并促进区域稳定，中印巴三国都将从中获益；③ "走廊"有利于促进对阿富汗和伊朗的经济优势。中国是伊朗最大贸易伙伴，伊方出口有50%到中国，进口有45%来自中国。由于中阿之间的"瓦罕走廊"不适合贸易活动，两国之间难以开展直接贸易，换言之，无论是取道"中巴经济走廊"还是途经中亚共和国，阿富汗要与中国建立贸易关系始终必须通过第三国。因此，可促进其通过"走廊"项目的管道建设和承包合同扩大能源出口，获得经济利益。④

在"中巴经济走廊"的具体建设方面，研究人员认为巴政府应制定在金融、商业、制造业和知识领域开展对华合作的工作框架和协议；改善投资环境并促进贸易便利化，加强金融一体化合作法规，建立货币稳定和信贷信息系统，重新定义并扩大双边货币互换的范围和规模，建立金融合作机制并确保透明度；应努力将印度拉入"中巴经济走廊"，促进南亚区域和平与稳定，并说服伊朗和阿富汗加入这一项目，缓解巴基斯坦的能源危机；将这一项目作为巴基斯坦实行税收改革方案的平台，巴政府应努力建立由军政利益相关方组成的"中巴经济走廊"发展局；加大对教育部门的

---

① Syed Irfan Hyder and Tazeen Arsalan, "Implications of CPEC on Domestic and Foreign Investment: Lack of Feasibility Studies," *Islambad Policy Research Institute* (IPRI), March 14, 2017, pp. 55 – 69.

② Dr. Saima Shafique, "CPEC's Role in the Services Sector: Prospects for Pakistani Entrepreneurs and Workers," *Islambad Policy Research Institute* (IPRI), March 14, 2017, pp. 70 – 80.

③ Dr. Tughral Yamin and Mr. Waseem Iftikhar Janjua, "To Join or Not to Join: The Corridor Conundrum for India," *Islambad Policy Research Institute* (IPRI), March 14, 2017, pp. 96 – 118.

④ Mr. Syed Ghulam Qadir, "Afghanistan and Iran: On Board CPEC's Lucrative Train", *Islambad Policy Research Institute* (IPRI), March 14, 2017, pp. 130 – 154.

投入，培养更多科技人才以满足"走廊"建设的人才需求。① 应该说，这一研究的确不乏真知灼见。

（二）"中巴经济走廊"对地区互联互通的促进作用②

巴基斯坦"2025愿景"将南亚区域合作联盟成员国、东南亚国家联盟、经济合作组织和中亚区域经济合作（Central Asia Regional Economic Cooperation，CAREC）确定为巴方合作重点。研究所认为"中巴经济走廊"的社会经济回报率取决于商界有更多的跨境参与，巴应有意识地将中亚区域经济合作项目与南盟相互连接，如将"中巴经济走廊"与这些地区的已有线路相互连接，这一"走廊"就可对中亚区域经济合作项目和经济合作组织成员国的互联互通倡议形成补充，必将在南亚经济发展中发挥决定性作用，大大有利于巴基斯坦乃至区域内的竞争力、生产率、就业和环境的可持续性。通过寻求共同的发展目标，这些地区可以通过中亚—南亚输电网（CASA-1000）、土阿巴印管道（TAPI）、伊朗—巴基斯坦管道（IP）等项目融入"中巴经济走廊"的基础设施和能源网络。为了加强区域间贸易，巴基斯坦作为成员国可修改已存在的贸易协定，包括"四方交通协定"（QTTA）、"阿富巴过境贸易协定"（APTTA）和"南亚自由贸易协定"（SAFTA），建立更多的过境路线，为邻国提供更便利的过境服务，同时减少转运和中转站次。这些协议的及时实施大为有利于巴基斯坦降低区域内外的贸易成本。例如，塔吉克斯坦已要求将"阿富巴过境贸易协定"的适用范围扩展到杜尚别，以便通过卡拉奇和瓜达尔港口为塔方的粮食供应提供备用路线。这就要求及时修订协议并加以有效实施。"中巴经济走廊"作为亚洲更大范围区域互联互通的重要组成部分，将为巴基斯坦企业创造商机，增加就业机会，缩小国家和次区域的发展差距，促进包容性可持续增长。更好的基础设施条件还可提高竞争力、生产力

---

① "CPEC: Macro and Micro Economic Dividends for Pakistan and the Region," *Islambad Policy Research Institute* (*IPRI*), March 14, 2017, pp. 11 – 16.

② 以下观点出自：Post Event Report of the Workshop "Optimizing CPEC Connectivity-Region and Beyond", organized by the Islamabad Policy Research Institute (IPRI), April 26, 2017, http://www.ipripak.org/post-event-report-of-the-workshop-optimizing-cpec-connectivity-region-and-beyond/ （2017年8月9日）。

和环境可持续性，有利于改善市场条件，从而支持社会和经济进步。"走廊"通过连接南亚、中亚和西亚，可成为推动地区经济一体化的催化剂，"走廊"的西部和东部对接将改善道路交通条件，并为阿富汗和巴基斯坦的互联互通提供更多的途径。

（三）中国的南亚政策及其影响

美国主导的国际安全部队在 2014 年撤出阿富汗，此后的南亚经历了重大的战略转型，印巴关系仍然紧张。研究所认为，中国无疑是南亚安全的重要支柱，中国未来是继续采取以往的中立态度还是积极参与南亚事务都需要巴注意分析。中印关系在 2013—2015 年持续回暖，两国政府愿就边界问题对话，中印贸易高涨并在 2010 年达到 617 亿美元。中巴关系也不断改善，双边贸易从 2001 年的不到 10 亿美元扩大到 2012 年的 124 亿美元。[1] 中国在 2013 年提出建设"孟中印缅经济走廊"和"中巴经济走廊"，其经济增长的规模和影响力，以及包括自然资源和过境路线在内的经济需求，已经大大改变了中国与南亚的关系。[2]

（四）中国—中亚关系评估及其对巴影响[3]

中亚地区对中国的能源需求有特殊意义，巴基斯坦则是将中亚五国与南亚联系起来的纽带，在区域地缘经济格局中占有重要地位。研究人员认为，中巴两国对中亚地区的利益诉求是趋同的，中国不断加强与中亚的联系，有助于中亚国家维护经济独立与政治独立；中国与中亚五国接壤，边境地区的民族共同性是无法忽视的天然联系；随着经济增长加快，人口膨胀和能源需求变大，中国需要扩大与中亚国家的贸易并保持新疆的和平稳定。由于地理位置的原因，巴基斯坦将来必定会在区域经济一体化方面发挥关键作用。

研究人员认为，中国与中亚的关系对巴基斯坦也会产生重大影响，中

---

[1] Dr. Rashid Ahmed Siddiqi, "China's Evolving Posture in South Asia: Some Reflections," *IPRI Journal XIV*, No. 2 (Summer 2014), pp. 1 – 19.

[2] Dr. Maqbool Ahmad Bhatty, "China's Peaceful Rise and South Asia," *IPRI PAPER 13*, Auguest 2008, ISBN 969 – 8721 – 23 – 7, pp. 1 – 84.

[3] 以下观点出自：Zahid Anwar, "An Assessment of China's Growing Relaations with Central Asian States and Its Implications for Pakistan," *IPRI Journal XII*, No. 2 (Summer 2011), pp. 64 – 79。

国同中亚建立的能源联系和一系列能源管道基础设施以及中国对瓜达尔港的建设投资密不可分,不仅可帮助巴方克服能源短缺,还有助于巴与印度抗衡(因为印无法利用通往阿富汗的最短路线,难以与中亚地区和伊朗建立直接的经济联系),更有利于巴成为中亚与南亚的能源枢纽。瓜达尔港和喀什经济区相互配合可望重振旧日的"丝绸之路",印度河和喀喇昆仑公路(Karakoram Highway, KKH)为中亚各国提供了横跨内陆的最佳区域贸易供应链。[1] 研究所认为,巴已成为中国连通印度洋的首选,对中国的地缘战略具有重要影响。巴全面参与"大中亚地区合作与发展伙伴关系计划"(GCAP),将象征巴重回印度河流域中心国家的地位。

(五)中国在亚太地区的崛起及其对巴影响

目前国际体系处于"一超多强"状态,美国正努力维护这一结构。随着经济的快速发展,中国在亚洲地区迅速崛起,美国对此似乎并不适应,一再试图联合印度制衡中国,从而在亚洲制造出所谓的"平衡"。这些动作是有助于阻止中国的崛起,还是会加速多极化世界秩序的诞生?研究所对这一问题也有自己的看法,认为印度在未来几十年会成为大国,会在经济、能源和安全方面开展美印合作,但美印关系不一定导致中印竞争;印度也会与中国建立牢固的关系,如果印度继续遵循对华合作的政策,通过强有力的贸易关系获取经济利益,国际结构将不再是"单极化";中国的崛起将导致多极世界秩序的产生和印度的兴起,随之而来的是将世界带入多极系统。[2] 还有研究认为,亚太地区尤其是东亚如今是合作与挑战并存的舞台,该地区如何应对中美竞争可谓至关重要,亚太地缘政治呈现三个新兴趋势:美国重新与该地区对接,遏制中国,支持印度作为遏制中国的潜在力量。[3] 研究人员认为,亚太地区的地缘政治格局越来越复杂,充满挑战和机遇,巴基斯坦应仔细观察事态发展,对外交政策进行必要调整,并向亚太地区拓展活动领域,增强政府与所有亚太国家的互动;巴基斯坦

---

[1] Shabir Ahmad Khan, "Geo-Economic Imperatives of Gwadar Sea Port and Kashgar Economic Zone for Pakistan and China," *IPRI Journal XII*, No. 2 (Summer 2013), pp. 87 – 100.

[2] Shehzad H. Qazi, "United States' Attempt to Balance the Rise of China in Asia," *IPRI Journal IX*, No. 2 (Summer 2009), pp. 32 – 48.

[3] Muhammad Shafiq, "Emerging Trends in Geo-politics of Asia Pacific Region," *IPRI Journal XIV*, No. 1 (Winter 2014), pp. 81 – 101.

可为该地区建立新的安全模式做出重大贡献,向中国西部和中亚各国提供连接东西方的陆海通道,努力在该地区获得最大收益,全面建立与东亚各国在生产、贸易、商业、投资和技术转让等领域的多边和双边经济合作和结构性伙伴关系。[1] 综上,研究所对巴基斯坦未来作用的设想是积极而正面的。

小结

总的说来,伊斯兰堡政策研究所的研究领域广泛,研究成果丰硕,研究人员对巴基斯坦和国际社会普遍面临的重大问题和复杂外交政策进行了颇为深入的研究,力图通过精细而可靠的研究与客观分析,提出切实可行的政策建议。研究所在巴基斯坦安全、国际组织与区域问题的研究,为更好地了解巴基斯坦的各方面发展提供了非常重要的平台。研究所在涉华领域关于中国政策动向的关注,为促进中巴"全天候伙伴关系"的进一步发展提供了非常直观的信息门户,值得研究人员充分重视。

---

[1] Dr. Ahmad Rashid Malik, "Pakistan's Vision East Asia: Pursuing Economic Doplomacy in Age of Globalisation in East Asia and Beyond," *IPRI PAPER 11*, July 2006, ISBN 969 - 8721 - 17 - 7, pp. 1 - 103.

孟加拉国和平与安全研究所

孟加拉国和平与安全研究所（Bangladesh Institute of Peace and Security Studies，英文简称 BIPSS）是孟加拉国的主要研究机构，对区内外的和平与安全问题有较深入的研究。研究所自称是非党派、非营利的独立智库，也是一个研讨平台，供战略思想家、学者、公务员、外交官、武装部门成员以及媒体人士就和平与安全问题进行全面研讨。

一、机构概况

孟加拉国和平与安全研究所成立于 2007 年，由退役军方将领穆尼尔·乌兹·扎曼（ANM Muniruzzaman）创办并负责指导协调研究所的研究与行政工作。研究所拥有一支具有不同社会科学背景的全职研究团队。它肩负四个使命，一是创建连接学术界、研究人员和政策界的活动中心；二是汇集相关学科和不同平台的研究人员；三是培养新一代充分意识到国际和平与安全问题复杂性的学者、分析人士和政策制定者；四是资助致力于加强 21 世纪国际和平与安全的研究项目。研究所的目标是通过其学术项目促进建立针对传统和非传统安全与跨国安全问题的南亚知识社区，对南亚面临的威胁做出评估并加强在政策实施过程中的有效参与。

研究所内设两个研究中心，分别是孟加拉国恐怖主义研究中心（BC-TR）和孟加拉国中国研究中心（BCCS）。恐怖主义研究中心是孟第一个致力于研究恐怖主义、极端主义和激进化的数据管理平台与研究中心，旨在减少恐怖主义威胁并尽量削弱其社会影响。中心积极与世界各地特别是亚太地区的诸多恐怖主义研究中心开展合作。中国的崛起对南亚地区具有重大的战略和安全影响，研究南亚国家如何与中国相处至关重要。因此，研究所在 2009 年 7 月决定成立中国研究中心，研究中国的外交政策及其战略与安全态势，分析中国的经济发展，促进中孟两国和中国与南亚地区之间的经济合作。中心还与中国的智库和大学及各研究机构合作，努力成为中国与南亚之间的桥梁。

研究所还有两个特殊部门。一是风险评估与分析部（RAAU）。研究所认为很多国家的安全状况十分脆弱，社会不稳时有发生，武装和恐怖主义威胁日渐加剧，风险评估十分重要，故专门设立这一部门，与专业的国际研究中心共享信息，相互合作，全面评估风险，向私营部门提出建议与指导。另一个是气候变化小组（Climate Change Cell）。孟在气候变化领域是全世界最脆弱的国家之一，研究所专门设立小组来研究气候变化的安全影响，具体包括气候变化的人类安全维度、与气候变化相关的社会动荡和国内国际冲突等。小组积极致力于与政府部门和慈善机构共同努力，设法减少气候变化带来的威胁。

研究所与 33 个研究机构和中心签订了联系和合作协议，分别是美国安全项目（American Security project），大西洋理事会（Atlantic Council），全国民主研究所（National Democratic Institute），海军分析中心（Centre for Naval Analyses），国际选举制度基金会（International Foundation for Electoral System），国际发展协会（International Development Association），（美国）国防大学（National Defense University），阿根廷国际关系委员会（Argentine Council for International Relations），（阿根廷）拉普拉塔国立大学国际关系研究所（Institute of International Relations of National University of La Plata），阿根廷对外关系委员会（Argentine Council on Foreign Relations），（阿根廷）萨尔瓦多大学（Universidad del Salvador），欧盟亚洲中心（EU-Asia Centre），（西班牙）皇家埃尔卡诺研究所（Real Instituto Elcano），（英国）皇家三军研究所（Royal United Services Institute），国际战略研究所（International Institute of Strategic Studies），考文垂大学（Coventry University），（巴基斯坦）地区研究所（The Institute of Regional Studies），印度三军研究所（The United Service Institution of India），（印度）陆战研究中心（Centre for Land Warfare Studies），（新加坡）政策研究所（Institute of Policy Studies），（新加坡）国际政治暴力和恐怖主义研究所（International Institute for Political Violence And Terrorism Research），新加坡国立大学南亚研究所（Institute of South Asian Studies），打击恐怖主义融资联盟（The Consortium for Countering the Financing of Terrorism）、南亚智库联盟（Consortium of South Asian Think Tank）、经济技术研究中心（Centre for Economic and Technical Studies）、菲律宾和平、暴力与恐怖主义研究所（Philippine Institute for Peace, Violence, and Terrorism Research）、上海国际问题研究院（Shanghai Institutes for International Studies）、云南发展研究中心（YDRC）战略与国际研究所（Institute of Strategic and International Studies）、亚洲非传统安全研究联盟（Consortiumof Non-Traditional Security Studies in Asia）等。

研究所最近成为国际安全网络（ISN）和打击恐怖主义融资联盟（CCFT）的合作机构，在2016年8月与打击恐怖主义融资联盟合作组织了国际讲习班。研究所还举办或参与了一系列会议来表达自己的观点。研究所举办的最大规模会议是2009年的"南亚区域研究论坛"（SARRF）。研究所认为南盟的章程没有提供讨论双边安全问题的空间，妨碍了以跨国平台推进区域主义的努力。为推动南亚的反恐战略合作，研究所积极倡导成立了"南亚区域研究论坛"，主要处理与南亚地区的和平、战略和安全有关的广泛议题。论坛的初始成员有巴基斯坦和平研究所（PIPS）、和平与冲突研究所（IPCS，印度）、南亚基金会（SAF，尼泊尔）、喀布尔战略研究中心（KCSS，阿富汗）、斯里兰卡新闻研究所（SLPI），此后还会陆续邀请南盟观察员参与论坛。

2017年3月，研究所主席以气候变化全球军事咨询委员会（GMACCC）现任主席的身份应邀在联合国安理会协商会议上作简报，安理会全体成员、5个常任理事国和受邀成员国出席了会议。他发表的主题演讲题为"新出现的威胁"，主要侧重于"海平面上升的安全隐患"。研究所主席参与了气候安全论坛的"柏林进程"，在新加坡出席了主题为"亚太地区的气候变化和可持续发展目标"的非传统安全研究年会，提交了一份关于水安全及其对实现可持续发展目标的影响的文件；研究所主办了主题为"网络安全：国家需要了解的知识"研讨会，主要讨论全方位的网络威胁、网络空间缺乏合作的若干关键问题等；研究所下属的孟加拉国恐怖主义研究中心主持了主题为"打击暴力极端主义（CVE）：建设应急能力"的为期三天的全国性讲习班，强调孟需全面了解暴力极端主义，（孟加拉国）《每日星报》的国防与战略版面副主编、加拿大驻孟高级专员等知名人士参会。2017年2月，研究所举办了主题为"进入核能世界：孟加拉国的主要安全问题"研讨会，卡内基莫斯科中心核不扩散计划研究员就核安全、与核能相关的挑战和机遇以及网络安全问题发表主题演讲；2月14日主办了主题为"伊拉克与中东：新兴政治安全愿景"的圆桌会议，旨在深入了解该地区的历史及对美国、欧盟、中东国家和国际体系的影响。2017年1月，研究所与（德国）阿登纳基金会（KAS）联合举办了主题为"气候变化安全影响：重点关注孟加拉国"的研讨会，强调了气候安全对于水安全、粮食安全、生计安全等方面的影响。

2016年12月，研究所举办了主题为"中国崛起：对孟加拉国和南亚的地缘战略意义"的圆桌会议，新加坡国立大学南亚研究所首席研究员乔杜里博士（Iftekhar Ahmed Chowdhury）发表主题演讲，达卡外交界人士、前孟加拉国驻华大使和学者编辑都出席了此次活动。2016年4月，研究所举办了主题为"一带一路：挑战与机遇"圆桌会议，中国国际交流协会副秘书长刘开阳任主讲嘉宾，主要涉及政府间合作、基础设施联通、贸易合作、资金融通、通过教育和媒体实现民心相通等话题，知名外交官和全球事务专家出席了此次活动。

2014年9月，研究所与海军分析中心（CNA）合作在华盛顿举办了第一次美国—孟加拉国海事合作对话，讨论了加强海上合作事宜。与会者来自美国国务院、国防部，以及孟加拉国海军和海岸警卫队。2014年10月1日，研究所和大西洋理事会南亚中心在华盛顿特区联合组织了一次名为"孟加拉国焦点"的圆桌会议。会议发言者阐述了孟加拉国的区域关系与整体经济面临的各种政治和安全挑战。美国国务院、国防部、其他政府机构、智库、大学、私营部门和驻华盛顿外交使团代表出席活动。2015年3月，研究所主办了"缅甸过渡：孟加拉国当前的发展和影响"圆桌会议。澳大利亚国立大学的费拉利博士（Nicholas Farrelly）做主旨发言，分析了缅甸国内政治变化及其对缅孟关系的影响。2015年4月，研究所和印度的辩喜国际基金会在新德里组织了印度—孟加拉国关系联合圆桌会议，两机构成员、前大使、高级军政官员和分析人员参加。2015年8月，研究所在泰国曼谷组织了一次印度—孟加拉国合作对话，旨在促进贸易、经济、能源等领域的区域合作，增强两国人民的联系，两国民间团体领导人出席了会议。2015年12月，研究所在达卡举办了云南—孟加拉国论坛。该论坛每年在达卡和昆明交替举办，主要讨论贸易合作、反恐合作、"21世纪海上丝绸之路"等双边合作的重点领域。布鲁金斯学会的拉赫曼博士（Iskander Rehman）于2015年12月14日参加了研究所主办的关于"印度洋战略竞争的未来及其对南亚的影响"的圆桌会议，孟加拉国陆海军和海岸警卫队的代表、外国驻孟大使、学术界人士、达卡大学的青年学生以及媒体编辑和记者出席了圆桌会议，海上安全、核威慑、海上贸易与合作、大国权力和中东势力在孟加拉国的作用是圆桌会议讨论的重点。

　　研究所有一系列出版物。一是《和平与安全评论》杂志，现已出版到第 7 卷第 15 期，每期有 4 篇文章，主要涉及国内外的和平与安全热点；二是 2014 年 6 月出版第一本专著《国家脆弱性的悖论：探索国际结构在孟加拉国的作用》；三是发行《问题简报》，截至 2012 年已更新到第 10 期，主要关注传统与非传统安全以及商业投资领域的安全问题，另发行有《特别报告》，目前出版到 2015 年 5 月，主要关注南亚地区与孟紧密相关的安全问题；四是发表"孟加拉国和平与安全研究焦点"评论文章，现有文章分别涉及孟缅安全关系和喜马拉雅水安全挑战；五是发行《时事通讯》，主要报道会议论坛活动；六是发表"孟加拉国和平与安全研究评论"等系列文章，已经发表到 2017 年 6 月，主要关注跨国安全、气候变化导致海平面上升以及新科技时代的媒体网络安全；六是研究人员的外部出版物，包括在《亚洲冲突报告》[亚洲恐怖主义研究委员会（CATR）每月分析报告]上的文章等，研究所主席和研究人员接受媒体访问并在相关杂志上发表的评论。需要指出的是，研究所的媒体合作极为活跃，其合作对象包括亚洲非传统安全研究联盟的时事通讯社（出版刊物 NTS-Asia Newsletter）、中国新华网、英国广播公司（BBC）、美国之音（VOA）、印度 Livemint 网、尼泊尔电视台 NTV、孟加拉国达卡快讯（dhakacourier）、联合国综合区域信息网络 IRIN、英国《独立报》（The Independent）、气候之家（Climate Home News）、文莱《婆罗洲公报》（Borneo Bulletin）、美国《纽约客》（The New Yorker）、印度《印度斯坦时报》（HindustanTimes）、印度《展望印度》（Outlook India）、孟加拉国 bdnews24.com、南非《每日太阳报》（Daily Sun）等，尤其是研究所主席经常参与录制电视访谈，相关的节目视频均可在其官网观看。

二、主要研究

　　研究所的关注领域极为广泛，但大体以极端主义等跨国安全问题、气候变化和水安全以及周边安全问题这三大领域为重点。

（一）极端主义等跨国安全问题

跨国安全问题是一种跨国界的非军事威胁，可危害一国的政治、社会完整及居民健康，其不受国界约束的本质使国家或政策制定者要采取有针对性的预防措施困难重重。[①] 恐怖主义和宗教武装、军火交易、毒品交易、非法贩卖人口、气候变化、水安全、金融犯罪等一直是影响孟加拉国安全稳定的重要因素，其跨国性正变得越来越突出，给孟本身和整个南亚地区都带来了巨大挑战。研究所认为，在孟加拉国，宗教政治武装和恐怖主义、毒品贸易、非法人口贩卖、小型武器扩散和跨国犯罪组织是影响地区安全的主要跨国威胁。当前恐怖主义风险加大，跨境恐怖主义融资、恐怖主义武装活动、武器贩运的风险正不断上升，恐怖主义和宗教武装已成为破坏孟加拉国安全与稳定的重要因素。孟加拉国是联通金三角和金新月的主要通道，毒品贸易猖獗。[②] 孟国内存在民族认同薄弱的问题，恐怖分子往往借此在孟发展势力。跨境的非法人口贩卖对孟加拉国的安全形势影响很大，尤其是达卡被认为是遭贩卖的成人和儿童的来源地或过境地，而冗长的司法程序使得孟难以有效应对这些挑战。气候变化使孟境内的洪灾、飓风和山体滑坡增多，流行病和传染病也因人口密集和医疗保健薄弱而对孟国家安全构成严峻挑战。[③] 跨国安全威胁的解决除了需要本国增强法治，建立强有力的司法制度并实行善治，还需要周边各国在政策制定和执行领域紧密合作，形成有效的战略性区域合作机制。

预防极端主义在国内渗透已上升到反恐战略的重要高度。目前，极端主义和反极端主义领域十分关注叙事和反叙事这一对概念。叙事是指用以证明暴力行为合法性或挑衅性地实施暴力来达到某种特定目标的论述、视觉资料（visuals）或意识形态。它来源于文化、宗教、政治和社会民主、资本主义等意识形态，目的是误导公众或混淆情况，以此来帮助暴力极端

---

① David Fidler, Laurie Garrett, Peter Bergen and Dawn Hewett, "Report of the Working Group on State Security and Transnational Threats," Princeton Project on U. S. National Security (2005), p. 3.

② "Transnational Security Threats Facing Bangladesh," http：//www. bipss. org. bd/images/pdf/Issue% 20Brief/Transnational% 20Security% 20Threats% 20Facing% 20Bangladesh% 20Issue% 208% 20June% 202010. pdf, p. 6. （2017 年 9 月 19 日）.

③ Erina Mahmud, "Transnational Security：Local Approaches to Global Threats?" http：//bipss. org. bd/pdf/Commentary_Erina. pdf. p. 4, 2017 - 6（2017 年 9 月 19 日）.

主义组织招募人员或争取同情者。① 其传播方式主要是两种。一种是在线传播，最出名的就是"伊斯兰国"（ISIS）利用其官网循环播放呼吁全球穆斯林加入"圣战"和所谓"哈里发国"的宣传视频。在孟加拉国，宗教聚会可能成为散布暴力极端主义的公共言论场所，女性研究界甚至被视为女性极端主义的策源地。另一种是借助人口流动传播。一些发展中国家的工人到中东地区工作，在那里接触到最保守的教义甚至极端思想，一旦回到家乡便开始传播极端主义叙事，吸引更多人参与。针对上述情况，各国政府正努力制定反恐战略并将反叙事战略作为其重要组成部分，网络反叙事也成为打击恐怖主义宣传的重要工具。② 反叙事战略直接挑战极端主义所发出的信息，指出其逻辑错误和事实错误；但设计反叙事战略时应注意协调各方关系，实地工作的智库和研究机构要深入研究受众群体的兴趣和行为。研究所指出，就孟加拉国的反叙事战略而言，首先应承认把伊斯兰和地方文化与实际情况结合起来具有一定的挑战性，而伊斯兰教义在不同地区的不同解释也会产生不同的影响。其次，从事反叙事工作的组织应提供公共平台来开诚布公地讨论相关问题。在孟加拉国，家庭关系极其重要，通过家庭关系来推行反叙事策略更有说服力。最后是需鼓励民众尊重少数民族群体，提高妇女地位，要充分认识到个人心理和情感因素的重要性。③ 总之，要用360度的全方位传播方式吸引各利益相关者积极传播反叙事信息。

（二）气候变化与水安全

气候变化是研究所重点关注的另一方面。海平面上升已成为全球和平与安全的一大风险，其诱因既有气候因素，也有人为驱动。人口增长对自

---

① Sabbir Jubaer, "Radicalisation: The Battle of Narratives and Counter-narratives," http://bipss.org.bd/pdf/Commentary_%20Narrative%20and%20Counter-Narrative%20Online.pdf, 2017 - 5, p.1（2017年9月20日）.

② Sabbir Jubaer, "Radicalisation: The Battle of Narratives and Counter-narratives," http://bipss.org.bd/pdf/Commentary_%20Narrative%20and%20Counter-Narrative%20Online.pdf, 2017 - 5, pp. 2 - 3（2017年9月20日）.

③ "Countering extremism in Bangladesh," http://www.livemint.com/Opinion/xk7bNw1KchLud9gr8TJnYK/Countering-extremism-in-Bangladesh.html（2017年9月20日）.

然资源的过度需求，城市化进程加快等，都是海平面上升的主要诱因。①海平面持续上升会给全球带来巨大灾难。首先，全球低洼地区将会遭受最大损失，例如孟加拉国将失去很大一部分领土，许多岛国将面临生存威胁，极端情况下一些岛国（如马尔代夫和巴布亚新几内亚）甚至可能消失。领海基线和海岸线的变化可能在沿海地区引发海上边界争议，激化专属经济区划界和海洋资源利用领域的纠纷。沿海地区人口流失将造成国家间的移民争议，甚至可能形成不健康的人口分布，加剧经济社会紧张。其次，粮食、水和能源安全将受到极大影响。农田将因此出现面积缩减、质量下降的局面；淡水资源减少，有害物质不断聚集，进而影响饮水安全。海平面上升会影响到核电及核反应堆的正常运行。沿海基础设施如港口、铁路、公路、输电网络等将受到重大影响。旅游业也会受到沉重打击。种种不安全性使人们更容易受到伤害，更容易发生暴力犯罪事件，甚至可能加剧内乱和战争。②研究所认为要逆转海平面上升的过程是不可能的，各国和国际组织只能通过联合行动来防止其进一步恶化。

研究所指出，气候变化会加剧水安全问题，水安全问题又会带来一系列恶性连锁反应，尤其是在喜马拉雅诸河流域。这些河流对中国、尼泊尔、印度和孟加拉国均十分重要，该流域拥有约13亿人口，人均供水量逐年下降（估计中国将从目前的2150立方米减少到1860立方米，印度从1730立方米减少到1240立方米，孟加拉国从7320立方米减少到5700立方米，尼泊尔从8500立方米减少到5500立方米）。③由于气候变化，中国的黄河和印度的恒河（及其支流）将受到很大影响，冰川融化会减少淡季河流流量，雨季又会造成洪灾。喜马拉雅四国（中国、印度、尼泊尔、孟加拉国）的工农业用水将来会受到重大影响。管理效率低下造成的水资源污染和损失也是一大挑战，这将导致一系列严重后果。首先，四国都面临失去永冻层以及森林退化萎缩和荒漠化的问题。其次，水资源短缺、冰川融

---

① ANM Muniruzzaman, "Rising Sea-Level, Rising Threats," http：//www.rsis.edu.sg/wp-content/uploads/2017/05/CO17106.pdf, p.1（2017年9月20日）.

② BIPSS Team, "Sea Level Rise: Its Security Implications," http：//www.bipss.org.bd/index.php?option＝com_content&view＝article&id＝934：the-security-implications-of-sea-level-rise&catid＝9：uncategorised&Itemid＝435（2017年9月20日）.

③ "The Himalayan Challenge Water Security in Emerging Asia," http：//www.bipss.org.bd/images/pdf/Bipss%20Focus/The%20Himalayan%20Challenge.pdf, p.3（2017年9月20日）.

化、破坏性的降水模式、洪水、沙漠化、污染和水土流失将大大削弱大米、小麦、玉米和渔业产量，推高世界粮价，冲击世界各地穷人的生活。水安全问题也会形成大量移民，导致更多冲突，国家间关系也会受到严重影响，甚至促成对抗性的地区联盟，在亚洲产生新的分化对立。① 总之，水安全所产生的问题基本上是内部的，但其解决方案需要跨界和次区域合作的形式。一是要以高强度高质量的项目推动合作并形成区域信息共享网络。二是可考虑喜马拉雅水运合作，推动两条水运走廊发展：一条是尼泊尔—印度—孟加拉国水道，连接到印度的国家水路一号，另一条是中国—印度—孟加拉国水道，通过印度水路将中国西南部连接到孟加拉国的港口。三是四国应联合创造一个始终具备和平对话能力的渠道。

（三）周边安全问题

在周边安全领域，研究所高度关注与印度和缅甸这两大邻国的关系，近期则特别关注孟缅关系。研究所指出，缅甸是孟除印度之外的唯一陆地邻国，在陆路上连通中国和东南亚的泰国与马来西亚，森林、天然气、矿石等资源极为丰富。因此，与缅甸的友好关系对孟国家安全极其重要，孟缅关系不好甚至有可能使生活在吉大港山区南部的小型叛乱集团受益，增大对孟国家安全的威胁。② 近期加剧的罗兴亚难民问题和海上安全问题是孟缅两国间的最重要问题。同孟国内的主流观点一样，孟加拉国和平与安全研究所也认为是缅甸军政府武装剥夺了罗兴亚少数民族的基本权利，迫使成千上万的难民逃到孟加拉国。③ 据环球网报道，2017 年 8 月又有至少 3000 名罗兴亚难民因缅甸若开邦的暴力冲突而逃往孟境内。④ 孟缅两国的海上边界尚未划定，但这一海域拥有丰富的天然气和石油资源，孟缅两国都坚持这是自己的资源，甚至在 2008 年发生激烈对峙，而且当时是缅甸在

---

① "The Himalayan Challenge Water Security in Emerging Asia," http：//www.bipss.org.bd/images/pdf/Bipss%20Focus/The%20Himalayan%20Challenge.pdf, p.3（2017 年 9 月 20 日）.

② Obayedul Hoque Patwary, "Bangladesh-Myanmar Relations：The Security Dimension," http：//www.bipss.org.bd/images/pdf/Bipss%20Focus/Bangladesh%20-%20Myanmar%20Relations%20The%20Security%20Dimension%20.pdf, p.1（2017 年 9 月 20 日）.

③ "Rohingya Refugee Crisis in Bangladesh：A Security Perspective," http：//bipss.org.bd/pdf/Rohingya_Refugee_Crisis_in_Bangladesh.pdf, p.4（2017 年 9 月 20 日）.

④ "缅甸若开邦暴力冲突持续 罗兴亚难民逃往孟加拉国避难"，2017 年 9 月 1 日，http：//world.huanqiu.com/hot/2017-09/11204443.htm（2017 年 9 月 20 日）.

相对防御能力上占优。① 有鉴于此，研究所认为孟需认真对待缅甸的军事雄心，应根据现实情况谨慎考虑如何实现地缘政治目标并保障国家安全。

三、特色研究

孟加拉国和平与安全研究所的中国问题研究重点关注"一带一路"相关问题，特别是"21世纪海上丝绸之路"，以及中国在印度洋地区的相关活动。总的思路是关注"一带一路"带来的机遇，追踪印度洋地区局势的最新发展，提出有针对性的对策措施，以期谋求孟加拉国的最大利益。

（一）"一带一路"

研究所所长穆尼尔·乌兹·扎曼认为，"一带一路"不仅能带来经贸繁荣，更能增强地区人民之间的沟通交流，从而促进区域国家共同协商应对跨国挑战，如气候变化和自然灾害等。② 他也指出了"一带一路"在南亚面临的安全考验，如反政府武装、恐怖主义、走私活动等。他认为孟总体欢迎"一带一路"建设，但期待中方进一步澄清其概念、项目细节、要达成的目标等，认为中国应与孟及"一带一路"沿线国家建立互信机制，并将双边互信互利措施固定下来。他认为孟方期待中资企业能为孟的贸易、基础设施、旅游和海洋产业带来新机会。扎曼还建议中国向孟申请设立经济特区（孟此前已为印日韩提供了经济投资特区），认为海洋产业、船坞制造、海洋污染治理、吉大港等深水港建设都是两国的潜在合作领域，吉大港的建设能有力促进"21世纪海上丝绸之路"建设。

扎曼所长认为，"21世纪海上丝绸之路"是中国领导人以创造性方式重塑全球态势的重要理念，其主要目标是改善南亚、东南亚、非洲和欧洲地中海的连通性，通过对外合作建立经济体制的必备要素来促进贸易联

---

① Sonia Taleb, "Maritime Security The Case of Bangladesh," http：//www.bipss.org.bd/images/pdf/Issue% 20Brief/Maritime% 20Security% 20The% 20Case% 20of% 20Bangladesh% 20Issue% 204% 20January% 202009. pdf, p. 5（2017年9月20日）.

② "孟加拉国学者积极评价'一带一路'：多方互利"，2016年10月13日，http：//news.ifeng.com/a/20161013/50094395_0.shtml（2017年9月21日）。

系，是 21 世纪国际经济贸易合作的重大突破，意义深远。① 具体而言，一是"21 世纪海上丝绸之路"可加速全球经济和区域发展，将财富和国外商品带入本地区，使国家力量集中于发展经济，带动贫困地区的经济增长，带来更多就业机会；同时促进自由贸易，借技术进步提供越来越高效快捷的运输方式，给孟加拉国、斯里兰卡和部分非洲发展中国家发展海运经济提供巨大机遇。二是亚洲是政治不稳定的最脆弱地区之一，"21 世纪海上丝绸之路"的成功有助于区域稳定和全球和平发展，各国贸易合作在一定程度上有助于保持地区的地缘政治稳定。三是海运与当地的社会背景、文化和民族结构以及港口文化紧密联系，对国家的现代化发展影响重大，可加强不同国家之间的友好往来。四是地区间的基础设施网络建设对加强各国贸易往来至关重要，中国在世界各地投资进行基础设施建设（重点是在巴基斯坦、斯里兰卡和孟加拉国等沿线国家建设港口），铁路和能源通道也在积极建设之中，努力促进多方合作。五是"21 世纪海上丝绸之路"的发展会使海洋安全得到更好保障，各国海军和海岸警卫队可共同努力来维护海港安全，尤其是在印度洋打击海盗、非法移民和非法海洋贸易方面开展合作。② 总之，研究所认为亚洲和非洲的海洋资源丰富，扩大区域内贸易发展，可推动海运部门的加速发展，各国的航运和港口服务经济将迅速增长，为促进全球经济繁荣的海运业发展做贡献，因此"21 世纪海上丝绸之路"也会受到世界各国的更大重视。

（二）中国与印度洋安全问题

研究所的乔杜里（Sarwar Jahan Chowdhury）认为，目前各大国在印度洋正形成新的秩序，中印美新三角正在形成，中国已成为在印度洋有很大利益的大国。他认为中国的海上力量在不断提升，似乎在印度洋采取了"珍珠链战略"，在印度洋周边国家如巴基斯坦、斯里兰卡和孟加拉国建立了一系列港口设施，与印度洋北部沿岸国家发展友好关系，缅甸已是中国

---

① "Xi in call for building of new 'maritime silk road'," chinadaily.com.cn; accessed in December 15, 2014.
② A N M Muniruzzaman, "The 21st Century Maritime Silk Route: New Hopes and Opportunities", *Peace and Security Review*, Vol. 7, No. 15, Fourth Quarter 2016, pp. 24 – 27.

几十年的"盟友"。① 研究指出美国和印度都在密切监测这些情况：印度一直对印度洋有高度的战略警觉，不断提高自身战略能力并不断发展海上安全力量，美国也积极发展和印度的关系，印美战略关系的发展为美国在印度洋牵制中国提供了有利平台。② 尽管如此，周边中小国家的地位也因此变得越来越重要，因为要在本区域取得优势就需要与该区域各国发展良好的关系。③ 文章认为，中国正积极发展与中小国家的关系，中国对斯里兰卡的传统军事援助对斯方的军事行动至关重要，中国也是孟常规武器的稳定供应商，中国与缅甸和巴基斯坦的关系也是众所周知的。④ 印美双方也在利用中小国家的经济利益需求不断拉拢各国，寻求印度洋的战略利益，但美国采取的手段更加强硬。⑤ 应该说，研究所从自身角度对印度洋问题的观察虽有各种局限性，但仍不无启发意义，值得关注。

小结

从以上总结不难看出，孟加拉国和平与安全研究所虽然年轻，但精力充沛，极为活跃，力求提升自身的学术研究与政策分析能力，争取有效服务于孟加拉国的国际和平与安全政策。在穆尼尔·乌兹·扎曼所长的带领下，研究所在恐怖主义、激进主义、气候变化、水安全、推进区域合作进程等领域不断取得进展，从而有效提高了自身影响力。该智库积极与其他国家的知名智库相互交流，开放地接受吸纳各方观念，并在此基础上不断提高研究能力。扎曼所长鼓励与各类从业人员开展培训、交流和对话，在

---

① "China's 'String of Pearls'-Is Male Next?", 2013 年 7 月 24 日, http：//www. indiandefencereview. com/spotlights/chinas-string-of-pearls-is-male-next/（2017 年 10 月 12 日）.

② Shakhawat Hossian, "China-India-US Strategic Triangle：Challenges for Bangladesh," in *The India Doctrine*, edited by MBI Munshi,（Dhaka：Bangladesh Research Forum, 2007）, p. 187；Chak Mun, *India's Strategic Interest in South East Asia and Singapore*,（New Delhi：ISAS and Mcmillan, 2009）, p. 132.

③ Malcom Cook et. al. , *Power and Choice：Asian Security Future*,（Sydney：Lowy Institute and McAthur Foundation, 2010）, p. 4.

④ Sarwar Jahan Chowdhury, "The Race for Dominance in Indian Ocean：Is There Danger for Smaller Nations?" p. 73.

⑤ Jamshed Ayaz Khan, *Asia-Search for Security Cooperation*,（Islamabad：Pan Graphics, 2006）, p. 70.

自身关注的领域上不断获得新的思想源泉,也致力于通过自身的发展为孟加拉国的发展提供智慧来源,不断提高孟加拉国的影响力。在孟加拉国的众多研究机构中,孟加拉国和平与安全研究所的发展前景无疑是极为乐观的。

尼泊尔中国研究中心

尼泊尔中国研究中心（China Study Center，英文简称 CSC，本部分简称为中心）致力于建设中尼友好关系，关注中尼外交政策和双边活动的研究，通过各种智库对话、学术知识共享、经济政治研究、文化外交等活动，在学术和专业上为尼泊尔提供认识中国的平台，频繁邀请中国智库人员或学者进行交流，就中国和亚洲的经济、政治和外交议题展开研讨。

一、机构概况

尼泊尔中国研究中心是为增进中尼友好关系而建立的非营利、无党派研究机构，由尼泊尔 12 名知识分子于 1995 年 5 月 11 日发起成立。中心以中尼两国的丰富历史与自然联系为基础，致力于更好地了解中尼双边关系，特别关注两国的外交政策。

作为尼泊尔的第一家中国研究机构，中国研究中心的使命是促进两国之间多层次、多维度的对话与交流，致力于研究中国和中尼关系。中心的工作立足学术性和专业性，以公共外交和文化交流为主要导向。中国研究中心的使命是：

- 研究中国的政治、经济、外交、社会、环境、历史、地理、文化、宗教，发表研究成果；
- 安排两国间的实地调研和研究互访，增进双边了解与合作；
- 促进中尼睦邻友好，举行双边、地区或国际性的对话与研讨活动，与邻近的西藏、甘肃、云南等省区建立友好关系；
- 在尼泊尔翻译出版中方著作，推动各方更好地了解中国的政治、政府治理、对外关系、经济发展和历史。

尼泊尔中国研究中心的领导机制分为两层，分别是全体成员组成的全员大会（General Assembly）和由中层以上人员组成的执行委员会（Executive Committee）。全员大会每年召开一次，制定当年的年度计划并选举执委会。执委会对全员大会负责，除执行全员大会所制定的计划并负责中心日常运营，也可经全员大会授权执行其相关决议。执委会秘书长（General Secretary）和财务总监（Treasurer）应向全员大会做工作报告并由其审议通过，批准执行。

中心执委会设主席、副主席、秘书长、财务总监和秘书等职位，任期3年。2006年11月25日举行的第六届全员大会成立了执委会顾问团，指导执委会制定各种组织计划和方案。这届全员大会还授权执委会成立专题小组，指导中心在性别、旅游、可持续发展等具体领域开展研究。

中心章程授权执委会可以在任何地区建立分支机构。根据这项章程，除加德满都总部外，研究中心已在全国各地建立10个分支机构，分别位于布特瓦尔（Butwal）、巴内帕（Banepa）、桑库瓦萨巴（Sankhuwasabha）、博卡拉（Pokhara）、比拉特纳格尔（Biratnagar）、莫朗（Morang）、孙萨里（Sunsari）、奇特旺（Chitwan）、尼泊尔根杰（Nepalgunj）和蓝毗尼（Lumbini）。这些地区分支已成为促进尼泊尔和中国社会经济文化交流的重要桥梁。

中国研究中心成员以尼泊尔高级知识分子为主，也有来自国外的荣誉会员、顾问和赞助机构代表。截至2007年12月25日，中心加德满都总部的成员共78人，加上其他10个分支机构，中心成员已超过1000人。中心成员的学术与工作背景广泛，涵盖了政治学、经济学、法学、国际关系、公共政策、商务管理、性别研究、语言文化学、新闻学、地理学、工学等。这也使得尼泊尔中国研究中心的成员可以促进中尼之间更广泛的交流与合作，足以覆盖外交与战略、法治建设、文化与教育、金融与贸易、传媒与新闻、工业化和自然资源管理、旅游业和咨询服务等领域。总的来说，中心成员以其个人能力和背景使得研究中心在尼泊尔社会中稳稳地占有一席之地。

中心一大特点是，所有高级管理干部都是志愿服务者，不领取薪酬。研究中心成员来自各行各业，保证了中心具有较强代表性。最后还要指出的是，中心成员基本都是无党派人士。中心执委会现任主席雷格米（Madan Regmi）、副主席巴特拉伊（Sundar Nath Bhattarai）和什里什塔

（Bishweshor Man Shrestha）、常务秘书长高塔姆（Upendra Gautam）、财务总监乌普雷蒂（Ganga Prasad Uprety）、秘书波德尔（Prakash Babu Paudel）。中国研究中心的主要工作内容包括：

- 通过学术会议、政策交流和互派访问学者来促进中尼两国的交流与了解；
- 开展政策对话，研讨会及焦点话题讨论，促进两国人员在文化和思想上的碰撞；
- 联合出版中心成员的研究成果；
- 以信息交流和政策咨询为基础，促进中尼双边关系，以此为基础推进中心的知识和信息资源积累。

出版尼泊尔语和英语著作，帮助尼泊尔国民认识中国、了解中国，这是中国研究中心的核心价值。中心已出版研究中国和南亚问题的书籍多部，包括介绍中国市场经济、内政外交、政治体制、历史发展、统计数据等必要知识的读物，如尼语版的《中国西藏社会史》和《中国研究》。中心在中国研究领域的核心杂志是 Sadvaav，致力于从各种不同角度分析当下的中国社会。中心成员还在社交媒体等领域发挥意见领袖的作用，积极对中国事务发表看法，促进尼泊尔各界了解中国。中国研究中心在中尼建交50周年之际出版了《友谊》杂志，另出版有河南大学王宗教授撰写的《中尼关系》及《尼泊尔国防战略》等书。中心现有主要出版物包括图书若干，刊物两种。图书情况如下：

(1) Bishweshor Man Shrestha, *An Introduction to China*, 1999, ISBN: 99933-337-0-0.

(2) Bishweshor Man Shreatha, *China's Market Economy*, 2002, ISBN: 99933-53-06.

(3) Shadamukh Thapa, *Political History of China*, 2001, ISBN: 99933-337-1-9.

(4) Debi Prasad Subedi and Hem Nath Paudel (eds.) *Social History of Tibet, China*, 2006, ISBN: 99933-846-0.

(5) Upendra Gautam (eds.) *South Asia and China*, 2003, ISBN: 99933-53-33-7.

(6) Upendra Gautam (eds.) *China, the United States and Nepal*, 2004, ISBN: 99933-846-2-3.

(7) Upendra Gautam (eds.) *Nepal's China Relations towards New Integra-*

tion.

(8) 王宗：*Nepal's National Defensive Strategy*, *Nepal-China Relations*, 2005, ISBN: 33 - 846 - 3 - 1.

(9) Ganga Prasad Uprety (eds.) *Changing Face of Tibet*, 2006, ISBN: 99933 - 846 - 4 - X.

(10) Ganga Prasad Uprety (eds.) *Ten Days in Tibet*, 2007, ISBN: 978 - 99933 - 846 - 5 - 6.

(11) Bhagwan Khadka, *Questions and Answers Concerning the Taiwan Question and Reunification of China*, 2007, ISBN: 978 - 99946 - 818 - 6.

(12) B. M. Shrestha, *Windows on China*, 2007, ISBN: 978 - 99946 - 817 - 7.

(13) Basudev Dhakal, *Tibet on the Path of Change*, 2007, ISBN: 978 - 99933 - 846 - 6 - 3.

(14) Prof. Min Bhahadur Shakya, *The life of Nepalese Buddhist Master Buddhabhadra* (359 - 429 CE), 2009, ISBN: 978 - 9937 - 8147 - 0 - 6.

(15) Prof. Dr. Mohan P. Lohani with Prof. Dr. Sadmukh Thapa, Prof. Dr. Shreedhar Gautam (eds.) *Journal of International Affairs*, 2009, ISBN: 978 - 9937 - 2 - 1323 - 3.

(16) Devi Prasad Subdi (eds.) *Sadbhav*, 2004, ISBN: 99933 - 846 - 1 - 5.

(17) Devi Prasad Subdi (eds.) *Sadbhav*, 2005, ISBN: 99933 - 846 - 1 - 5.

(18) Prof. Bishweshor Man Shrestha with Dr. Upendra Gautam (eds.), *Friendship Journal*, 2000.

(19) Prof. Bishweshor Man Shrestha with Dr. Upendra Gautam (eds.) *Friendship Journal*, 2001.

(20) Prof. Bishweshor Man Shrestha, Prof. Dr. Ballabh Mani Dahal, Prof. Dr. Sadmukh Thapa, Dr. Upendra Gautam (eds.) *Friendship Journal*, 2002.

(21) Prof. Bishweshor Man Shrestha, Dr. Upendra Gautam (eds.) *Friendship Journal*.

(22) 邓榕：*My Father Deng Xiaoping*, 2011, ISBN: 978 - 9937 - 2 - 2918 - 0, Published by China Study Center.

（23） Prof. Dr. Mohan P Lohani, Prof. Dr. Shreedhar Gautam, Mr. Rudra Sharma（eds.） *China's New Leadership-The Fifth Generation*，2013，ISBN：978 - 9937 - 8147 - 1 - 3.

（24） Prof. Dr. Mohan P Lohani, Prof. Dr. Shreedhar Gautam, Mr. Rudra Sharma（eds.） *First Year of China's Diplomacy under the New Leadership*，2013 - 2014，ISBN：978 - 9937 - 8147 - 2 - 0.

（25） Mr. Madan Regmi, Mr. Sundar Nath Bhattarai, Prof. Bishweshor Man Shrestha, Prof. Dr. Upendra Gautam, Prof. Dr. Mohan Prasad Lohani and Prof. Shreedhar Gautam（eds.） *Friendship Journal*.

中心定期出版两份杂志。《友谊》（尼泊尔语）由什里什塔和高塔姆分别任主编和顾问。《亲善》（*Sadbhav*）由苏比迪（Debi Prasad Subedi）任主编。第1期《友谊》杂志2000年3月出版。第4期《友谊》杂志是"尼泊尔与中国"学术特刊，于中尼建交50周年之际发行。第1期《亲善》于2004年8月出版，至今已出版了13期，集中关注研究西藏自治区的发展。

尼泊尔中国研究中心积极与各国政府或非政府组织开展密切合作，主要合作机构有：中国国际友好联络会（CAIFC）、中国现代国际关系研究院（CICIR）、中国国际问题研究院（CIIS）、复旦大学、玄奘研究中心、中国驻尼泊尔大使馆、中国中央电视台（CCTV）、尼泊尔世界事务委员会（NCWA）、尼泊尔外交问题研究所（NFAI）、尼泊尔外交部（MFA）、尼泊尔工商协会（FNCCI）、喜马拉雅气候研究中心（HCC）、尼泊尔邮政协会（NPS）等。中心与中国国际友好联络会于1999年5月签署谅解备忘录，并于2001年7月修订，奠定了两机构友好交流的基础。两机构每年定期互访，就当前国际形势和中尼关系交换意见，分享观点，开展研讨。2006年12月，桂晓峰率领的中国编辑协会代表团访问了尼泊尔中国研究中心，双方就"加强中尼文化交流与合作"交换了意见。2007年7月，中国研究中心和尼泊尔外交部外交研究所联合举办研讨会，中国现代国际关系研究院副院长与尼泊尔外交部长及中国驻尼大使就中尼合作展开对话；中心与中国现代国际关系研究院签署谅解备忘录，约定建立常态化的访学制度。院长季志业领队的中国现代国际关系研究院代表团于2016年8月访尼，成为尼媒体报道重点。

这些交流互访不仅对尼及时了解中国动态有较大帮助，对双方的学术交流也有极大推动作用。

中心还多次接待中方高级代表团。2006年11月，中共中央对外联络部副部长刘洪才率团访问尼泊尔中国研究中心，并同中心高级代表交换意见。2007年11月，中共中央对外联络部部长王家瑞率团访问中心，与中心主任雷格米会谈。值得注意的还有：2006年3月中心与中国驻尼大使馆联合举办的欢迎中国国务委员唐家璇来访的"午餐会"，以及纪念中华人民共和国成立、第一次载人航天旅行、澳门回归、西藏自治区首府拉萨与中国其他主要城市开通铁路运输等庆祝活动。中尼两国高级党政官员、知识分子、外国驻尼外交官和媒体人士参加了这些特别活动。

2003年9月30日，中心主任雷格米、秘书长高塔姆、前执委会成员什里什塔及时任执委会成员卡尔基（Mahendra Bahadur Karki）出席了温家宝总理主持的国庆招待会，庆祝中华人民共和国成立54周年。为纪念中尼建交50周年，中国国际友好联络会专门出版了高塔姆编写的《中尼关系新融合》（*Nepal's China Relations towards New Integration*）（中英双语），影响较大。

中心广泛邀请中国学者参加其举办的双边、区域和国际研讨会，与参会的政府官员、学者、外交人员和媒体记者深入研讨，就中尼关系的方方面面进行讨论。会议主题涉及中尼政治经济纽带、西藏自治区的外部联系、中国西部和尼泊尔的发展战略、中国在外层空间的技术进展、中尼佛教文化交流、中国和南亚的关系、中国与世界局势等。历年邀请中国社科院亚太研究所王宏纬教授、上海国际问题研究院王洪玉教授、中国现代国际关系研究院马加力教授、玄奘研究中心黄心川教授、北京大学韩华教授、甘肃省政治研究所刘勇哲教授、中国编辑协会会长桂晓峰等参加了会议，在中心举办的研讨会上介绍他们的论文和观点。

在数据库建设方面，尼泊尔中国研究中心已联合中国国际友好联络会、中国现代国际关系研究院、中国驻尼大使馆共同建立中心的图书数据库，截至2007年12月25日，已有1431份出版物可供查阅。

二、特色研究

（一）研究概况

尼泊尔中国研究中心一直致力于对中国政治、经济、文化、社会、外交等各方面开展深入研究。自中国提出"一带一路"倡议以来，中心研究课题越来越集中于中尼经济交流和中国—南亚经济合作。据中心资深专家高塔姆介绍："中心在日常工作中主要从事三方面工作：一是介绍中国，二是发表友好言论，三是经常性地举办研讨会、与政府进行沟通。"① 在介绍中国方面，中心于 2004 年 7 月成立中国信息中心，配备大量中国图书和专门浏览中文网站的设备，用以介绍中国的发展情况，为尼泊尔青年到中国留学、旅游、经商免费提供咨询和帮助。中心已出版有关中国研究的书刊超过 20 部，包括《中国、美国与尼泊尔》《南亚与中国》《关于台湾问题和中国统一的问答》等，以及《中国的市场经济》《中国政治史》《中国经济发展统计》《西藏社会史》和《中国研究选集》等刊物和相关书籍资料。中心的研究成员经常在媒体上发表对华友好的讲话和评论，对尼泊尔、周边国家和国际社会了解中国产生了较大的积极影响。中心举办的研讨会和学术会议也发挥了很大作用。研讨会议题通常涉及"中尼经贸合作和双边关系前景""南盟与中国""中美关系与尼泊尔""'一带一路'与南亚学术研讨"等方面，尼总理和部长等高官、政党领导人和媒体代表也经常出席研讨会。

（二）《昆明宣言》与"德宏合作模式"

20 世纪 90 年代末，中国、印度、孟加拉国和缅甸的非政府组织在《昆明宣言》②倡导下，提出开展"孟中印缅区域合作"的构想。经过 14 年的努力，四国政府一致同意推动"孟中印缅经济走廊"建设。从历史的角度看，在第二次世界大战期间，云南和孟加拉国之间建立了很多的联系渠道，其中一条最重要的联系渠道就是昆明和加尔各答之间长达 3218 公里的石油运输生命线，这是当时世界上最长的石油运输线。中心的研究认为，在经济合作上，"中缅德宏经济合作模式"非常成功。在"中缅德宏合作模式"中，中缅建立了边贸特区和瑞丽经济特区，以机电产业、农业和生态产业园为主的经济特区和工业园将极大地促进中缅经贸发展，缅甸

---

① "尼泊尔有上千人研究中国"，《环球时报》2006 年 1 月 4 日。
② 《昆明宣言》：是大湄公河次区域经济合作领导人第二次会议后共同发表的宣言。大湄公河次区域经济合作（英文：The Greater Mekong Subregion，缩写：GMS）是基于湄公河流域的区域经济合作机制，包括的国家有越南、柬埔寨、老挝、泰国、缅甸、中国。大湄公河次区域经济合作始于 1992 年，先后在柬埔寨金边、中国昆明和老挝万象举行过三次领导人会议。在前两次领导人会议上，通过了《次区域发展十年战略框架》。在 2008 年 3 月举行的第三次领导人会议上，六国领导人签署了《领导人宣言》，并核准了《2008 年至 2012 年 GMS 发展万象行动计划》。

也成为云南省的最大贸易伙伴。中缅经济合作中最大的特点是,所有的制造业劳动力都来自缅甸,这不仅提升了缅甸人民的收入,特区生产的产品也远销东南亚各国。中心的研究指出,中尼之间有1415公里的边境线,拥有樟木、吉隆、日屋、普兰四个边境贸易口岸,两国可借鉴"中缅德宏经济合作模式",迅速推动中尼边贸与经济发展。①

(三)"中尼印经济走廊"建设

"中印尼经济走廊"并非一个新鲜概念,重要的是各方如何在合作框架下积极务实合作,将共同利益最大化。中心研究员高塔姆在"中尼在双边互利基础上重建关系"(*Nepal-China Rebuilding Relations On Bilateral Strength*)一文中论述了基于双边关系的三方合作,以"中尼印经济走廊"建设的可行性和实践为例提出了4个观点。他认为:第一,维持良好的双边关系是推进三边甚至多边关系的基础,运转良好的三边或多边关系是双边关系稳定的最好保障。第二,稳定的双边关系不能轻易被与他国的双边关系替代。第三,应尽最大努力寻找两国的共同利益并维护双边关系。第四,尼泊尔拥有丰富的自然资源和文化资源,也是跨喜马拉雅合作伙伴和"中印尼经济走廊"框架的重要一方,希望在双边关系中成为可持续发展的伙伴而不是被援助方。②

中心指出,位于"中印尼经济走廊"中段的尼泊尔,不仅在中国和印度的领土争端中左右为难,自身也面临与印度的领土争端以及北部联通中国的基础设施条件简陋等问题;要推动"中印尼经济走廊"建设就必须建立互信。研究指出,为实现这一目标要做到以下几点。第一,中印可将"孟中印缅经济走廊"中的合作移植到中印尼之间的经济合作当中去。第二,尼泊尔和印度两国政府须加强边境管理,使开放的尼印边境规范化,还可效仿"中缅德宏经济特区"建立边境工业园和贸易中心。第三,中尼须加强联通双方的基础设施建设,有效提高通信与交通能力,最近在中尼间铺设的光纤可有效提高中印尼三国通讯和网络水平,增强三国间的联

---

① Upendra Gautam, "The Kunming Initiative and Dehong Cooperation Model," http://www.csc-nepal.org.np/contemporary.php.

② Upendra Gautam, "Nepal-China Rebuilding Relations On Bilateral Strength," *The Rising Nepal*, 22 December 2011.

系。第四，尼泊尔需要做好国际标准技术的引进和兼容。① 2015 年 3 月 28 日，在促进与西藏自治区"边境贸易和旅游文化合作"的背景下，尼泊尔已经拟定了"'一带一路'愿景和行动纲要"，第一阶段的合作应侧重于尼泊尔和相邻的西藏自治区及四川省和甘肃省。

尼泊尔中国研究中心认识到，要在跨喜马拉雅地区实现"一带一路"愿景，首先要解决跨喜马拉雅地区的安全与环境问题。尼泊尔、中国西藏和印度的喜马拉雅山区生态环境脆弱，气候变化又破坏了生态环境，全球变暖加速了雪山融化，造成洪涝灾害和次生灾害加剧，对喜马拉雅地区人民福祉造成严重威胁。发展跨喜马拉雅经济带，必须要兼具发展意识和环保意识，发展和环保并重。面对发展中的环境问题，尼泊尔科学研究院和相关部门、中国以及印度三方理应与相关机构紧密合作开展研究和监测工作。② 作为喜马拉雅国家的尼泊尔高度关注生态问题是完全可以理解的。要实现可持续发展，地区各国需加强合作，携平台解决发展过程中的各种问题。

小结

尼泊尔中国研究中心作为尼泊尔第一家专门研究中国的机构，已经有 22 年的历史。22 年以来，中心以学术性和专业性为根本立足点，以促进两国之间多层次、多维度的对话与交流为使命，以公共外交和文化交流为导向，积极研究中国事务，促进中尼双边关系健康发展。回顾中心发展历史，中心在组织架构方面趋于成熟，不仅建立健全了执行委员会制度，除了加德满都总部外，还在全国各地建立了 10 个分支机构，有力地促进了中尼之间的交流与了解。中心成员以其个人能力和背景使得研究中心在社会中稳稳地占有一席之地。在文化交流方面，中心出版和翻译了大量书籍资料，介绍中国文化和研究中国政策。除此之外，中心还积极与中国政府或非政府组织开展密切合作。中心成员也在社交媒体等领域发挥意见领袖的作用，促进尼泊尔对中国的了解。在中国问题研究方面，中心一直致力于

---

① Upendra Gautam, "China-Nepal-India Economic Corridor," http：//www.cscnepal.org.np/contemporary.php.

② Upendra Gautam, "China-Nepal-India Economic Corridor," http：//www.cscnepal.org.np/contemporary.php.

对中国政治、经济、文化、社会、外交等各个方面展开深入研究。中心学者认为可将"中缅德宏合作模式"的成功经验应用于中尼印三边合作,并对此充满期待。总的来看,尼泊尔中国研究中心经过22年的发展,已经成为尼泊尔国内中国研究领域的领先机构,对于促进中尼文化交流和中尼关系建设具有举足轻重的作用。

卡迪加马国际关系与战略研究所

作为南亚重要国家和"印度洋上的珍珠"的斯里兰卡，近年来一直希望将自身打造为印度洋和南亚地区的知识中心和金融中心，智库建设成为这一设想的重要一环。斯里兰卡目前有14家智库，在亚洲位居第13名，[1]知名智库主要有斯里兰卡政策研究中心（IPS）、区域战略研究中心（RCSS）、贫困分析中心（CEPA）、卡迪加马国际关系与战略研究所（Lakshman Kadirgamar Institute of International Relations and Strategic Studies，英文简称LKIIRSS或LKI）等。卡迪加马国际关系与战略研究所近几年来发展迅速，因其特殊身份对斯里兰卡外交及国家政策有着重要的影响，已成为斯里兰卡在国际关系和对外战略领域的知名智库。根据2015年美国宾夕法尼亚大学发布的一份全球智库报告，该所在全球"外交政策和国际事务智库"上排名第126位。[2] 这也是该所首次进入这一名单。

一、机构概况

卡迪加马国际关系与战略研究是斯里兰卡一个年轻但充满活力的知名智库，在斯里兰卡对外关系方面有着重要影响，主要设立"全球治理"和

---

[1] James G. McGann, *2015 Global Go to Think Tank Index Report*, University of Pennsylvania, September 2016, p. 32. http：//repository. upenn. edu/cgi/viewcontent. cgi? article = 1009&context = think_tanks.

[2] James G. McGann, *2015 Global Go to Think Tank Index Report*, University of Pennsylvania, September 2016, p. 89. http：//repository. upenn. edu/cgi/viewcontent. cgi? article = 1009&context = think_tanks.

"全球经济"两大研究项目,在一些重大国际问题尤其是与斯里兰卡密切相关的问题上有较深研究,政策影响值得关注。

(一)历史渊源

拉克斯曼·卡迪加马国际关系与战略研究所是斯里兰卡在国际事务领域的重要研究机构,其前身是"斯里兰卡战略研究所",2006年正式更名为卡迪加马国际关系与战略研究所,以纪念被刺杀的前外长拉克斯曼·卡迪加马[①]。研究所隶属斯里兰卡外交部,由外交部长任管理委员会主席并任命董事会其他成员。其"姐妹研究所"班达拉奈克国际外交培训中心(BIDTI)支持卡迪加马国际关系与战略研究所的工作,为其人员提供国际关系方面的教育与培训,二者共同为斯里兰卡外交部服务。研究所的使命是"对斯里兰卡的国际关系和战略利益进行独立研究,提供促进正义、和平、繁荣和可持续发展的见解和建议"。

根据相关立法,研究所的功能主要有:研究斯里兰卡的战略利益(特别侧重国防、国家安全、法律、经济、文化、环境、国际关系等方面),致力于促进和平并解决战后冲突问题,促进人员培训和研究;向政府提供涉及国际关系和战略研究的信息,协助制定政策;讨论与斯里兰卡有关的国际关系与战略问题,促进相关研究,举办国际研讨会和讲习班等;发表相关期刊和文章;与国内外相关个人或机构开展合作;进行外交、国际关系和相关领域培训计划,这方面尤其注重与班达拉奈克国际外交培训中心的合作。

(二)组织架构及人员情况

研究所的日常运行遵循企业管理的方法,由董事会管理,设执行所长

---

① 拉克斯曼·卡迪加马是斯里兰卡杰出的泰米尔人律师和政治家,他于1994年至2001年以及2004年4月至2005年8月期间担任斯里兰卡外交部长,2005年8月被泰米尔猛虎组织暗杀。由于他的努力,国际社会开始将泰米尔猛虎组织列为恐怖组织并加以禁止,为后来结束内战做出了贡献,并且他在任期间也改善了斯里兰卡在国际社会中的形象,努力加强斯里兰卡与国际社会的联系,为斯里兰卡营造了良好的国际环境。卡迪加马被认为是斯里兰卡最成功的外交部长之一,由于他的突出贡献,在他逝世后被授予斯里兰卡最高荣誉称号"Sri Lankabhimanya"(意为"斯里兰卡的骄傲",是斯里兰卡最高的国家荣誉,授予为国家做出最杰出贡献的人)。而且,在他被暗杀之后,为了向他致敬,时任总统拉贾帕克萨向内阁提议,新的国际关系与战略研究所将以卡迪加马部长命名。

(Executive Director)对其负责。执行所长之下另设副所长和项目研究主任。研究所大体分行政管理和学术研究两大部分：由副所长负责行政管理部分，下设财务部、人力资源部、后勤部、项目与行政部及图书馆等；根据项目计划设研究主任，负责项目研究任务，具体包括全球治理、全球经济及其他（如印斯关系、气候变化等）项目，下设研究员和研究助理。执行所长之下还单独设有联络部，负责媒体、新闻出版等对外事务及实习生、研究助理等相关业务。

2015年，董事会开始大力重建研究所，招聘新的执行所长、研究人员和行政人员，其工作人员已由当时的11人增加到16人，包括1名执行所长，6名研究人员，5名行政人员，4名后勤人员，另有5名实习生任项目助理。迪努莎·潘迪特拉特纳（Dinusha Panditaratne）自2015年8月起任执行所长。她本科就读于牛津大学贝利奥尔学院，在耶鲁大学获法学硕士和博士学位。该所现任副所长为达席尔瓦（Radhika De Silva），主要研究员有维格纳拉贾（Ganeshan Wignaraja）和维迪亚提拉克（Barana Waidyatilake）等。董事会成员9人，包括斯外交部长、宪法委员会委员、对话咨询小组创始主任、政策选择中心执行主任及多名资深经济界精英和知名律师。

（三）项目情况

研究所的具体研究工作可粗略分为"全球经济项目"和"全球治理项目"这两大板块。由于经济外交在斯外交政策的作用越来越重要，研究所专门设立"全球经济项目"，旨在分析斯里兰卡的贸易、外国投资和旅游业，重新定位斯里兰卡作为印度洋地区经济中心的潜力。该项目由维格纳拉贾主持，完全由外部资金支持：研究所于2017年与斯里兰卡MJF集团达成为期3年的合作协议并签订谅解备忘录。①"全球治理"研究项目目前暂由执行所长迪努莎·潘迪特拉特纳本人负责，覆盖与斯里兰卡相关的国际关系、国际法和国际安全问题，包括海上议题、网络安全、转型正义和国际人权标准、可持续发展、斯里兰卡在联合国的作用，以及斯里兰卡与其他国家在宗教与艺术领域的文化关系等。

研究所将研究人员分别配置于不同的研究项目，同时也联合开展跨领

---

① LKI, "Dilmah and Expolanka Lead Private Sector Support for LKI Research," 31 May 2017. http：//www.lki.lk/dilmah-expolanka-lead-private-sector-support-lki-research/.

域的研究，侧重能源安全、环境、侨民、移民工、斯里兰卡与欧盟、印度和中国等的关系和具体合作。研究所从 2017 年开始考虑争取私人企业支持来开展研究，涵盖环境、气候变化和能源安全等。

（四）日常活动及工作

研究所定期举行论坛来讨论、分析、评估战略问题和国际关系。论坛一般由董事会成员或研究人员、来访的外国政要、董事会主席或外交部高官发起，通常会邀请外交部官员、决策者、学者、企业高管、民间团体、外交使团和学生参加，偶尔会向公众开放并被投放于社交媒体。研究所每年 8 月举办拉克斯曼·卡迪加马纪念讲座，一般由在任或退职的政府官员或非政府组织领导人主讲。研究所经常举办不定期活动，如邀请著名学者、来访各国政要和国际组织领导人来所演讲，所内研究人员举行圆桌会议并围绕相关主题进行专题讨论等。研究所人员也经常受邀参加其他机构组织的论坛和研讨会。研究所成员关于外交政策的研究和相关新闻会发布在该所网站的"每日简评"及各种社交媒体上，影响颇大。

向"外交政策咨询小组"（Foreign Policy Advisory Group，英文简称 FPAG，由外交部长、研究所所长和两名高级退休外交官组成）提供技术支持是研究所的另一重要任务。该小组每月召开一次会议，专门讨论斯里兰卡外交政策的方方面面，研究所负责为小组成员提供研究参考和信息资料。

近年来，研究所与其他国家的智库积极合作，目前已签订 10 个谅解备忘录，其中与中国、印度和巴基斯坦的机构各签订 2 个备忘录。研究所还接待了众多的合作机构代表，积极加强与对该所工作兴趣浓厚并可能提供支持的私营部门的联系。

研究所年度预算约 2400 万斯里兰卡卢比，包括外交部拨款 1500 万卢比及场地租金和存款利息收入约 900 万卢比。目前的预算尚不足以负担研究所的人员开支和建设所需。① 近年来，研究所也开始积极寻求私营企业或个人的赞助，目前的主要支持者有：Expolanka 控股有限公司、Hemas 控股有限公司、J. Walter Thompson Sri Lanka 公司、约翰·凯尔斯控股有限公司（John Keells Holdings PLC）、《兰卡商业在线》（*Lanka Business Online*）、

---

① LKI," Strategic Plan：2016 – 2018," May 2016. http：//www.lki.lk/wp-content/uploads/2016/10/Strategic-Plan – 2016 – 2018 – FNL. pdf.

MJF 集团，这些企业集团为研究所的发展提供一定的资金支持，发挥了很大作用。[①]

二、主要研究

自建立以来，研究所一直以拉克斯曼·卡迪加马的愿景为目标，服务于斯里兰卡的外交政策，取得了一定成就。研究所从 2015 年开始大幅改革，招募新的管理人员和知名研究员，制定三年发展战略规划，开辟新的研究领域，寻找新的合作伙伴和资金支持，取得了新的重大进展。

（一）研究专长和特点

研究所在斯里兰卡国际关系研究领域的地位极为重要，其研究重点主要集中于斯里兰卡外交及与斯战略利益相关的重大问题，经常邀请国内外知名学者或外交部高官举行演讲、讨论等活动，如 2017 年 6 月联合外交部举办"斯里兰卡外交政策论坛"，影响很大。该所研究人员目前主要研究以下领域：（1）气候变化和资源短缺对斯里兰卡国际关系的影响；（2）斯里兰卡在高等教育领域的国际合作潜力，包括经济、文化和安全交流等；（3）对斯外交政策的系统评估，包括总体框架和具体问题，涉及贸易和投资、海洋问题、能源政策和人权问题；（4）斯里兰卡与特定国家的贸易和其他关系，相关内容整理成"简报"并用于与这些国家访问团的研讨活动。

该所的研究特点突出，影响很大。其特点首先在于研究的政策性较强。研究所直接隶属斯外交部，自然负有为政府制定外交政策提供意见建议的任务，经常对国内国际局势进行政策分析，其研究成果对政府决策的参考作用较大，甚至可在一定程度上影响斯外交政策走向。这就导致研究所特别侧重于政策分析和热点问题分析，与大学里那种学院式的研究方法和知识结构差异较大。这种做法的优点是研究的可操作性和实用性较强，更符合政府需求；缺点是基础研究不足，研究的独立性和自主性也较薄弱。

其次是研究范围较广。该所研究工作涉及斯外交政策的各方面，虽然

[①] 以上基本情况主要参考其官网：http://www./ki./k/。

目前只有"全球治理"和"全球经济"这两大研究项目，但其覆盖领域极其广泛，涵盖了国内和国际、政治和经济、文化和理论等方方面面。研究所还在考虑设立环境保护、气候变化和能源安全等研究项目，将来其研究范围可能进一步扩大。不过，由于经费短缺、研究人员不足等原因，研究所在诸多问题的深入研究方面往往力不从心，有些研究颇有蜻蜓点水之感，主要是制作"每日简报""焦点访谈"等信息资料，表现为论文、专著形式的研究成果并不多，且已有成果主要集中在与斯直接相关的问题尤其是经济与对外关系问题上。研究内容广泛自有一定的好处，可以为国家提供更全面的信息，但也导致了其研究广而泛、多而杂，不够深入、缺乏系统性等弊端，削弱了其实际影响力。

最后是研究方式以数据分析和政策建议为主。从研究的内容和形式来看，该所研究人员特别擅长以数据统计分析的比较来论证实际问题，说明当前形势。如在论证中斯经济关系时大量运用数据来说明中斯贸易形势，通过分析这些数据来比较中国与南亚其他相似国家的贸易投资情况，指出两国关系在这些领域的问题所在。研究所高度重视提出可行的建议和创新设想。任何研究机构都有自己的风格，也会根据实际需要使用不同的研究方法，得出相应结论，但该所作为斯外交部直属咨询机构，可直接影响政策制定，因而其资政建言的职能尤为突出。

卡迪加马国际关系与战略研究所是斯里兰卡重要智库，优势在于和外交部保持特殊关系，可与其共同举办高规格活动并由外交部承担费用；可直接而快捷地获取国内外政治形势的第一手材料，从中捕捉带趋向性的消息；研究所得到高级退休官员、专家学者和外交部其他研究机构的支持；能提供公众和专家意见供外交部决策参考，可影响斯外交政策发展。还要指出的是，研究所可向对国际关系感兴趣的申请者提供实习机会甚至工作机会，借此培养新一代的国际事务专家。由于以上优势，研究所无疑是斯里兰卡国际问题研究机构中无可争议的"首选"。

但研究所也面临不少挑战。与外交部的特殊关系在给其带来优势的同时，也限制了其独立性，在某些问题上难免不够客观。经费相对缺乏直接导致研究人员尤其是高级研究人员和管理人员配备不足。研究所虽然从2016年以来积极寻求与私营部门合作来增加财源，招聘人员方面也有一定进展，但挑战依然严峻，真正投入研究的专职人员依然不超过10人。研究所的图书馆和基础设施严重不足，新员工和访问学者办公空间有限；建筑和设备（如发电机等）老化严重，例如研究所主楼为英国殖民时期的建筑，被称为"灯塔"，虽有历史积淀，但已不敷使用，急需翻新。更严重的是，由于研究所缺乏一套系统、完整的员工发展计划和晋升制度，该所研究人员的积极性普遍不高。此外，目前的斯里兰卡诸多私营研究机构正快速崛起，也对卡迪加马国际关系与战略研究所构成严峻挑战。

（二）"全球治理"研究

"全球治理"研究项目主要关注对外关系、政治及社会问题，其研究往往与当下热点紧密结合。现有研究涵盖了美国大选、环印度洋联盟（IORA）、斯里兰卡对外关系、巴黎气候协定、南盟（SAARC）发展、青年激进化以及城市管理等。2016年的一件大事是特朗普当选美国总统。对斯里兰卡来说，美国依然是印度洋地区的主导力量，也是斯重要贸易伙伴。美国在亚洲的新动向（尤其是美印关系和美中关系）可能对地区国家产生连锁反应。执行所长潘迪特拉特纳和研究员维迪亚提拉克的研究考察了特朗普上任对斯的影响（尤其是对斯国防和贸易的影响）。文章认为特朗普可能借助美国的军事和经济实力而不是现有规则和框架来实现目的；特朗普的商人特性可能促使其对美国外交政策原则进行重构，重建美国的安全和贸易政策原则（即美国在亚太地区安全与倡导自由贸易方面的关键作用）；特朗普倾向于与地区强人（印度）打交道而不太关注那些较小的国家，斯与印度的关系也将取决于美印关系的变化；特朗普的贸易保护主义言论将对斯构成重大风险。[①] 潘迪特拉特纳所长在另一篇文章中认为，特朗普的就职演说表现出强烈的民族主义和保护主义，毫不掩饰地公开表示要奉行优先考虑结果而不是过程的"现实政治"方法，其所提倡的经济议程既为全球带来了挑战，也带来了机遇，促使其他国家积极开展各自的多边议程——包括加强与中国的关系和加入"区域全面经济伙伴关系协定"等。[②]

近年来，印度洋战略地位不断上升，作为印度洋地区唯一经济合作组织的"环印度洋联盟"（IORA）影响力也不断提升。但是该组织发展缓

[①] Barana Waidyatilake and Dinusha Panditaratne, "President Trump: Implications for Sri Lanka," *The Diplomat*, 15 February 2017. http://thediplomat.com/2017/02/president-trump-implications-for-sri-lanka/.

[②] Dinusha Panditaratne, "What did Trump's Inaugural Address say on Foreign Policy?" *International Policy Digest*, 24 Jan. 2017. https://intpolicydigest.org/2017/01/24/what-did-trump-s-inaugural-address-say-on-foreign-policy/.

慢、问题重重，包括一些成员国经济基础薄弱，经济发展水平接近但互补性不强，缺少资金和技术，成员国之间的关税较高，协商一致原则造成联盟运转效率低下等。① 2017 年 3 月，环印度洋联盟（IORA）在印尼首都雅加达举行联盟成立 20 年来的首次领导人峰会，② 成员国开始重新审视该组织的功能与作用，有意加强合作，促进该组织在安全和发展问题上把握机会并应对挑战，进而促进自身和印度洋地区的经济发展与社会进步。斯里兰卡是该组织成员国，维迪亚提拉克在一篇文章中阐述了斯对相关问题的看法，认为中印竞争区域影响力进一步凸显了印度洋地区的战略重要性，促使非传统安全威胁地位上升，加强了"环印度洋联盟"成员国进一步合作的可能性。区域的多样性、外部影响的脆弱性以及资金的困难都给这一组织带来了挑战。作者最后指出，成员国应重点制定印度洋的"行为准则"并设立海上安保工作组，合作应对非传统安全威胁，强化印度洋认同，促进文化与经济联系，寻求私营企业的支持以解决资金问题，最终促进"环印度洋联盟"的良性发展。③

斯里兰卡新政府上台后，西里塞纳总统推行更加平衡多元的外交政策，修复与印度的关系，发展与其他大国的关系。2017 年是斯里兰卡和澳大利亚建交 70 周年，近年来两国合作不断加深，包括在英联邦、科伦坡计划、环印联盟和东盟地区论坛等机制上的合作。维迪亚提拉克认为两国可开展更广泛的战略合作，包括在边境安全、区域安全等领域的合作，共同保护海洋资源、打击海上犯罪，处理海上渔业纠纷，共同应对未来可能因气候变化导致的马尔代夫难民问题及中美关系变化所带来的影响，维护印太地区和平与稳定。他建议两国继续保持同美国的合作，在现有框架下合作应对诸如南海纠纷之类的国际热点问题。维迪亚提拉克指出，斯澳两国在诸多问题上都享有共同的战略利益，面临着相似且日益严峻的挑战，两国理应加强合作。④

---

① 时宏远、吴杭剑："环印度洋地区经济合作前景——基于对环印度洋区域合作联盟的分析"，《印度洋经济体研究》2014 年 4 月 20 日，第 84 页。

② 新华社："环印度洋联盟领导人峰会在印尼举行"，2017 年 3 月 9 日，http：//news.xinhuanet.com/video/2017 - 03/09/c_129505312.htm。

③ Barana Waidyatilake, "The Indian Ocean Rim Association：Scaling Up," The Institute of South Asian Studies, National University of Singapore., No. 262 - 12, July 2017.

④ Barana Waidyatilake, "Sri Lanka and Australia's Strategic Defence Interests," *The Diplomat*, 29 August 2016. http：//thediplomat.com/2016/08/sri-lankas-and-australias-strategic-defense-interests/.

近年来，全球气候变暖趋势加剧。为解决气候问题，195个国家在2015年12月12日通过了《巴黎协定》并于2016年11月4日正式生效。特朗普在2017年6月宣布美国将退出《巴黎协定》，欧盟和中国等纷纷表示反对。研究人员德齐尔瓦（Anishka De Zylva）认为气候变化对斯里兰卡这一印度洋岛国影响巨大，仅2017年斯就经历了严重的干旱、洪水等气候灾害，造成重大损失和人员伤亡，斯急需借助发达国家资金来解决污染排放问题。为此，德齐尔瓦建议斯将气候变化定义为经济发展问题而不仅仅是环境问题，鼓励斯将气候变化纳入国家经济发展规划。他认为斯应该认识到中国在气候变化问题上的领导地位并在贸易、投资和旅游等领域与中国发展关系，积极参与英联邦气候融资中心，积极利用其资金和技术专长。[1]

"南亚区域合作联盟"（SAARC）自1985年成立以来规模逐渐扩大，取得一定成就，但是内部矛盾重重、组织机制不健全等因素导致其发展缓慢，只能保持松散状态而难以达到预期效果。研究助理米戈达（Malinda Meegoda）指出，尽管南盟现有框架并不成功，但当前危机也可转化为南亚国家为加强区域合作（特别是在灾害管理、气候变化和核不扩散等领域的合作）而进一步努力的良机，区内小国要设法从中印等地区大国的博弈中获益。[2] 潘迪塔拉特纳执行所长则认为，各方不应受限于南盟机制目前的内部政治停滞和经济限制，斯应与其他南亚国家签订双边贸易协定，与印度南部各邦（尤其是卡纳塔克、安得拉、泰米尔纳杜、喀拉拉等邦）扩大贸易。她认为斯应建立双重身份，成为印度洋的中心和南亚次大陆的经济入口。这一研究认为，这方面的巨大挑战在于要平衡中印两国的期望和投资，斯公众对加强印斯联系的反感也阻碍了斯成为次大陆的经济"门户"，腐败、机构间协调不力以及其他因素导致在斯投资困难，斯缺乏足够的人力资源来发展本国成为南亚中心，暴力极端主义可能卷土重来，另外还有非法捕鱼、气候变化等非传统安全威胁的挑战。她主张斯与南盟其

---

[1] Anishka De Zylva, "The Paris Agreement on Climate Change and Sri Lanka," 30 August 2017. http：//www.lki.lk/wp-content/uploads/2017/08/The-Paris-Agreement-on-Climate-Change-and-Sri-Lanka.pdf.

[2] LKI, "Foreign Policy Round Table with National Defence College (NDC) of Bangladesh," 15 August 2017. http：//www.lki.lk/events/lki-hosts-foreign-policy-round-table-national-defence-college-ndc-bangladesh/.

他国家合作解决这些挑战,认为斯如决心成为印度洋的中心和通往南亚次大陆的门户,政府就应履行2015年的承诺,消除腐败,恢复持久和平,向国内外展现强大领导力。①

研究所就斯里兰卡面临的社会问题如青年激进化、城市管理等也进行了研究。据统计,世界青年人口近年达到"空前规模",年龄在15—29岁之间的人口达18亿,仅南亚就占全球青年人口的26%,斯里兰卡人口的22%为青年。这些青年已成为激进化意识形态的潜在目标人群。斯独立后曾经历青年激进化的问题,时至今日仍面临这种威胁。因此德齐尔瓦分析了激进化的类型,指出政府在打击激进化的时候,在国家立法、教育改革、语言改革等诸多领域都存在不足,认为很有必要扩大参与,以便合作应对青年激进化的严峻挑战。②

2017年4月,科伦坡郊区一个91米高的垃圾场坍塌,导致23人死亡,暴露了市政管理的重大缺陷及城市发展中的突出问题,迫使斯政府重新考虑城市发展模式。研究人员拉特纳亚克(Rapti Ratnayake)认为要实现可持续发展并解决斯城市发展中的困境,就需要建立高效的市政领导班子。她指出,市政领导在城市建设和发展中有重要作用,不仅为城市基层发展提供解决方案,还可在国际上推动城市与城市之间的合作,发挥全球性作用,从而将科伦坡建设为国际化大都市。③

(三)"全球经济"研究

"全球经济"研究项目主要考察斯里兰卡经济投资、全球贸易、旅游等领域,以及相关国际问题(如当下全球经济发展趋势、英国"脱欧"等)对斯经济发展的影响,从而为斯经济发展探索新出路,进而把斯打造为印度洋地区的金融中心。

过去半个世纪以来,东亚从贫穷、欠发达的农业地区转变为较发达的

---

① LKI, "Dinusha Panditaratne speaks on Re-Energising The SAARC Process," 21 August 2017. http://www.lki.lk/events/lkis-dinusha-panditaratne-speaks-re-energising-saarc-process/.

② Anishka De Zylva, "Sri Lanka's International Engagement to Counter Youth Radicalisation: Untapped Opportunities," May 2017. http://www.lki.lk/publication/sri-lankas-international-engagement-counter-youth-radicalisation-untapped-opportunities/.

③ Rapti Ratnayake, " 'Diplomacity' in the 21st century: Why Sri Lanka's local mayors must become global players," the LSE South Asia Centre, 8 May 2017. http://www.lki.lk/publication/diplomacity-21st-century-sri-lankas-local-mayors-must-become-global-players/.

"全球工厂",造就了一个经济奇迹。研究所"全球经济项目"主任维格纳拉贾积极探索东亚发展经验并试图为斯寻找经济发展的经验教训。他指出,东亚占全球供应链贸易的34%,而印度占全球供应链贸易的份额不到2%,南亚其他国家(包括斯里兰卡)仅占0.13%,差距非常明显;中国经济增长放缓和工资上涨使劳动密集型产业开始向东南亚和南亚转移,斯可从中受益,因为斯是南亚最开放的经济体(平均进口关税低于10%),工资低、劳动生产率较高、靠近巨大的印度市场,位于"一带一路"的关键节点,且已在基础设施建设领域大量吸引中资。作者还在另一篇文章中建议斯学习东亚的成功经验,包括教育、金融体系、管理模式和自由贸易协定等。[1] 在斯中央银行的演讲中,维格纳拉贾进一步强调政府应鼓励兼并与收购,在大公司和中小企业间建立商业联盟,促进产业集聚,提高工业技术水平并深化结构性改革。这里所谓结构性改革包括降低中间进口关税、简化海关手续、提高劳动生产率、促进研发活动和改善中小企业融资渠道等五方面。他还建议斯努力避免受中国经济结构调整的影响,同时也要抓住"印度制造"的机会。[2]

维格纳拉贾在另一场合指出,亚洲发展中国家的出口平均年增长率已从2001—2010年的11.2%大幅下降至2011—2015年的4.7%,发达经济体进口需求疲软、中国经济增长放缓以及保护主义抬头等因素促成了这一局面。与此同时,斯里兰卡的出口年均增长率从2001—2010年的1.5%略微上升至2011—2015年的2.7%,但仍然仅为亚洲发展中国家平均水平的一半,表明斯具有追赶潜力。他认为中国正进入技术主导的出口增长新阶段,其劳动密集型产业链将向其他国家迁移,这为斯里兰卡企业包括服装、电子产品等行业提供了机会,建议政府优先考虑中小企业,为其提供融资、基础设施及语言服务,降低出口关税、避免保护主义抬头、改善投资环境、批准世贸组织的贸易便利化协定,同时参与"大型"自由贸易协

---

[1] Ganeshan Wignaraja, "Sri Lanka's Future Lies in Emulating Factory Asia," the Daily FT, 18 July 2017. http://www.ft.lk/article/628896/Sri-Lanka-s-future-lies-in-emulating-factory-Asia.

[2] Ganeshan Wignaraja, "Reinvigorating Trade, Global Supply Chains, and Small-Medium Enterprises (SMEs) in Asia," 18 August 2017. http://www.lki.lk/events/lkis-ganeshan-wignaraja-trade-supply-chains-smes-asia/.

定如"区域全面经济伙伴关系协定"等。①

研究人员狄沙普利雅（Ravindra Deyshappriya）和德齐尔瓦（Anishka De Zylva）共同考察了英国"脱欧"、斯里兰卡重获普惠制待遇（GSP+）②以及美国总统大选给斯里兰卡经济尤其是服装行业所带来的潜在影响。他们认为，英国"脱欧"可能使英国经济下滑、英镑贬值，从而影响斯旅游业及对英出口；不过英联邦的发展中国家可能会敦促英国引入特惠关税制，斯可借机在谈判中谋求优势。为减轻英国"脱欧"的影响，斯应进一步关注亚洲，启动与中国、印度和新加坡的双边贸易谈判，与孟加拉国、新西兰、韩国和泰国也进行相关谈判。两人的研究注意到，斯总理维克勒马辛哈与欧盟已于2016年10月就GSP+优惠重新谈判，斯于2017年5月重获这一优惠待遇，获允向欧盟国家出口超过7000种产品。两人非常看好这一进展，认为这将极大地促进斯里兰卡经济。他们认为特朗普的贸易政策可能会让美国经济陷入衰退，导致其就业岗位流失，从而降低对斯服装和其他出口产品的需求；斯主要经济合作伙伴中国和新加坡也会受到不利影响，间接冲击斯里兰卡；总的说来，占斯出口总额40%以上的服装行业将面临直接挑战。③ 他们认为斯应关注"区域全面经济伙伴关系"，认为这将减少亚洲自由贸易协定之间的重叠，降低亚洲的贸易壁垒。他们指出，斯加入这一机制将为其带来巨大的区域市场和投资，也将大大降低斯与单个经济体自贸区谈判的困难。④

三、特色研究

中国不断崛起，在印度洋地区的影响力稳步提升，斯里兰卡智库对中

---

① Dr. Ganeshan Wignaraja, "Asia's Trade Slowdown: Implications for Sri Lanka," 10 Jan. 2017. http://www.lki.lk/dr-ganeshan-wignaraja-speaks-asias-trade-slowdown-implications-sri-lanka/.

② 2010年2月，欧盟指责斯里兰卡政府没有完全达到普惠制在人权方面的要求，因而决定暂停斯里兰卡普惠制待遇。

③ Ravindra Deyshappriya and Anishka De Zylva, "The Future of Sri Lanka's Apparel Export Industry: Brexit, the U.S. election and other key developments," November 2016. http://www.lki.lk/wp-content/uploads/2017/01/The-Future-of-Sri-Lankas-Apparel-Industry-Key-Issues-and-Developments.pdf.

④ Ganeshan Wignaraja, "Sri Lanka's absence from Asia's big FTA game," 17 September 2017. http://www.sundaytimes.lk/170917/business-times/sri-lankas-absence-from-asias-big-fta-game-259351.html.

国的研究也日渐增多，作为斯外交部直属智库的卡迪加马国际关系与战略研究所也不例外。该所在这一领域主要关注与斯相关的若干问题，集中研究中斯经济关系，如贸易情况、中斯自由贸易区建设、"一带一路"建设等，以及中印竞争给南亚地区带来的挑战与机遇，对中国的基础性研究则相对匮乏。

（一）"一带一路"研究

研究所已与两家中国智库签署合作备忘录。2016年7月18日，中国驻斯大使易先良应邀赴该所，同研究所理事卡迪加马、马尼卡林贾姆和执行所长潘迪塔拉特纳等就双边关系和国际与地区问题座谈。① 潘迪塔拉特纳执行所长也作为斯智库唯一代表于2017年5月在北京举行的"一带一路"高峰论坛上发言。她强调智库建设应向"一带一路"建设提供智力支持，应集中研究这一倡议实施过程中的各种机遇和挑战，促进世界文化与经济融合。② 2016年9月26日，该所研究员维迪亚提拉克在上海合作组织智库会议上发表题为"'一带一路'如何加强上海合作组织"的演讲，认为上合组织吸纳印度和巴基斯坦意味着印度洋地区已被纳入该组织范围，这也会带来一定的挑战。他指出，"一带一路"促进了中亚和印度洋地区的基础设施建设，加强了地区国家间的经济联系，提升了国家间的集体安全和相互依赖，也加强了地区国家的安全合作与对话。维迪亚提拉克强调，"一带一路"不同于"马歇尔计划"，不针对其他国家，可以和上合组织相互配合，共同应对新兴安全威胁。③

（二）中斯经贸合作

斯里兰卡与新中国的贸易关系始于1952年签署的"米胶协定"。

---

① 外交部："驻斯里兰卡大使易先良赴斯卡迪加马国际关系与战略研究所座谈"，2016年7月21日，http://www.fmprc.gov.cn/web/gjhdq_676201/gj_676203/yz_676205/1206_676884/1206x2_676904/t1383454.shtml。

② Dinusha Panditaratne, "Silk Road of Openness, Inclusiveness and Mutual Learning," 14 May 2017. http://www.lki.lk/wp-content/uploads/2017/06/Belt-and-Road-Forum-for-International-Cooperation-Thematic-Session-on-Think-Tank-Exchanges-Dr.-Dinusha-Panditaratne-1.pdf.

③ Barana Waidyatilake, "How One Belt One Road can strengthen the Shanghai Cooperation Organisation," September 2016. http://www.lki.lk/events/how-one-belt-one-road-can-strengthen-the-shanghai-cooperation-Organisation/.

自中斯贸易改为现汇结算后，双边贸易稳步发展，特别是20世纪90年代以来，中斯贸易额有较大增长，1991年双边贸易额突破1亿美元，2000年上升到4.6亿美元。① 到2010年，中国已成为斯里兰卡第三大进口来源国。到2015年，斯里兰卡自华进口额已达37.27亿美元，占斯进口总额的20%，中国成为斯第二大进口来源国，略低于印度所占的份额即23%。但是斯对华出口一直低迷，2014年对华出口额仅1.73亿美元，仅占斯出口总额的1.5%。这就导致斯对华贸易赤字严重，在2014年已占其总赤字的26%。② 面对这种情况，研究人员狄沙普利雅建议加快中斯自由贸易协定谈判，培育有待开发的中国市场；积极发挥斯医疗设备、纺织和橡胶行业的比较优势，扩大电子集成电路和微型组件等零关税产品及香蕉、鞋类、化工产品等低关税产品的对华出口；针对中国各城市和地区消费偏好的多样性开展多样化营销，根据具体城市的市场需求而制定对华出口战略；简化对华商务签证并在相关领域推广中文。③

狄沙普利雅还对中斯贸易、投资、旅游关系的发展进行了比较分析，指出中国近年来一直是斯里兰卡的主要外国直接投资来源方和贷款方（中资2014年占斯外国直接投资总额的24.5%），但与中国对其他亚洲国家的投资相比，在斯投资的总量仍然非常低，甚至在南亚国家中也属最低。尽管中国现在是斯第二大游客来源地，但斯在中国游客出境目的地排名中甚至不能进入前25名。这种比较的视角为斯里兰卡的政策制定者揭示了中斯进一步合作的巨大战略潜力。④

（三）中国在亚洲格局中的积极作用

研究所积极关注中国在国际形势变化之中的作用及对斯影响。例如维

---

① "中斯双边贸易情况"，中国驻斯大使馆经济商务参赞处，2002年12月4日，http://lk.mofcom.gov.cn/article/zxhz/200203/20020300002657.shtml。

② Ravindra Deyshappriya, "Sri Lanka-China Economic Relations," 22 March 2017. http://dailynews.lk/2017/03/22/business/111123/ravindra-deyshappriya-speaks-sri-lanka-china-economic-relations.

③ Ravindra Deyshappriya, "Sri Lanka-China trade relations: Time to focus on unexplored Chinese markets," 2017. http://www.lki.lk/publication/sri-lanka-china-trade-relations-time-focus-unexplored-chinese-markets/.

④ Ravindra Deyshappriya, "Speaks on Sri Lanka-China Economic Relations," 22 March 2017. http://dailynews.lk/2017/03/22/business/111123/ravindra-deyshappriya-speaks-sri-lanka-china-economic-relations.

格纳拉贾认为中印两国的经济增长已将世界经济的中心转移到了亚洲，亚洲区域经济一体化进一步加强。但中国经济急剧放缓，印度经济前景充满风险，都会直接影响斯里兰卡的未来及其2025年发展愿景的成败。① 德齐尔瓦则强调斯应认识到中国在气候变化问题上的领导地位，应借助中斯合作来解决污染排放问题，这对容易受气候变化影响的斯里兰卡有重要意义。他还鼓励两国在贸易、投资和旅游等领域提升合作。②

小结

以上内容说明，卡迪加马国际关系与战略研究所的对华合作近年来明显增多，但对华研究依然不足。或许是因为该所的研究工作并不针对一国或某一区域，而是关注所有与斯里兰卡相关的国际事务，综合性强且比较分散，其研究主要集中在分析地区局势、经济关系等，总体较为单薄。这样的研究有很强的时效性和政策性，但难免缺乏对局势的全面掌握，观点也容易失之偏颇。虽然研究所的具体工作分为"全球治理"和"全球经济"两大板块，但两大项目的范围过于广泛，难有系统而具体的研究。研究所发布的三年战略规划认为自身面临的一大挑战是，如果卡迪加马国际关系与战略研究所无法填补在国际关系及战略研究领域的空白，其他新兴智库很快就会威胁到其地位。在做好宏观应用性研究的基础上，研究所似乎也需加强基础性研究，如此才有可能对研究对象进行全面、深入且可靠的评估。

---

① Ganeshan Wignaraja, "India-China Dynamics in a recovering Global Economy," 31 October 2017. http://www.lki.lk/coming-up-lkis-ganeshan-wignaraja-to-speak-on-india-china-dynamics-in-a-recovering-global-economy/.

② Anishka De Zylva, "The Paris Agreement on Climate Change and Sri Lanka," 30 August 2017. http://www.lki.lk/wp-content/uploads/2017/08/The-Paris-Agreement-on-Climate-Change-and-Sri-Lanka.pdf.

附录一 智库信息汇总

国防分析研究所,英文全称 Institute for Defence Studies and Analyses,简称 IDSA,位于印度新德里,网址 http://www.idsa.in/。

国防分析研究所是印度最重要的防务与战略问题政府智库。这家智库被广泛视为印度政府在防务与战略领域的"外脑",与政府及印军高层关系极为密切。研究所对东亚、南亚、中东、欧美等的地区研究和军事与战略、非传统安全、国内安全等问题领域上的研究长期居于领先水平。

印度三军研究所,英文全称 United Service Institution of India,简称 USI,位于印度新德里,网址 www.usiofindia.org/。

印度三军研究所是专门从事军事战略和国家安全研究的军方智库,在印度为数众多的军方研究机构中居于领先地位。研究所在 140 多年的历史中网罗了陆、海、空三军大批退役将领和现役军官,新世纪以来陆续成立三大研究中心,分别研究印度国防战略、武装部队历史及联合国维和等,同时加强对地区热点问题和中国对外战略的研究,影响力进一步提升。

国家海洋基金会,英文全称 National Maritime Foundation,简称 NMF,总部位于印度新德里,在维沙卡帕特南和钦奈设有分支机构,网址 www.maritimeindia.org/。

国家海洋基金会是印度海军的智库机构,也是印度最重要的海洋智库,其成立体现了印度对海洋事务尤其是印度洋事务的关注。基金会高度关注中国海军在印度洋地区的战略存在。

和平与冲突研究所,英文全称 Institute of Peace and Conflict Studies,简称 IPCS,位于印度新德里,网址 http://www.ipcs.org/。

和平与冲突研究所成立于 1996 年,20 多年来以其独立的研究和分析形成了独特的研究风格和突出特点，成为印度安全与外交领域的重要智库。

梵门阁，英文全称 Gateway House：Indian Council on Global Relations，简称 Gateway House，位于印度孟买，网址 www.gatewayhouse.in/。

梵门阁是印度知名外交政策智库，以推动印度商业和外交政策交流为宗旨，致力于影响印度和世界各国的外交政策，其研究主要集中于地缘政治、地缘经济和外交政策分析等8个领域。

观察家研究基金会，英文全称 Observer Research Foundation，简称 ORF，总部位于印度新德里，在加尔各答、孟买和钦奈设有分支机构，网址 www.orfonline.org/。

观察家研究基金会成立于1990年9月，是一家非营利综合性智库，宗旨是对政府决策进行引导，促进并推动印度经济长期发展。基金会一直侧重政策问题和外交事务研究，研究范围已从国内发展到地区乃至全球，研究领域趋于多样化，自2010年开始逐步启动在气候、能源、资源、太空及网络与媒体等领域的研究项目。基金会现已成为印度"二轨"外交的重要代表，其研究成果在印度国内及国际社会颇具影响力。

辩喜国际基金会，英文全称 Vivikananda International Foundation，英文简称 VIF，位于印度新德里，网址 www.vifindia.org/。

辩喜国际基金会是一家知名综合性智库，在国家安全与战略、国际关系与外交、经济问题等8个领域取得了丰硕的研究成果。基金会由多名印度前军政高层担任研究员，与印度现执政党印度人民党关系极为密切，在各领域为印度当局出谋划策，对政策影响较大。

印度基金会，英文全称 Indian Foundation，简称 IF，位于印度新德里，网址 www.indiafoundation.in/。

印度基金会是印度一家"独立的"政策研究中心，与现执政党印度人民党关系极为密切。基金会重点研究印度面临的问题、挑战和机遇，致力于加强对国内国际重要问题的认识，帮助印度理解印度文明对当代社会的影响。

政策研究中心，英文全称 Centre for Policy Reserch，简称 CPR，位于印度新德里，网址 www.cprindia.org/。

政策研究中心是印度领先的公共智库之一，致力于通过多种途径影响印度内政外交政策的制定与实施，主要在经济政策、环境法和治理、国际关系与安全、法律法规和城市化等5个方面进行研究。

发展中国家研究与信息中心，英文全称 Research & Informaiton System for Developing Countries，位于印度新德里，简称 RIS，网址 www.ris.org.in/。

发展中国家研究与信息中心是印度外交部下属的智库，主要研究发展中国家的经济、贸易、投资、科技和发展合作问题，致力于促进南南合作。中心的研究领域包括互联互通与区域合作、经济问题与南南合作、新科技与发展问题、贸易投资与经济合作等 4 个领域，对南南合作、印度传统医药产业和环印度洋联盟的研究富有特色。

印度国际经济关系研究委员会，英文全称 Indian Council for Research on International Economic Relations，简称 ICRIER，位于印度新德里，网址 icrier.org/。

印度国际经济关系研究委员会成立于 1981 年 8 月，是自主的非盈利政策研究机构，以研究印度与全球经济的关系为工作重点，宗旨是推动印度更好地参与全球经济，应对全球化挑战。委员会已发展为印度最有影响力的经济问题智库之一，国内外影响越来越大。

中国研究所，英文全称 Institute of Chinese Studies，简称 ICS，位于印度新德里，网址 www.icsin.org/。

中国研究所是印度研究中国和东亚问题历史最悠久的机构之一，也是专门从事中国研究的权威机构和政策智库。研究所积极促进针对中国及其他东亚国家的跨学科研究，以对中国国内政治、国际关系、经济、历史、医疗保健、教育、边界问题等方面的研究为重点。

巴基斯坦政策研究所，英文全称 Institute of Policy Studies，简称 IPS，位于巴基斯坦伊斯兰堡，网址 www.ips.org.pk/。

巴基斯坦政策研究所成立于 1979 年 5 月，是一个非盈利、非政府的民间社团，更是巴国内研究政策问题与伊斯兰经济文化的先驱，在巴基斯坦国际关系和当代伊斯兰研究领域发挥着举足轻重的作用。

伊斯兰堡政策研究所，英文全称 Islamabad Policy Research Institute，简称 IPRI，位于巴基斯坦伊斯兰堡，网址 www.ipripak.org/。

伊斯兰堡政策研究所是巴基斯坦主流智库，与巴政府关系极为密切，长期致力于对涉及巴基斯坦国家利益、战略问题和新兴挑战的重大国际事件进行跟踪研究，国际影响较大。

孟加拉国和平与安全研究所，英文全称 Bangladesh Institute of Peace and Security Studies，简称 BIPSS，位于孟加拉国达卡，网址 www.bipss.org.bd/。

孟加拉国和平与安全研究所是该国主要政策研究机构，对区内外的和平与安全问题有较深入的研究。研究所自称是非党派、非营利的独立智库，也是一个研讨平台，供战略思想家、学者、公务员、外交官、武装部门成员以及媒体人士就和平与安全问题进行全面研讨。

尼泊尔中国研究中心，英文全称 China Study Center，简称 CSC，位于尼泊尔加德满都，网址 http：//www.cscnepal.org.np/。

尼泊尔中国研究中心致力于建设中尼友好关系，关注中尼外交政策和双边活动的研究，通过各种智库对话、学术知识共享、经济政治研究、文化外交等活动，在学术和专业上为尼泊尔提供认识中国的平台。

卡迪加马国际关系与战略研究所，英文全称 Lakshman Kadirgamar Institute of International Relations and Strategic Studies，简称 LKIIRSS 或 LKI，位于斯里兰卡科伦坡，网址 http：//www.kadirgamarinstitute.lk/。

卡迪加马国际关系与战略研究所成立于 2006 年，以斯里兰卡前外长拉克斯曼·卡迪加马命名，隶属于斯外交部，在斯里兰卡对外关系方面有重要影响。研究所主要设立"全球治理"和"全球经济"两大研究项目，对气候变化、中斯经济关系、斯对外政策以及相关社会问题都有较多研究。

附录二 孟中印缅经济走廊及国际影响力：基于国外文献视角[①]

2013年5月，国务院总理李克强访问印度期间，与印度共同提议建设孟中印缅经济走廊。至此，孟中印缅合作机制取得了重要进展，由"二轨"层面的"孟中印缅区域合作论坛"上升为"一轨"层面的孟中印缅经济走廊。4年以来，孟中印缅联合研究工作组共召开了三次会议，共同讨论走廊建设的问题和挑战。此外，国内外学界也针对走廊建设提出了各自的看法。

我们在这里将视角集中在国外学界、智库和媒体的相关评论与报道，通过文献评估来客观反映建设孟中印缅经济走廊的国际影响力。前期文献调研检索了中国国家图书馆馆藏外文数据库，并登陆国外智库网站和重要报纸媒体网站，收集与孟中印缅经济走廊建设相关的期刊文章、报纸、智库报告等文献。阅读这些文献可发现，与中巴经济走廊相比，国外对孟中印缅经济走廊的研究和报道相对较少，多数文献只是将其作为例子提到，没有展开分析。还有一些文献只是介绍了孟中印缅经济走廊的发展历史或是对历次会议做出介绍，没有触及经济走廊建设的现存问题。最后，国外相关研究多集中在印度、孟加拉国等走廊沿线国家，而美国、日本等大国的相关评论和研究不多。

一、孟中印缅经济走廊的国际影响力

一国的国际影响力涵盖经济、政治、军事等诸多方面，是综合国力和

[①] 本文作者王雅，国家图书馆立法决策服务部咨询馆员。本文系北京高校中国特色社会主义理论研究协同创新中心（北京外国语大学）阶段性成果。

竞争力的重要体现。本研究梳理了各国媒体和智库的主要观点，试图从三个方面展开分析，从文献的角度揭示孟中印缅经济走廊建设的国际影响力，包括走廊建设对相关国家经济社会发展的意义、相关国家媒体的态度、从宏观战略的角度分析该倡议对提升我国在印度洋地区影响力的意义。

（一）对走廊沿线各国经济社会发展的意义

孟中印缅经济走廊作为"一带一路"倡议的重要组成部分，对参与其中的4个国家究竟具有怎样的影响和作用，是国外学者关注的重点。他们将视线集中于各国历史发展和资源禀赋状况，认为孟中印缅经济合作机制将为推动孟中印缅次区域发展提供重要的机会和动力。

有印度学者指出，孟中印缅次区域合作可以发掘地区之间的互补性，促进中国西南、孟加拉国、缅甸和印度东北地区的经济发展，进而增强相邻区域之间的互联互通。对孟加拉国而言，孟中印缅合作机制有助于孟发展资源型产业，也有助于其从中国和印度获取资本和技术；对缅甸而言，孟中印缅经济合作论坛将变革其社会经济地位，创造有利于经济发展的投资环境，为其发展海运贸易提供巨大机会；对印度东北部地区而言，孟中印缅合作论坛将为其提供发挥地缘经济优势的机会，通过建立跨界连接并巩固同相邻国家之间的进出通道，使生产和销售更为有效。[①]

有澳大利亚智库称，孟中印缅经济走廊建设是一种"双赢"的合作，交通、能源、通讯互联将促使该地区成为繁荣的经济带，带动沿线各国的经济社会发展。这一研究认为，四国可在这条经济走廊中形成优势互补：缅甸是主要的货物出口国，拥有大量廉价劳动力，印度为主要的服务出口国，中国是全球最大的制造业出口国，而孟加拉国是服务以及低端产品出口国；对于印度东北部来说，向资源匮乏的孟加拉国出口能源的潜力巨大；云南省与孟西部地区可在农产品加工业方面进行合作；孟与印度相邻，可以吸引印度甚至是中国的投资，有望成为南亚、东南亚地区的商业中心；经济走廊也能为缅甸创造很多贸易机会，有助于其融入区域供应链和区域经济一体化；改善交通等基础设施条件将对亚洲其他地区（如大湄

---

① Gurudas Das & Ujjwal K. Paul & Tanuj Mathur, "Sub-regional cooperation for the development of landlocked peripheral areas: the case of BCIM," *South Asian Survey*, 20, 1 (2013): 74 – 93.

公河次区域）的经济社会发展产生直接影响。①

有孟加拉国媒体表示，孟中印缅经济走廊旨在为该地区人民带来实实在在的利益。除了政策、道路和贸易方面的利益之外，经济走廊还将为当地带来更多的贸易结算和更多的货币互换计划，加强双边和多边金融合作可为区域发展做好财政准备。此外，走廊有助于大力推进国与国之间的人文交流，促进文明间的对话，从而增进各国人民之间的交往、了解和友谊。②

有报告指出，孟中印缅经济走廊是"21世纪海上丝绸之路"中的关键基础设施计划，对印度有利，因为走廊将构造一个可绕过马六甲海峡的贸易路线，而马六甲海峡是印度洋和太平洋地区贸易的主要障碍。报告认为印度东北地区将成为孟中印缅经济走廊的潜在受益者，包括曼尼普尔、阿萨姆邦和加尔各答都将从中受益，因为经济走廊将通过这些地区。报告认为，如果印度明确提出同意这一倡议，好处将会更加明显。③

孟加拉国智库称，从孟加拉国和缅甸的角度来看，深化孟中印缅合作对这两个国家有特殊意义。孟加拉国独特的地理位置使它成为印度和中国内陆地区的主要门户。如果相关的服务费用能得到有效估算与协商，孟加拉国将通过出口服务大大受益。对孟加拉国而言，经济效益的乘数将是巨大的。孟中印缅地区的东西走廊和南北运输走廊将大幅降低货物运输成本，大幅缩短交货时间，而这是在快速变化的世界中保持竞争力的核心要素。这些走廊不仅可增加出口机会，还可以降低进口成本，使消费者和生产者获益。该智库甚至称，走廊将促进印度东北地区的发展，孟加拉国可以垄断该地区的市场。④

---

① Pravakar Sahoo & Abhirup Bhunia, "BCIM Corridor A Game Changer For South Asian Trade," 2014 - 7 - 18, http：//www.eastasiaforum.org/2014/07/18/bcim-corridor-a-game-changer-for-south-asian-trade/.

② "The potential of BCIM economic corridor," *The Financial Express*, Dhaka, 2014 - 4 - 2.

③ Sandeep Singh, "Connecting with Neighbours：Cross-border infra development to open new avenues for India," *The Indian Express*, 2016 - 1 - 06.

④ Mustafizur Rahman, "BCIM-Economic Corridor：An Emerging Opportunity," Centre for Policy Dialogue, 2014 - 3 - 16, http：//cpd.org.bd/bcim-economic-corridor-an-emerging-opportunity-professor-mustafizur-rahman/.

（二）相关国家的态度和反应

印度媒体的言论和态度有不少客观中立或积极的表态，但也有部分媒体对孟中印缅经济走廊持怀疑和反对的态度。印度有观察家指出，印度应借助"一带一路"倡议，在南亚基础设施建设和经济一体化过程中发挥领导作用，而不是对该倡议加以反对。这一观点认为，尽快推动孟中印缅经济走廊建设将为印度东部和东北部地区发展带来福音，经济走廊将为印度的"东向"政策注入活力。作者反对有关"'一带一路'实质上是中国计划"的论点，指出尽管由中国提出，但"一带一路"倡议是多边的，认为由于印度在文明、规模人口和不断增长的经济实力等方面的影响都是中国不能忽视的，因此印度有机会通过参与该倡议，为所有参与方提供一个更加民主和"双赢"的方案。他特别强调，印度不能通过置身事外来达成这一目的，印度如反对这一倡议，必然导致更少的收益，招致更多的风险。[1]

也有印度学者对孟中印缅走廊提出质疑，认为"一带一路"将会成为中国的"霸权"计划，以满足其成为全球霸主的"野心"。该学者表示，孟中印缅经济走廊对印度没有帮助，因为缅甸和孟加拉国生产的大部分产品对印度没有用处。此外，由于所有贸易都将被中国主导，孟加拉国和缅甸在市场竞争中将没有立足之地。该学者还认为这一倡议将"侵犯"印度对克什米尔的主权。据其观点，印度拥有通向印度洋的最大通道，阿萨姆邦和所谓"阿鲁纳恰尔邦"（主体为中印争议领土东段）对中国很有吸引力，在强化东北地区和印度其他地区的连接之前，印度不能允许其同孟中印缅经济走廊相连接；否则该地区将成为中国货物运输的枢纽并进一步被孤立。[2]

也有印度媒体表示，建设孟中印缅经济走廊对印度利弊参半。中国利用孟中印缅经济走廊来发展西藏，印度将更容易进入欧洲和亚洲市场，同孟加拉国和缅甸的贸易关系也会得到促进，印度东北部地区将能够充分利用尚未开发的资源（主要是水电）。但印度也会失去很多；如果发生战争，中国可以轻松调动军队并置印度于双线作战的困境。其次，中国在春丕河

---

[1] Sudheendra Kulkarni, "BJP's Belt and Road myopia," *The Indian Express*, 2017 - 5 - 25.

[2] "Meet on 'One Belt One Road' at GU," *Assam Tribune*, 2017 - 6 - 6. "One belt one road to serve China better: Madhav," *The Sentinel*, 2017 - 6 - 2. "Obor a threat to our sovereignty: Madhav," *The Telegraph*, 2017 - 6 - 2.

谷建设铁路就可瞄准西里古里走廊并切断印东北部与印本土的联系。该文认为，印度必须加强与东北边界的联系，因为地形和交通便利性对印不利，而中国恰恰可充分利用其优势。该文还表示，由于这些路线是全天候开放的，因此中国的"威胁"将无处不在。①

与印度媒体不同，孟加拉国媒体的态度更为乐观积极，对孟中印缅合作机制表示支持。孟加拉国媒体的主流观点如下：首先，孟中印缅经济走廊将为孟加拉国等最不发达国家的基础设施包括高速公路建设发挥重要作用。其次，经济走廊将为孟带来巨大经济机遇。首先，孟加拉国可凭借其劳动力丰富而廉价的优势吸引中国和印度的投资。其次，孟加拉国可以向缅甸分享劳动力和农业知识并由此获利。此外，海港现代化和基础设施建设可创造众多的就业机会并推动经济增长。再次，由于孟加拉国和缅甸在不同的产品出口方面各具有比较优势，故次区域框架之下的经济一体化将改善孟缅之间的贸易逆差。最后，孟中印缅论坛可成为解决罗兴亚危机的重要平台，孟缅关系可在次区域合作论坛下得到改善。②

孟加拉国媒体还指出，中国和印度是两大新兴经济体，孟加拉国和缅甸拥有丰富的自然资源和人力资源，该走廊将帮助四国发挥各自优势，加速经济增长和对外开放；一旦孟中印缅经济走廊建成，它将整合中国—东盟自由贸易区、东盟自由贸易区和东盟—印度自由贸易区，塑造世界最大的自由贸易区，为货物、服务和劳动力的自由流动做出贡献，并为太平洋和印度洋之间更广泛的区域合作树立良好榜样。③

（三）如何看待中国在印度洋地区的影响力

在加强包括孟中印缅经济走廊建设在内的区域合作倡议是否有助于改善并强化中国在印度洋地区国际影响力的问题上，部分学者有所质疑。

布鲁斯特（David Brewster）从中印竞争的背景来看待中国在印度洋面临的关键战略问题，提出两个基本论点。首先，与印度相比，中国在印度洋地区有很大的地缘战略劣势；其次，与中国相比，印度在该地区发展安全关系方面取得了更大的成功。与一般观点不同，作者认为中国在印度洋

---

① Akshay Viswanathan & Thiruvananthapuram, "Integrating Tibet," *The Hindu*, 2015-7-14.
② "Exploiting economic opportunities in the BCIM-EC," *The Financial Express*, 2017-4-23.
③ Shahiduzzaman Khanl, "BCIM Economic Corridor and its potential," *The Financial Express*, 2014-4-20.

的大部分地区面临着战略性困境，在可预见的未来难以解决，短期到中期内只能加以部分缓解。作者表示，中国若与印度洋地区国家结成战略联盟，只会进一步加剧其在印度洋地区的战略性缺陷。他认为，中国在该地区经济影响力增强在一定程度上提升了中国的政治影响力，但在安全领域则未必如此，印度洋（巴基斯坦除外）国家目前尚未将中国视为主要的安全提供者。中国在印度洋的战略作用将继续发展，但中国尚无法克服在这一地区的地缘战略脆弱性。[1]

二、问题与挑战

国外学者和媒体在总结回顾孟中印缅经济走廊建设历程的基础上，以批判性的视角探讨了孟中印缅经济走廊发展迟缓的原因。

孟中印缅经济走廊联合研究工作组第三次会议于2017年4月25日至26日在印度加尔各答召开，这次会议旨在将孟中印缅经济走廊对话从"一轨"（官方外交）提升到政府间级别。但相关人士指出，由于四国目前处在不同的发展阶段，故在致力于互利合作的同时，充分照顾各国不同的国内环境和发展愿望也是一个重要问题。[2]

据观察，该区域面临一些巨大挑战，如关税和非关税壁垒、贸易便利化措施薄弱、海关协调不力，以及货物跨界流动的障碍等。这些障碍增加了在该地区开展业务的成本，阻碍了面向贸易的投资与资金流动，削弱了企业家的竞争力。打破上述瓶颈不仅会增加区域内贸易，而且有助于加强地区一体化。[3]

印度学者吴碧霞认为，对经济走廊的挑战并不完全在于亚洲两个不断增长的经济体（印度和中国）间的地缘战略和地缘经济竞争，也与南亚地区本身的区域连通性不足、经济一体化进展缓慢且不平衡有直接关系；重要的是稳步推进交通基础设施和便利化物流的双边发展，使其不被那些偏

---

[1] David Brewster, "An Indian Ocean dilemma: Sino-Indian rivalry and China's strategic vulnerability in the Indian Ocean," *Journal of the Indian Ocean Region*, Vol. 11, No. 1 (2015): 48 – 59.

[2] Suvojit Bagchi, "China for govt-level talks on BCIM economic corridor," *The Hindu*, 2017 – 4 – 26.

[3] Shahiduzzaman Khanl, "BCIM Economic Corridor and its potential," *The Financial Express*, 2014 – 4 – 20.

离区域一体化主题的地缘战略算计所阻碍。但不可否认的是，上述危险已深深植入印度独立后的边界政策之中，并且还将长期存在。①

伊斯拉姆（M Shahidul Islam）指出，孟中印缅合作论坛没有更多地关注边界城市、二级城镇以及昆明—加尔各答路线（K2K）沿线的当地民众的参与，故仍然是高度集中化的议程。虽然昆明、曼德勒、达卡和加尔各答是孟中印缅经济走廊的主要动脉，但昆明—加尔各答路线（K2K）沿线还有很多"边界节点城市"和港口城市。通过基础设施发展、产业合作、跨境贸易和投资促进，这些城市可成为增长支柱和经济走廊的建筑模块。②

有学者提到了印度的担忧。布鲁斯特表示，为了取得成功，孟中印缅合作机制需要协调主要基础设施项目，以及中缅孟印之间货物与人员的自由流动，但这四个国家的关系历来困难重重。印度在发展连接中国和印度东北地区的公路建设方面存在安全上的担忧，担心中国可能将成功地对这一欠发达地区"殖民化"。中国虽意识到印度是经济走廊建设的核心要素，但中国仍然未能有效实现与印度的相互协商。③

福尔泽（Bahauddin Foizee）从孟加拉国和缅甸的角度出发，指出了阻碍经济走廊运作的若干问题，包括缅甸武装叛乱、人员沟通不足、罗兴亚问题、政府诚意不够以及中印关系不够稳定等。他认为，孟缅两国普通民众的跨境交流是平稳推进走廊建设并保持和平关系的最有效方式：在莫卧儿时代之前，孟缅两地的人民一直保持平稳而充满活力的关系；但在后英国殖民时代，两国人民之间的关系恶化，罗兴亚问题改变了孟方的对缅看法，使两国关系更加恶化。他认为中印间"缺乏足够信任"也是经济走廊正常运作的一个阻碍。④

三、发展前景与政策建议

分析国外专家学者的观点可以看出，虽然孟中印缅经济走廊建设取得

---

① Patricia Uberoi, "Problems and Prospects of the BCIM Economic Corridor," *China Report* 52：1 (2016)：19 – 44.

② M Shahidul Islam, "Yunnan's border opening-up policies and implications for BCIM," *The Financial Express*, 2015 – 11 – 15.

③ "David Brewster, China's rocky Silk Road," East Asia Forum, 2015 – 12 – 9, http：//www.eastasiaforum.org/2015/12/09/chinas-rocky-silk-road/.

④ Bahauddin Foizee, "BCIM-EC：Challenges for Bangladesh & Myanmar," *Dhaka Courier*, 2016 – 2 – 4.

了一定成绩，但在挖掘四国合作潜力方面还有不小的进步空间。为此，应进一步加强四国之间的经贸合作与人文交流，发挥资源互补优势。

在印度加尔各答召开的孟中印缅经济走廊联合工作组第三次会议期间，成员国提交了涉及11个部门的四个报告供各国政府审议，具体包括关于目标和模式的一般原则，能源、投资和金融，贸易和贸易便利化，人力资源开发，可持续发展以及执行计划所需的体制机制。然而中印之间的不同议程、宗旨和观点阻碍了各项举措的推进。印度外交部辅秘夏尔玛（A. Gitesh Sarma）暗示，印度担心孟中印缅合作机制仅仅是为中国进口自然资源并向该地区出口加工品提供便利，印方继续对巨额的对华贸易逆差表示严重关切。①

扎因·侯赛因（Zaara Zain Hussain）在回顾四国现实问题与合作关系的基础上，展望了孟中印缅合作的前景。他认为，这一次区域合作组织是否能够摆脱政治云雾还有待观察。一方面，孟中印缅论坛仍然充斥着政治和战略上的愤世嫉俗：美国和印度的评论家倾向于以"珍珠链"理论为指导，将该计划视为中国"夺取区域领导权"的一种方式。另一方面，可以预计，印度不会仅仅因为该倡议是由中国提出的就对其加以提防。随着进一步发展，四国将把孟中印缅经济一体化看做未来稳定繁荣的潜在保证，并在互利的道路上携手前进。②

有印度观察家认为，无论是中国还是印度提出的倡议，如果没有两国之间的通力合作是不可能顺利进行并转化为现实的，印度的顾虑需要通过建设性地参与而不是对抗中国来加以解决。研究认为，互利共赢的区域合作将建立信任，而信任反过来又有助于友好地解决争端。中印两个大国在地区合作框架内相互合作将使其他相邻国家产生信心，他们将成为促进中印关系稳定的重要利益相关者。③

孟加拉国学者指出，加强人文交往对于促进了解与友谊，达成共识有重要意义。为进一步推动孟中印缅合作倡议向前发展，该学者提出若干建议，包括推进科研机构之间的学术交流和共同学习；提升文化部门之间的

---

① Roshan Iyer, Reviving the Comatose Bangladesh-China-India-Myanmar Corridor, *The Diplomat*, 2017 – 5 – 3, http://thediplomat.com/2017/05/reviving-the-comatose-bangladesh-china-india-myanmar-corridor/.

② Zaara Zain Hussain, "The 'Bcim Regional Cooperation' An Emerging Multilateral Framework In Asia," *Geopolitics*, *History*, *and International Relations*, Vol. 7, No. 2 (2015): 173 – 189.

③ Sudheendra Kulkarni, Charting a new Asian history, *The Hindu*, 2015 – 9 – 1.

合作，增强语言文化的相互学习；加强媒体间的交流与合作，加强媒体工作人员和机构之间的沟通；加强信息交流，促进体育部门合作；建立人文交流基金和文化教育交流基金，为区内国家的合作提供财政保证；提供跨境旅游和过境的便利性，简化签证手续，清除阻碍旅游业发展的各种障碍，搭建旅游合作机构。[1]

穆阿扎姆·侯赛因（Moazzem Hossain）指出，作为现代版的丝绸之路，"孟中印缅经济走廊"将为四国进一步开拓各部门和各产品领域的已有互补性提供机会，通过贸易便利化措施以及公私部门的深度参与来促进投资。这种深度参与可提高经济效率与多元性，从而增强人力资源质量和经济活动的整体竞争力。他认为，从区域合作的角度看，孟中印缅经济走廊有可能改变南亚的游戏规则，而这正是该区域所需要的；四个成员国需要从现实出发，摒弃过去的成见、误解和不信任，使区域论坛成为真正有效的机构，并按照既定的目标和宗旨运作。[2]

印度和平与冲突研究所发布的研究报告重点关注孟中印缅经济走廊进展停滞的原因，探索推进该合作机制的具体措施。报告认为"人类发展"必须被纳入孟中印论坛框架，需确保基础设施和经济举措使这些国家的民众受益。次区域人口的参与对于克服该地区的信任缺失至关重要。将合作框架范围转向"人的发展"将为经济走廊提供更强有力的动力。报告呼吁相关国家积极行动起来，实现区域平衡增长发展并提高次区域内人员货物流动的双重目标。报告建议相关国家专注于人类发展，制定相关举措，使该区域远离毒品经济，包括将农民与当地合法作物市场和区域价值链相互连接；提供种子、肥料、工具和燃料等直接支持；创建底价系统并提供最新市场信息；提供运输服务、农田水利基础设施、小额信贷机构等间接支持；提供医疗保健和教育等社会服务等。[3]

印度观察家研究基金会专家表示，在推动孟中印缅合作机制的过程当中出现了3个困境，一是在方法层面出现了"以经济为中心"和"以人为

---

[1] S. M. Zahedul Islam Chowdhury, Enhancing Cooperation among BCIM Forum Countries, *The Financial Express*, 2016 - 5 - 20.

[2] Moazzem Hossain, "Future beckons BCIM-EC," *The Financial Express*, 2014 - 12 - 7.

[3] Roshan Iyer, "BCIM Economic Corridor: Facilitating Sub-Regional Development," Institute of Peace and Conflict Studies, 2017 - 5, http://www.ipcs.org/special-report/india/bcim-economic-corridor-facilitating-sub-regional-development - 187. html.

中心"的矛盾；另一个困境是集中化与去集中化之间的矛盾；第三个困境是区域主义和次区域主义之间的矛盾。他认为，经济走廊的运作需要在更大的社会背景下进行讨论，将合作框架的范围扩展到社会，为所有参与者提供利益；孟中印缅合作需要次区域主义发挥作用，不仅要在合作组织内建立一个相互信任的组织机构，还要与外部参与者和团队组织相互合作，保持包容性；由于次区域具有丰富的生物多样性，成员国在教育、健康、生态旅游方面的合作拥有巨大潜力；当地居民的技能发展和能力建设也是必须的。这名专家指出，从长远来看应以次区域的可持续发展作为目标，人文交流则可为该倡议创造和谐的政治环境。[①]

以上从孟中印缅经济走廊的国际影响力、走廊建设面临的问题和挑战以及政策建议等几个方面对近年来国外智库、研究机构和媒体发表的相关文献进行了简单梳理与综述。可以看到，各国媒体和专家学者出于不同的视角和利益，对孟中印缅经济走廊的进展做出了不同的评价和展望。审视这些观点之后可初步了解到，国外对于孟中印缅经济走廊建设总体抱有信心，认为走廊有助于推动孟中印缅次区域的经济社会发展；也有部分学者囿于成见或出于政治目的而对该倡议有各种反对意见。在直面阻碍经济走廊发展的现实困境之余，相关国家似应致力于打造早期收获项目，提升各方合作信心，让经济走廊建设早日步入良性互动的轨道。

---

① K. Yhome, "The BCIM economic corridor: Prospects and challenges," Observer Research Foundation, 2017-2-10, http://www.orfonline.org/research/the-bcim-economic-corridor-prospects-and-challenges/.